新編
渤海國志長編

上

金毓黻 編著

渤海史研究會 譯

신편 발해국지장편 상

초판1쇄 인쇄일 2008년 12월 10일
초판1쇄 발행일 2008년 12월 18일

지은이 : 김육불
옮긴이 : 발해사연구회
만든이 : 임성렬
만든곳 : 도서출판 신서원

주소 : 서울특별시 종로구 교남동 47-2(협신209호)
등록 제300-1994-183호(1994. 11. 9)
Tel (02)739-0222 · 0223
Fax (02)739-0224
E-메일 : sinseowon@naver.com
신서원 blog : http://blog.naver.com/sinseowon

ISBN · 978-89-7940-081-6
ISBN · 978-89-7940-080-9(전3권)

신서원은 부모의 서가에서 자녀의 책꽂이로
'대물림'할 수 있기를 바라며 책을 만들고 있습니다.
잘못된 책은 연락주세요.

신편
발해국지장편

상

김육불 편저
발해사연구회 역

『신편 발해국지장편』 번역서를 내며

 우리나라 고대 왕국으로 고구려를 계승한 발해에 대한 연구가 우리나라에서 본격적으로 시작된 것은 조선 후기에 와서이다. 이후 발해사를 적극적으로 한국사에 편입시켜 왔으며, 그 주된 이유는 고구려 유민들이 발해의 건국과 발해의 정치·경제·사회 분야에서 주도적인 역할을 했으며, 발해가 고구려의 영역과 주민들을 계승한 나라란 것이었다.
 중국에서의 발해사 연구는 19세기 말에 조정걸曹廷杰·경방창景方昶 등이 발해의 역사·지리를 고증하면서부터라고 여겨지고 있다. 그 후 당연唐晏이 1919년에 『발해국지渤海國志』를 출판하였고, 황유한黃維翰이 1929년에 『발해국기渤海國記』를 내었다. 당연은 우리의 발해인식과는 달리 발해를 말갈의 역사로 서술하였고, 황유한은 발해관련 중국사료뿐 아니라 우리나라와 일본의 사료도 수집하였으나 사료검증이 부족하여 여러 부분에 있어서 착오가 있었다.
 뒤를 이어 김육불이 1934년에 『발해국지장편』을 발표하였다. 모두 20권이며, 130여 종에 달하는 문헌을 인용하였다. 김육불은 이 책에 중국과 우리나라, 일본의 발해사 관련기록을 수록하고, 체계적으로 분류하고 고증하였다. 이에 발해사 연구의 최고권위를 가지게 되었으며, 발해사 연구자들에게는 주요한 참고서적이 되었다. 그러나 김육불은 『발해국지장편』을 통해 발해사를 중국의 동북지방사라는 입장을 표명하였으며, 결국 발해사는 중국사라는 인식을 드러내었다.
 주지하다시피 발해사는 최근에 일어난 동북아시아의 역사분쟁에 휘말려 있다. 발해사의 귀속문제에서 촉

발된 이 역사분쟁에서 중국의 발해사 인식형성에 큰 영향을 끼친 것이 김육불의 『발해국지장편』임을 부정할 수는 없다. 따라서 김육불이 발해사 사료를 모아 세밀하게 검증하였고, 그의 주요한 발해사 연구성과를 모은 『발해국지장편』의 편의성뿐만 아니라, 중국의 발해사 인식을 이해하는 첫 시작으로 이 책에 대한 이해는 중요하다고 평가된다. 『발해국지장편』의 번역작업의 의의가 바로 여기에 있는 것이다.

발해사 연구자들과 발해사에 관심 있는 사람들에게 『발해국지장편』을 쉽게 접할 수 있게 하는 번역작업이 늦어졌다는 느낌이 든다. 물론 우리나라 발해사 연구자들이 다른 시대사 연구자들보다 상대적으로 소수라는 사실을 핑계할 수 있을 것이다. 다행히 90년대 들어서 발해사에 관심을 갖는 사람들이 늘어났고, 관련연구자들도 늘어났다.

그 연구자들이 발해사연구회라는 모임을 가지면서 서로의 연구성과를 공유하고 발해사 연구진작을 격려하게 되었다. 이 연구회의 첫 사업으로서 『발해국지장편』의 번역을 시작하였다. 그 계기는 조선족 출신의 김영덕 선생이 초역된 원고를 한국에 보내온 것이었다. 이 원고를 발해사연구회 회원들이 분담하여 워드로 입력하고 교정을 보았다. 한규철·임상선·김은국·정진헌·임석규·김종복·이윤장·김동우 등이 이 작업에 참여하였다.

이들이 정기적으로 모여 서로의 교정성과를 공유하면서 차분히 진행하였다. 그런데 김영덕 선생의 초고가 현재 우리가 쓰는 표기와 차이가 있을 뿐더러 문체 또한 익숙한 것이 못되었다. 이 때문에 교정작업이 더디게 진행되었고, 이 과정에서 여러 오역 등도 발견되어 교정작업이 아니라 거의 번역을 새로이 하는 셈이 되었다. 이에 참여한 사람들의 개인사정 등의 이유로 작업이 거의 중지되고, 각자가 맡은 분량을 개별적으로 진행하게 되었다. 결국은 2~3년 전부터 출판사의 독려로 김동우, 강성봉, 박수정 등이 나머지 작업을 진행하였다.

이러한 사정으로 『발해국지장편』의 번역출판이 매우 늦어졌다. 돌이켜 생각하면 이 사업을 시작한 지 거의 10

년 이상 흐른 듯하다. 하지만 뒤늦게나마 끝맺음을 하게 되어 다행스럽다. 앞으로 이 번역서를 바탕으로 발해사에 대한 관심이 더욱 깊어지고 넓어지길 감히 기대하고자 한다. 또한 본격적인 주석작업도 이루어지기를 바라는 바이다. 오랜 시간 기다려주고 편집에 애쓴 신서원 여러분들에게 감사의 마음을 전한다.

2008. 12.
발해사연구회(현 고구려발해학회)

〔신편 발해국지장편 편집례〕

1. 맞춤법·띄어쓰기 등 우리의 문법체계를 따랐다.
2. 짝수면 좌측에 실은 한문원본을 실었다. 국역본만 실은 책에 비해 700여 쪽의 한문본을 별도로 구입해야 하는 불편과 두 책을 동시에 펼치는 수고, 또 두 문장을 비교하기 위해 쏟아야 하는 심대한 노력을 해소시킬 수 있으리라는 기대에 의한 것이다.
3. 이 때 번역문의 시작을 한문원문의 행으로 하고 번역문이 넘칠 경우 한문원문 위에 ▲ 표시를 했다.
4. 원문 속의 편저자가 붙인 설명은 하주로 내려 달았다.
5. 역문 속의 한자는 인명이나 지명 위주로 병기했고, 혼용되어 이해가 어렵거나 크게 살펴보아야만 될 것만 살렸다.
6. 책문·조서 등 글로 적어서 보여주는 문장은 인용문과 같이 글자의 크기를 작게 하고, 아래·위 각각 반행씩을 띄고 앞쪽을 한 단어만큼 들였다. 다만 대화중에 반쪽 이상을 차지하는 것도 읽는 이의 편의를 위해 같이 처리하였다.
7. 부호를 아래와 같이 바꿨다.
   - 책의 제목은 『 』, 편이나 장·절은 「 」로 넣었다. 노래나 춤의 제목 또한 「 」 부호를 썼다.
   - 괄호( )를 구분하여 ( )은 본문에 대한 다른 표기와 연도를, 〔 〕은 본문에 대한 뜻이 같은 다른 말이나 주석을 의미하도록 하였다.
   - 중점 '·'은 정각중점과 반각중점을 구분하여 '정치적·사회적'의 경우와 같은 병기 때는 전각으로, '정치·사회적'과 같은 경우는 반각을 사용하여 활용에 구분하였다.
8. 의미가 난해하거나 특수하여 이해가 어려운 단어를 하단에 각주로 달고 〔편주〕를 표기하였다. 이 때 활용한 자료는 다음과 같다.
   - 『한국고전용어사전』(세종대왕기념사업회)
   - 『韓國漢字語辭典』(단국대 동양학연구소)
   - 『東亞漢韓中辭典』(임창순·이가원 감수)
   - 『국어대사전』(이희승 편저, 민중서림)
   - 『國漢 最新大字源』(민중서림)
9. 원문에는 전거를 항목의 맨 뒤에 달고 있으나 전체 내용을 이해하기가 매우 어려워 그 전거를 네모 속에 넣어 맨 앞에 두었다.

『신편 발해국지장편』 상 목차

『신편 발해국지장편』 번역서를 내며 · 3

『신편 발해국지장편』 편집례 · 8

발해국지장편 권1 발해국지 전편 1
총략 상 ·································· 15

발해국지장편 권2 발해국지 전편 2
총략 하 ·································· 179

발해국지장편 권3 발해국지 1
세기 제1 ································ 287

발해국지장편 권4 발해국지 2
후기 제2 ································ 325

발해국지장편 권5 발해국지 3
연표年表 제1 ···························· 339

발해국지장편 권6 발해국지 4
세계표世系表 제2 ························ 359

발해국지장편 권7 발해국지 5
대사표大事表 제3 ························ 367

발해국지장편 권8 발해국지 6
속부표屬部表 제4 ························ 391

『신편 발해국지장편』중 목차

『신편 발해국지장편』편집례 · 8

발해국지장편 권9 발해국지 7
종신열전 제1 ································· 15

발해국지장편 권10 발해국지 8
제신열전 제2 ································· 39

발해국지장편 권11 발해국지 9
사서열전 제3 ································· 117

발해국지장편 권12 발해국지 10
속부열전 제4 ································· 123

발해국지장편 권13 발해국지 11
유예열전 제5 ································· 129

발해국지장편 권14 발해국지 12
지리고 제1 ··································· 257

발해국지장편 권15 발해국지 13
직관고 제2 ··································· 365

발해국지장편 권16 발해국지 14
족속고 제3 ··································· 411

발해국지장편 권17 발해국지 15
식화고 제4 ··································· 459

『신편 발해국지장편』 하 목차

『신편 발해국지장편』 편집례 · 8

발해국지장편 권18 발해후지 1
문징 ································ 15

발해국지장편 권19 발해후지 2
총고 ································ 173

발해국지장편 권20 발해후지 3
여록 ································ 317

발해국지장편 보유
보유 ································ 355

발해국지장편 부록1
발해유예고 ························ 431

발해국지장편 부록2
징인서록 ··························· 445

색인 · 473

신편 발해국지장편 상

渤海國志長編卷一

遼陽 金毓黻 撰集

渤海國志前編一

總略上

渤海靺鞨大祚榮者本高麗別種也高麗既滅祚榮率家屬徙居營州萬歲通天年契丹李盡忠反叛祚榮與靺鞨乞四比羽各領亡命東奔保阻以自固盡忠既死則天命右玉鈐衛大將軍李楷固率兵討其餘黨先破斬乞四比羽又度天門嶺以迫祚榮祚榮合高麗靺鞨之衆以拒楷固王師大敗楷固脫身而還屬契丹及奚盡降突厥道路阻絕則天不能討祚榮遂率其

발해국지장편 권1

발해국지 전편 1

총략 상

『구당서』 발해말갈전 ○발해말갈의 대조영大祚榮은 원래 고구려[1]의 별종이다. 고구려가 멸망하자 대조영은 가속을 거느리고 영주로 옮겨가 살았다. 만세통천 연간에 거란의 이진충李盡忠이 반란을 일으키자 대조영은 말갈의 걸사비우乞四比羽와 함께 각기 망명자들을 거느리고 동쪽으로 도망가서 험준한 지역에 의지하여 자신을 굳게 지켰다.

이진충이 죽자 무측천은 우옥검위대장군 이해고李楷固에게 군사를 거느리고 그들의 나머지 무리를 토벌하라 명했다. 먼저 걸사비우를 격파하여 목을 베고, 또 천문령을 넘어 대조영을 바짝 뒤쫓았다.

대조영은 고구려와 말갈의 무리들을 연합하여 이해고에 항거했다. 황제의 군대는 크게 패하고 이해고는 자기 몸만 빠져나와 돌아왔다. 거란과 해奚에 속하는 무리들은 모두 돌궐에 항복하므로 길이 막혀 무측천은 토벌할 수 없었다.

대조영은 드디어 자기의 무리를 이끌고 동쪽으로 계루부의 옛땅을 차지한 뒤 동모산에 웅거하여 성을 쌓고 살았다.

---

1) [역주] 원문은 '고려(高麗)'라 되어 있음. 중국사서에는 고구려와 고려를 혼용하고 있음. 여기서는 고구려가 분명하므로 이후 이같이 번역 처리하였음.

대조영이 굳세고 용맹스러우며 군사를 잘 지휘했으므로 말갈의 무리들과 고구려의 잔여들이 점점 그에게 귀부했다. 성력연간에 스스로 진국왕振國王으로 등극했으며, 사신을 보내 돌궐과 내왕했다.

그들의 지역은 영주에서 동쪽으로 2천 리쯤 떨어져 있고 남쪽으로는 신라와 인접했다. 서쪽으로는 월희말갈越憙靺鞨과 인접했으며1) 동북으로는 흑수말갈에 이른다. 지역은 사방 2천 리, 편호의 수는 10여만이고 정예병이 수만 명에 달했다. 풍속은 고구려와 거란과 같으며 자못 문자가 있고 전적[書記]이 있다.

중종이 즉위하여 시어사 장행급張行岌을 보내 그를 위로하니 대조영은 아들을 보내 입시하게 했다. 곧 책립하려 하는데 거란과 돌궐이 해마다 변경을 노략질하므로 사명使命이 이르지 못했다.

渤海國志長編 一 丁酉山館

粱東保桂婁之故地據東牟山築城以居之祚榮驍勇善用兵靺鞨之衆及高麗餘憊稍稍歸之聖歷中自立為振國王遣使通於突厥其地在營州之東二千里南與新羅相接越憙靺鞨東北至黑水靺鞨地方二千里編戶十餘萬勝兵數萬人風俗與高麗及契丹同頗有文字及書記中宗即位遣侍御史張行岌往招慰祚榮遣子入侍將加冊立會契丹與突厥連歲寇邊使命不達睿宗先天二年遣郎將崔訢往冊拜祚榮為左驍衛員外大將軍渤海郡王仍以其所統為忽汗州加授忽汗州都督自是每歲遣使朝貢開元七年祚榮死玄宗遣使弔祭乃冊立其嫡子桂婁郡王大武藝襲父為左驍衛大將軍渤海郡王忽汗州都督十四年黑水靺鞨遣使來朝詔以其地為黑水州仍置長史遣使鎮押武藝謂其屬曰黑水塗經我地始與唐家相通舊請突厥吐屯先告我同去今不計會即請漢官必是與唐家通謀腹背攻我也遣母弟大門藝及其舅任雅相發兵以擊黑水門藝曾充質子至京師開元初還國至是謂武藝曰黑水請唐家官吏即欲擊之是背他也唐國人衆兵強萬倍於我一朝結怨但自取滅亡昔高麗全盛之時強兵三十餘萬

---

1) [역주] 원문에는 "南與新羅相接越憙靺鞨東北至黑水靺鞨"이라 되어 있음. 그러나 『책부원귀』 권959 외신부 토풍조에는 "南與新羅相接西接越憙靺鞨東北至黑水靺鞨"이라 되어 있음.

예종 선천 2년(713) 낭장 최흔(崔訢)[2]을 보내 대조영을 좌효위원외대장군 발해군왕으로 삼고 아울러 통할하는 지역을 홀한주(忽汗州)라 했으며 홀한주도독을 더하여 제수했다. 이로부터 해마다 사신을 파견해서 조공하였다.

개원 7년(719)에 대조영이 죽었다. 당나라 현종이 사절을 파견하여 조문하고 이어서 그의 적자인 계루군왕 대무예(大武藝)를 책립하여 아버지를 이어 좌효위대장군 발해군왕 홀한주도독으로 삼았다.

14년(726) 흑수말갈이 사신을 보내 왔기에 그 곳을 흑수주(黑水州)로 하고 장사를 두었으며 사절을 보내 진압했다. 대무예가 그의 신하들에게 말하기를 "흑수는 우리 경내를 지나야 당나라와 서로 통하게 된다. 전에는 돌궐에 토둔(吐屯)[3]을 청함에 언제나 우리에게 먼저 알려 함께 가곤 했었다. 그런데 지금은 만날 생각을 하지 않고 직접 한(漢)[4]나라의 벼슬을 청탁하였으니 반드시 당나라와 통해서 우리를 앞뒤로 공격하려는 것이 분명하다"라고 했다. 친동생인 대문예(大門藝)와 그의 장인 임아(任雅)에게 명하여 서로 군사를 징발하여 흑수를 치라고 했다.

대문예는 일찍이 볼모로 경사(京師)[5]에 가 있다가 개원 초기에 본국에 돌아왔다. 이 때에 이르러 대무예에게 말하기를 "흑수가 당나라의 벼슬을 청한다고 해서 바로 친다면 이것은 곧 당나라를 배반하는 일이 됩니다. 당나라는 사람이 많고 군사력이 강하기로 우리보다 만 배나 넘는데 하루 아침에 원수를 지게 되면 자멸을 초래할 뿐입니다. 옛날 고구려의 전성시기에 강병 30만으로 당나라와 대적하면서 복종하지 않다가, 당나라 군사가 한번 들이치매 땅을 쓴 듯이

---

2) [역주] 중국 여순(旅順)에서 출토된 「홍려정비(鴻臚井碑)」에는 최흔(崔忻)이라 되어 있음.
3) [역주] 토둔(吐屯)은 돌궐 관직이름으로 Tudun의 한자표음. 이 토둔은 이민족 지역에 주재, 그 수장의 정치적 행동과 징세를 감독하는 관직임.
4) [역주] 여기서는 당(唐)을 의미함.
5) [역주] 경사(京師): 당나라 수도인 장안(長安).

멸망했습니다. 오늘날의 발해는 백성이 고구려보다 몇 배나 적은데 당나라를 등지려고 해서는 어찌 성사되는 일이 있겠습니까?"라고 하였다. 대무예는 그 말을 받아들이지 않았다.

대문예는 군사가 국경에 이르렀을 적에 또 글을 올려 굳이 간하자, 대무예는 화를 내어 종형인 대일하大壹夏를 보내 대문예를 대신해서 군사를 통솔하게 하고 대문예를 잡아 죽이려 했다. 대문예는 마침내 자기 사람들을 버리고 사잇길로 해서 당나라로 귀순했다. 그래서 현종은 그에게 좌효위장군을 제수했다.

대무예는 조공하는 사신을 보내고, 이어서 표를 올려 대문예의 죄상을 자세히 말하고 그를 죽이기를 청했다. 황제는 비밀리에 대문예를 안서로 보내놓고 이어 대무예에게 답하기를 "대문예는 멀리서 찾아와 귀부했으므로 의리로 보아 죽이지 못한다. 지금 영남으로 유배를 보냈는데 이미 떠나버렸다"라고 하면서

渤海國志長編一　　　　　　　　　　　　子華山館

抗敵唐家不事賓伏唐兵一臨掃地俱盡今日渤海之衆數倍少於高麗乃欲違背唐家事必不可武藝不從門藝兵至境又上書固諫武藝怒遣從兄大壹夏代門藝統兵徵門藝欲殺之門藝遂棄其衆問道來奔詔授左驍衛將軍武藝尋遣使朝貢仍上表極言門藝罪狀請殺之上密遣門藝往安西仍報武藝云門藝來歸投義不可殺令流向嶺南已遣去訖乃留其使馬文軌蒳蘭勿雅別遣使報之俄有泄事者武藝又上書云大國示人以信豈有欺誷之理今聞門藝不向嶺南伏請殺前殺邵由是鴻臚少卿李道邃源復有不能督察官屬致有漏洩左遷道邃爲曹州刺史復爲澤州刺史遣門藝暫向嶺南以報之

二十年武藝遣其將張文休率海賊攻登州刺史韋俊詔遣門藝往幽州徵兵以討之仍令太僕員外卿金思蘭往新羅發兵以攻其南境屬山阻寒凍丈餘兵士死者過半竟無功而還武藝懷怨不已密遣使至東都假刺客刺門藝於天津橋南

門藝格之不死詔河南府捕獲其賊盡殺之二十五年武藝病卒其子欽茂嗣立詔遣內侍段守簡往冊欽茂爲渤海郡王仍嗣其父爲左驍衛大將軍忽汗州都督欽茂承詔赦其境內

보내온 사신 마문궤馬文軌·총물아葱勿雅를 남겨두고 달리 사신을 보내어 이 일을 알렸다.

얼마 안되어 그 일을 누설한 자가 있어서 대무예는 또 글을 보냈다.

대국은 신뢰를 보여주어야 하는데 어찌 기만하는 도리가 있습니까? 지금 소문에 대문예가 영남에 있지 아니하다고 합니다. 엎드려 청하건대 앞서 청한 대로 죽여주시기 바랍니다.

이로 말미암아 당나라는 홍려소경인 이도수李道邃와 원복源復이 관리를 감독하지 못하고 누설했다고 하여, 이도수는 조주자사로 좌천되고 원복은 택주자사로 좌천되었다. 그리고 대문예를 잠시 영남에 보내놓고 대무예에게 알렸다.

20년(732)에 대무예는 그의 장수 장문휴張文休를 보내 수군을 거느리고 등주자사 위준韋俊을 공격하게 했다. 현종은 조서를 내려 대문예를 유주에 파견하여 군사를 징발하여 그를 치게 하고 태복원외경 김사란金思蘭을 신라에 보내 군사를 징발하여 발해의 남쪽 지역을 공격하게 했다. 마침 산이 막히고 날씨가 추운데다 눈이 한 길이 넘게 쌓였으므로 병사의 태반은 죽는 등 아무런 공도 세우지 못하고 마침내 돌아오고 말았다.

대무예는 품은 원한을 풀지 못했으므로 가만히 동도에 사람을 보내 자객의 손을 빌어 천진교 남쪽에서 대문예를 암살하게 했다. 대문예가 자객을 대적하여 싸웠기에 죽음을 모면했다. 현종은 하남부에 조서를 내려 그 자객들을 모두 잡아 죽이게 했다.

25년(737)에 대무예가 병으로 죽고 그의 아들 대흠무欽茂가 이어 등극했다. 당나라는 내시 단수간段守簡을 보내 대흠무를 발해군왕으로 책봉하고 그 아버지를 뒤이어 좌효위대장군 홀한주도독을 그대로 이어받게 했다. 대흠무는 조서를 받고 나라 안에 사면령을 내렸고 단수간 편에 사신을 보내 입조하여 특산품을 보냈다.

대력 2년(767)으로부터 10년(775)에 이르기까지 자주 사신을 보내 입조했는데 간혹 한 해를 거르거나 혹은 한 해에 두세 번 오기도 했다.

12년(777) 정월에 사신을 보내 일본의 무녀舞女 11명과 특산품을 보내왔다. 4월과 12월에 사신이 다시 왔다.

건중 3년(782) 5월과 정원 7년(791) 정월에 모두 사신을 보내왔다. 그 사신 대상정大常靖을 위위경동정에 제수해서 본국으로 돌려보냈다. 8월에 그의 왕자인 대정한大貞翰이 입조하여 숙위할 것을 청했다.

10년(794) 정월에 입조한 왕자 대청윤大淸允을 우위장군동정으로 삼고, 그 아래 인원 30여 명에게도 차등있게 벼슬을 주었다.

11년(795) 2월에 내상시 은지섬殷志瞻1)을 파견하여 대숭린大崇璘을 발해군왕으로 봉했다.

14년(798)에 은청광록대부 검교사공을 더해 수여하고 발해국왕으로

---

1) [역주] '섬(瞻)'은 '첨(譫)'이라 한 예도 있음.

봉했다. 대숭린의 아버지인 대흠무는 개원연간에 아버지의 위를 이어받아 군왕 및 좌금오대장군으로 되었고, 천보연간(742~755)에 누차에 걸쳐 특진 태자첨사빈객이 가해졌다. 보응 원년(762)에 국왕으로 진봉되었고 대력연간에 계속하여 사공 태위를 더 수여받았다. 대숭린이 작위를 이어받을 적에 다만 군왕·장군만을 제수하자 대숭린이 사신을 보내 도리상 그럴 수 없음을 피력하므로 다시 책명을 더 내렸다.

11월에 왕의 조카인 대능신大能信을 좌효위중랑장 우후 누번장으로, 도독 여부구姉富仇를 우무위장군으로 삼아 돌려보냈다.

정원 21년(805)에 발해가 사신을 보내 조공하였다. 순종은 대숭린에게 금자광록대부 검교사공을 더해 주었다.

원화 원년(806) 10월에 검교태위로 더 올려주었다. 12월에 사신을 보내 조공했다.

4년(809)에 대숭린의 아들 대원유元瑜를 은청광록대부 검교비서감 홀한주도독으로 삼고 종전대로 발해국왕으로 삼았다.

5년에 두 번 사신을 보내와 조공하였다.

7년(812)에 또 사신을 보내와 조공하였다.

8년 정월에 대원유의 아우 권지국무 대언의言義에게 은청광록대부 검교비서감 도독 발해국왕을 제수했는데, 내사 이중민李重旻을 사절로 보냈다.

13년(818)에 발해가 사신을 보내 조공하고, 대언의의 죽음을 알렸다. 5월에 지국무 대인수人仁秀를 은청광록대부 검교비서감 도독 발해군왕으로 삼았다.

15년 윤정월에 발해가 사신을 보내 조공하였다. 대인수에게 금자광록대부 검교사공을 더했다. 12월에 다시 사신을 보내 조공했다.

장경 2년(822) 정월에 또 사신을 보내왔다.

4년(824) 2월에 대예大叡 등 5명이

내조하여 숙위할 것을 요청했다.

보력연간(825~826)에는 해마다 특산품을 보내왔다.

태화 원년(827)과 4년(830)에 사신을 보내 조공했다.

5년에 대인수가 죽자 권지국무 대이진(彛震)을 은청광록대부 검교비서감 도독 발해국왕으로 삼았다.

6년(832)에 발해가 왕자 대명준(明俊) 등을 보내왔다.

7년 정월에 발해가 동중서우평장사 고보영(高寶英)을 보내 책명에 사례했다. 이어서 학생 3명을 고보영에게 딸려보내 당나라 수도에서 학문을 배우게 해달라고 요청했다. 앞서 파견된 학생 3명은 공부가 조금 이루어져서 귀국을 청하므로 허락했다. 2월에 왕자 대선성(先晟) 등 6명이 내조했다.

개성연간(836~840) 이후에도 중단없이 조공을 수행했다.

『구당서』본기 ○현종 개원 7년(719) 3월 정유일에 발해말갈 군왕 대조영이 죽고 그의 아들인 대무예가 왕위를 이었다.

14년(726) 11월 신축일에 발해말갈이 그의 아들 대의신義信을 보내고 아울러 특산품을 바쳤다.

20년(732) 9월 을사일에 발해말갈이 등주를 침범하여 자사 위준韋俊을 죽이자 좌령군장군 개복순蓋福順에게 군사를 징발하여 치게 했다.

26년(738)에 발해말갈왕 대무예가 죽고 그의 아들 대흠무가 왕위를 잇자 사신을 보내 조문하고 그를 책립하였다.

29년 7월 을묘일에 유주절도부사 안록산을 영주자사로 삼고 평로군절도부사 압양번발해흑수4부경략사에 충임했다.

대종 대력 2년(767) 5월 병술일에 발해가 조공했다.

7년(772) 가을 발해가 사신을 조공했다.

10년 2월 갑신일에 평로치청절도관찰 해운압신라발해양번등사 검교공부상서 청주자사 이정기李正己를 검교상서좌복야로 삼았다.

12년(777) 춘정월 신유일에 발해 사신은 일본의 무녀舞女 11명을 보내왔다. 여름 4월 임인일에 발해가 사신을 보내 조공하였다.

14년 5월에 덕종이 즉위하였다. 윤달 병자일에 여러 주州와 부府, 신라·발해에 해마다 보라매를 공물로 바치던 일을 중지하라는 조서를 내렸다.

덕종 정원 8년(792) 8월 신묘일에 청주자사 이사고李師古를 운주대도독부장사 평로치청등주절도관찰 해운육운압신라발해양번등사로 삼았다.

11년(795) 2월 을사일에 발해 대흠무의 아들 대숭린을 책봉하여 발해군왕 홀한주도독으로 삼았다.

순종 영정 원년(805) 5월 갑진일에 검교사공 홀한주도독 발해국왕 대숭린을 검교사도로 삼았다.

헌종 원화 원년(806) 12월 병술일에 발해가 사신을 보내왔다.

2년(807)에도 발해가 사신을 보내왔다.

10년(815)에도 발해가 사신을 보내

왔다.

13년 5월 신축일에 권지발해국무 대인수를 검교비서감 홀한주도독으로 삼고 발해국왕으로 책봉했다. 이 해에 발해가 조공하였다.

목종 장경 4년(824) 2월 임오일에 발해가 대총예大聰叡 등 50명을 입조시켜 숙위로 머물게 하였다.

문종 태화 5년(831) 정월 기축일에 권지발해국무 대이진을 검교비서감 홀한주도독 발해국왕으로 삼았다.

6년(832) 12월 무진일에 내양 왕종우王宗禹가 발해에 사신으로 갔다가 돌아왔다. 발해가 좌우신책군과 좌우3군, 1백20사를 두었다고 하면서 그림을 그려서 바쳤다.

7년 기묘일에 인덕전에서 발해 등의 사절을 접대했다.

무종 회창 6년(846) 봄 정월 기미일에 발해 등 나라에서 사신을 보내 입조하자 인덕전에서 접대했다. 기축일에 발해왕자 대지악大之萼이 입조하였다.

선종 대중 12년(858) 2월에 발해국

왕의 아우 권지국무 대건황大虔晃을 은청광록대부 검교비서감 홀한주도독으로 삼고 발해국왕으로 책봉하였다.

소종 용기 원년(889) 10월 기미 초하루에 특진 태자소사 박릉군개국후 식읍 1천 호 최안잠崔安潛을 검교태부 겸시중 청주자사 평로군절도관찰 압신라발해양번등사로 삼았다.

대순 2년(891) 3월 신해 초하루에 청주권지병마유후 왕사범王師範을 검교병부상서 겸청주자사 어사대부에 임명하고, 평로군절도관찰 압신라발해양번등사도 담당하게 하였다.

『구당서』 유전량전 1) ○유전량劉全諒은 회주 무섭사람이다. 그의 아버지는 유객노劉客奴인데 유주의 창평 집에서부터 유랑을 시작했다. 어려서부터 무예를 익혀 평로군으로 종사했다.

개원연간(713~741)에 실위室韋의 수령 단보각段普恪이 날래고 용감함을 믿고 변경을 자주 괴롭혔다. 절도사

1) 또 같은 책의 이충신전에 "유정신이 죽자 여러 사람과 상의하여 안동도호 왕현지를 절도사로 삼았다"고 하였다.

설초옥薛楚玉이 유객노가 담력과 용기가 있는 사람이라고 여겨 단보각에게 대항케 하였는데, 유객노는 단기로 습격해서 단보각의 머리를 베어 바쳤다. 이 때부터 관직이 없는 신분에서 좌효위장군으로 제수되고 유역사遊弈使에 편입되었으며, 이로부터 자주 전공을 세웠다. 성품이 충직하고 신중하여 군중의 신임을 얻었다.

천보 말년에 안록산이 반란을 일으키자 조서를 내려서 안서절도 봉상청封常淸을 범양절도사로, 평로절도부사 여지회呂知誨를 평로절도로, 태원윤 왕승업王承業을 하동절도로 삼았다.

안록산이 동도에서 마음대로 제위에 오른 뒤 심복 한조양韓朝陽 등을 보내 여지회를 회유하자, 여지회가 결국 반역자의 명령을 받고서 안동부도호 보정군사 마영찰馬靈察을 꾀어내 죽였다. 안록산이 드디어 여지회를 평로절도사로 삼았다.

유객노는 평로의 여러 장수들과 함께 상의하여 여지회를 붙잡아 죽

이고 이어서 사람을 보내 안동장수 왕현지王玄志와 더불어 멀리 서로 지원하기로 하고 이 사실을 말을 달려 조정에 상주하였다.

15년(756) 4월에 유객노에게 유성군 태수로 제수하여 어사대부 평로절도지탁영전 육운압양번발해흑수사부경략 및 평로군사를 겸하게 하고, 이어서 '정신正臣'이라는 이름을 하사했다. 또 왕현지를 안동부대도호로 삼고 어사중승 보정군 및 영전사로 섭직하게 했다.

유정신은 이어서 평로로부터 군사를 거느리고 범양을 기습하려다가 이르지 못하고 역적장수 사사명史思明 등에게 대패했다. 유정신은 도망쳐 돌아와 왕현지의 짐술[1]을 마시고 죽었다. 역적은 서귀도徐歸道를 평로절도로 임명했는데 왕현지와 평로장수 후희일侯希逸 등이 귀도를 기습해서 죽여버렸다.

대력 9년(774)에 유정신에게 공부

---

1) [역주] 짐술: 짐새라는 독조(毒鳥)의 깃을 담근 술로 독하여 사약을 대신함.

상서를 추증했다.

『구당서』이희열전 ○건중 2년(781)에 치청절도 이정기가 반역을 도모했다.

3년(782) 가을에 이희열希烈에게 검교사공을 더하고 치청연등제주 절도지탁영전과 신라발해양번사를 겸하게 하고 이정기를 토벌하도록 하였다.

『구당서』이정기전 ○이정기李正己는 고구려 사람으로 평로에서 태어났다.

건원 원년(758)에 평로절도사 왕현지가 죽으니 군인들이 함께 후희일을 군대의 우두머리로 추대했다. 이 때 군인들은 후희일을 내쫓고 이정기를 우두머리로 세웠다. 이어 조정에서는 그에게 평로치청절도관찰사 해운압신라발해양번사를 제수했다.

처음에 치주·청주·제주·해주·등주·내주·기주·밀주·덕주·체주 등을 차지하였고, 또 조주·복주·서주·연주·운주 등을 얻어 도합 15개 주를 가졌다. 안으로 그 지역을 똑같이 대우하고, 그 시장에서 발해의 명마를 사고 파는 데 해마다 그치지 않았다.

이정기가 죽고 아들 이납納이 아버지의 무리들을 거느렸다.

정원 8년(792)에 이납이 죽자 군중에서는 아들 이사고師古에게 대신 그 자리를 잇도록 하였다. 이에 조정에서는 그에게 우금오대장군 동정평로 및 청치제절도 영전관찰 해운육운압신라발해양번사를 제수했다.

이사고가 죽은 다음 그의 가노[2]들이 그의 죽음을 알리지 않고 몰래 사람을 보내 이사도師道[3]를 밀주에서 맞이하여 그를 받들었다.

원화 원년(806) 10월에 이사도에게 검교공부상서 겸운주대도독부장사를 제수하고 평로군 및 치청절도 부대사 지절도사 관내 지탁영전관찰사처치 육운해운압신라발해양번등사를 중임하게 하였다.

『구당서』신라전 ○개원 21년(733) 발해말갈

---

2) [역주] 가노(家奴): 이사고 일가의 가병(家兵)을 말함.
3) 이사고의 이복동생이다.

이 바다를 건너 등주에 들어와 노략질했다. 이 때 김흥광興光[1]의 동족인 김사란金思蘭이 입조하여 경사에 머물러 있으면서 태복원외경 벼슬을 하고 있었는데, 이 때에 이르러 본국에 돌려보내 군사를 일으켜 말갈을 토벌하게 하고, 이어서 김흥광에게 개부의동삼사 영해군사를 더 제수했다.

『신당서』 발해전 ○발해는 본래 속말말갈로서 고구려에 부속되어 있던 자로, 성은 대씨이다. 고구려가 멸망한 후 무리를 거느리고 읍루의 동모산을 차지했다.

그 지역은 영주에서 동쪽으로 곧바로 2천 리쯤 떨어져 있는데 남으로는 신라의 북쪽 니하泥河를 경계로 하였고, 동쪽으로는 바다에 접해 있고 서쪽으로는 거란과 인접했다. 성곽을 쌓고 거처하니, 고구려의 유민들이 점점 그에 귀속했다.

만세통천 연간에 거란의 이진충이 영주도독 조화趙翽를 죽이고 반

---

1) [역주] 신라 제33대 성덕왕의 이름.

開元二十一年渤海靺鞨越海入寇登州時興光族人金思蘭先因入朝留京師拜爲太僕員外卿至是遣歸國發兵以討靺鞨仍加授興光爲開府儀同三司寧海軍使同上新渤海本粟末靺鞨附高麗者姓大氏高麗滅率衆保挹婁之東牟山地直營州東二千里南北新羅以泥河爲境東窮海西契丹築城郭以居高麗逋殘稍歸之萬歲通天中契丹盡忠殺營州都督趙翽反有舍利乞乞仲象者與靺鞨酋乞四比羽及高麗餘種東走度遼水保太白山之東北阻奧婁河樹壁自固武后封乞四比羽爲許國公乞乞仲象爲震國公赦其罪比羽不受命后詔玉鈐衛大將軍李楷固中郎將索仇擊斬之是時仲象已死其子祚榮引殘痍遁去楷固窮躡度天門嶺祚榮引高麗靺鞨兵拒楷固楷固敗還於是契丹附突厥王師道絶不克討祚榮即并比羽之衆特荒遠乃建震國自號震國王涉斯汗比羽之衆特荒遠乃建震國自號震國王涉斯汗地方五千里戶十餘萬勝兵數萬頗知書契盡得扶餘沃沮弁韓朝鮮海北諸國中宗時使侍御史張行岌招慰祚榮

人侍睿宗先天中遣使拜祚榮爲左驍衛大將軍渤海郡王以所統爲忽汗州領忽汗州都督自是始去靺鞨號專稱渤海玄宗開元七年祚榮死其國私謚爲高王子武藝立斥大土字東

란을 일으키자 사리舍利 걸걸중상乞乞仲象이라는 자가 말갈추장 걸사비우乞四比羽 및 고구려의 남은 종족과 함께 동쪽으로 달아나 요수를 건너 태백산 동북쪽을 차지하고 오루하奧婁河의 험준함을 이용하여 성벽을 쌓고 스스로 굳게 지켰다. 무측천은 걸사비우를 허국공으로, 걸걸중상을 진국공으로 책봉하고 그 죄를 용서했다.

걸사비우가 그 명령을 받아들이지 않자 무측천은 옥검위대장군 이해고李楷固와 중랑장 색구索仇에게 조서를 내려 그를 죽였다.

이 때 걸걸중상은 이미 죽고 그의 아들 대조영이 남은 무리를 이끌고 도망쳐 달아났다. 이해고는 끝까지 추격하여 천문령을 넘었다. 대조영이 고구려 병사와 말갈병을 거느리고 이해고에게 대항하니 이해고는 패전하여 돌아왔다. 이 때에 거란이 돌궐에게 복속되었으므로, 왕의 군사는 길이 끊겨 그들을 토벌할 수 없었다.

대조영은 곧 걸사비우의 무리를 합병하고 지역이 먼 것을 믿었으므로 나라를 세워 스스로 진국왕이라 부르는 한편 돌궐에 사신을 보내 통교했다.

발해의 땅은 사방 5천 리나 되고 호수는 10여만 호이며 군사는 수만이었다. 자못 문자를 잘 알았다. 부여·옥저·변한·조선과 바다 북쪽 여러 나라들의 땅을 모두 차지했다.

당나라 중종 때 시어사 장행급張行岌을 파견하여 위로하니 대조영이 아들을 보내 입시하게 했다.

예종 선천연간에 사신을 보내 대조영을 좌효위대장군 발해군왕으로 제수하고 다스리고 있는 지역을 홀한주로 삼아 홀한주도독을 겸하게 했다. 이로부터 비로소 말갈이라는 이름을 버리고 오로지 발해라고 불렀다.

현종 개원 7년(719)에 대조영이 죽자 그 나라에서 사사로이 고왕高王이라 시호를 올렸다. 아들 대무예大武藝가 등극하고 영토를 크게 넓히자 동북지방 여러 오랑캐들은 그를 두려워 복속했다. 사사로이 연호를 인안으로 고쳤다. 황제는 왕위와 영토를 계승하라는 전책을 내렸다.

얼마 안되어 흑수말갈의 사신이 입조하니 황제는 그 땅에 흑수주를 세우고 장사를 두어 총괄하였다.

대무예는 이에 신하들을 불러놓고 도모하기를 "처음에 흑수는 우리에게 길을 빌어 당나라와 내왕했으며, 지난날 돌궐에 토둔吐屯을 청할 때에도 모두 우리에게 먼저 알렸다. 이제 당나라에 관리를 청하면서 우리에게 알리지 않았으니, 이는 반드시 당나라와 더불어 우리를 앞뒤에서 협공하려는 것이 분명하다"라고 하면서, 아우 대문예와 장인 임아任雅로 하여금 군사를 징발하여 흑수를 치게 했다.

대문예는 일찍이 볼모로 장안에 가 있었으므로 이해관계를 잘 알고 있었으므로 대무예에게 이르기를 "흑수가 관리를 청했다 하여 우리가 그를 친다면 당나라를 배반하는 것이 됩니다. 당나라는 큰 나라이고 군사는 우리의 1만 배나 되는데 그들과 원한을 맺으면 우리는 또한 망하고 말 것입니다. 옛날 고구려가 강성할 때에 군사 30만으로 당나라와 맞서 싸운 것은 영웅스럽고 굳세다 할 만하지만, 당나라 군사가 한번 덮치자 땅을 쓴 듯이 멸망했습니다. 지금 우리는 고구려의 1/3밖에 안되는데 왕께서 당나라를 어기신다면 아니되옵니다"라고 하였다. 그러나 대무예는 듣지 않았다.

군사가 국경까지 이르렀을 적에 또 글을 올려 간곡하게 간하자 대무예는 노하여 종형인 대일하大壹夏를 보내 대신하게 하고 대문예를 불러들여 죽이려 했다. 대문예는 두려워 지름길로 해서 스스로 당나라에 귀부하여 오니, 좌효위장군을 제수했다.

대무예가 사신을 보내 대문예의 죄악을 폭로하고 그를 죽여달라고 했다. 현종은 조서를 내려 대문예를 안서에 가 있게 하고 좋게 답하여 이르기를 "대문예는 곤궁하여 나에게 귀부했으니 마땅히 죽일 수 없는 데다가 이미 험한 땅에 가 있다"라고 하였다. 아울러 보내온 사신을 억류하여 보내지 않고 별도로 홍려소경 이도수李道邃와 원복源復으로 하여금 유지를 전하게 했다.

대무예가 이 사실을 알고 글을 올려 "폐하께서 속임수를 세상에 보이는 것은 부당한 일입니다"라고 질책하면서 대문예를 꼭 죽이려는 뜻을 보였다. 이에 현종은 이도수와 원복이 나랏일을 누설했다고 진노하여 그들을 모두 좌천시키고 거짓으로 대문예를 배척했다고 답했다.

10년 뒤에 대무예가 대장 장문휴張文休를 보내서 해적들을 거느리고 등주를 공격하니, 현종은 재빨리 대문예를 보내 유주의 군사를 징발하여 치게 하는 한편 태복경 김사란을 신라에 사신으로 보내 군사를 독려하여 발해의 남쪽 지역을 공격하게 했다.

때마침 큰 추위를 만나 눈이 한 장丈[1]나 내려 군사들 가운데 얼어

---
1) 10척이다.

죽은 자가 반수를 넘어 아무런 공을 세우지 못하고 돌아왔다.

대무예는 아우에 대한 원한이 풀리지 않아 자객을 모아 동도에 들여보내 길에서 찔러죽이게 했는데, 대문예가 맞서 대항한 까닭에 죽음을 모면했다. 당나라는 하남에서 그 자객들을 모두 체포하여 죽였다.

대무예가 죽으니 그 나라에서 사사로이 무왕武王이라 시호했다. 아들 대흠무欽茂가 등극하여 연호를 대흥이라 고쳤다. 왕위 및 영토를 계승하라는 조서를 내리자 대흠무는 온 경내에 사면령을 내렸다.

천보 말년에 대흠무가 상경으로 도읍을 옮겼으니, 바로 옛 도읍지에서 3백 리 떨어진 홀한하의 동쪽이었다.

현종시대가 끝날 때까지 29번 사신을 보내왔다.

보응 원년(762) 조서를 내려 발해를 나라로 인정하여 대흠무를 왕으로 삼고, 검교태위로 관작을 높여주었다.

대력연간(766~779)에 발해는 25번 사신을 파견하였는데, 일본의 무녀 11명을 조정에 보내왔다.

정원(785~804) 때에 동남쪽의 동경으로 도읍을 옮겼다. 대흠무가 죽으니 사사로이 문왕文王이라 시호했다. 아들 대굉림宏臨이 일찍 죽고 족제인 대원의元義가 등극하여 1년 동안 있었는데, 성품이 잔인하고 포악하다 하여 나라사람들이 그를 죽여버렸다. 이어서 대굉림의 아들인 대화여華與를 왕으로 삼고, 다시 상경으로 돌아가 연호를 중흥으로 고쳤다. 대화여가 죽으니 시호를 성왕成王이라 했다.

대흠무의 어린 아들 대숭린崇璘이 왕위에 올라 연호를 정력으로 고치니, 조서를 내려 우효위대장군을 제수하고 왕위를 잇게 하였다. 건중·정원 연간에 무릇 4번 사신이 왔다. 그가 죽으니 시호를 강왕康王이라 하였다.

아들 대원유元瑜가 등극하고 연호를 영덕이라고 했다. 그가 죽으니 시호를 정왕定王이라 했다.

아우 대언의言義가 왕위에 올라 연호를 주작이라 고치고 왕위를 예와 같이 이어받았다. 그가 죽자 시호를 희왕僖王이라 했다.

아우 대명충明忠이 등극하여 연호를 태시로 고쳤다. 왕위에 오른 뒤 1년 만에 죽으매 시호를 간왕簡王이라 했다.

종부從父인 대인수仁秀가 왕위에 올라 연호를 건흥이라 고쳤다. 그의 4세조 대야발野勃은 대조영의 아우이다. 대인수는 자못 바다 북쪽의 여러 부족을 토벌하여 영토를 크게 넓힌 공이 있어 조서를 내려 검교사공을 제수하고 왕위를 잇게 했다.

원화연간(806~820)에 무릇 16차례 사신을 보내왔고, 장경연간에는 4차례, 보력연간에는 무릇 2차례였다. 태화 4년(830)에 대인수가 죽으니 시호를 선왕宣王이라 했다. 아들 대신덕新德이 일찍 죽어 손자 대이진彛震이 왕위에 올라 연호를 함화라 고쳤다. 이듬해에 조서를 내려 작위를 계승케 하였다.

문종의 시대가 끝나기까지 12차례 내조하였고, 회창연간에는 무릇 4차례 왔다.

대이진이 죽자 아우 대건황虔晃이 왕위에 오르고, 대건황이 죽자 대현석玄錫이 등극했다. 함통연간에 3차례에 걸쳐 사신을 보내왔다.

처음에 그 나라 왕이 학생들을 여러 차례 경사의 태학에 보내 고금의 제도를 배우게 했는데, 이 때에 이르러 드디어 해동성국이 되었다. 그 땅에는 5경 15부 62주가 있었다.

숙신의 옛땅은 상경인데 용천부龍泉府라 했고 용주·호주·발주 등 3주를 거느렸다. 그 남쪽은 중경인데 현덕부顯德府라 했고, 노주·현주·철주·탕주·영주·흥주 등 6주를 통치했다.

예맥의 옛땅은 동경인데, 용원부龍原府라 하였고 책성부柵城府라고도 했으며, 경주·염주·목주·하주 등 4주를 다스렸다. 옥저의 옛땅을 남경으로 삼았는데 남해부南海府라 하

詔襲爵終文宗世來朝十二會昌凡四彛震死弟虔晃立死支
錫立咸通時三朝獻初其王數遣諸生詣京師太學習識古今
制度至是遂爲海東盛國地有五京十五府六十二州以肅慎
故地爲上京曰龍泉府領龍湖渤三州其南爲中京曰顯德府
領盧顯鐵湯榮興六州濊貊故地爲東京曰龍原府亦曰柵城
府領慶鹽穆賀四州沃沮故地爲南京曰南海府領沃睛椒三
州高麗故地爲西京曰鴨淥府領神桓豊正四州曰長嶺府領
瑕河二州扶餘故地爲扶餘府領扶仙二州曰鄚頡府領鄚高
二州挹婁故地爲定理府領定潘二州曰安邊府領安瓊二州
率賓故地爲率賓府領華益建三州拂涅故地爲東平府領伊
蒙陀黑比五州鐵利故地爲鐵利府領廣汾蒲海義寧富美五
州越憙故地爲懷遠府領達越懷紀富美福邪芝九州
安遠府領寧郿慕常四州又郢銅涑其三州日本道也南海新
羅道也鴨淥朝貢道也長嶺營州道也扶餘契丹道也俗謂王

曰可毒夫曰聖主曰基下其命爲敎王之父曰老王母太妃妻
貴妃長子曰副王諸子曰王子官有宣詔省左相左平章事侍
中左常侍諫議居之中臺省右相右平章事內史詔誥舍人居

고, 옥주·정주·초주 등 3주를 다스렸다.

고구려의 옛땅은 서경인데, 압록부鴨淥府라고 하여 신주·환주·풍주·정주 등 4주를 다스리고, 장령부長嶺府는 하주瑕州·하주河州 등 2주를 다스렸다.

부여의 옛땅을 부여부扶餘府라 했는데, 거란을 막기 위해서 평소에 강한 군사를 주둔시키고 있었으며 부주·선주 2주를 다스렸다. 막힐부鄚頡府는 막주·고주 2주를 다스렸다.

읍루의 옛땅은 정리부인데, 정주·심주 2주를 다스리고, 안변부安邊府는 안주·경주 2주를 다스렸다. 솔빈의 옛땅은 솔빈부率賓府인데 화주·익주·건주 3주를 다스렸다. 불녈의 옛땅은 동평부東平府인데 이주·몽주·타주·흑주·비주 등 5주를 다스렸다. 철리의 옛땅은 철리부鐵利府인데 광주·분주·포주·해주·의주·귀주 등 6주를 다스렸다.

월희의 옛땅은 회원부懷遠府인데, 달주·월주·회주·기주·부주·미주·복주·사주·지주 등 9주를 다스렸으며 안원부安遠府는 영주·미주·모주·상주 등 4주를 다스렸다. 또 영주·동주·속주 등 3주를 독주주獨奏州라 했다. 속주涑州란 그 가까이에 있는 속말강涑沫江으로 인해 이름하였는데 아마도 이른바 속말수粟末水를 가리킨 것이다.

용원의 동남은 바다에 임했는데 일본으로 가는 길이다. 남해는 신라로 가는 길이고, 압록은 조공하는 길이고, 장령은 영주로 가는 길이고 부여는 거란으로 가는 길이다.

풍속에 왕을 '가독부可毒夫'·'성왕聖王'·'기하基下'라 했고 왕의 명령을 '교敎'라 했다. 왕의 아버지를 '노왕', 어머니를 '태비', 아내를 '귀비', 맏아들을 '부왕'이라 했으며 모든 아들들을 '왕자'라 했다.

관제에는 선조성이 있는데, 좌상·좌평장사·시중·좌상시·간의를 두었다. 중대성에는 우상·우평장사·내사·조고사인을 두었다. 정당성에는 대내상이 한 사람 있는데 좌우상 위에 있다. 좌·우 사정司政 각 1명이 있는데 좌·우 평장사 아래에 있으며, 그 자리는 복야에 비견되고 좌윤·우윤은 2승에 비견된다.

좌6사에는 충부忠部·인부仁部·의부義部가 있으며 각 부에 경을 1명씩 두었는데 사정 아래에 있다. 그 지사支司로 작부·창부·선부가 있으며 부에는 낭중과 원외가 있다.

우6사에는 지부·예부·신부가 있고 지사에는 융부·계부·수부가 있으며 경과 낭중은 좌6사에 준하는데, 이러한 것들이 6관에 비견된다.

중정대中正臺에는 대중정 1명이 있는데 어사대부와 비슷하며 직위는 사정의 밑이다. 그리고 소정 1명이 있다.

또 전중시殿中寺·종속시宗屬寺가 있는데 대령을 두었다.

문적원文籍院에는 감이 있다. 영과 감에는 모두 소령·소감이 있다.

태상시太常寺·사빈시司賓寺·대농시大農寺에는 경이 있고, 사장시·사선시司膳寺에는 영·승이 있다.

주자감冑子監에는 감장이 있다. 항백국巷伯局에는 상시 등의 벼슬이 있다.

그 무관으로는 좌우맹분위猛賁·웅위熊衛·비위羆衛·남좌우위南左右衛·북좌우위北左右衛가 있는데, 각각 대장군 1명과 장군 1명씩 두었다.

대체로 이렇듯 중국의 제도를 본받았다. 품계를 질秩이라 했는데, 3질 이상은 자줏빛 조복을 입고 아홀과 금어를 찼다. 5질 이상은 붉은 조복에 아홀과 은어를 찼다. 6질과 7질은 연붉은 조복을 입고, 8질은 녹색 조복을 입는데 모두 나무홀〔木笏〕을 들었다.

그 나라가 소중히 여기는 것은 태백산의 토끼, 남해의 다시마, 책성의 된장, 부여의 사슴, 막힐의 돼지, 솔빈의 말, 현주의 포목, 옥주의 솜, 용주의 명주, 위성의 철, 노성의 벼, 미타호의 붕어 같은 것이다.

과일로는 환도의 자두, 낙유樂游의 배 같은 것이다. 나머지 습속은 고구려·거란과 비슷하다.

유주절도부와 서로 교빙하였는데 영주·평주에서 장안까지는 8천 리나 멀리 떨어져 있다. 뒤에 조공이 있었는지의 여부는 역사가들도 전하지 못했다. 때문에 반역과 귀부는 상고할 수 없다.

『신당서』북적 흑수말갈전 ○흑수의 서북쪽에 또 사모부思慕部가 있는데 북쪽으로 열흘쯤 더 가면 군리부郡利部가 있고 동북으로 열흘쯤 가면 굴설부窟說部가 있는데 굴설屈設이라고도 한다. 동남으로 열흘쯤 가면 막예개부莫曳皆部가 있고, 또 불녈부·우루부·월희부·철리부 등 부가 있다.

그 땅의 남쪽은 발해에 이르고 북쪽과 동쪽 끝은 바다이고 서쪽은 실위室韋에 이르는데 남·북 거리가 2천 리이고 동·서 거리가 1천 리나 된다.

불녈·철리·우루·월희는 중국과 자주 내왕했지만 군리·굴설·막예개는 스스로 내왕하지는 못했다. 지금 장안에 조공한 기록이 있는 것은 덧붙인다.

불녈은 대불녈大佛涅이라고도 하는데 개원·천보 연간에 8차례 내조하여 경정[1]·담비가죽·흰토끼 가죽을 바쳤다.

철리는 개원연간에 6차례 내조했고, 월희는 7차례 내조했으며 정원연간에는 한 번 왔었다.

우루는 정관연간에 2차례, 정원연간에 한 번 왔었다. 뒤에 발해가 흥성해지자 말갈은 모두 그에 복속되었으며 다시는 왕과 만나지 못했다.

『신당서』이광필전, 부 오승자[2]) ○ 오승자吳承玼는 자가 덕윤이며 장액사람이다. 개원연간에 평로군의 선봉이 되었는데 침착하고 용맹하며 결단성이 있었

---

1) 〔역주〕고래의 눈알.
2) 한유의 「오씨묘비」에 이르기를 "발해가 해상을 교란하고 마도산까지 이르러 관리와 백성들이 일을 버리고 도망쳐 버렸다. 상서가 자기에게 소속된 부병을 거느리고 그 길을 막고 들판에 참호를 파고 돌을 쌓았는데 4백 리에 걸쳤다. 깊이와 높이가 모두 3장이 되니 적들이 들어올 수 없었다. 그래서 백성들이 자기 집에 돌아왔고 이 해에 돈 30여만을 옮겨 올 수 있었다"라 했다. 또 주석에 허맹용의 「오승흡신도비」를 인용하여 이르기를 "발해왕 대무예가 해안가로 나와서 마도산에 이르러 성읍을 함락하여 도륙했다. 공이 본영의 사마로서 요해처를 막아 방어했다"라고 했다.

다. 발해의 대무예와 아우 대문예가 국내에서 싸우다가 대문예가 도망쳐 오자, 조서를 내려 태복경 김사란과 함께 범양范陽과 신라의 군사 10만 명을 징발하여 대무예를 토벌하도록 하였으나 공을 세우지 못했다. 대무예는 동도에 자객을 파견하여 대문예를 암살하게 했으며 군사를 이끌고 마도산馬都山에 이르러 성읍을 도륙하였다.

오승자가 큰 개울을 파서 주요 길목을 4백 리나 걸쳐 막으니, 적들이 들어오지 못했다. 이에 유민들이 돌아올 수 있었다. 군사들은 잠시 쉬면서 갑옷을 벗어놓고 농사를 지으니 이 해에 탁지度支에서 나르는 돈을 절약했다.3)

『신당서』 역신 안록산전 ○천보 원년(742)에 평로를 절도로 하여 안록산을 절도사로 삼고, 유성태수와 압양번발해흑수4부경략사를 겸하게 했다.

『신당서』 신라전 ○처음에 발해말갈이 등주를 노략질할 때 김흥광4)이 공격해 쫓으니, 황제는 김흥광을 영해군대사로 승진시켜 말갈을 치게 했다.

『신당서』 번진 이정기전 ○이정기는 고구려 사람인데 영주부장으로서 후희일侯希逸을 따라서 청주로 들어왔다. 군중에서 후희일을 쫓아버리자 그에게 절도사를 대신하라는 조서가 내려졌다. 드디어 치주·청주·제주·해주·등주·내주·기주·밀주·덕주·체주 등 10주를 차지하고 다시 조주·복주·서주·연주·운주 등 5주를 취해 모두 15주를 차지했다. 시장터에는 발해의 명마가 해마다 끊이지 않았다.

『신당서』 지리지 4 ○말갈은 주가 셋이 있고 부가 셋이 있다. 신주愼州는 무덕 초에 속말 오소고烏素固 부락에 치소를 두었다.5)

---

3) 살펴건대 이 두 비문은 곧 『신당서』가 의거한 원본이다.
〔역주〕 원문의 '불안(紱案)'은 작자 김육불(金毓紱) 자신의 주석이란 말.
4) 신라왕이다.
〔역주〕 신라 제33대 성덕왕을 가리킴.
5) 뒤에 양향의 옛도읍인 향성에 잠시 두었는데 거느린 호수가 2백50호이고 인구가 9백84명이었다. 현은 하나인데 방룡현이다.

이빈주夷賓州는 건봉연간에 수사령愁思嶺 부락에 치소를 두었다.[1]

여주는 재초 2년(691)에 신주를 나누어 설치했다.[2]

흑수주도독부는 개원 14년(726)에 설치했다. 발해도독부와 안정도독부를 두었다.

『신당서』 방진표 ○개원 5년(717)에 영주에 평로군사를 두었다. 7년(719) 평로군사를 평로군절도사로 승격시키고 경략 하북 지탁支度 관내 제번 안동도호 및 영주·요주·연주 등 3주를 다스리게 했다. 28년에 평로군절도사는 압양번발해흑수 4부경략처치사를 겸하게 했다.

상원 2년(761)에 평로군절도사 후희일이 군사를 이끌고 청주를 지켰다. 그에게 청밀절도사를 제수하고 드디어 치기절도 및 그 관할하의 5

---

[1] 뒤에 양향의 옛 광양성에 잠시 치소를 두었는데 거느린 호수가 1백30호이고 인구는 6백48명이었다. 현은 하나였는데 내소이다. 여주는 재초 2년(691)에 신주를 나누어 설치했다.

[2] 뒤에 양향의 고도 향성에 잠시 치소를 두었는데 거느린 호수가 5백69호이고 인구는 1천9백91명이었다. 현은 하나인데 신려현이다.

주를 폐지하고 치청평로절도라고 하였다.

영태 원년(765)에 치청평로절도에게 더하여 압신라발해양번사를 거느리게 하였다.

`신당서』예문지 을부 사록지리류` ○장건장의 『발해국기』 3권.3)

`구오대사』 7` ○후량 태조 건화 2년(908) 5월에 발해는 사신을 보내 조공하였다.

`구오대사』 9` ○말제 정명 4년(914) 12월 계축일에 조서를 내려 행영제군마보도우후 광국군절도관찰유후 주규(朱珪)에게 검교태부를 더하고, 평로군절도 치청등래등주 관찰처치 압신라발해 양번등사를 맡겼다.

`구오대사』 31` ○후당 장종4) 동광 2년(924) 정월 을묘에 발해국이 사신을 보내 특산품을 바쳤다.

`구오대사』 32` ○5월 병진일에 발해국왕 대인선(大諲譔)이 사신을 보내 특산품을 바쳤다. 7월에 유주에서 거란의 안파견5)이 동쪽으로 발해를 공격했다고 아뢰었다. 9월 임술일에 유주에서 거란의 야율아보기가 발해국으로부터 회군했다는 말을 전해왔다.

`구오대사』 33` ○3년(925) 2월 신사일에 발해국이 사신을 보내 특산품을 바쳤다.

`구오대사』 34` ○4년(926) 정월 무오삭일에 거란이 발해를 침략했다. 병인에 거란이 여진과 발해를 침략했다.

`구오대사』 36` ○명종 천성 원년(926) 4월 을묘일에 발해국왕 대인선이 사신을 보내 조공하였다. 7월 경신일에 발해국이 사신을 보내 조공하였다.

`구오대사』 37` ○11월 무오일에 청주가 등주의 장계를 받아. 거란이 앞서 발해국을 공격했으며, 야율아보기가 죽은 뒤에 비록 물러가기는 했으나 아직도 병마를 발해의 부여성에 남겨놓았고, 지금은 발해왕의 아우가 병마를 거느리고 와서 부여성 안의 거란을 포위 공격하고 있다고 아뢰

---

3) 살피건대 『통지』 예문략과 『송사』 예문지가 모두 이 책명을 기록하였다.
4) 〔역주〕 원문에는 광종(光宗)이라 잘못 표기되어 있음.
5) 〔역주〕 안파견(安巴堅): 야율아보기.

었다.

『구오대사』41 ○장흥 원년(930) 11월 병술일에 청주가 등주의 장계를 받아 거란 야율아보기의 아들 동단왕 탁운託雲이 바다를 건너와 우리나라에 귀부했다고 아뢰었다.[1]

『구오대사』42 ○2년(931) 정월 임신일에 거란 동단왕 탁운이 발해국으로부터 그 무리들을 거느리고 대궐에 이르렀다. 황제는 오래도록 위로하고 하사품을 차등있게 주었다. 이날 온 조정이 칭하하였다. 정축일에 동단왕 탁운이 본국의 도장 3개를 바쳤다.

2월 정유일에 황제가 동단왕 탁운이 거처하던 집에 행차했다. 3월 신유일에 발해국 인황왕 탁운에게 동단東丹이란 성과 모화慕華라는 이름을 하사였다. 이어서 검교태보 안동도호를 제수하고 회화군절도와 서진 등 주의 관찰사를 맡겼다. 모화를 따라서 귀부한 그의 부하장수

---

[1] 『거란국지』에 "이 때에 동단왕이 왕위를 잃고 원망하여 그의 부하 40명을 거느리고 바다를 건너 당나라에 귀부했다"라고 했다.

발해국지 전편 1 - 총략 상　43

들에게는 회화장군·귀덕장군·중랑장을 각각 수여했다.

9월 기해일 회화군절도사 동단모화에게 성 '이李'와 이름 '찬화贊華'를 하사하고 농서현개국공으로 고쳐 책봉했다.

『구오대사』43 ○장흥 3년(932) 정월 무신일에 발해가 사신을 보내 조공하였다. 2월 기묘일 회화군절도사 이찬화가 거란의 지도를 바쳤다.

4월 계해일에 회화군절도사 이찬화를 활주절도사로 삼았다. 처음에 황제는 이찬화를 번진으로 삼으려 했으나, 범연광范延光 등이 안된다고 아뢰었다. 황제가 말하기를 "내가 그의 선인과 형제의 맹약을 맺어서 이찬화가 귀부했다. 그러나 내가 늙었으니 가령 후세에 문치를 주장하는 황제가 있더라도 이 무리들을 불러도 그들은 오지 않을 것이다"라고 했다. 이 때문에 근신들은 황제의 뜻에 맞설 수가 없었다.

『구오대사』48 ○말제 청태 3년(936) 9월 신해일에 회주에 행차하여 이부시랑

용민龍敏을 불러 국가의 기밀사무에 대해 문의했다. 용민은 황제에게 "동단왕 이찬화를 거란주로 삼고 원병을 보내 그의 나라에 그를 보내주면, 거란주는 뒤를 돌아봐야 하는 걱정이 생겨 우리 땅에 오래 머물지 못할 것입니다"라고 권하였다. 황제는 깊이 그러하다고 여겼지만 끝내 그 계책을 실행하지 못했다.2)

『구오대사』 76 ○진晋나라 고조 천복 원년(936) 12월 병신일에 조서를 내려 죽은 동단왕 이찬화를 연왕으로 봉하고 전 선주자사 이숙李册을 보내 본국에 돌아와서 장사를 지내도록 하였다.

2년 정월 병자일에 죽은 거란 인황왕이 돌아와 장사를 지내니, 하루

---

2) 『요사』 의종전에 이르기를 "야율배가 비록 다른 나라에 있었지만 문안하는 사절이 끊이지 않도록 항상 생각하였다. 뒤에 명종의 양자인 이종가가 임금을 죽이고 스스로 왕위에 오르자 야율배는 비밀리에 이 일을 태종에게 이르기를 '이종가가 임금을 시해하였는데 어찌 그를 치지 않습니까'라고 했다"라고 하였다. 이는 실제로 동단왕이 병란을 시작한 것을 말해 준다. 당나라 군신들 가운데 혹 그 음모를 아는 이도 있었으므로 용민龍敏의 말을 실행하지 못했던 것이다.

조회를 하지 않았다.

『구오대사』 85 ○소제 개운 3년(946) 12월 신묘일에 거란은 항복한 황제를 광록대부 검교태위로 하고 부의후로 책봉하여 황룡부에 안치했는데 그 지방이 발해국과 경계이다.

『구오대사』 133, 세습열전 ○동광연간(923~925)에 전구錢鏐는 진해진동군절도라는 명목을 아들 전원관元瓘에게 주고 스스로 오월국왕을 자칭했다. 거짓으로 제책制冊을 행하여 신라·발해에 봉작을 더 해 주었고 해중의 오랑캐 지역에도 다 사신을 보내 봉책을 행했다.

『구오대사』 137, 외국열전 ○동광연간에 야율아보기가 새로이 땅을 넓힐 뜻을 드러내어 군사를 거두어 크게 거사하려 했으나 발해가 그 뒤를 쫓을까 봐 염려했다.

3년(925) 그는 무리들을 동원하여 발해의 요동을 치고 탁락노문托諾盧文으로 하여금 영주와 평주 등에 나아가 웅거하게 하여 당나라의 연주와 계주를 어지럽혔다.

명종 초에 왕위를 찬탈하고 공봉관 요곤姚坤을 보내 애상을 알렸다. 서루西樓 읍속에 이르고 보니 야율아보기가 발해에 있으므로 또 험하고 먼 신주까지 가서 야율아보기를 만나니 궁 안으로 맞아들였다.… 야율아보기가 이르기를 "내 스스로 낙양에 가서 아들을 구하고자 했는데 발해를 아직 공략하지 못해 내 아들은 이같이 원통한 결과를 맞게 되었소"라고 했다.…

야율아보기는 아들이 셋인데, 큰 아들이 인황왕 탁운托雲으로 곧 동단왕이다.…

야율아보기가 죽자 그의 어머니가 덕광德光에게 그 자리를 대신 잇도록 하고 작은아들 아돈소군阿敦少君에게 발해국에 가서 탁운을 대신하게 했다. 탁운이 장차 왕위에 오를 것이었는데, 덕광이 부족들에게 신임을 받고 또 그의 어머니가 평상시에 몹시 사랑해 왔기 때문에 곧 그를 옹립하게 했던 것이다.…

장흥 2년(931)에 동단왕 탁운이 대궐 아래에 있을 적에 그의 어머니가 계속 사신을 내어 알리자 조정에서도 그를 우대하여 용납했다.

○발해말갈은 그 풍속에 저들의 왕을 '가독부可毒夫'라 불렀고 대면해서는 '성聖'이라 불렀다. 또 전주에서는 '기하基下'라 불렀다. 왕의 아버지를 '노왕'이라 불렀고 왕의 어머니를 '태비'라 불렀으며 아내를 '귀비'라 불렀다. 그리고 장자를 '부왕'이라 불렀고 왕의 아들들을 '왕자'라 불렀으며 대대로 '대大'씨를 추장으로 삼았다.

『신오대사』 2 ○후량 태조 개평 원년(907) 5월 무인일에 발해와 거란이 사신을 보내왔다.

○2년(908) 춘정월 정유일에 발해가 사신을 보내왔다.

○3년 3월 신미일에 발해국왕 대인선大諲譔이 사신을 보내왔다.

○건화 원년(911) 8월 무진일에 발해가 사신을 보내왔다.

○2년(912) 5월 정해일에 발해가 사신을 보내왔다.

『신오대사』 5 ○후당 장종 동광 2년(924) 정

월 을묘일에 발해국왕 대인선이 대우모大禹謨를 사신으로 보내왔다. 5월 병진에 발해국왕 대인선이 사신을 보내왔다.

○3년(925) 2월 신사일에 발해국왕 대인선이 사신을 보내왔다.

『신오대사』6 ○천성 원년(926) 4월 갑인일에 발해국왕 대인선의 사신 대진림大陳林이 왔다. 7월 경신일에 발해의 사신 대소좌大昭佐가 왔다.

○장흥 원년(930) 11월 병술일에 거란 동단왕 야율돌욕突欲이 도망쳐 왔다.

○2년(931) 12월 신미일에 발해의 사신 문성각文成角이 왔다.

○3년 춘정월 기유일에 발해가 사신을 보내왔다.

『신오대사』7 ○폐제 청태 2년(935) 9월 을묘일에 발해가 사신을 보내왔다.

『신오대사』67, 사이부록 ○전구錢镠가 그의 아들 전원관元瓘에게 진해등군절도사를 수여하고 오월국왕을 자칭하였다. 사절을 보내 신라왕·발해왕을 책봉하고 바다 밖 여러 나라의 군장들을 모두 다 책봉했다.

`신오대사』72, 사이부록` ○거란은 자못 중국을 엿보려는 생각을 가지고 있었는데, 여진과 발해 등이 그의 뒤에 있는 것을 근심하였고, 발해를 치려 하면 중국이 그의 빈틈을 노릴 것이 두려워하였다. 이에 사신을 당나라에 보내 서로 좋게 지내자고 했다.

동광연간에 사신이 또 왔다.

장종이 죽자 명종이 공봉관 요곤姚坤을 거란에 보내 상사를 알렸다. 요곤이 서루에 이르렀는데 야율아보기耶律阿保機는 곧 동쪽으로 발해를 치고 있었다. 요곤이 신주에까지 쫓아가 그를 만났다.

야율아보기가 말하기를 "전날에 듣자니 중국에 난이 일어났다고 하기에 군대 5만으로써 나의 아들을 도와주려 했지만 발해를 제어하지 못해서 그 뜻을 이루지 못했다"라고 하였다. 야율아보기는 발해를 공격하여 부여성을 탈취해 동단국[1]으로 삼고 장자인 인황왕 야율돌욕을 동단왕으로 삼았다.

`신오대사』74, 사이부록` ○발해는 본래 말갈이라 했는데 고구려의 별종이다. 당나라 고종이 고구려를 멸하고 그 사람들을 중국 각처에 이주시켜 놓은 뒤 평양에 안동도호부를 두고 그들을 통치했다. 무측천 때 거란이 북쪽 변경을 공격하자 고구려의 별종인 걸걸중상과 말갈추장 걸사비우가 함께 요동으로 달아나서 고구려의 옛터에서 각각 왕이 되었다.

무측천이 장수를 보내 걸사비우를 죽였고 걸걸중상도 병으로 죽었다. 걸걸중상의 아들 대조영이 왕위에 올라 걸사비우의 무리들을 합하니 그 무리가 40만이 되었다. 읍루挹婁에 근거를 두고 당나라에 신속하였다.

중종 때에 이르러 홀한주忽汗州를 설치한 뒤 대조영을 도독으로 삼고 발해군왕으로 책봉하였다. 그 후세도 있음.

---

1) [역주] 동단국(東丹國)은 통상 동단국이라 불리고 있으나 동란국 또는 동안국으로 해야 한다는 견해

에 마침내 발해라 부르게 되었다. 그들 우두머리의 성은 대씨이다.

개평 원년(907)에 국왕 대인선이 사신을 보내왔는데 현덕(954~959) 때까지 늘 사신을 보내왔다. 그 나라의 토산물은 고구려와 같다. 대인선 때에 제위가 끝나고 역사에서는 그 기년을 잃게 되었다.

『통전』 180, 주군전 ○안동부에서 북쪽으로 발해까지는 1천9백50리이다.

『원화군현도지』 11 ○등주에서 서쪽으로 바다까지는 4리쯤 되는데 중국에서 신라와 발해로 가는데 지나야 하는 큰 길목이다.

『책부원구』 956, 종족 ○발해말갈 대조영은 본래 고구려의 별종이다. 당나라 개원 연간에 고구려가 멸망하자 대조영의 가속이 동쪽으로 계루桂樓 옛땅을 차지하고 동모산에 웅거하여 성을 쌓고 살았다. 대조영이 날래고 용감하며 군사를 잘 지휘했으므로 말갈의 무리 및 고구려의 유민들이 점차 그에게 귀속했다.

『책부원구』 959, 토풍 ○진국振國은 본래 고구

려였다. 그 땅은 영주에서 동쪽으로 2천 리 되는 곳에 있다. 남쪽으로는 신라와, 서쪽으로는 월희말갈과 접하고 있고, 동북으로 흑수말갈에 이른다.

땅은 사방 2천 리이고, 편호는 10여만으로 군사가 수만 명이 되었다. 풍속은 고구려 및 거란과 같고 자못 문자와 기록이 있었다.

『책부원구』962, 관호 ○발해국은 당나라 중종 때에 대조영을 발해군왕으로 봉했다. 그 풍속에 왕을 '가독부'라 불렀고 대면해서는 '성왕'이라 했다. 표에서는 '기하'라고 불렀으며 왕의 아버지를 '노왕'이라 하고 어머니를 '태비'라 했다. 왕의 아내를 '귀비'라 했고 장자를 '부왕'이라 했으며 여러 아들을 '왕자'라 했다. 대대로 대씨를 추장으로 삼았다.

『책부원구』964, 봉책 ○현종 선천 2년(713) 2월에 말갈의 대조영을 발해군왕으로 봉했다.1)

○개원 7년(719) 3월에 홀한주도독 발해군왕 대조영이 죽자 사신을 보내 위로하고 그의 적자인 계루군왕 대무예에게 좌효위대장군 발해군왕 홀한주도독을 이어받게 했다.

○8년 8월에 발해군왕 좌효위대장군 대무예의 큰아들인 대도리행 大都利行을 계루군왕으로 삼았다.

○20²⁾년에 발해 계루군왕 대무예가 병으로 죽고 그의 아들 대흠무가 왕위를 이었다. 황제는 글을 내려 조문하여 말했다.

경의 죽은 아버지를 생각하건대 본디 충성과 절의에 힘썼으며 더불어 친선하고 잘못이 없었다. 문득 죽음에 이르러 생각하고자 하니 애도하는 마음이 실로 깊도다. 경은 적장자이니 마땅히 아버지 지위를 이어 충효를 온전히 하여 선인의 발자취를 계승해야 한다. 이제 사신을 보내 지절과 책명을 주고 아울러 조문한다.

---

1) 대조영은 성력연간에 자립하여 진국왕이라 하였다. 영주에서 동쪽으로 2천 리이고 군사가 수만 명이나 되었다. 이 때에 이르러 낭장 최흔을 보내 대조영을 좌효위원외대장군 발해군왕으로 책봉하고 이어서 그를 홀한주도독으로 삼았다. 이 때부터 해마다 사신을 보내 조공하였다.
2) 살피건대 여기에 원래 '6(六)'이 탈락되었다.

책명에 일렀다.

황제가 이렇게 이르노라. 오호라! 왕자는 집안에 있고 지킴은 해외에 있으니 반드시 번장을 세워 머나먼 변방을 편안하게 해야 한다. 그대 죽은 발해군왕의 적자 대흠무가 왕업을 이어받게 되었으니 일찍이 재간이 있다는 말을 들었다. 지난날 그대의 죽은 아버지는 나라에 충성하였고 이제 그대에게 미쳤으니 응당 왕위를 감당해야 한다. 어찌 적자라고만 해서 세웠겠는가. 현명한 자를 선택함도 있으리라. 그대에 대한 훌륭한 소문도 좋거니와 황제의 법도도 미쳐야만 한다. 이에 그대를 발해군왕으로 명하노니 그대는 가서 훌륭히 하라! 영원히 번병이 되고 길이 충성과 신의를 가지고 본 조정에 절의를 다하여 아름다운 풍속을 지으면 가히 아름답지 않겠는가!

○21년(733)에 발해말갈이 바다를 건너 등주와 내주에 들어와 노략질했다. 신라왕 김흥광에게 조서를 내려 군사를 징발하여 치라 명하고 이어서 김흥광에게 개부의동삼사 영해군사를 더 제수했다.

『책부원구』 965 ○덕종 정원 11년(795) 2월에 내상시 은지첨殷志瞻으로 하여금 책서를 지니고 발해에 가서 대숭린大嵩璘을 발해왕 홀한주도독으로 삼았다. 대숭린은 발해 대흠무의 아들로서 아버지의 지위를 이어받았다.

○14년(798) 3월에 발해군왕 겸좌효위대장군 홀한주도독 대숭린에게 은청광록대부 간교사공을 더해 주고 발해국왕으로 책봉하였으며, 홀한주도독을 종전대로 하게 했다. 대숭린의 아버지 대흠무는 개원 26년(738)에 아버지 대무예의 홀한주도독 발해군왕 좌금오대장군을 이었고 천보연간(742~755)에 여러 차례 특진하여 태자첨사 빈객이 되었다.

보응 원년(762)에는 발해국왕으로 진봉했으며 대력연간에 또 사공태위를 더 수여받았다. 대숭린이 왕위를 이어받을 즈음에는 다만 군왕과 장군을 받았는데, 대숭린이 사신을 보내 예를 드렸으므로 다시 책명을 더해 준 것이다.

○21년(805) 5월에 홀한주도독 발해왕 대숭린에게 금자광록대부 간교사도를 더해 주었다.

○헌종 원화 원년(806) 10월에 홀한주도독 발해국왕 대숭린에게 간교태위를 더해 주었다.

○4년(809) 정월에 죽은 발해국왕 대숭린의 아들 대원유大元瑜를 은청광록대부 간교비서감 홀한주도독으로 삼고 발해국왕으로 책봉했다.

○8년(813) 정월에 죽은 발해국왕 대원유의 큰아우 권지국무 대언의大言義를 은청광록대부 간교비서감 홀한주도독으로 삼고 발해국왕으로 삼았다. 내시 이중민李重旻을 사신으로 보냈다.

○13년(818) 4월 지발해국무 대인수大仁秀를 은청광록대부 간교비서감 홀한주도독으로 삼고 발해국왕으로 책봉했다.

○15년 윤정월에 홀한주도독 발해국왕 대인수에게 금자광록대부 간교사공을 더해 주었다.

○문종 태화 5년(831) 정월에 권지

발해국무 대이진人彝震을 은청광록대부 검교비서감 겸홀한주도독으로 삼고 발해국왕으로 책봉했다.

『책부원구』 967, 계습 ○발해말갈은 당나라 성력연간에 고구려 별종인 대조영이 자립하여 진국왕이 되었다. 선천 2년(713)에 발해군왕으로 책봉하는 한편, 또 그가 통치하는 지역을 홀한주라 하고 홀한주도독을 더 제수해 주었다.

개원 7년(719)에 대조영이 죽었다. 현종이 사신을 보내 그의 적자인 계루군왕 대무예를 책립하여 아버지의 좌효위대장군 발해왕 홀한주도독 구성연연도독을 이어받게 했다.

25년(737)에 대무예가 병으로 죽고 그의 아들 대흠무가 왕위를 이었다. 조서를 내려 아버지의 관작을 이어받게 했다.

보응 원년(762)에 국왕으로 진봉되었다. 대흠무가 죽고 그의 아들 대숭린이 이었다.

정원 11년(795) 2월에 내상시 은지첨殷志瞻으로 하여금 책서를 가지고 가서, 발해왕 홀한주도독으로 책봉하도록 하였다.

원화 4년(809)에 대숭린이 죽고 아들 대원유가 이었다. 대원유가 죽고 아우 대언의가 권지국무가 되었다.

8년(813) 정월 대언의를 국왕으로 삼았다.

13년(818)에 사신을 보내 부음을 알리자 지국무 대인수를 국왕으로 삼았다.

태화 5년(831)에 대인수가 죽고 권지국무 대이진人彝震을 국왕으로 삼았다.

후량 개평 원년(907)에 왕은 대인선이었다.

『책부원구』 971, 조공 ○개원 원년(713) 12월에 말갈1)왕자가 내조하여 아뢰기를 "신은 시장에 나가서 교역을 하고 절에 들어가 예배를 드리도록 해주시기를 청합니다"라고 하자 이를 허락하였다.

○2년 2월에 불녈말갈 수령 실이몽失異蒙, 월희 대수령 오시가몽烏施可蒙, 철리부락 대수령 달허리闥許離 등이 내조했다.

○4년 윤12월에 말갈부락 불녈부락 대수령이 내조했다.

○5년 3월에 불녈말갈이 사신을 보내 방물을 바쳤다. 5월에 말갈이 사신을 보내 내조하고 아울러 방물을 바쳤다.

○6년(718) 2월에 말갈·철리·불녈이 함께 사신을 보내왔다.

○7년 정월에 불녈말갈·철리말갈·월희말갈이 함께 사신을 보내왔다. 2월에 불녈말갈이 사신을 보내 경예어정2)·담비가죽·흰 토끼의 가죽을 바쳤다.

○9년 11월 기유일에 발해군 말갈 대수령·철리대수령·불녈대수령이 함께 내조했다. 모두 절충을 제수하고 그 나라로 돌려보냈다.

○10년(722) 10월에 월희가 수령 무리몽茂利蒙을 보내 내조하고 아울러 방물을 바쳤다. 11월에 발해가 그의 대신 미발계味勃計를 보내 내조

---

1) 살피건대 발해이다.

2) [역주] 경예어정(鯨鯢魚睛): 고래의 눈알.

하고 아울러 보라매를 바쳤다.

○12년(724) 2월에 발해말갈이 그의 신하 하조경賀祚慶을 보내 새해를 축하하자 비단 50필을 하사하고 그 나라로 돌려보냈다. 12월 월희말갈이 파지몽破芝蒙을 보내 새해를 축하하고 아울러 방물을 바쳤다.

○13년 정월에 발해가 대수령 오차지몽烏借芝蒙을 보내고 흑수말갈이 장군 오랑자五郎子를 보내 함께 들어와서 새해를 축하하고 방물을 바쳤다.

○14년 11월에 발해말갈이 그의 아들 대의신義信을 보내 내조하고 아울러 방물을 바쳤다.

○15년 8월에 발해왕이 그의 아우 대보방大寶方을 보내왔다. 10월에 말갈이 사신을 보내 내조하고 방물을 바쳤다.

○17년(729) 2월에 발해말갈이 사신을 보내 보라매를 바쳤다. 이 달에 발해말갈이 사신을 보내 숭어를 바쳤다.

○18년 정월에 말갈이 그의 아우

대낭아大郞雅를 보내 새해를 축하하고 방물을 바쳤다. 2월에 발해말갈 대수령이 오차지몽을 사신으로 하여 특산품과 말 30필을 보내왔다.

5월에 발해말갈이 오나달리烏那達利를 보내 해표피 5매, 초[1])서피 3매, 마노배[2]) 1개, 말 30필을 바쳤다. 흑수말갈이 아포리사阿布利思를 보내 방물을 바쳤다. 9월에 말갈이 사신을 보내왔다.

○19년(731) 2월에 발해말갈이 사신을 보내 새해를 축하했다. 10월에 발해말갈의 왕이 대성취진大姓取珍 등 1백20명을 보내왔다.

○23년 3월에 발해말갈 왕이 아우 대번蕃을 보내왔다. 8월에 철리부락·불녈부락·월희부락이 모두 사신편에 방물을 바쳤다.

○24년 9월에 발해말갈이 사신을 보내 방물을 바쳤다.

○25년(737) 정월에 발해말갈 대수령 목지몽木智蒙이 내조했다. 4월에 발해가 신하 공백계公伯計를 보내 보라매를 바쳤다.

○26년 윤8월에 발해말갈이 사신을 보내 초서피[3]) 1천 장, 건문어 1백 마리를 바쳤다.

○27년 2월에 발해왕이 사신을 보내 보라매를 바쳤다. 또 불녈말갈이 사신을 보내 방물을 바쳤다. 10월에 발해가 신하 수복자受福子를 보내 사은하였다.

○28년 2월에 월희말갈이 신하 야고리野古利를 보내 방물을 바치고 철리말갈이 신하 면도호綿度戶를 보내 방물을 바쳤다. 10월에 발해말갈이 담비가죽과 다시마를 바쳤다.

○29년 2월에 발해말갈이 신하 실아리失阿利를 보내고 월희말갈이 그 부락의 오사리烏舍利를 보냈으며 흑수말갈이 신하 아포리계阿布利稽를 보내 새해를 축하했다. 3월에 불녈말갈이 수령 나기발那余勃을 보내 새해를 축하했다. 4월에 발해말갈이 사신을 보내 보라매를 바쳤다.

---

1) 원래 '표(豹)'라 썼는데, 잘못이다.
2) [역주] 마노배(瑪瑙盃): 석영제 잔.
3) 원래 '표(豹)'라 썼는데, 잘못이다.

○천보 5년(746) 3월에 발해가 사신을 보내 새해를 축하했다.

○6년 정월에 발해와 흑수말갈이 함께 사신을 보내 새해를 축하하고 각각 방물을 바쳤다.

○7년 정월에 흑수말갈이 사신을 보내 조공했다. 3월에 흑수말갈이 사신을 보내 금·은 및 60종포·어아주·조하주·우황·두발·인삼을 바쳤다.

○8년 3월에 발해가 사신을 보내 보라매를 바쳤다.

○9년에 흑수말갈이 사신을 보내 새해를 축하했다. 3월에 발해가 사신을 보내 보라매를 바쳤다.

○11년(752) 11월에 흑수갈이 사신을 보내 내조했다.[1]

○12년 3월에 발해가 사신을 보내 새해를 축하했다.

○13년 정월에 발해가 사신을 보내 새해를 축하했다.

『책부원구』 972 ○대력 2년(767) 7월에 발해

---
1) 살피건대 갈(鞨)은 '말(靺)'자의 잘못이고 또 '갈(鞨)'자가 빠졌는바 곧 흑수말갈이다.

가 사신을 보내 내조했다. 8월에 발해, 9월에 말갈발해, 11월에 발해, 12월에 발해가 사신을 보내 조공하였다.

○3년 3월에 발해말갈, 12월에 발해가 사신을 보내 조공했다.

○7년(772) 5월에 발해말갈이 사신을 보내 조공했다.

○8년 4월에 발해가 사신을 보내 내조하고 아울러 방물을 바쳤다. 6월에 발해가 사신을 보내 새해를 축하하자 연영전에서 인견했다. 11월에 발해가 사신을 보내 조공했다. 윤11월에 발해가 사신을 보내 내조했다. 12월에 발해가 사신을 보내 내조했다. 발해말갈이 사신을 보내 조공했다.

○9년 정월 발해가 내조했다. 12월에 발해말갈이 사신을 보내 내조했다.

○10년 정월에 발해말갈, 5월에 발해, 6월에 발해, 12월에 발해말갈이 사신을 보내 조공했다.

○12년(777) 정월에 발해가 사신을 보내 내조하고 아울러 일본국 무녀 11명과 방물을 바쳤다. 2월에 발해가 사신을 보내와 보라매를 바쳤다. 4월에 발해말갈이, 12월에 발해말갈이 사신을 보내 내조하고 방물을 바쳤다.

○덕종 건중 원년(780) 10월에 발해가 사신을 보내 조공했다.

○3년 5월에 발해가 사신을 보내 조공했다.

○정원 7년(791) 정월에 발해가 사신을 보내 내조했다.

○8년 4월에 말갈이 사신을 보내 내조했다.

○18년(802) 정월에 우루廣婁·월희越喜 등의 수령이 알현했다.

○20년 11월에 발해가 사신을 보내 내조했다.

○헌종 원화 원년(806) 12월에 발해가 사신을 보내 조공했다.

○2년 12월에 발해가 사신을 보내 조공했다.

○5년(810) 정월에 발해가 고재남高才南 등을 사신으로 보내 내조했다.

11월에 발해왕이 아들 대연진大延眞 등을 보내 방물을 바쳤다.

○7년 발해가 사신을 보내 내조하였다.

○8년 12월에 발해왕자 신문덕辛文德 등 97명이 내조했다.

○9년 정월에 발해사신 고예진高禮進 등 37명이 조공했는데 금·은 불상 각각 하나를 바쳤다. 11월에 발해가 사신을 보내 보라매를 바쳤다. 12월에 발해가 사신 대효진大孝眞 등 59명을 보내와 내조했다.

○10년(815) 2월에 흑수추장 11명, 7월에 발해왕자 대정준大延俊 등 1백 1명이 함께 와서 조공했다.

○11년 3월에 발해말갈, 11월에 발해가 사신을 보내 조공했다.

○12년 2월에 발해가 사신을 보내 조공했다.

○목종 장경 2년(822) 정월에 발해가 사신을 보내 조공했다.

○4년(824) 2월에 발해가 사신을 보내 조공했다.

○경종 보력 원년(825) 3월에 발해

가 사신을 보내 조공했다.

○2년 정월에 발해가 사신을 보내 조공했다.

○문종 태화 원년(827) 4월에 발해가 사신을 보내 조공했다.

○3년 12월에 발해가 사신을 보내 조공했다.

○4년 12월에 발해가 사신을 보내 조공했다.

○5년 11월에 발해가 사신을 보내 조공했다.

○6년(832) 3월에 발해왕자 대명준大明俊이 내조했다.

○7년 정월에 발해왕이 동중서우평장사 고상영高賞英을 보내 책명을 사례했다.

○개성 원년(836) 12월에 발해가 사신을 보내 조공했다.

○4년 12월에 무진일에 발해왕자 대연광大延廣이 조공했다.

○무종 회창 6년(846) 정월에 발해 사신이 선정전에서 조공했다.

○후량 태조 개평 원년(907) 5월에 발해왕자 대소순大昭順이 해동의 물산을 공납했다.

○3년(909) 3월에 발해왕 대인선人諝譔이 재상 대성악大誠諤을 보내 조공하고 남녀노비 및 담비가죽·곰가죽 등을 바쳤다.

○건화 원년(911) 8월 발해국이 사신을 보내 조하하고 또 방물을 바쳤다.

○2년 5월에 발해왕 대인선이 왕자 대광찬大光贊을 보내 경제1)를 칭송하는 표와 방물을 진상했다.2)

○후당 장종 동광 2년(924) 정월에 발해왕자 대우모大禹謨가 와서 조공했다. 5월에 발해국왕 대인선이 조카 대원양元讓을 사신으로 보내 방물을 바쳤다. 9월에 흑수국이 사신을 보내 조공했다.

○3년 2월에 발해국왕 대인선이 배구裵璆를 사신으로 보내 인삼·잣·다시마·황명黃明·세포·담비가죽 이불 한 채와 요 6잎, 머리털·갖신

---

1) 경제란 두 글자는 잘못이 있는 듯하다.
2) [역주] 김육불의 원문에는 '…差大光贊景帝表…'라고 되어 있으며, 대광찬을 왕자이름으로 보았음.

과 사내종 둘을 보내왔다. 5월에 흑수의 호독록胡獨鹿이 조공했다.

○명종 천성 원년(926) 4월에 발해 국왕 대인선이 대진림大陳林 등 1백 16명을 사신으로 보내 사내종과 계집종 각각 셋, 인삼·다시마·백부자 및 호랑이 가죽 등을 진상했다. 7월에 발해사신 대소좌大昭佐 등 6명이 조공하였다.

○4년 5월에 발해가 고정사高正詞를 사신으로 보내 입조하여 방물을 바쳤다. 8월에 흑수가 골지骨至를 사신으로 보내 내조하고 겸하여 방물을 바쳤다.

○장흥 2년(931) 정월에 동단왕 야율돌욕突欲이 말 10필, 전장막과 여러 가지 방물을 진상하고 또 본국의 인장 셋을 진상함으로써 재신宰臣임을 나타내 보였다. 12월에 발해사신 문성각文成角이 내조하여 조공했다.

○3년 정월 발해가 사신을 보내 조공했다.

○폐제 청태 2년(935) 11월에 발해

武宗會昌六年正月渤海使朝於宣政殿同

梁太祖開平元年五月渤海王子大昭順貢海東物產上同

三年三月渤海王大諲譔差其相大誠諤朝貢進兒女口及物貂鼠皮熊皮等上同

乾化元年八月渤海國遣使朝賀且獻方物同〔帝紀二字疑有誤〕

二年五月渤海王大諲譔差王子大光贊景帝表并進方物同

後唐莊宗同光二年正月渤海王子大禹謨來朝貢五月渤海國王大諲譔遣使裴璆貢人參人黑水國遣使朝貢九月黑水胡獨鹿朝貢

三年二月渤海王大諲譔遣使大元讓貢方物九月黑水國遣使大松子昆布朝貢五月黑水胡獨鹿朝貢明

明宗天成元年四月渤海國王大諲譔遣使大陳林等一百十六人朝貢進兒口女口各三人人參昆布白附子及虎皮等同

細布貂鼠皮被一褥六髽靴革奴子二五月黑水胡獨鹿朝貢上同

七月渤海使人大昭佐等六人朝貢上同

▼上同

四年五月渤海遣使高正詞入朝貢方物八月黑水遣使骨至來朝兼貢方物上同

長興一年正月東丹王突欲進馬十四氈帳及諸方物又進本國印三面宣示宰臣十二月渤海使文成角來朝貢上同

三年正月渤海遣使朝貢同

廢帝清泰二年十一月渤海使列周義入朝貢方物同

開元二十二年二月新羅王興光從弟左領軍衛員外將軍忠信上表曰臣所奉進…

가 열주의列周義를 사신으로 보내 입조해서 방물을 바쳤다.

『책부원구』 973, 조국토벌 ○개원 22년(734) 2월 신라왕 김흥광의 종제 좌령군위원외장군 김충신忠信이 표를 올려 아뢰었다.

신이 받은 분부는 신으로 하여금 부절을 가지고 본국에 가서 병마를 징발하여 말갈을 쳐 없애는 일입니다. 계속하여 아뢰올 것이 있다면 신이 스스로 황제의 뜻을 받들어 장차 목숨을 바치려고 맹세하는 것입니다.

이 때를 당하여 교대하러 온 김효방金孝方이 죽어서 곧 신이 계속 숙위로 머물게 되었습니다. 신의 본국왕은 신이 오래도록 황제의 조종에 남아 있으므로 종질인 김지렴志廉을 보내 신을 대신하게 하여 지금 이미 도착하였으니 신은 돌아가야 하는 것이 합당합니다. 전날에 받은 황제의 분부를 항상 생각하니 밤낮으로 잊을 수 없습니다.

폐하께서 앞서 본국 왕 김흥광에게 영해군대사를 더하고 정절1)을 주어 흉악한 도적을 토벌하게 했습니다. 황제의 위엄이 닿는 곳은 비록 먼 곳이어도 오히려 가깝게 여겨지는 것이니, 임금의 명령이 있으면 신이 어찌 받들지 않겠습니까? 아둔한 저 오랑캐들도 이미 잘못을 뉘우치리라 여겨집니다.

그러나 악한 것을 제거함에는 근본을 힘쓰고 모범을 펴는 데는 혁신이 있어야 합니다. 그러므로 군사를 보내는 데는 의리가 세 번의 승리보다 귀하지만 적을 놓아두면 그 후환이 몇 세대나 끼치게 됩니다. 엎드려 바라건대 폐하께서 신이 본국으로 돌아갈 때에 부사의 직책을 신에게 임시로라도 주시어 하늘의 뜻을 가지고 먼 바깥2)으로 나아가 거듭 알리게 해주십시오. 이것이 어찌 황제의 노여움만 더 떨칠 뿐이겠습니까? 실로 군사들 또한 기운을 내어 반드시 그 소굴을 뒤집어 엎어놓고 황량한 이 지역도 평온하게 되어 마침내 이 신라 신하의 작은 정성이 이루어져 나라의 큰 이익이 될 것입니다.

신 등이 다시 배를 타고 푸른 바다를 건너 승첩을 바칠 것이니, 터럭 같은 작은 공로로써 비와 이슬 같은 은혜에 보답하려는 것이 신의 소망입니다. 폐하께서 이를 도모하시기 바랍니다.

황제는 그것을 허락하였다.

---

1) 〔역주〕 정절(旌節): 출정의 표.

2) 신라이다.

『책부원구』974, 포이 ○개원 4년(716) 윤12월에 말갈부락·불녈부락이 모두 대수령을 보내 내조했다. 그래서 물건 30단을 내리고 번국으로 돌려보냈다.

○6년(718) 2월에 말갈·철리·불녈이 함께 사신을 보내 내조했다. 각각 수중랑장을 제수하고 번국으로 돌려보냈다.

○7년 정월에 불녈말갈과 월희말갈이 함께 사신을 보내왔으므로 각각 비단 50필씩을 하사했다. 6월 정묘일에 말갈발해군왕 대조영이 죽었다. 특진으로 추증하고 물건 5백단을 하사하고 좌감문솔상주국 오사겸吳思謙을 섭홍려경 지절충사로 보내 조문하였다.

○9년 11월 기유일에 발해군 말갈대수령·철리대수령·불녈대수령이 함께 내조했다. 아울러 절충을 제수하고 번국으로 돌려보냈다.

○10년(722) 윤5월 계사일에 흑수추장인 예속리계倪屬利稽가 내조했다. 그에게 발주자사를 제수하고 번국

으로 돌려보냈다. 발번勃蕃은 중주中州이다.

9월 기사일에 대불녈말갈의 여가如價 및 철리대불녈의 매취리買取利 등 68명이 내조했다. 아울러 절충을 제수하고 번국으로 돌려보냈다.

10월 기해일에 철리말갈의 가루계可累計가 내조하였다. 낭장을 제수하고 번국으로 돌려보냈다. 11월 신미일에 발해가 대신 미발계味勃計를 사신으로 보내 내조하고 아울러 보라매를 바쳤다. 대장군을 제수하고 금포·금어대를 하사하여 번국으로 돌려보냈다.

12월 무오일에 흑수말갈 대추장 예속리계 등 10명이 내조했다. 아울러 중랑장을 제수하고 번국으로 돌려보냈다.

○11년(723) 11월 갑술일에 월희말갈의 발시계勃施計, 불녈말갈의 주시몽朱施夢, 철리말갈의 예처리倪處梨가 함께 내조했다. 아울러 낭장을 제수하고 번국으로 돌려보냈다.

○12년 2월 병신일에 철리말갈의 오지몽澳池蒙이 내조했다. 장군을 제수하고 돌려보냈다. 월희말갈 노포리奴佈利 등 12명이 내조하였다. 낭장을 제수하고 번국으로 돌려보냈다. 불녈말갈 대수령 어가몽魚可夢이 내조하였다. 낭장을 제수하고 번국으로 돌려보냈다.

을사일에 발해말갈이 그의 신하 하조경賀祚慶을 보내와서 새해를 축하했다. 유격장군으로 승진시키고 폐백 50필을 하사하여 번국으로 돌려보냈다. 병진일에 흑수말갈 대수령 옥작개屋作箇가 내조했다. 절충을 제수하고 번국으로 돌려보냈다.

5월 을유일에 철리가 내조하였다. 절충을 제수하고 번국으로 돌려보냈다.

○13년 정월 신축일에 흑수말갈이 그의 장수 오랑자五郎子를 보내 새해를 축하하고 방물을 바쳤다. 장군을 제수하고 자포·금대·어대를 하사하여 번국으로 돌려보냈다.

3월 병오일에 철리말갈 대수령 봉아리封阿利 등 17명이 내조하고, 월희말갈 필리시芯利施가 내조하고, 흑수 말갈 대수령 오소가몽烏素可蒙이 내조하고, 불녈말갈 설리몽薛利蒙이 내조하였다. 절충을 제수하고 번국으로 돌려보냈다.

4월 갑자일에 발해수령 알덕訐德, 흑수말갈의 낙개몽諾箇蒙이 내조하였다. 과의를 제수하고 번국으로 돌려보냈다. 5월에 발해왕 대무예의 아우 대창발가大昌勃價가 내조하였다. 좌위위 원외장군을 제수하고 자포·금대·어대를 하사하여 숙위로 남겼다. 흑수부락 직흘몽職紇蒙 등 2명이 내조했다. 중랑장을 제수하고 자포·은대·금어대를 하사하여 번국으로 돌려보냈다.

○14년(726) 3월 을유일에 발해말갈왕 대도리大都利[1)]가 내조했다. 4월 을축일에 내조한 발해말갈왕 대도리에게 좌무위대장군 원외치를 제수하고 숙위로 남겼다.

○15년 2월 신해일에 철리말갈 미

---

1) 〔역주〕 발해말갈왕 대도리라고 원문이 되어 있는데 발해말갈왕 세자 대도리행의 잘못임.

상米象이 내조하였다. 낭장을 제수하고 번국으로 돌려보냈다. 4월 정미일에 내린 칙서에 "발해의 숙위왕자 대창발가大昌勃價 및 수령 등이 숙위로 오래 머물러 있었으니 그 나라로 돌려보냄이 마땅하다"라고 했다. 경신일에 대창발가를 양평현개국남에 봉하고 폐백 50필을 하사했고, 수령 이하에게도 각각 차등있게 하사했다. 이에 앞서 발해왕 대무예가 남리행男利行 편에 담비를 보내왔으므로 이에 이르러 대무예에게 글을 내려 그를 위로했으며 채색명주 1백필을 하사했다.

11월 병진일에 철리말갈 수령 실이몽失伊蒙이 내조하였다. 그에게 과의를 제수하여 번국으로 돌려보냈다.

○16년(728) 4월 계미일에 숙위로 머물러 있던 발해왕자 대도리행大都利行이 죽었다. 특진으로 추증하고 홍려경을 겸하게 했으며 명주 3백 필과 조 3백 석을 하사했다. 유사에 명해 조문하고 영여[상여]를 관에서 만들어 발해로 돌려보냈다.

9월 임인일에 발해말갈 연부수계悠夫須計가 내조하였다. 과의를 제수하고 번국으로 돌려보냈다.

○17년(729) 2월 갑자일에 발해말갈왕 대무예가 아우 대호아大胡雅를 보내 내조하였다. 그에게 유격장군을 제수하고 자포·금대를 하사하여 숙위로 남겼다.

3월 계묘일에 발해말갈이 사신을 보내 숭어를 바치므로 폐백 20필을 하사하고 돌려보냈다. 8월 정묘일에 발해말갈왕이 그의 아우 대림大琳을 보내 내조했다. 중랑장을 제수하고 숙위로 남겼다.

○18년(730) 정월 무인일에 발해말갈왕이 자기의 아우인 대낭아大郎雅를 보내 내조하여 새해를 축하하고 방물을 바쳤다. 임자일에 대불녈말갈의 올이兀異가 내조해서 말 40필을 바쳤다.

2월 무인일에 발해말갈이 지몽智蒙을 사신으로 보내 내조하여 방물과 말 30필을 바쳤다. 중랑장을 제수하고 명주 20필을 내려주고 비포·은대를 하사하여 발해로 돌려보냈다.

5월 기유일에 발해말갈이 오나달리烏那達利를 사신으로 보내 내조하여 해표가죽 5장, 담비가죽 3장, 마노잔 1개, 말 30필을 바쳤다. 과의를 제수하고 폐백을 하사하여 그 나라로 돌려보냈다. 임오일에 흑수말갈이 아포사리阿布思利를 사신으로 보내 입조하여 방물을 바쳤다. 폐백을 하사하고 그 나라로 돌려보냈다.

6월 무오일에 흑수말갈 대수령 예속리계 등 10명이 내조하였다. 사신에게 중랑장을 제수하고 번국으로 돌려보냈다. 9월 을축일에 말갈이 사신을 보내 내조하여 방물을 바쳤다. 사신에게 폐백을 하사하고 번국으로 돌려보냈다.

○19년(731) 2월 계묘일에 말갈이 사신을 보내 새해를 축하했다. 사신에게 장군을 제수하고 그 나라로 돌려보냈다. 기미일에 발해말갈이 사신을 보내 내조하여 새해를 축하했

다. 장군을 제수하고 폐백 1백 필을 하사하여 그 나라로 돌려보냈다.

10월 계사일에 발해말갈왕이 대성취진人姓取珍 등 1백20명을 보내 내조했다. 모두에게 과의를 제수하고 각각 폐백 30필씩 하사하여 그 나라로 돌려보냈다.

○24년(736) 3월 을유일에 발해말갈왕이 그의 아우 대번蕃을 보내 내조하였다. 대번에게 태자사인원외를 제수하고 폐백 30필을 하사하여 발해로 돌려보냈다. 11월 계유일에 말갈수령 율기계聿棄計가 내조했다. 절충을 제수하고 폐백 5백 필을 하사하여 그 나라로 돌려보냈다.

○25년(737) 정월 갑오일에 대불녈말갈 수령 올이가 내조했다. 중랑장을 제수하고 그 나라로 돌려보냈다.

2월 무진일에 신라국 김흥광이 죽었다. 이에 앞서 22년에 발해말갈이 등주를 노략질하였는데, 김흥광이 군사를 징발하여 토벌을 도왔다. 그 공로로 드디어 김흥광에게 개부의동삼사 영해사를 제수했다. 죽음에 이르러 황제는 오래도록 슬퍼하며 추도했다.

4월 정미일에 발해가 신하 공백계公伯計를 보내 보라매를 바쳤다. 장군을 제수하고 번국으로 돌려보냈다. 8월 무신일에 발해말갈 대수령 다몽고多蒙固가 내조했다. 좌무위장군을 제수하고 자포와 금대 및 폐백 1백 필을 하사하여 발해로 돌려보냈다.

○27년(739) 2월 정미일에 발해왕의 아우인 대욱진大勗進이 내조했다. 내전에서 연회를 베풀고 좌무위대장군 원외치동정을 제수하고 자포·금대 및 폐백 1백 필을 하사하여 숙위로 남겼다.

10월 을해일에 발해가 신하 우복자優福子를 보내와서 사은했다. 과의를 제수하고 자포·은대를 하사하여 발해로 돌려보냈다.

○29년(741) 2월 기사일에 발해말갈이 그의 신하 실아리失阿利를 보내 새해를 축하했다. 월희말갈은 그 부락 오사리를 보내 새해를 축하했다.

흑수말갈은 그의 신하 아포리계를 보내와 새해를 축하했다. 모두 낭장을 제수하고 번국으로 돌려보냈다.

○천보 2년(743) 7월 계해일에 발해왕이 그의 아우 대번을 보내 내조했다. 좌령군위 원외대장군을 제수하고 숙위로 남겼다.

『책부원구』976 ○덕종 정원 7년(791) 무진일에 발해의 하정사 대상정大常靖을 위위경동정으로 삼고 귀국하도록 하였다.

○10년(794) 2월 임술일에 내조한 발해왕자 대청윤大淸允을 우위장군 동정으로 삼고 그 아래의 30여 명에게 벼슬을 주었다.

○14년 11월 무신일에 발해국왕 대숭린大嵩璘의 조카 대능신을 좌효기위중랑장으로, 우후루번장도독 여부구茹富仇를 우무위장군으로 삼고 아울러 그 나라로 돌려보냈다.

○헌종 원화 4년(809) 정월 무술일에 황제가 인덕전에서 발해사신을 알현하고 차등있게 물건을 하사하였다.

○7년(812) 정월 계유일에 황제가 인덕전에서 발해 등 사신을 대하고 연회를 차등있게 베풀었다. 갑진일에 발해사신에게 관고 35통을 하사하고 의복을 각각 1습씩 하사했다.

○8년 12월 병오일에 발해사신에게 연회를 베풀고 이어 금채를 하사했다.

○9년 2월 기축일에 인덕전에서 발해사신 고예진高禮進 등 37명에게 차등있게 연회를 베풀었다.

○10년 정월 정유일에 조서를 내려 발해사신 묘정수卯貞壽 등에게 관고를 하사하고 그 나라로 돌려보냈다. 2월 갑자일에 발해사신 대창경大昌慶 등에게 관고를 하사하고 돌아가게 했다. 3월 병자일에 발해사신에게 관고를 하사하고 돌아가게 하였다.

○11년(816) 2월 계묘일에 발해사신에게 금채와 은그릇을 차등있게 하사했다. 경술일에 발해사신 고숙만高宿滿 등 20명에게 벼슬을 주었다.

○12년 3월 갑술일에 발해사신 대성신大誠愼 등에게 비단과 무명을 하사했다.

○15년에 목종이 즉위했다. 2월 경인에 인덕전에서 발해의 조공사에게 차등있게 연회를 베풀었다. 12월 임진일에 인덕전에서 발해사신에게 차등있게 연회를 베풀었다.

○목종 장경 2년(822) 정월 임자일에 인덕전에서 발해사신에게 차등있게 연회를 베풀었다.

○문종 태화 원년(827) 4월 계사일에 황제가 인덕전에 행차하여 발해사신 11명에게 연회를 차등있게 베풀었다.

○2년 12월 기묘일에 발해가 사신을 보내와 조공했다. 조서를 내려 인덕전에서 만나고 차등있게 연회를 베풀었다.

○6년(832) 2월 병진일에 인덕전에서 입조한 발해왕자 대명준大明俊 등 6명에게 연회를 차등있게 베풀었다.

○7년 2월 기묘일에 인덕전에서 발해왕자 대광성大光晟 등 6명에게 연회를 차등있게 베풀었다.

○개성 2년(837) 정월 계사일에 황제가 인덕전에 행차하여 새해를 축하하는 발해왕자 대명준大明俊 등 19명에게 연회를 차등있게 베풀었다.

○3년 2월 신묘일에 황제가 인덕전에 행차하여 입조한 발해사신에게 무명과 무늬비단·은그릇을 차등있게 하사했다.

○무종 회창 6년(846) 정월에 발해사신이 선정전에서 조하하니, 인덕전에서 대했다. 내정자에서 음식을 하사하고 예대로 금채·기명을 차등있게 주었다.

○후량 태조 개평 2년(908) 정월에 발해국 조공사 전중소령 최예광崔禮光 이하에 관작과 봉록을 더해 주고 아울러 차등있게 금과 폐백을 하사했다.

○건화 2년(912) 윤5월 무신일에 조서를 내려 발해에서 조공을 온 수령 이하에게 선물과 은그릇을 나누어 주고 본국으로 돌려보냈다.

○후당 장종 동광 2년(924) 5월 경신일에 발해국 조공사 대원양大元讓

등에게 차등있게 선물을 나누어주었다. 8월에 발해조공사이며 왕의 조카이고 학당친위인 대원겸大元謙을 시국자감승으로 삼았다. 11월 경인일에 흑수국 조공사 올아兀兒를 귀화중랑장으로 삼았다.

○3년(925) 5월 을묘일에 발해국 입조사 정당성 수화부소경 사자금어대 배구裵璆를 우찬선대부로 삼았다.

○명종 천성 4년(929) 7월 을유일에 전에 입조하였던 발해국 사신 고정사高正詞를 태자세마로 삼았다. 8월 을사일에 흑수의 조공사 골지骨至가 오자 귀덕사과로 삼았다.

○장흥 3년(932) 정월에 발해가 사신을 보내 조공했다. 선물을 차등있게 하사했다.

○후진 고조 천복 2년(937) 봄에 죽은 거란 인황왕을 돌려보내 장례를 치르게 하고 사흘 동안 조회를 실시하지 않았다.

『책부원구』960, 통호 ○헌종 원화 4년(809) 정월에 중관 원문정元文政을 조제책립사로 발해에 다녀오라고 명했다.

○8년(813) 정월에 내시 이중민李重旻을 발해책립선위사로 명했다.

○11년 2월에 발해사신에게 국신國信을 수여하고 돌려보냈다.

○13년(818) 3월에 발해국이 사신 이계상李繼常 등 26명을 보내 입조하였다.

○장종 동광 4년(926)에 명종이 이전에 왕위를 찬탈하고 공봉관 요곤姚坤을 보내 표함없이 부음을 알렸다. 거란 서루에 이르렀으나 야율아보기는 그 때 발해에 가 있었으므로 또 곧장 1만 리의 험한 길을 지나 신주로 갔다. 그 곳에 도착하여 야율아보기를 만났는데 야율아보기는 그를 천막 안으로 맞아들였다.

○명종 천성 원년(926) 9월에 유주의 조덕균趙德均이 아뢰기를 "앞서 군장 진계위陣繼威를 사신으로 거란부에 보냈는데 이제 사신이 돌아왔습니다. 장계를 본즉 금년 7월 20일에 발해경내의 부여부에 이르렀는데 거란족장이 부여성 동남쪽에 있었고 거란군주 야율아보기耶律阿保機는

이미 병을 얻어 그달 27일에 죽었고, 8월 3일에 야율아보기의 상여를 따라 부여성을 떠났다고 했습니다"라고 하였다.

○장흥 2년(931) 5월 계해일에 청주에서 글을 올렸다.

백성들 가운데 바다를 건너 북쪽으로 가서 농사하고 채집하던 자에게 부쳐 보낸 동단왕의 사촌형 경윤 야율오耶律洿가 서한을 보내왔는데, '중국을 사모하는 행동으로 조공하고 싶다'라는 문의가 있었습니다.

윤5월 청주에서 동단국 수령 야율우지耶律羽之의 서한 2통을 보내왔다.

○4년에 거란의 야율덕광耶律德光의 형 동단왕 야율돌욕突欲이 궐하에 있으므로 그의 어머니가 계속 사신을 보내 관대를 신소하니 조정에서도 그를 너그럽게 잘 대해 주었다. 야율돌욕에게 '이李'씨 성을 하사하고 이름을 '찬화贊華'로 하여 활주에 나가 진수하게 했으며 장종의 부인 하夏씨를 그에게 시집보냈다.

○후진 고조 천복 7년(942) 3월 을

묘 초하루에 거란통사 고모한高模翰[1]이 조빙하러 왔다.

『책부원구』 986, 정토 ○당나라 현종 개원 20년(732) 9월에 발해말갈이 등주를 노략질하고 자사 위준韋俊을 죽였다. 좌령군장군 개복순蓋福順에게 명하여 군사를 징발하여 치게 했다.

『책부원구』 995, 교침 ○후당 장종 동광 2년(924) 7월에 유주에서 아뢰기를 "정탐한 바에 의하면 야율아보기가 동쪽으로 발해를 칩니다"라고 했다.

○4년(926) 정월에 북면초토사 이소진李紹眞이 아뢰기를 "북쪽에서 온 해奚의 수령이 이르기를 '거란의 야율아보기가 발해국을 침략했다'라고 합니다"라고 했다.

○명종 천성 원년(926) 11월에 청주의 곽언위霍彦威가 아뢰기를 "등주의 장계를 받았는데 거란이 먼저 여러 부락을 징발하여 발해국을 공격했으며 야율아보기가 죽자 비록 이미 물러나기 시작했으나 아직 병마가 그냥 발해의 부여성에 남아 있습니다. 지금 발해국왕의 아우가 부의 군사를 거느리고 부여성 안의 거란을 포위 공격하고 있습니다"라고 하였다.

○장흥 원년(930) 정월에 청주에서 아뢰기를 "사람을 보내 발해 왕헌王憲 일행을 본국으로 압송해 돌아가다가 흑수에게 빼앗기고 지금 흑수의 올아兀兒의 장계 및 장인지將印紙 한 장을 얻어 진정합니다"라고 했다.

『책부원구』 995, 납질 ○대종 대력 9년(774) 2월 신묘일에 발해의 질자 대영준大英俊이 그 나라로 돌아감에 연영전에서 인견하고 작별했다.

○덕종 정원 7년(791) 8월에 발해왕이 아들 대정간大貞幹[2]을 보내 내조하고 숙위로 머무를 것을 요청하였다.

『책부원구』 997, 기술 ○후당시기에 거란의 동단왕이 중국에 귀부하자 명종이 '이'씨 성과 이름 '찬화'를 하사했다. 그는 그림을 무척 좋아했고 금과 수은으로 단련하는 술법을 좋아했다. 처

---
1) 살피건대 고모한은 발해인이다.
2) 혹은 '진간(眞幹)'이라고도 썼다.

음 바다를 건너 조정에 귀부할 때 수천 권의 책을 같이 싣고 왔다.

추밀사 조연수趙延壽가 매번 희귀본과 의서를 빌려다 보았는데 모두 중국에는 없는 책들이었다.

○영강왕 야율올욕兀欲은 곧 동단왕의 장자로서 뒤에 이름을 '율聿'로 고쳤다. 어진 사람인 까닭에 은혜 베풀기를 좋아하고 단청에 솜씨가 뛰어났으며 더욱이 음악에 정통했다.

『책부원구』 997, 패만 ○발해에서 헌종 원화 2년(807)에 진봉단오사로 보낸 양광신楊光信이 도망쳐 돌아오니 동관의 관리에게 붙잡혀 내장에서 문초를 받았다.

『책부원구』 997, 잔인 ○후당시기에 거란 동단왕이 중국에 귀부하니 명종은 성 '이'씨와 이름 '찬화'를 하사하였다. 그는 아랫사람을 엄하고도 각박하게 부렸다. 희첩이나 노복들이 조그마한 잘못이 있어도 눈알을 빼거나 불로 지졌다. 그의 아내 하夏씨는 그의 참혹함에 겁에 질려 마침내 이혼하

後唐契丹東丹王歸中國明宗賜姓李名贊華尤好畫及燒金鍊永之術始泛海歸朝載菁數千卷自隨樞密使趙延壽每求假異書及醫經皆中國無者[同上九板]

永康王兀欲即東丹之長子也後改名聿好行仁惠晉丹青尤精音樂云[同上九板而九]

渤海以憲宗元和二年進奉端午使楊光信逃歸潼關吏執以至鞠於內仗[忤說上]

後唐契丹東丹王歸中國明宗賜姓李名贊華嚴刻馭下姬僕小有過者即挑目火灼妻夏氏畏其慘毒離婚爲尼又好飮人血左右姬腰多刺其臂以吮之[同上十九板而九]

文宗太和七年春正月己亥震奉國學士解卿楚俊三人附謝恩使同中書右平章事高賞英趁上都學問先遣學生李居正朱承朝高壽海等三人事業稍成請准例遞乘歸本國許之[上同]

文宗開成元年六月淄靑節度使奏渤海將到熟銅請不禁斷[『册府元龜』 「外臣部·互市」 千 권上]

明宗長興二年五月靑州奏黑水瓦兒部至登州賣馬云[『册府元龜』 「外臣部·朝貢」 三十]

渤海國王武藝本高麗之別種也其父祚榮東保桂婁郡王開元十四年黑水靺鞨遣使立爲振國王以武藝爲桂婁郡王開元十四年黑水靺鞨遣使

黑水靺鞨最處北方尤稱勁健每恃其勇嘗爲隣境之忠[卷上一]

來朝武藝謂其屬曰黑水途經我境始可歸唐今不言而行必

고 여승이 되었다. 또 그는 사람의 피를 즐겨 좌우의 많은 희첩과 잉첩들의 팔을 찔러 피를 빨아먹었다.

『책부원구』 999, 청구 ○문종 태화 7년(833) 춘정월 기해일에 은청광록대부 간교비서감 홀한도독 국왕 대이진이 아뢰기를 "학사 해초경解楚卿·조효명趙孝明·유보준劉寶俊 3명을 사은사 동중서 우평장사 고상영高賞英에 붙여 도성에 학문을 닦게 하려 합니다. 앞서 보낸 학생 이거정李居正·주승조朱承朝·고수해高壽海 등 3명은 학업이 어느 정도 이루어졌으니 종전의 예대로 바꾸어 본국으로 돌려보내 주시기 바랍니다"라고 했다. 그것을 허락했다.

『책부원구』 999, 호시 ○문종 개성 원년(836) 6월에 치청절도사가 아뢰기를 "발해가 숙동을 가지고 이르렀는데 금단하지 말아줄 것을 바랍니다"라고 하였다.1)

○명종 장흥 2년(931) 5월 청주에서 아뢰기를 "흑수 와아부瓦兒部가 등주에 이르러 말을 팝니다"라고 했다.

『책부원구』 1000, 강성 ○흑수말갈은 제일 북쪽에 있는데 더욱 굳세고 강건하기로 이름났다. 그들은 항상 자기들의 용맹을 믿어 이웃 나라의 걱정거리가 되었다.

『책부원구』 1000, 구원 ○발해국왕 대무예는 본래 고구려의 별종이다. 그의 아버지 대조영은 동쪽으로 계루의 땅을 차지하고서 진국왕으로 자립하였다. 대무예를 계루군왕으로 삼았다.

개원 14년(726) 흑수말갈이 사신을 보내 내조하자 대무예는 그의 부하들에게 "흑수는 우리 경내를 거쳐야 당나라로 가게 되는데 지금은 말하지 않고 가는 것으로 보아 반드시 대당과 내통하여 앞뒤로 우리를 공격할 계책을 꾸미려는 것이다"라고

---

1) 살피건대 『해동역사』 25에서는 이 조목을 인용하고 아래에 또 이르기를 "이달에 경조부에서 아뢰기를 건중 원년(780) 10월 6일에 내린 칙명에 '금계·능라·곡수·가는 명주·사포·이우미·진주·은·동·철·노비 등은 신라·발해·거란 등 여러 번국과 시장을 열어 장사할 수 없다'라 하였고. 또 영식에 준하면 '중국인이 사사로이 신라·발해 등 외국인과 사귀어 내왕하며 장사를 해서는 안된다'라고 했다"라고 하였다.

말하면서 드디어 아우인 대문예를 보내 군사를 징발하여 흑수를 치게 했다.

대문예는 인질로 장안에 있었던 적이 있어 원수를 당나라와 지지 않으려고 이에 말하기를 "흑수가 당나라에 귀부한다고 하여 그를 공격하면 당나라를 배반하는 것입니다. 당나라는 사람이 많고 군사가 강하기로 우리의 만 배나 됩니다. 하루아침에 원수를 맺게 되면 다만 자멸을 가져올까 걱정이 됩니다. 옛날 고구려가 전성시기에 군사 30여만으로 당나라를 대항하여 적으로 삼고 예로써 섬기지 아니하여 당나라 병사가 일시에 들이닥쳐 모조리 소탕해 없애버렸습니다. 오늘의 발해의 군대는 고구려에 비해 몇 배나 적은데 당나라를 어기려 한다면 그 일은 결코 옳지 않습니다"라 하였다. 그러나 대무예는 이를 따르지 않고 단호히 거슬렀다.

대문예는 또 글을 써올려 간하였으나 대무예가 노하여 자기의 종형

與大唐通謀腹背攻我也遂遣母弟大門藝發兵以擊黑水門藝以嘗質子至京師不欲攜怨乃曰黑水請唐歐擊之是背唐也唐國人衆兵強萬倍於我一朝結怨但恐自取滅亡昔高麗全盛之時兵三十餘萬抗敵唐家不事賓伏唐兵一時掃盪俱盡今日渤海之衆數倍小於高麗乃欲違背唐家事必不可武藝不從固遣之門藝又上書諫武藝怒遣其從兄大壹夏代門藝統兵左右殺門藝門藝聞之遂棄其麾衆奔唐玄宗授左驍衛將軍後武藝遣使朝貢上表極言門藝罪狀請殺之上書曰大國示人以信豈有欺誑之理今聞門藝不向嶺南伏請殺之緣是寶鴻臚少卿李道邃源復以不能督察官屬嶺南以信悉漏泄出道遠貶曹州刺史韋俊詔門藝暫往嶺南以信悉漏泄出年武藝率海賊攻登州殺刺史韋俊詔門藝往幽州徵兵以討之仍令新羅發十萬人應接屬山阻寒雪竟無功而還武藝懷

怨不已密遣使至東都厚賂刺客遮門藝於天津橋格之不死詔河南府捕獲其賊盡殺之 仇怨上同

대일하를 보내 대문예를 대신하여 군사를 통솔하게 하고 좌우에 명해 대문예를 죽이라 했다.

　대문예는 그 소식을 듣고 결국 샛길로 해서 당나라에 도망쳐 왔는데, 조서를 내려 좌효위장군을 제수하였다. 뒤에 대무예가 사신을 보내 조공을 하고 표를 올려 대문예의 죄상을 극구 말하고 그를 죽여줄 것을 요청했다.

　현종이 사신을 보내 안무하고 대무예에게 알려 이르기를 "대문예가 귀부했으니 의리로 죽일 수는 없다. 지금은 영남으로 유배를 보냈다"라고 하고, 이어 그의 사신 마문궤를 남겨두고 별도로 사신을 보내 알려 왔다.

　얼마 지나지 않아 그 일을 누설하는 자가 있어 대무예가 또 글을 올려 이르기를 "큰 나라는 남에게 믿음을 보여야 하거늘 어찌 기만하는 도리가 있습니까? 지금 들은 바에 의하면 대문예는 영남으로 간 것이 아니라 하니 그를 죽여주기 바랍니다"라고 했다. 이로 말미암아 홍려소경인 이도수·원복에게 관속을 감독하지 못하여 누설되도록 했다고 책망하고서 이도수를 조주자사로, 원복을 택주자사로 내려보냈다. 그리고 대문예를 잠시 영남으로 가 있게 하고 서신을 보냈다.

　20년(732)에 대무예는 수군을 거느리고 등주를 공격하여 자사 위준을 죽였다. 대문예에게 유주에 가서 군사를 모아 토벌하라는 내용으로 조서를 내리고 이어 신라에 10만 명을 징발하여 응접하라는 명령을 보냈다. 그러나 지세가 험하고 날씨가 춥고 눈이 내려 끝내 공을 이루지 못하고 돌아왔다. 대무예는 원한을 그치지 않고 몰래 사자를 동도에 보내 자객을 구한 뒤 후하게 뇌물을 주어 천진교에서 대문예를 치게 했으나 그가 항거하여 죽이지 못했다. 하남에 조서를 내려 그 적들을 잡아 모두 죽여버렸다.

　○후당 때 거란 동단왕 이찬화가 명종 재위시에 조정에 귀부했다. 청

태제가 회주에 행차하여 내반 진계민秦継旻, 황성사 이언신李彥紳을 보내 그를 해쳤다. 동단왕 장자인 야율올욕은 후진 개운(944~946) 말엽에 노주虜主 야율덕광耶律德光을 따라 변汴땅에 들어갔고, 노주는 결국 진계민과 이언신을 동시東市에서 죽여 동단의 원수를 갚았다. 야율올욕의 아우 야율유계留桂를 활주절도사로 명하고 동단의 옛 땅을 차지하게 하였다.

『해동역사』 11, 인 『책부원구』 ○대종 대력 8년(773) 윤11월 발해의 질자가 몰래 용곤을 수리하다가 잡히자 변명하여 중화의 문물을 숭모한다고 말하니 황제가 가엾게 여기고 풀어주었다.

『해동역사』 39, 인 『책부원구』 ○목종 장경 4년(824) 2월 평로절도사 설평薛平이 사신을 보내 숙위를 잘 갖추도록 하였다. 발해 대총예大聰睿 등이 낙역樂驛에 이르자 중관에게 명하여 술과 고기를 가지고 연회를 열도록 했다.

『당회요』 96 ○발해말갈은 본래 고구려의 별종인데 뒤에 영주에 옮겨살았다. 그 왕의 성은 '대'씨이고 이름은

'조영'인데 선천연간에 발해군왕으로 책봉되었으며 그의 아들은 대무예이다.

○정원 8년(792) 윤12월에 발해압말갈사 양길복陽吉福 등 35명이 와서 조공했다.

10년 2월에 내조한 발해왕자 대청윤大淸允을 우위장군 동정으로 삼고 그 아래 30여 명에게 벼슬을 주었다.

11년(795) 2월에 말갈도독 밀아고密阿古 등 22명에게 중랑장을 제수하고 번국으로 돌려보냈다.

14년 3월에 이르러 발해군왕 겸 효위대장군 홀한주도독 대숭린大嵩璘에게 은청광록대부 검교사공을 더하고 발해군왕에 책명하고 전과 같이 홀한주도독을 내려주었다. 처음에 대숭린의 부친 대흠무가 개원 26년(738)에 그의 부친 대무예의 홀한주도독 발해군왕 좌금오대장군을 이어받고 천보연간(742~755)에 특진과 태자첨사를 여러 차례 더했다. 보응 원년(762)에 대흠무를 발해군왕으로 진봉했고 대력연간에 또 여러 번 임명하여 사공태위로 삼았다. 대숭린이 왕위를 이을 때 단지 군왕과 장군만을 받자 사신을 보내 이전의 도리를 설명하여 책명을 더했다.

원화 원년(806)에 이르러 발해군왕 대숭린의 아들 대원유大元瑜를 은청광록대부 검교비서감 홀한주도독으로 삼고 전과 같이 발해국왕으로 하였다.

7년(812) 12월에 사신을 보내 조공하였다.

8년에 또 사신을 보내 조공했다.

10년 2월에 흑수추장 11명이 조공했다.

11년(816) 3월에 발해말갈이 사신을 보내 조공하자 그 사신 20명에게 관고를 하사했다.

`당회요』36 ○개원 26년(738) 6월 27일 발해가 사신을 보내 『당례』 및 『삼국지』・『진서』・『36국춘추』를 베껴줄 것을 청하니, 이를 허락하였다.

○개성 2년(837) 3월에 발해국 하정사 왕자 대준명大俊明과 아울러 입

조한 학생이 모두 16명이었다. 청주관찰사에게 칙서를 내려 발해에서 요청한 학습생도 가운데 6명만 장안에 올려보내고 나머지 10명은 돌려보내도록 하였다.

『당회요』 57 ○건녕 2년(895) 10월에 발해왕 대위해大瑋瑎에게 칙서를 내려 한림이라는 관직을 더해 주도록 하는 것은 마땅히 중서성이 그 글을 지어야 함이 합당하니 중서성이 맡아서 보고하도록 하였다.

『당회요』 76 ○개원 7년(719) 윤7월에 장경충張敬忠이 평로군절도사를 제수받았는데 이로부터 비로소 절도라는 호칭이 있게 되었다.

8년 4월에 허흠염許欽琰에게 관내 제군·제번 및 지도·영전 등의 사使를 겸하도록 했다.

28년(740) 2월에 왕곡사王斛斯에게 또한 압양번발해흑수등4부경략처치사를 더하니 드디어 정액[1]되었다.

○원화 2년(807) 8월에 건왕심建王審

---

1) [역주] 정액(定額): 정해진 법규에 인원이나 물품의 수를 확정하거나 확정된 수.

을 운주대도독 치청등주절도관찰처치 해운육운 압신라발해양번등사로 삼았다.[2]

○원화 14년(819) 3월에 이사도를 평정하고 그가 관할하던 12주를 3개 절도로 나누어 마총(馬總)을 천평군절도사로, 왕수(王遂)를 연해기밀절도사로, 설융(薛戎)을 평로군절도사로 삼았다. 이어서 압신라발해양번사를 더해 예와 같이 평로군이라 하고 양번의 인(印) 1개를 하사했다.

『오대회요』30 ○발해는 본래 말갈이라 했는데 고구려의 별종이다. 당나라 고종이 고구려를 평정하여 그 사람들을 중국에 옮겨 흩어져 살게 하였고, 요동 밖에 주·현을 설치하고 평양성에다 안동도호부를 두어 다스렸다. 만세통천 연간에 거란의 이진충과 손만영이 반란하여 영주를 공격하였는데, 고구려의 별종 대사리 걸걸중상[3]과 말갈추장 걸사비우(乞

---

2) 살피건대 이는 친왕(親王)이 되어 멀리까지 거느린 것이다.
3) 대(大)는 성이고 사리(舍利)는 벼슬이며, 걸걸중상(乞乞仲象)은 이름이다.

四比羽)가 함께 도망하여 요동을 차지하고 고구려의 옛땅에서 각각 왕이 되었다. 무측천이 걸사비우를 허국공으로 봉하고 대사리 걸걸중상을 진국공으로 봉했다. 걸사비우는 책명을 받지 아니하므로 무측천은 장군 이해고(李楷固)에게 명하여 그를 죽였다.

걸걸중상이 죽고 그의 아들 대조영(大祚榮)이 왕위를 계승하고 걸사비우의 무리들을 합하니 그의 군사와 호구가 40여만이나 되었으며 읍루의 옛땅을 차지하고 웅거했다.

성력연간에 신하로 칭하면서 조공하니 황제가 어사 장행급(張行岌)으로 하여금 가서 선위하게 했으며, 그 도읍을 홀한주라 부르고 대조영을 홀한주도독으로 삼고 발해군왕으로 봉하였다. 이로부터 드디어 발해국이라 불렀다.

그 풍속에 자기들의 왕을 '가독부'라 불렀고 대면해서는 '성왕'이라 불렀으며 표에서는 '기하'라 했다. 아버지를 '노왕'이라 하고 어머니를 '태비'

라 하며 아내를 '귀비'라 하고 장자를 '부왕'이라 하고 아들들을 '왕자'라고 했다. 대대로 대씨를 추장으로 삼았으며 당나라 때에 늘 조공했다.

○후량 개평 원년(907) 3월에 그 왕 대인선大諲譔이 왕자 대소순昭順을 보내와 방물을 바쳤다.

○2년 정월에 또 전중소령 최예광崔禮光을 보내왔다.

○3년 3월에 그 재상 대성악大成諤을 보내오고 아울러 여자종을 보내왔다.

○건화 원년(911) 8월에 사신을 보냈다.

○2년 5월에 또 왕자 대광찬大光贊을 보내어 공물을 바쳤다. 상을 후하게 하사했다.

○후당 동광 2년(924) 정월에 왕자 대우모大禹謨를 보내왔다.

○이 해 5월에 또 왕자 대원양大元讓을 보내왔다. 황제가 금채를 하사했다. 8월에 또 조카인 학당친위 대원겸大元謙을 보내니 시국자감승을 삼았다.

○3년(925) 2월에 또 사신 배구裵璆를 보내 방물을 바치고 아울러 여자종을 진상했다. 5월에 입조사 정당성 수화부소경 사자금어대 배구를 우찬선대부로 삼았다.

○천성 원년(926) 4월에 사신 대진림大陳林 등 1백16명을 보내 조공했다. 남녀 노비 각 3명과 인삼·다시마·백부자 등을 진상했다. 7월에 사신 대소좌大昭佐 등 6명을 보내 조공했다.[1]

○4년(929) 5월에 고정가高正詞를 보내 조공했다.[2] 7월에 고정가를 태자세마로 삼았다.

○장흥 2년(931) 12월에 성문각成文角을 사신으로 보내왔다.

○3년 정월에 또 사신을 보내왔다.

○4년 7월에 앞서 입조한 사신 성

1) 이에 앞서 거란 대수령 야율아보기의 병력이 강하여 동북의 번국들이 많이 신속했다. 발해국 땅에 인접해 있으므로 늘 그를 병탄할 생각을 하고 있었다. 이 해에 번국의 부락을 통솔해서 발해를 공격하여 부여성을 함락시키고 부여를 동단부로 고치고 자기의 아들 야율돌욕에게 명하여 군사를 주둔시켜 진수하게 했다. 야율아보기가 죽자 발해왕은 아우에게 명하여 군사를 거느리고 공격하라고 하였으나 이기지 못하자 무리를 보존시켜 물러났다.
2) 살피건대 '가(訶)'자는 응당 『책부원구』대로 '사(詞)'자로 써야 한다.

문각을 조산대부 우신무군장사 주사우록사 시대리평사로, 고보의高保義를 조산랑 우효위장사로 삼고, 아울러 금자를 하사했다.

○청태 2년(935) 12월에 남해부도독 열주도列周道 등을 보내 조공하고 방물을 바쳤다.

○3년 2월에 입조사 열주도를 검교공부상서 정당성공부경 오제현시광록경으로 삼았다.

○후주 현덕 원년(954) 7월에 최오사다崔烏斯多 등 30명이 귀화했다.

○후당 동광 2년(924) 7월 거란의 야율아보기가 군사를 거느리고 동쪽으로 발해국을 공격했다.

○4년 정월에 다시 발해국을 공격했다. 또 매노혜리梅老鞋理 이하 37명을 보내 말 30필을 바치고 거짓으로 화친을 맺었다.

○천성 원년(926) 9월에 발해국 부여성을 쳐서 함락시키고, 그의 장자 야율돌욕에게 명하여 그 나라를 다스리게 하고 이름을 동단왕이라 했다. 27일에 야율아보기가 죽자 그의 차자

인 원수태자 야율덕광(德光)이 왕위를 계승하였다.[1]

○장흥 원년(930) 11월 동단왕 야율돌욕(突欲)이 번국의 관리 40여 명과 말 1백 필을 거느리고 등주로부터 바다를 건너 조정에 귀부했다. 황제는 문명전에 행차하여 그와 그의 부속들을 불러 대면하고 오랫동안 위로했다. 의관과 금옥대, 안장을 갖춘 말과 비단·기물 등을 하사했다. 야율돌욕이 본국의 인수 3개를 진상하자 재신들에게 돌려보게 했다.

12월 중서문하에서 아뢰기를 "거란국 동단왕 야율돌욕이 멀리 푸른 바다를 건너와 왕화에 귀부하였으니 성명을 하사하시고 종전대로 번

---

[1] 덕광의 본명은 요굴지이며 중국을 사모하여 이름을 고쳤다. 처음에 야율아보기에게 아들이 셋이 있었는데, 큰아들을 인황왕이라 불렀고 둘째는 원수태자, 셋째는 안단소군이라 불렀다. 야율아보기가 죽자 그의 아내 술률씨가 원수태자에게 병마를 차지하게 하였고 안단소군에게 발해국으로 가서 야율돌욕을 대신하게 했다. 야율돌욕이 돌아와서 왕위에 오르려 했으나, 원수태자가 본래 부족들의 공경을 받아왔고 또 술률씨의 사랑을 받아왔으므로 그를 등극시키고 그릇되게 천현 원년이라 칭했다. 얼마 안되어 야율아보기를 서루에 장사지내고 그릇되게 대성황제라고 시호를 올렸다. 서루는 번중의 지명이다.

관이 입조한 예에 따라 대우할 것을 바랍니다. 삼가 살피건대 4이夷로 입조한 번관에게는 회덕·회화·귀덕·귀화 등 장군과 중랑장 등 명호가 있고 또 본조에서는 신라와 발해 양번의 왕에게 하사한 관호가 있습니다. 처음에 검교사공으로부터 시작해서 태보까지 이르는데 지금 야율돌욕은 야율아보기의 아들이니 신라 발해국왕의 예대로 실시하기를 바랍니다"라고 하였다.

발해국왕 인황왕 야율돌욕에게 칙서를 내렸다.

거란이 앞서 발해국을 공격하고 동단으로 고쳤으니 그 야율돌욕에게 성은 '동단'으로, 이름은 '모화'로 하사함이 마땅하다. 광록대부 검교태보 안동도호 겸 어사대부 상주국 발해군개국공 식읍 1천5백 호를 제수하고, 회화군절도 서신 등주관찰처치 압번락등사를 맡게 하라.

『오대회요』 29, 거란 ○후당 동광 2년(924) 7월 군사를 거느리고 동쪽으로 발해국을 공격하였다. 4년(926) 정월 다시 발해국을 공격했다.

○천성 원년(926) 9월에 발해국을 공격하여 함락했다. 그의 장자 야율돌욕에게 명하여 그 나라를 다스리게 했다. 이름을 동단왕이라 했다.

『무경총요』 전집16하 ○발해는 부여의 별종이다. 본래 예맥의 땅이며 그 나라의 서쪽은 선비와 접하고 땅은 사방 3천 리이다. 당나라가 고구려를 평정하고 평양성에 안동도호부를 설치하고 다스렸다.

만세통천 연간에 거란이 영주를 공격하여 함락시키자 말갈추인들이 반란하여 요동을 차지하고 고구려의 땅을 나누어 왕이 되었다. 발해는 이어 읍루의 옛땅을 차지하였다. 중종이 발해군왕 겸2) 한주도독으로 봉했다.

천성 초에 거란 야율아보기耶律阿保機의 병력이 융성하여 많은 동북 제번국이 그에 신속했다. 발해와 땅이 인접해 있어 병탄할 생각을 가지고 있었으므로, 그 나라 부여성을 공격하여 함락시켜 그의 큰아들 야율도

---

2) 여기에 '홀(忽)'자가 있어야 한다.

욕(圖欲)을 동단왕으로 세우고 군사를 거느리고 지키게 했다.

『자치통감』210 ○당나라 현종 개원 원년(713) 2월 초에 고구려가 망한 뒤에 그 별종 대조영이 영주에 옮겨가 살았다. 이진충이 반역하자[1] 대조영(祚榮)이 말갈의 걸사비우(乞四比羽)와 무리들을 모아 동쪽으로 달아나 험준한 곳에 스스로 지키고 있었다. 이진충(李盡忠)이 죽자 무측천이 장군 이해고(李楷固)를 시켜서 그 남은 무리를 치게 했다. 이해고는 걸사비우를 공격하여 참하고 군사를 이끌고 천문령을 넘어서 대조영을 쫓았다.[2] 대조영이 대항하여 싸우자 이해고는 크게 패하고 자기 몸만 겨우 죽음을 면했다. 대조영이 드디어 그 무리들을 거느리고 동쪽으로 가서 동모산에 웅거하여 성을 쌓고 살았다.[3]

---

1) 『풍속통』에 "대씨 성은 대정씨(大庭氏)의 후예이며 대관은 전욱제의 스승이었다"라고 하였다. 살펴보니 "『예기』에 대련(大連)이 상례(喪禮)를 잘했는데 동이의 자손이다"라고 한 것으로 보아 동이에는 오랜 이전에 대씨 성이 있는 듯하다.

2) 『신당서』에는 천문령은 토호진하(土護眞下) 북쪽 300리 되는 곳에 있다고 하였다.

3) 동모산은 읍루 국경지대에 있는데 영주에서 바로

대조영이 날래고 용감하여 싸움을 잘하니 고구려와 말갈인이 점점 그에게 귀부했다. 땅은 사방 2천 리이고 호수는 10만이며 강한 군사는 수만이나 되었다. 스스로 진국왕이라 칭하면서 돌궐에 귀부했다. 이 때에 해와 거란이 다 반란하여 길이 막히니 무후는 그를 토벌할 수 없었다.

중종이 즉위하여 시어사 장행급(張行岌)을 보내 초위하자 대조영이 아들을 보내 입시케 했다. 이 때에 이르러 대조영을 좌효위대장군 발해군왕으로 삼고, 그의 소속부를 홀한주라 하여 대조영에게 도독을 겸하게 했다.[4]

『자치통감』212 ○7년(719) 3월 발해왕 대조영이 죽었다.[5] 병진일에 아들 대무예에게 왕위를 이어받으라 명했다.

『자치통감』213 ○14년(726) 이 해에 흑수말갈이 사신을 보내 알현했다.[6] 황제는 그 나라를 흑수주로 삼고 이어 장사를 두어 진수하게 했다. 발해말갈왕 대무예가 "흑수가 당나라에 들어가려면 반드시 우리나라를 지나가야 한다. 전에는 돌궐[7]에 토둔을 요청하면서 우리에게 먼저 알리고 우리와 함께 갔었다. 지금 우리에게 알리지 않고 당나라에 관리를 청했으니 이는 반드시 당나라와 모의하여 우리를 앞뒤에서 협공하려는 것이 틀림없다"라고 하면서 그의 아우 대문예와 그의 장인 임아(任雅)를 보내 군사를 거느리고 흑수를 치게 했다.

대문예는 일찍이 당나라에 볼모로 갔다 온 적이 있어 간언하기를 "흑수가 당나라에 관리를 청한다고 해서 우리가 그를 친다면 이것은 당나라를 배반하는 것입니다. 당나라는 큰 나라입니다. 옛날 고구려 전

동쪽으로 2천 리 되는 곳이다. 남쪽은 신라와 니하를 경계로 하고 동쪽은 바다이고 서쪽은 거란이다.
4) 말갈은 이로부터 강성해졌으며 비로소 '말갈'을 버리고 오로지 '발해'라 불렀다.
5) 『고이』에 "실록에는 6월 정묘일에 대조영이 죽었다. 좌감문솔 오사겸을 섭홍려경으로 삼아 사신으로 보내 조문했다"라고 하였다. 살피건대 이달 병진일에 이미 대조영이 죽었다고 했으니 대개 6월에 바야흐로 오사겸을 보내 조문했을 것이다.

6) 흑수말갈은 유귀국(流鬼國) 서남쪽에 있었다. 여진은 곧 그의 후예이다.
7) 돌궐은 토둔을 두고 귀부하여 복종하는 여러 나라를 다스렸다.

성시기에 강병 30여만이 있어 당나라의 명을 좇지 않았기로 남김없이 쓸어버렸습니다. 하물며 우리의 군사는 고구려의 열에 한둘도 못되는 형편에 일단 당나라와 원수를 지면 이는 나라를 망하게 하는 형세입니다"라 하였으나 대무예는 듣지 아니하고 억지로 그를 보냈다.

대문예는 국경에 이르러 다시 한번 글을 보내 간했으나 대무예는 노하여 종형 대일하大壹夏를 보내 대문예를 대신해서 군사를 거느리게 하고 그를 불러 죽이고자 하였다. 대문예는 군대를 버리고 샛길로 도망쳐 오니 제서를 내려 좌효위장군으로 삼았다. 대무예는 사신을 보내 표를 올려 대문예의 죄상을 아뢰고 그를 죽여달라고 요청했다.

황제는 몰래 대문예를 안서로 보내놓고, 대무예의 사신을 머물게 한 뒤 별도로 사신을 보내 이미 대문예는 영남으로 유배했다고 알렸다. 대무예가 그 사실을 알고서 표를 올려 말하기를 "큰 나라는 남에게 믿음을 보여주어야 마땅한데 어찌 이렇게 거짓으로 속일 수 있습니까?"라고 하면서 굳이 대문예를 죽여줄 것을 요청하였다.

황제가 홍려소경 이도수(李道邃)·원복(源復)이 관속을 감독하지 못해 누설되었다고 하여 모두 연좌하여 좌천하고, 대문예를 잠시 영남으로 보내놓고 이것을 알렸다.[1]

○20년(732) 9월에 발해말갈왕 대무예가 그 장수 장문휴(張文休)를 보내 해적을 거느리고 등주를 노략질하고 자사 위준(韋俊)을 죽였다. 황제가 우령군 갈복순(葛福順)에게 명하여 군사를 징발하여 그를 치게 했다.

○21년 정월에 황제가 대문예를 보내 유주에 나아가 군사를 징발해 발해왕 대무예를 토벌토록 했다.[2]

---

[1] 신 광[사마광]이 이르기를 "왕자가 4이(夷)를 복속시킬 수 있는 것은 위엄과 믿음 때문일 뿐입니다. 대문예가 충성을 다함으로써 죄를 지어 스스로 천자에게 귀부하니, 천자는 마땅히 그들의 잘못을 살펴서 대문예에게 상을 내리고 대무예에게는 벌을 내렸습니다. 이는 정치의 본체입니다. 설사 토벌할 수 없더라도 오히려 대문예의 죄가 없음이 확실하다고 알려주는 것이 마땅합니다. 지금 명황이 위엄으로써 대무예를 복속시키지 못하고 은혜로써 대문예를 보호하지 못하며, 소인들의 속이는 말을 믿어 작은 나라에 곤혹을 당하고 이어서 홍려(鴻臚)에게 누설했다고 죄를 물으니 어찌 부끄럽지 않다고 하겠습니까"라고 했다.

[2] 『고이』에 이르기를 "『신당서』 오승자전에 '가돌간(可突干)이 그의 왕 소고(邵固)를 죽이고 돌궐에 투항했고 해 또한 난이 일어났다. 이 해에 해와 거란이 침노하므로 오승자에게 조서를 내려 치게 하여 날록산에서 격파했다"라고 했다. 또 말하기를 "발해 대무예가 군사를 거느리고 마도산에 이르러 성읍을 도륙했다. 오승자는 요로를 막고 큰 돌로 4백 리에 걸쳐 참호를 만들었다. 이에 유민들이 고향에 돌아오고 병사들이 갑옷을 벗고 농사를 지었다. 이 해에 탁지로 옮기는 돈을 덜 수 있었다'라고 했다.

살펴보니 한유가 오중윤(烏重胤)을 위해 지은 묘비에 오중윤의 아버지 오승흡(烏承洽)에 대해 서술했다. 이르기를 "여러 차례 거란을 격파하고 날록(捺祿)의 싸움에 참여했다. 가돌간이 도망치고 발해가 위로 마도산까지 이르자, 관리와 백성들이 도망쳐 달아나서 일을 잃었다. 상서가 소속부대를 거느리고 그 길을 막고 파서 돌을 쌓아 4백 리를 연달아 만들었는데 높이와 깊이가 3장이 되어 침입하지 못했다. 백성들이 그 집으로 돌아와 살게 되자 이 해에 돈 3천만 전의 운반비를 면하게 했다'라고 했다. 『신당서』는 아마 이 묘비를 요약하여 「승자전」을 만들었을 것이다.

살피건대 『신당서』 제기와 발해전에는 모두 대무예가 마도산에 노략질하러 들어갔다고 한 기록이 없다. 혹자가 한유의 비문에서 가돌간이 도망치고 발해가 마도산에 이르렀다는 것을 가돌간을 깨뜨려 도망치게 하고 발해가 마도산까지 추격했다고 말했을 따름이다. 21년에 곽영걸(郭英傑)이 가돌간과 도산에서 싸웠다. 그렇다면 도산은 대개 거란의 땅일 것이다. 관리와 백성들이 도망하여 옮겨가고 일을 잃은 것은 아마도 가돌간이 들어와 노략질했으므로 그러할 것이다. 이것은 하나의 사실이니 『신당서』가 그대로 이어서 이렇게 잘못된 것이다. 그러나 『신당서』 승자전에서의 나머지 일들은 다른 무슨 책에 근거했는지 알 수 없다.

경신일에 태복원외경 김사란金思蘭에게 명하여 신라에 사신으로 가게 하여1) 군사를 징발하여 그 남쪽 변경을 치게 하였는데, 마침 한 길 넘는 큰눈이 내리고 산길이 막혀 군사들이 반 이상 죽어 공을 이루지 못하고 돌아왔다.

대무예가 대문예에 대한 원망을 그치지 않고 몰래 자객을 보내 천진교 남쪽에서 대문예를 죽이려 했으나 죽이지 못했다. 황제가 하남에 사람을 보내 적당을 찾아 잡으라 하고 모조리 죽여버렸다.2)

『자치통감』 214 ○26년(738) 8월 신사일에 발해왕 대무예가 죽었다. 아들 대흠무가 왕위에 올랐다.

○29년 8월 을미일에 안록산祿山을 영주도독 충평로군사3) 양번4) 발

---

1) 김사란(金思蘭)은 신라왕의 시자(侍子)인데 장안에 머물러 있었다. 벼슬은 태복경원외였다.
2) 하남이란 하남부(河南府)를 말한다.
3) 『고이』에 『실록』은 이 해 8월에 유주절도부대사 안록산(安祿山)을 영주자사 충평로 발해흑수군사로 삼았다고 했고, 『구기(舊記)』에는 유주절도부사 안록산을 영주자사 평로군절도부사로 삼았다고 했으며, 『회요(會要)』에는 28년에 왕곡사(王斛斯)를 평로절도사로 삼았는데 결국 정액(定額)이 되었

해흑수4부경략사로 삼았다.

『자치통감』 215 ○천보 원년(742) 정월 임자일에 평로를 나누어 따로 절도로 하고 안록산을 절도사로 삼았다. 평로절도는 실위·말갈을 진무하고 평로·노룡 2군, 유관수착·안동도호부를 통할하고 영주·평주 2주의 경계에 주둔하는 영주의 군사 3만 7천 5백 명을 거느렸다.5)

『자치통감』 223 ○대종 광덕 원년(763) 7월에 이회광李懷光 등이 진주에 주둔했다. 이회광은 본래 발해말갈 사람이다. 성은 '여茹'로써 삭방朔方의 장군으로 있었는데 공을 세워 성을 하사받았던 것이다.

『자치통감』 235 ○덕종 정원 10년(794) 12월 초에 발해 문왕 대흠무가 죽고 아들 대굉림大宏臨이 일찍 죽었기에 족제인 대원의元義가 왕위에 올랐다. 대원의는 시기하고 포학하여 나라사람들이 그를 죽여버리고 대굉림의 아들 대화여華璵를 세웠는데 이가 성왕이다. 연호를 중흥이라 고쳤다. 대화여가 죽고 다시 대흠무의 작은 아들 대숭린을 옹립했는데 이가 강왕이다. 연호를 정력이라 고쳤다.6)

○11년(795) 봄 2월 을사일에 대숭린을 홀한주도독 발해왕으로 책봉하였다.7)

『자치통감』 237 ○헌종 원화 4년(809) 정월에 발해 강왕 대숭린이 죽고 아들 대원유元瑜가 왕위에 올랐다. 연호를

다고 했다.

살펴건대 구전에 안록산은 평로병마사로부터 평로군사가 되었다고 하는 것은 아마 평로병마사로서 유주절도부사의 이름을 겸대하였을 뿐이다. 실록에는 '대(大)'자가 빠진 것이다. 천보 원년에 처음으로 평로를 절도로 했으므로 『회요』는 잘못된 것이다.

4) 당나라는 해와 거란을 양번이라 했다.
5) 평로군은 영주성 내에 있고 군사가 1만 6천이 된다. 노룡군은 평주성 내에 있고 군사가 1만이 된다. 유관수착은 영주성 서쪽 4백80리 되는 곳에 있는데 군사가 3천 명이 된다. 안동도호부는 영주 동쪽 2백 리 되는 곳에 있는데 군사 8천5백 명이 된다.

6) 발해는 대조영이 나라를 세우면서부터 개원연간에 이르기까지 그의 아들 대무예가 왕위에 올라 더욱 강성해져서 동북의 여러 오랑캐들이 모두 그를 두려워하여 신속했으며 연호를 인안으로 고쳤다. 다시 5대로부터 송나라에 이르기까지 야율(耶律)이 비록 여러 차례 침공했으나 복속시키지 못했다. 그러므로 『통감』에서 그 사실을 하나하나 서술함이 상세하다.
7) 『고이』의 『실록』 을사책(乙巳冊)에는 대숭린(大嵩璘)을 발해군왕으로 책봉했다고 하였으나 지금은 『신전』(『신당서』 발해전)을 쫓는다.

영덕으로 고쳤다.

『자치통감』 239 ○8년(813) 정월에 발해 정왕 대원유가 죽었다. 아우인 대언의言義가 권지국무가 되었다. 경오일에 대언의를 발해왕으로 삼았다.

『자치통감』 240 ○13년(818) 2월에 이전에 발해 희왕 대언의가 죽은 다음에 아우 간왕 대명충明忠이 왕위에 올랐다. 연호를 태시로 고쳤다. 한 해만에 죽고 종부 대인수가 왕위에 올랐다. 연호를 건흥으로 고쳤다. 을사일에 사신을 보내 상을 알렸다.

5월 신축일에 지발해국무 대인수를 발해왕으로 삼았다.

『자치통감』 244 ○문종 태화 4년(830). 이 해에 발해의 선왕 대인수가 죽었다. 아들 대신덕新德이 일찍 죽었으므로 손자 대이진彛震이 왕위에 올랐다. 연호를 함화로 고쳤다.

『자치통감』 249 ○선종 대중 12년(858) 2월에 발해왕 대이진이 죽었다. 계미일에 그의 아우 대건황虔晃을 발해왕으로 삼았다.

『자치통감』 273 ○후당 장종 동광 2년(924)

7월 동북의 여러 오랑캐들이 모두 거란에 복속되었는데 발해만이 복종하지 않았다. 거란주가 침략해 들어올 것을 도모했는데 발해가 그 뒤를 칠까 봐 두려워하였다.[1] 이에 먼저 군사를 일으켜 발해의 요동을 쳤다. 9월에 거란이 발해를 공격했으나 공 없이 돌아갔다.

『자치통감』 274 ○명종 천성 원년(926) 정월에 거란의 왕이 여진과 발해를 쳤는데 당나라가 그러한 빈틈을 노려 공격할까 두려워하였다. 무인일에 매노혜리梅老鞋里를 당나라에 보내 화친을 맺었다.

『자치통감』 275 ○7월에 거란의 왕은 발해를 공격하여 부여성[2]을 함락시키고 이름을 동단국이라고 바꾸었다. 그리고 그의 장자 야율돌욕에 명하여 동단을 진수하게 하고, 인황왕이라 불렀다.[3]

『자치통감』 284 ○후진 제왕 개운 2년(945) 10월. 이전에 고려의 왕건王建이 군사로써 이웃나라를 병탄하면서 자못 강대해졌다.

서역승려 말라襪囉가 후한 고조에게 일러 말하기를 "발해는 우리와 혼인했습니다. 그의 왕이 거란에게 붙잡혔으니 조정과 더불어 같이 그를 쳐서 취합시다"라 했으나 고조는 듣지 않았다.

황제가 거란과 더불어 원수가 됨에 말라가 다시 일렀다.

황제는 고려로 하여금 거란의 동쪽 변경을 교란하게 함으로써 그들의 군사력을 분산시키자고 했다. 마침 왕건이 죽고 아들 왕무武가 권지국사로 자칭하고 부음을 알리는 표를 올렸다.

---

1) 발해는 당시 해동성국으로서 5경 15부 62주를 두었고, 고구려와 숙신의 땅을 모두 차지하고 있었다.
2) 즉 당 고구려의 부여성이다. 이 때 고려왕 왕건이 나라를 세워 혼동강을 경계로 지키고 있었으나 혼동강의 서쪽은 차지하지 못했다. 그러므로 부여성은 발해국에 속했었다. 혼동강은 곧 압록수이다.
3) 또 같은 책 269에 따르면 후량 균왕 정명 2년(916) 12월에 거란의 야율아보기가 황제를 칭했다. 『고이』에 이르기를 "또 발해를 멸하고 그 왕 대인선을 사로잡았다. 자기의 장자를 세워 발해 동단왕으로 삼고 인황왕이라 불렀으며, 스스로는 천황왕이라 했다. 비로소 연호를 세워 천찬이라 하고 나라를 '대요(大遼)'라고 칭했다"라 하였다.

11월 무술일에 왕무를 대의군사 고려왕으로 삼고 통사사인 곽인우 郭仁遇를 그 나라에 사신으로 보내 그들로 하여금 거란을 치게 했다. 곽인우가 그 나라에 이르러 그들의 군사가 매우 약한 것을 보고 지난번에 말라가 한 말은 단지 왕건이 과장한 것일 뿐이며 실은 감히 거란과 맞서지 못하는 형편이라는 것을 알았다. 곽인우가 돌아가자 왕무는 다시 다른 연고로써 변명했다.1)

1) 송백이 말하기를 "진 천복연간에 서역승 말라가 내조했는데 불로 점을 치는 것을 잘했다. 갑자기 고조에게 말하여 고려를 유람하고자 요청하였다. 왕건은 극진한 예로써 대접하였다. 그 때는 거란이 발해땅을 병탄한 지도 여러 해가 되었다. 왕건은 이 때문에 조용하게 말라에게 일러 말하기를 '발해는 본래 우리와 친척의 나라인데 그 왕이 거란에게 붙잡혔소. 내가 조정을 위해 거란을 쳐서 탈취해 오고 또한 옛 원한을 풀고자 하오. 스님이 돌아가시면 나를 위해 천자에게 마땅히 기한을 정해 놓고 양쪽에서 엄습할 것을 약정하자고 말해 주오'라고 했다. 말라가 돌아가서 일일이 아뢰었으나 고조가 듣지 않았다. 출제와 거란이 서로 전쟁을 하자 말라가 다시 그것을 아뢰었다. 황제는 곽인우를 파견하여 급히 조서를 보내 왕건에게 그 땅 거란의 깊은 곳을 공격함으로써 그를 견제하고 위협하라고 알렸다. 마침 왕건이 이미 죽었고 왕무가 국사를 맡고 있었는데 그 아버지의 대신들과 조화되지 않아서 서로 싸우는 판이었다. 내부의 난이 점점 평정해지긴 했으나 군사의 위력이 떨치지 못한데다가 또한 고려인들이 겁을 내고 나약하였으니 말라

『선화봉사 고려도경』1　○고종이 이적李勣에게 그들을[2] 평정하라고 명했다. 그 왕 고장高藏을 사로잡고 그 땅을 나누어 군현을 만들고 평양성에 안동도호부를 세우고 군사로써 진수하게 했다. 뒤에 무측천이 장수를 보내 그 임금인 걸곤우乞昆羽[3]를 죽이고 그 임금으로 걸걸중상[4]을 세웠는데 그도 병으로 죽고 걸걸중상의 아들 대조영이 왕위에 올랐다. 그는 40만의 무리를 가지고 있었으며 계루에 웅거하고 당나라에 신속했다.

중종 때에 여기에 홀한주를 설치하고 대조영을 도독 발해군왕으로 삼았는데 그 후 드디어 발해라 불렸다.

『시화총구』8, 인 『옥호청화』　○송나라 태조가 조보趙普에게 "남존여비라 했거늘 어찌하여 남자는 무릎을 꿇고 여자는 무릎을 꿇지 않는가?"라고 물었다. 뭇

　의 말은 모두 왕건이 과장한 것일 뿐이었다"라고 하였다.
2) 고구려를 말한다.
3) 살피건대 즉 걸사비우이다.
4) 살피건대 즉 걸걸중상이다.

신하들이 대답하는 자가 하나도 없었다. 오직 왕이손王貽孫이 말하기를 "옛날에는 남녀가 다 무릎을 꿇었습니다. 당나라 무측천 때에 와서 비로소 절만 하고 꿇지 않게 되었습니다"라고 했다. 태조가 "무엇으로써 실증할 수 있는가?" 하고 물었다. 이손이 답하기를 "옛 시에 '무릎을 꿇고서 죽은 남편에 물었다네'라고 했습니다"라 하여 드디어 학문과 명예를 떨치게 되었다.

『동도사략』18　○왕부王溥의 아들 왕이손貽孫의 자는 상현이다. 왕부는 1만 권에 달하는 장서를 가지고 있었는데 왕이손이 그것을 둘러보았다.

송나라 태조가 일찍이 조보에게 "배례에서 무엇 때문에 남자는 무릎을 꿇고 부인은 무릎을 꿇지 않는가?" 하고 물었다. 조보가 예관들에게 물었지만 아무도 몰랐다. 왕이손이 이르기를 "옛 시에 '무릎을 꿇고서 죽은 남편에 물었다네'라고 한 것으로 보아 부인들도 옛날에는 무릎을 꿇었습니다. 당나라 무측천 때

에 부인이 비로소 절을 하며 무릎 꿇지 않게 되었습니다"라고 했다. 조보가 "어디에서 나온 이야기인가" 하고 물으니 "당나라 유주종사 장건장이 『발해기』를 저술하였는데 그 일이 갖추어져 있습니다"라고 대답했다. 조보가 탄복하였다.

『옥해』 16, 지리류 이역도서 ○『당지』 장건장의 『발해국기』 3권1)에 "왕이손이 '무후 때 부인들이 처음으로 절만을 하고 무릎을 꿇지 않았다'고 장건장의 『발해기』에 말하고 있습니다"라고 했다.

『옥해』 153, 조공류 외이(내조 ○당나라 때에 발해는 왕자를 보내 입시하게 했다. 「전(傳)」에 발해는 본래 속말말갈이라고 했는데 대조영 때에 진국왕이라 불렀다. 중종이 시어사 장행급(張行岌)을 보내 위로하자 대조영은 아들을 보내 입시하게 했다. 선천연간(712~713)에 사신을 보내 발해군왕을 제수하고 다스리는 사람을 홀한주도독이라 하자 비로소 말갈이란 이름을 버렸다. 현종시기에 조공한 것이 29차례였

---

1) 태화연간이다.

다.2) 대력大曆에 25차, 정원貞元에 4차, 원화元和에 16차 조공했고, 장경長慶에 4차, 보력寶曆에 2차, 문종 때에 내조가 12차, 회창會昌에 4차, 함통咸通에 3차였다.

처음에 그 왕이 여러 번 여러 아들을 장안의 태학에 보내 고금의 제도를 배우게 하니 드디어 해동성국을 이루었다.3)

「지」에 장건장의 『발해국기』 3권이 기록되어 있다.

『옥해』 154. 조공류 석자외이 ○개원 26년(738) 6월 27일에 발해에서 『당례』 및 『삼국지』・『진서』・『36국춘추』를 베낄 것을 요청했다.

『속자치통감장편』 20 ○태평흥국 4년(979) 6월 경오일에 발해추장 대난하大鸞河가 소교 이훈李勳 등 16명, 부족병마 3백 기와 범양군민 2백여 명을 거느리고 와서 귀부했다. 불러들여 만나보고 돈과 옷감을 하사하고 대난하를 발해도지휘사로 삼았다.

『속자치통감장편』 22 ○6년(981) 가을 7월 병신 초하루에 황제가 곧 거란을 크게 정벌하려고 사신을 보내 조서를 내려 발해왕에게 군사를 징발하여 왕사를 기다리라고 명했다. 그것을 요약해 말하면 다음과 같다.

너의 나라는 원래 큰 번국이었으나, 근년에 자못 거란에 제압되었다. 너희들이 군사의 기세에 억눌리어 무릎을 꿇고 그를 섬기고 있어 억울함이 이에 많아지고 가혹한 착취가 끊이지 않았다. 비록 원수를 갚자고 해도 힘에 겨운 일이다. 그러므로 온 부족이 모두 출동하여 나의 공격을 도와 그들이 모두 멸하기를 기다리는 것이 마땅하다. 상을 내릴 때에 유주와 계주지방은 다시 중국에게 돌리고 사막 이외의 지역은 모두 다 넘겨주리라.

그러나 발해는 마침내 따르지 아니했다.

『속자치통감장편』 32 ○순화 2년(991) 12월 이때에 정안국의 왕자 대원大元이 여진사신을 통해 표를 올렸는데 그 뒤에는 다시 오지 않았다.

---

2) 개원 2년(714)에 생도 6명을 입학시켰다. 신라는 7명이었다. 26년(738)에 발해가 사신을 보내와서 『당례』 및 『삼국지』・『진서』・『36국춘추』를 베껴 갔다.
3) 『실록』 정원 11년(795) 11월 을사일에 대숭린을 발해왕으로 책명했다.

황제가 또 발해가 조공을 하지 않는다고 여진에게 군사를 징발하여 그를 치도록 명하고 수급 하나를 참하면 명주 5필의 상을 준다는 조서를 내렸다.

『문헌통고』 326, 사예고 3, 발해 ○발해는 본래 속말말갈로 고구려에 부속된 자들이다. 성은 대씨이다. 고구려가 멸망되자 무리를 거느리고 읍루의 동모산 지대를 차지하니 영주로부터 동쪽으로 2천 리 떨어져 있다. 남쪽으로는 니하를 경계로 신라와 이웃하고 동쪽으로는 바다에 닿고 서쪽으로는 거란이다. 성곽을 쌓고 살았는데 고구려의 유민들이 점차로 귀부하였다.

당나라 만세통천 연간(696~697)에 거란 이진충李盡忠이 영주도독 조홰趙翽를 죽이고 반란을 일으키자 사리걸걸중상이 말갈추장 걸사비우와 고구려의 남은 무리들과 더불어 동쪽으로 달아나 요수를 건너 태백산 동북쪽을 차지하고 오루하를 사이에 두고 성을 쌓으며 스스로 지켰다.

당나라 무측천은 걸사비우를 허국공으로 봉하고 걸걸중상을 진국공으로 하며 그 죄를 사면하여 주었다. 걸사비우가 명을 받지 아니하니 무측천은 장군 이해고_{李楷固} 등에게 참하라고 조서를 내렸다.

이 때 걸걸중상은 이미 죽고 그의 아들 대조영이 남은 무리를 이끌고 달아나 버렸다. 이해고가 천문령을 넘어 급히 추격하자, 대조영은 고구려와 말갈의 군사로써 이해고에 대항하니, 이해고는 패하고 돌아갔다. 이에 거란이 돌궐에 귀부하여 왕사의 길이 막혀 끝내 대조영을 토벌하지 못했다.

대조영이 곧 걸사비우의 무리를 합한 뒤 거리가 멀리 떨어져 있음을 믿고 나라를 세웠다. 스스로 진국왕_{震國王}이라 하고 사신을 보내 돌궐과 통교하였다. 땅은 사방 5천 리에 호수가 10여만이고 정예병이 수만 명이었다. 문자를 자못 알았고 부여·옥저·변한·조선과 바다 북쪽의 여러 나라들을 모두 얻었다.

중종 때 시어사 장행급을 사신으로 보내 위로하자 대조영은 아들을 보내 입시하게 했다.

예종 선천연간(712~713)에 사신을 보내 대조영에게 좌효위대장군 발해군왕을 제수하고 다스리는 것을 홀한주도독으로 했다. 이로부터 비로소 말갈이라는 이름을 버리고 오로지 발해라 했다.

현종 개원 7년(719)에 대조영이 죽자 그 나라가 사사로이 시호를 고왕이라 했다. 아들 대무예가 왕위에 올라 영토를 크게 확대하자 동북의 오랑캐들이 두려워서 신속했다. 사사로이 연호를 인안으로 고쳤다. 황제가 전책_{典冊}을 내려 왕위와 다스리는 바를 계승하게 하였다. 얼마 되지 않아 흑수말갈의 사자가 입조하자 황제는 그 땅에 흑수주를 세우고 장사를 두어 다스리게 했다.

대무예는 그 아랫사람들을 불러놓고 상의하여 이르기를 "흑수가 처음에는 우리에게 길을 빌려 당나라와 통했고 이제는 돌궐에게 토둔을 요청할 때도 모두 우리에게 먼저 알렸는데, 이제 우리에게 알리지 않고 당나라 관리를 청하는 것으로 보아 이는 반드시 당나라와 더불어 우리를 앞뒤로 공격하자는 것이다"라고 하면서 동복아우 대문예 및 장인 임아를 보내 함께 군사를 징발해서 흑수를 치게 했다.

대문예는 일찍이 장안에 볼모로 가 있었으므로 이해관계를 알고 대무예에게 일러 말하기를 "흑수가 관리를 청하는데 우리가 그들을 친다면 이는 당나라를 배반하는 것이 됩니다. 당나라는 큰 나라로서 군사가 우리의 만 배나 되는데 그와 원수를 진다면 우리는 곧 망하고 말 것입니다. 옛날 고구려 전성시기에 군사 30만으로 당나라에 대항하여 적으로 삼았으니 강성했다고 말할 수 있습니다. 그러나 당나라 군사가 한번 임하여 땅을 쓸듯이 없애버렸습니다. 지금 우리의 군사는 고구려의 3분의 1밖에 안되는데 왕이 그들을 어긴다면 아니됩니다"라고 간했으나 대무예는 따르지 아니했다.

　군사가 국경에 이르자 대문예는 또 글로써 굳이 간언했으나 오히려 대무예가 진노하여 종형 대일하大壹夏를 보내 대문예를 대신하게 하고 대문예를 불러들여 죽이려 했다. 대문예가 두려워 샛길로 해서 스스로 당나라에 귀부하니 조서를 내려 좌효위장군을 제수하였다. 대무예가 사신으로 하여금 대문예의 죄악을 폭로하고 그를 죽여줄 것을 청했다.

　황제가 조서를 내려 그를 안서지역으로 보내고 좋은 말로 발해에 알려 이르기를 "대문예는 곤궁하여 나한테 와 귀부했으니 죽일 수 없다. 이미 척박한 땅으로 보냈다"라고 했다. 그러면서 그 사신은 머물게 하고 별도로 홍려소경 이도수와 원복에게 조서를 내려 유지를 알리게 했다.

　대무예가 그 사실을 알아내고 당나라에 글을 올려 질책하기를 "폐하께서 거짓을 천하에 보이는 것은 부당한 일입니다. 생각건대 반드시 대문예를 죽이십시오"라 하였다.

　황제가 노하여 이도수와 원복이 국사를 누설했다고 해서 모두 좌천하고 짐짓 대문예를 쫓아내고 그 사실을 알렸다.

　그 후 10년이 되어 대무예는 대장군 장문휴張文休를 보내 해적을 거느리고 가서 등주를 치게 했다. 황제는 재빨리 대문예를 보내 유주의 군사를 징발하여 발해군을 치게 하고 태복경 김사란金思蘭을 신라에 사신으로 보내 군사를 독촉해서 발해의 남쪽을 치게 했다.

　이 때는 크게 춥고 한 길 넘게 눈이 내려 군사들이 얼어죽은 것이 반이 넘었으므로 공을 이루지 못하고 돌아왔다. 대무예는 그 아우를 바라는 것을 그치지 않고 자객을 모아 동도에 들여보내 길 위에서 노려 찌르게 했으나 대문예는 맞서 싸워 죽음을 면했다. 하남부가 자객들을 사로잡아 모조리 죽여버렸다.

　대무예가 죽자 그 나라에서 시호를 무왕이라 했다. 아들 대흠무가 왕

子欽茂立改元大興有詔嗣王及所領欽茂因是赦境內天寶末欽茂徙上京直舊國三百里忽汗河之東訖帝世朝獻者二十九寶應元年詔以渤海爲國欽茂王之進檢校太尉大歷中二十五來以日本舞女十一獻諸朝貞元時東南徙東京欽茂死私諡文王宏臨早死族弟元義立一歲猜虐國人殺之推宏臨子華璵爲王復還上京改年中興死諡成王欽茂少子嵩鄰立改元正歷有詔授右驍衛大將軍嗣王建中貞元間凡四來死諡康王子元瑜立改元永德死諡定王弟言義立改年朱雀並襲王如故明忠立一歲死諡簡王從父仁秀立改年建興與其四世祖野勃秨榮弟也仁秀頗能討伐海北諸部開大境宇有功檢校司空襲王元和中凡十六朝獻長慶四寶歷凡再大和四年詔襲爵終文宗世來朝十二德彝死從彝震立改年咸和明年詔製闍野仁秀死子新德彝死孫虔晃立死錫立咸通時三朝獻初其王會昌凡四彝震立死玄錫立來朝十二數遣諸生詣京師大學習識古今制度至是遂爲海東盛國地

위에 올라 연호를 대흥이라 고쳤다. 조서를 내려 왕위와 다스리는 바를 잇게 하였다. 이에 대흠무가 나라 안에 사면령을 내렸다.

천보 말년에 대흠무가 상경으로 도읍을 옮겼는데 옛 도읍에서 3백 리 떨어진 홀한하 동쪽이었다. 황제의 세대가 끝날 때까지[1] 조공한 것이 모두 29차례였다.

보응 원년(762)에 조서를 내려 발해를 국으로 대흠무를 왕으로 삼고 검교태위로 승진시켰다.

대력연간(766~779) 25차례 사신이 왔으며 일본무녀 11명을 조정에 보내왔다. 정원연간(785~804)에 도읍을 동남지방의 동경으로 옮겼다.

대흠무가 죽자 사사로이 시호를 문왕이라 했다. 아들 대굉림宏臨이 일찍 죽어 족제인 대원의元義를 세웠으나 그가 남을 시기하고 포학해서 1년 만에 나라사람들이 그를 죽이고 대굉림의 아들 대화여華璵를 왕으로 삼았다. 다시 상경으로 돌아와

---

1) 〔역주〕 당나라 현종 재위기간(713~755)을 말함.

서 연호를 중흥으로 고쳤다. 그가 죽자 시호를 성왕이라 했다.

대흠무의 작은 아들 대숭린崇鄰을 세우고 연호를 정력이라 고쳤다. 조서를 내려 우효위대장군을 제수하고 왕위를 잇게 하였다. 건중·정원 연간에 모두 4차례 사신이 왔다. 그가 죽으니 시호를 강왕이라 했다.

아들 대원유元瑜가 왕위에 오르고 연호를 영덕이라 고쳤다. 죽어서 시호를 정왕이라 했다.

아우 대언의言義가 왕위에 오르고 연호를 주작이라 고쳤다. 아울러 왕위를 이어받았다. 죽어서 시호를 희왕이라 했다.

아우 대명충明忠이 등극하여 연호를 대시로 고쳤다. 등극한 지 1년 만에 죽어 시호를 간왕이라 했다.

종부인 대인수仁秀가 왕위에 올라 연호를 건흥이라 고쳤다. 그의 4세조 대야발野勃2)은 대조영의 아우이다. 대인수는 자못 해북지방 여러 부락을 토벌하여 영토를 넓혔다. 공이 있어 검교사공을 제수하고 왕위를 이으라는 조서를 내렸다.

원화연간(806~820)에 무릇 조공한 것이 16차례. 장경연간(821~823)에 4차례이고 보력연간(825~826)에 모두 2차례이다. 대화 4년(830)에 대인수가 죽어 시호를 선왕이라 했다.

아들 대신덕新德은 일찍 죽어 손자 대이진彝震이 왕위에 오르고 연호를 함화로 고쳤다. 이듬해에 조서를 내려 작위를 잇게 하였다. 문종시대가 끝날 때까지 내조한 것이 12차례이다. 회창연간(841~846)에는 모두 4차례이다.

대이진이 죽고 아우 대건황虔晃이 왕위에 올랐다. 그가 죽자 대현석玄錫이 등극했다. 함통연간(860~873)에 3차례 조공했다.

처음에 그 왕이 여러 학생들을 장안의 태학에 보내 고금의 제도를 익히고 알게 하였다. 이 때에 와서 드디어 해동성국이 되었다.

그 땅에 5경 15부 62주가 있다.

---

2) [역주] 본문에는 야야발이라 했는데 대야발의 잘못임.

숙신肅慎 옛터를 상경용천부라 하고 용주·호주·발주 3주를 거느렸다. 그 남쪽을 중경현덕부라 하고 노주·현주·철주·탕주·영주·흥주 6주를 거느렸다.

예맥濊貊의 옛터를 동경용원부라 하기도 하고 책성부라고도 하는데 경주·염주·목주·하주 4주를 거느렸다.

옥저沃沮의 옛터를 남경남해부라 하고 옥주·청주·초주 3주를 거느렸다.

고구려高句麗의 옛터를 서경압록부라 하고 신주·백주·풍주·정주 4주를 거느렸다. 장령부는 하瑕주·하河주 2주를 거느렸다.

부여夫餘의 옛터를 부여부라 하고 항상 강한 군사를 주둔시키고 거란을 막았으며 부주·선주 2주를 거느렸다.

막힐부는 막주와 고주 2주를 거느렸다.

읍루挹婁의 옛터를 정리부라 하고 정주·반주 2주를 거느렸다. 안변부는 안주·경주 2주를 거느리고 솔빈부는 화주·익주·건주 3주를 거느렸다.

불녈拂涅의 옛터를 동평부라 하고 이주·몽주·타주·흑주·비주 5주를 거느렸다. 철리부는 광주·분주·포주·해주·의주·귀주 6주를 거느렸다.

월희越喜의 옛터를 회원부라고 하고 달주·월주·회주·기주·부주·미주·복주·사주·지주 9주를 거느렸다.

안원부는 영주·미주·모주·상주 4주를 거느렸다. 또 영주·동주·속주 3주를 독주주라 했다. 속주는 그 부근의 속말강에 의거한 것인데 아마도 이른바 속말수일 것이다.

용원 동남쪽은 바다에 임했는데 일본도이고, 남해는 신라도이고 압록은 조공도이고 장령은 영주도이고 부여는 거란도이다.

풍속에 왕을 '가독부可毒夫'·'성주聖主'·'기하基下'라 하며 그의 명령을 '교敎'라고 했다. 왕의 아버지를 '노왕老王'이라 하고 어머니를 '태비太妃'라 하고 아내를 '귀비貴妃'라 하고 장자를 '부왕副王'이라 하고 여러 아들들을 '왕자王子'라 했다.

관청으로는 선조성·중대성·정당성이 있으며 좌·우상이 있고 좌·우평장·시중·상시·간의가 있으며 또 좌6사 충부·인부·의부와 우6사 지부·예부·신부가 있고 각각 낭중과 원외를 두었다.

또 무관으로는 좌·우위대장군 등으로 나뉘는데, 대개 중국의 법도와 같다. 복장도 자비紫緋·천비淺緋·녹綠 및 아홀·금은어대의 법제가 있고 나머지 풍속은 고구려·거란과 대략 같았다. 유주절도부와 서로 빙문했다.

영주와 평주로부터 장안에 이르기까지 약 8천 리쯤 떨어져 있다.

후량 개평 원년(907)에 발해왕 대인선大諲譔이 왕자를 보내 방물을 바쳤다. 2·3년 그리고 건화 2년(912)에도 사신편에 방물을 바쳤다.

후당 동광 2년(924)에 왕자를 보내왔다. 또 조카인 학당친위 대원겸元

謙을 보냈는데 시국자감승으로 삼았다. 3년 및 천성 원년(926)에도 사신편에 공물을 보내왔고 사내종과 계집종을 진상했다.

이에 앞서 거란 대수령 야율아보기가 병력이 융성해져서 동북의 여러 번국이 그에게 많이 신속했다. 거란은 발해 땅과 서로 붙어 있기에 늘 병탄할 생각을 가지고 있었다. 이 해에 여러 번부를 거느리고 발해국 부여성을 공격하여 함락시켰다. 부여성을 동단부라 고치고 자기의 아들 야율돌욕突欲에게 명하여 군사를 남겨 지키도록 명하였다.

얼마 안되어 야율아보기가 죽자 그는 군사를 거느리고 그의 아우에게 부여성을 치라고 명했는데 이기지 못하고 돌아갔다. 4년과 장흥 2(931)·3·4년, 청태 2(935)·3년에 모두 사신을 보내 방물을 바쳤다.

후주 현덕 원년(954)에 발해국의 오사라烏思羅 등 30명이 귀화했고 그 후에 길이 막혀 왕래가 끊어졌다. 송나라 태평흥국 4년(979)에 태종

來朝又遣姪學堂親衛大元謙試國子監丞三年及天成元年供遣使入貢進兒由女口先是契丹大首領耶律阿保機兵力雄盛東北諸蕃多臣屬之以渤海土地相接常有吞倂之志是歲率諸蕃部攻渤海國夫餘城下之改夫餘府爲東丹府命其子突欲留兵鎭之未幾阿保機死命其弟率兵攻夫餘城不克而還四年及長興二年三年四年淸泰二年三年俱遣使貢方物周顯德元年渤海國烏思羅等三十人歸化其後隔絶不通

〔渤海國志長編 一 四十四 千華山館〕

宋太平興國四年太宗平晉陽移兵枝李勤等十六人部族三百騎來降以慰河爲渤海琰州諸王詔曰蠢茲北戎犯我封略今賜烏舍城浮渝府渤海琰府密類聞爾國密邇寇讎勢迫拘係不能制因而服屬因於大醜蓋非爾願所當奮劒激忿破虜迫怨之際是欲鼓行深入大殲醜類翦焉除其窟穴朕已躬擐甲胄期於蕩平開所宜盡出族帳佐予兵鋒俾其靈旂破於幽薊士宇復歸中朝朔漠之外悉以相與力協力朕不食言時將率兵大擊胡虜因降詔其國令張掎角之勢其國亦怨寇讎侵擾每不已遣使入朝乃附表貢獻方物

鄭建國改元自稱定安國宋開寶三年其國王烈萬華因女眞使獻上三百四女眞十七

定安國本馬韓之種爲契丹所攻破其酋帥糾合餘衆保於西

泞化二年冬以渤海不通朝貢詔女眞攻之凡獲一級以絹五匹爲賞同上三百四十女眞十七

皋北伐故降是詔此韻韻考三渤海二十

은 진양을 평정하고 군사를 유주로 옮겼다. 그 우두머리 대난하(大鸞河)가 소교 이훈(李勳) 등 16명과 부족 3백 기를 거느리고 와서 항복하자 대난하를 발해도지휘사로 삼았다.

6년(981) 오사성(烏舍城) 부유부(浮渝府) 발해염부왕(渤海琰府王)에게 조서를 내렸다. 요약하면 다음과 같다.

준동하는 북쪽 오랑캐가 우리 영지를 침범하고 있다. 이제 북을 울리며 깊숙이 들어가 추한 무리들을 대거 섬멸하고자 한다. 평소에 듣건대 너의 나라는 원수들과 가까워 형세가 병탄될 지경으로 급하다. 힘으로 제압하지 못하기 때문에 복속하고 지배에 곤욕을 받는다고 한다. 영기(靈旗)가 오랑캐를 격파한 날에는 너희 나라가 울분을 설욕하는 날이니 마땅히 무리를 데리고 나와 군사를 도우라.

그들을 전멸시키면 성대하게 상을 내려 유주·계주 지역은 다시금 중국에 귀속시키고 북쪽 사막 밖은 모두 넘겨주려 한다. 이에 힘써 협력하라. 짐은 거짓말을 아니 하니, 마침내 크게 군사를 거느리고 북벌하려 함에 이 조서를 내린다.

『문헌통고』327, 사예고 4, 여진 ○순화 2년(991) 겨울에 발해가 조공을 보내오지 아니하였다. 여진에게 발해를 공격하라고 조서를 내리니 무릇 적의 목 하나에 명주 5필을 상으로 준다고 약속했다.

『문헌통고』327, 사예고 4, 정안 ○정안국은 본래 마한의 종족으로, 거란에 격파되었다. 그 추장이 나머지 무리를 규합해서 서쪽 변경을 차지하고서 나라를 세워 연호를 고치고 자칭 정안국이라 했다.

송나라 개보 3년(970) 그 국왕 열만화(烈萬華)가 여진이 사신을 보내 입조하는 편에 표를 올리고 방물을 바쳤다.

태평흥국 연간(976~983)에 태종은 바야흐로 원대한 계략을 세우고 호로(胡虜)를 치려고 그 나라에 조서를 내려 앞뒤로 공격하는 형세를 펼치자고 하였다. 그 나라도 원수들의 침략과 노략질이 끊어지지 않는 것을 원망하고 있는 터라 중국이 곧 군사로써 북벌하려는 것을 듣고서 왕사에 의지하여 오랜 숙원을 풀려고 조서를 받고 크게 기뻐했다.

6년(981) 겨울에 여진이 사신을 보내 조공하는데 길이 본국을 지나니 이에 그 사신에게 부탁하여 표를 붙여 올렸다. 표에 일렀다.

정안국왕 신 오현명烏玄明이 아룁니다. 신은 본래 고구려 옛땅 발해의 남은 무리로 한구석에 웅거하여 세월을 보내며 홍균지덕鴻均之德을 우러러 받사옵고 무외지택無外之澤을 입어 감화되어 각각 자기의 처소를 얻고 사물의 제 본성을 이루게 되었습니다.

그런데 근년에 거란이 자신의 강포함을 믿고서 우리 경내에 들어와 노략질하여 성채를 공략하고 백성들을 잡아가고 있습니다. 신의 조고祖考는 절의를 지켜 항복하지 않고 무리들과 피난하여 다만 살아남은 사람들만 모여 지금까지 살아왔습니다.

그리고 또 부여부는 지난날 거란을 배반하고 본국으로 귀부했으니 재난이 장차 이름에 이보다 큰 것이 없습니다. 천조天朝의 비밀계획을 받고서 강한 군사를 거느리고 토벌을 도와 반드시 원수를 갚으려고 하는 것이 마땅함에 감히 명령을 어기지 못하겠습니다. 신 오현명은 진실로 간곡하게 원하옵니다. 머리를 조아리고 또 머리를 조아립니다.

그 끝에다 "원흥 6년 10월 일 정안국왕 신 오현명이 성황제에 올리는 표"라고 썼다.

황제가 조서를 내려 "군사를 징발하여 협력해서 함께 거란을 토벌하자" 하고, 조서를 여진사신에게 붙여 지니고 가게 하였다.

단공 2년(989)에 그의 왕자가 여진의 사신에게 부탁하여 말·수리깃털과 우는 화살을 바쳤다.

순화 2년(991)에 그 왕자 대원大元이 여진의 사신에게 부탁하여 표를 올린 이후로, 다시는 사신이 이르지 않았다.

『송사』 491, 외국전 발해국 ○발해는 본래 고구려의 별종이다. 당나라 고종이 고구려를 평정하고 그 사람들을 중국에 옮겨살게 했다. 무측천의 만세통천 연간(696~697)에 거란이 영부를 공격하여 함락시키자 고구려의 별종인 대조영이 달아나 요동을 차지했고 예종이 그를 홀한주도독 발해군왕으로 삼았다. 이로 인해 자칭 발해국이라고 하고 부여·숙신 등 10여 국을 병합했으며 당·후량·후당을 이르도록 끊임없이 조공했다.

후당 천성(926~929) 초에 거란 야율아보기가 부여성을 공격하여 함락시켰다. 이어서 부여를 동단부로 고치고 그의 아들 야율돌욕에게 명하여 군사를 남겨 진수하게 했다.

야율아보기가 죽자 발해왕이 다시 부여를 쳤지만 이기지 못하였다. 장흥·청태연간(930~935)을 지나며 사신을 보내왔다.

후주 현덕(954~959) 초기에 그 추호 최오사崔烏斯 등 30명이 귀부했고 그 후로는 길이 막혀 중국과 통하지 못했다.

태평흥국 4년(979)에 대종이 진양을 평정하고 유주에 군사를 옮겼을 때 그의 우두머리 대난하大鸞河가 소교 이훈 등 16명과 부족 3백 기를 거느리고 와서 귀부하자 대난하를 발해도지휘사로 삼았다.

6년에 오사성 부유부 발해 염부왕에게 조서를 내려 일렀다.

짐이 큰 사업을 이어서 4해를 차지하게 되어 온 천하가 나의 통솔에 쫓지 않음이 없다. 하물며 태원太原봉역은 우리나라의 보장인데, 예전에 도적떼들이 웅거해서 봉작을 이어받으며 요나라의 원조에 의지하여 대대로 머물고 주살했다.

짐이 지난해 친히 정예의 군사를 거느리고 여러 장수들을 이끌고 병문拼門의 고루를 함락시키고 흉노의 오른팔을 끊어놓았다. 간곡히 말하노니 위로하거나 정벌하여 백성들을 소생시키려 한다. 준동하는 이 북쪽 오랑캐는 도리에 어긋나고 원수를 맺어 번번이 잠식하고 우리의 촌락을 침범해 약탈하니 지난번 출병하여 역습을 가해 아주 많이 죽이고 사로잡았다. 지금 북을 울리며 용정龍庭을 불사르고 깊이 쳐들어가 승승장구로 휩쓸어 오랑캐들을 대거 섬멸하려 한다.

들건대 그대 나라는 원수들과 가까워서 병탄에 위협당하고 제압할 힘은 없어 복속하고 있으며 다스림을 받아 곤욕을 치르고 있다고 한다. 신령한 군대가 적을 격파할 때가 이 이웃나라에게 울분을 설욕하는 날일 것이다. 전체 부족이 다 출동하여 나의 용맹한 군사를 도와야 할 것이다. 그들을 섬멸하면 크게 상을 줄 것인데, 유주·계주 지역은 다시 중국에 귀속시키고 사막 밖은 모두 너에게 줄 것이다. 힘써 협력하라. 짐은 거짓을 말하지 않을 것이다.

그 때 크게 군사를 일으켜 북벌하려 함에 이 조서를 내려 황제의 뜻을 알린 것이다.

9년(984) 봄에 대명전에서 연회를 열고 대난하를 불러놓고 오래도록 위로하였다. 황제가 전전도교 유정한劉廷翰에게 이르기를 "대난하는 발해의 국왕으로서 몸을 결박하여 나에게 귀부했으니 그의 충성을 가륵하게 여긴다. 대저 오랑캐 부락의 풍속은 말 달리기를 즐기는지라 높고 푸른 하늘의 가을을 기다려 수십 필 준마와 함께 교외에 나가서 사냥을 벌임으로써 그들의 습성을 이루게 하라"라고 했다. 그리하여 10만 전과 술을 하사했다.

`송사』 491, 외국전 정안국` ○정안국은 본래 마한의 종족인데 거란에 격파되어 그의 추수가 무리를 규합하여 서쪽 변경을 차지하고 나라를 세워 연호를 고치고 스스로 정안국이라 불렀다.

개보 3년(970)에 그 나라의 왕 열만화烈萬華가 방물을 바치러 가는 여진의 사신을 통해 표문과 바칠 방물을 부쳤다.

태평흥국 연간에 태종이 원대한 계획을 세워 바로 거란을 치려고 정안국에 협력하라는 조서를 내려 앞뒤로 공격하는 형세를 취하도록 한 것이다. 그 나라도 원수들이 침략하여 수모를 주는 것을 그치지 않음을 원망하고 있다가 마침 중국이 군사를 일으켜 북벌한다는 말을 듣고 왕사에 의지하기로 작정하였다. 이로써 오랜 원한을 풀려고 기쁜 마음으로 조서를 받았던 것이다.

6년(981) 겨울에 특산품을 바치려고 오는 여진의 사신이 본국을 지나갈 때 그 사신에게 부탁하여 표문을 부쳐 올렸다.

정안국왕 신 오현명烏玄明이 아룁니다. 엎드려 성스러운 군주가 천지를 융합하는 은혜와 오랑캐를 위로하는 풍속을 만나 신 현명은 실로 기쁘고 실로 즐거워 머리를 조아리고, 머리를 조아립니다.

신은 본래 고구려 옛터의 발해유민으로서 한 구석에 웅거하여 세월을 보내며 홍균지덕을 우러러 받사옵고 무외지택을 입어 감화되어 각각 자기의 처소를 얻고 사물의 제 본성을 이루게 되었습니다. 그런데 근년에 거란이 자신의 강포함을 믿고서 우리 경내에 들어와 노략질하여 성채를 공략하고 백성들을 잡아가고 있습니다.

신의 조고는 절의를 지켜 항복하지 않고 무리들과 피난하여 살아남은 사람만 모여 지금까지 살아왔습니다. 그리고 또 부여부는 지난날 거란을 배반하고 본국으로 귀부했으니 장차 다가올 재난이 이보다 더 큰 것이 없습니다. 천조의 비밀계획을 받고 강한 군사를 거느리고 토벌을 도와 반드시 원수를 갚으려고 하는 것이 마땅하므로 감히 명령을 어기지 못하겠습니다. 신 오현명은 진실로 간곡하게 원합니다. 머리를 조아리고 또 머리를 조아립니다.

그 끝에 "원흥 6년 10월 일에 정안국왕 신 현명이 성황제 앞에 올리는 표"라고 썼다.

首頓首臣本以高麗舊壞渤海遺黎保據方隅涉歷星紀仰覆露鴻鈞之德被侵漬無外之澤各得其所以遂本性而頃歲契丹恃其彊暴入寇境土攻破城砦俘略人民臣祖考守節不降與衆避地僅存生聚以迄於今而又扶餘府昨背契丹並歸本國災禍將至無大於此所宜受天朝之密畫率兵而助討必欲報敵不敢違命臣玄明誠懇誠願頓首其末題云元興六年十月日定安國王臣玄明表上聖皇帝前上答以詔書曰勅定安國王烏玄明女眞使至得所上表以朕管前手詔諭臣凡陳忠激卿邈國家嘉乃純誠念彼蕃地介於鯨海之表窘於戎狄之侵俾率衆以披攘思奮躬而効順忠教懇至喜歎良多矧以沈冤未報積憤空伸剋復之謀故同仇之願載惟義勇是戒毒螫吞倂失其故土沈冤未雪勢須攘伐多方俟霧冬即申天討之師爰命使車就賜勅命只俟嚴秋展爾復仇之志朔漠底定燕碣永淸之期當予伐罪之秋若能追念累世之恥宿戒擧國之師悉力同心以攄敵愾之憤則克複之業必就况渤海願歸於朝化扶餘已背已於邊郡廣屯重兵只侯羣來沈有加宜思永岡無失良便而已賞於賊庭勵乃宿心剋其協力克期必集大勳尙阻重溟未

渤海國志長編一四十七千華山館

遣遣使倚注之切鑒寐寧忘以詔付女眞使令煑以賜之端拱二年其王子因女眞使附獻馬鵰羽鳴鏑淳化二年其王子太元因女眞使上表其後不復至

王溥子貽孫字象賢溥好聚書至萬餘卷貽孫遍覽之太祖嘗

황제가 조서로 답하여 일렀다.

정안국왕 오현명이 여진의 사신으로 하여금 이르러 얻은바 상표로서 짐이 일찍이 손수 유지를 쓴 조서를 하사하고 또한 감격한 바를 말하노라. 경은 먼 나라의 호걸로서 왕으로 이름하고 후손들이 번성하였다. 문득 마한의 땅을 소유하고 경해鯨海의 가에 있어 강한 적들이 병합하여 그 옛 땅을 잃어버렸다. 깊은 원한을 갚지도 못하고 쌓인 억울함을 어찌 풀겠는가?

하물며 저 오랑캐들은 오히려 전갈의 독을 내쏘듯 군대를 내어 널리 정벌하니 대저 하늘의 재앙이 온 누리에 덮여 있으므로 전쟁의 패배가 서로 가까워 멸망을 기다릴 뿐이다.

지금 나라를 모퉁이에서 이어가고 있지만 널리 무장한 병사를 주둔시키고 다만 추운 겨울을 기다리니 곧 하늘의 토벌을 기다리는 듯하다. 그대가 만일 여러 세대의 치욕을 잊지 않고 오랫동안 경계한 나라의 군사를 일으킨다면 내가 죄를 토벌하는 전쟁을 일으킬 때를 당하여 그대의 원수를 갚는 뜻을 펴서 삭막한 땅이 평정되고 관작과 상이 더해지니 영원한 계획을 생각하고 좋은 방편을 잃지 않음이 옳도다. 하물며 발해가 조정의 교화에 귀부하기를 원하고 부여가 이미 적들의 조정에서 등을 돌렸음에랴! 이에 오랫동안 마음에 품어온 뜻에 힘써 협력할 것을 알리니 함께 일어날 기한을 정하여 반드시 큰 공훈을 이루라. 그러나 바다에 가로막혀 사신을 보낼 겨를이 없으니 붙여 맡기려는 마음이 간절하여 어찌 잠자리에 새겨두지 않고 잊겠는가? 조서를 여진의 사신에게 붙여 가지고 가 전하게 한다.

단공 2년(989)에 정안국의 왕자가 여진의 사신에게 부탁하여 말·수리 깃털·우는 화살을 보내왔다.

순화 2년(991)에 그 왕자 태원太元이 여진의 사신에 부탁하여 표를 올렸다. 그 이후로는 다시는 이르지 않았다.

『송사』249, 왕부전 ○왕부王溥의 아들 왕이손貽孫의 자는 상현이다. 왕부는 책을 모으는 것을 좋아하여 그 책이 만여 권에 이르렀는데 왕이손이 두루 섭렵했다.

송나라 태조가 일찍이 조보趙普에게 절하는 예에 대하여 물었다. "무엇 때문에 남자는 무릎을 꿇고 부인은 그러하지 않는가?" 조보는 예관에 물었지만 대답할 수 없었다. 왕이손이 일렀다.

"옛 시에 '무릎을 꿇고서 죽은 남편에게 물었다'라고 하였으니 대개 부인도 무릎을 꿇었습니다. 당나라 태후 때에 부인들이 처음으로 절하고 무릎을 꿇지 않았습니다."

그러자 조보가 그 출전을 물으니 대답하여 말하기를 "태화연간에 유주종사 장건장張建章이 『발해국기』를 저술하였는데 그 일이 갖추어져 있습니다"라고 하였다. 조보가 크게 칭찬하고 상을 주었다.

『송사』 249, 송기전 ○태종 단공 2년(989)에 장차 유주와 삭주를 토벌하려고 여러 신하들에게 조서를 내려 각각 변경의 일을 아뢰게 하였다. 이부상서 송기宋琪가 상소하여 일렀다.

… 발해의 군대와 영토가 해보다 융성하니 비록 힘써 거란을 섬기더라도 마음 속으로는 그 왕을 죽이고 그 나라를 깨뜨리려는 원한을 품고 있을 것입니다. … 만일 장차 왕사를 보내 토벌하고 모름지기 이르러 사로잡을 것을 말하신다

問趙普拜禮何以男子跪而婦人否普問禮官不能對貽孫曰古詩云長跪問故夫是婦人亦跪也唐太后朝婦人始拜而不跪普問所出對云太和中有幽州從事張建章著渤海國記言其事普大稱賞之 宋史二百四十九本紀傳

太宗端拱二年將討幽薊詔羣臣各言邊事吏部尚書宋琪疏上謂略中渤海兵馬土地盛於奚帳雖勉事契丹俱懷殺主破國之怨略如將來王師討伐雖臨陳禽獲必貸其死命置酋長撫之懷恩但以雲朔諸州厚給糧料錢帛之後宣布號令於燕境及山後漸令蕃漢人戶受契丹爲名封爲王仍作禁軍名額召募三五萬人教以騎射隸於本州此人生長塞垣諳戎事乘機戰鬪一以當十兼得奚霫渤海以爲外臣乃守在四夷也略中契丹蕃部之別種代君遼澤中其主自阿保機始疆盛因攻渤海死於遼陽妻述律氏生三男長曰東丹次曰

德光季曰自在太子東丹生永康永康代德光爲主略中又有渤海首領大舍利高模翰步騎萬餘人並髡髮左袵竊爲契丹之飾 六十四 宋史一百 麗傳二

渤海高麗之別種餘俗與高麗契丹略同幽州節度府與相聘問笏金銀魚之制餘象中國之度服章亦有紫緋淺緋綠及牙自營平距京師蓋八千里而遠梁開平元年王大諲譔遣王子

면 반드시 죽음을 무릅쓸 것입니다. 존무사를 임명하여 은혜를 생각하게 하고 단지 거란의 죄를 묻는 것을 명분으로 삼으십시오. 이와 같다면 번부의 마음이 사사로운 원한을 갚는 것을 원하게 되어 거란의 작고 더러운 무리를 날을 정하여 모두 평정할 수 있을 것입니다.

해·습·발해 등 나라들에 각각 신망 있는 적자를 선발하여 왕으로 책봉하고 이어 무기와, 북과 깃발, 군복, 창과 갑옷을 나누어 주면서 대우하여 보내면 반드시 충성스런 마음을 다하고 영원히 황제의 교화에 복종할 것입니다. 이기고 평정한 이후를 기다려 지킬 만한 신하에게 관작을 선포하고 연경과 산 뒤의 운주와 삭주 등 여러 주에 후하게 옷과 식량과 돈을 지급하게 하고 별도로 금군의 정액을 만들어 3~5만 인을 모아 말타기와 활쏘기를 가르쳐 본주에 예속하게 하소서. 이 사람들이 긴 담장을 만들고 몰래 싸움을 연마하여 기회를 틈타 전쟁을 하여 한 사람이 열을 감당하게 하소서. 아울러 해·습·발해 등을 외신으로 삼고 이어 사방의 오랑캐를 지키게 하소서.…

거란은 번부의 별종으로 대대로 요택에서 임금노릇을 하였는데 그 주인인 야율아보기耶律阿保機로부터 비로소 강성해져서 발해를 공격하더니 요양에서 죽었다. 그 부인 술률述律씨는 세 아들을 낳았는데 큰 아들은 야율동단東丹, 작은 아들은 야율덕광德光, 막내아들은 야율자재自在라고 하였다. 태자인 야율동단은 야율영강永康을 낳았고, 야율영강은 야율덕광을 대신하여 주인이 되었다.

또 발해수령 대사리 고모한高模翰에게 보병과 기병 1만여 명이 있었는데 모두 변발辮髮하고 좌임左衽을 하였으니 곧 거란의 복식이다.

서송 편집, 『영락대전』본 『송회요』 293 ○발해는 고구려의 별종이다. 법도는 중국의 제도를 본받았고 복장에도 자비·천비·녹 및 아홀·금은어의 제도가 있으며 나머지 풍속은 고구려나 거란과 비슷했다. 유주절도부와 서로 빙문하였는데 영주·평주에서 장안까지는 대략 8천 리 정도로 멀다.

후량 개평 원년(907)에 왕 대인선이 왕자를 보내 방물을 바쳤다. 2·3년 그리고 건원[1] 2년(912)에 모두 사신

---
1) [역주] 건화의 잘못임.

을 보내 공물을 바쳤다.

후당 동광 2년(924)에 왕1)을 보내 내조하고 또 조카 학당친위 대원겸元謙을 보냈는데 시국자감승으로 삼았다.

3년 그리고 천성 원년(926)에 모두 사신을 보내 공물을 바치고 사내종과 계집종을 진상했다.

이에 앞서 거란 대수령 야율아보기가 병력이 융성해져서 동북의 여러 번국이 많이 그에게 신속했다. 발해의 영토가 서로 붙어 있기에 늘 병탄할 생각을 가지고 있었다. 이 해에 여러 번부를 거느리고 발해국 부여성을 공격하여 함락시켰다. 부여성을 동단부라 고치고 자기의 아들 야율돌욕突欲에 명하여 군사를 남겨 진수토록 했다.

야율아보기가 죽자 발해왕이 다시 부여를 쳤으나 이기지 못했다.

후주 현덕연간(954~959)에 그들의 수령2) 최오사崔烏斯 등 30명이 귀화했고

---

1) 살피건대 아래에 응당 '자(子)'자가 있어야 한다.
2) 살피건대 여기에 응당 '영(領)'자가 있어야 한다.

그 뒤부터 중국과 왕래가 끊어졌다.

○태종 태평흥국 4년(979)에 태종이 유주를 정벌함에 발해 대추장 대난하가 소교 이훈(李勳) 등 16명과 더불어 부족 3백 기를 거느리고 와서 항복했다. 태종이 조서를 내려 대난하를 발해도지휘사로 삼았다.

6년 7월에 오사성 부유부 발해 염부왕에 조서를 내려 말했다.

짐은 만방을 모두 차지했다. 빛은 사방을 비추어 멀다고 오지 않은 데 없고 복종하지 않으려고 생각하는 데가 없다. 오로지 작고 더러운 거란만이 북쪽의 거친 땅에 끼고 앉아 있으면서 간흉들을 규합하여 변방을 교란시키고 있다. 짐은 지난날 정예한 군사를 거느리고 주3)를 병합하려 정벌을 떠났는데 거란이 군사를 일으켜 관문을 침범하여 노략질한다고 관리가 알리니 나는 살을 먹인 활로써 그를 정벌했다.

얼마 안되어 탁록(琢鹿)의 옛터에서 그들을 10만 명이나 격파하고 수만 급을 참수하는 한편 수레 1만여 승을 탈취했다. 온 나라를 휩쓸어 승승장구하여 깊숙이 들어가 갈석의 옛땅을 수복하고 용정의 옛터를 불살라 비린내 노린내를 제거하여 요사스런 기운을 깨끗하게 하였다.

들건대 그대의 발해국은 전대는 원래 큰 번국이었는데 근년 이래에 자못 거란에 제압되어 그대들의 영토를 침범당하고 그대의 백성들은 도탄에 빠졌는데 이웃을 돕고자 하는 은혜는 없고 병탄하려는 생각만 가지고 있다고 한다. 짐이 듣건대 그대의 흉악한 추물에 핍박당하여 무릎을 꿇어 그를 섬기고 있으며 그 간악함이 날로 더 해지고 주구(誅求)는 끝이 없으나 비록 원수를 갚고자 해도 힘이 또한 할 수 없다고 한다.

영기(靈旗)가 오랑캐를 격파하는 그 때가 그대 나라가 복수하는 날이니 마땅히 부족을 모두 거느리고 와서 왕사에 호응함이 좋을 것이다. 역당을 평정한 다음 상을 크게 내릴 때 유주·계주의 땅은 조정에 들이고 북쪽 사막 밖은 모두 넘겨주리라. 그대들은 힘써 순종하라. 짐은 거짓말을 하지 않으니 이제 사신을 보내 뜻을 알린다.

발해는 큰 나라로서 근년에 거란에 복속하고 있었는데 이 때에 이르러 황제가 장차 군사를 징발하여 대

---

3) 살피건대 '명(明)'자는 '주(州)'자의 잘못이다.

거 일어나려 하므로 먼저 명령을 알려 그들로 하여금 군사를 징발하여 호응케 한 것이다.

○순화 2년(991)에 발해국이 조공이 통하지 아니하자 여진에게 조서를 내려 군사를 징발하여 공격하라 하고 무릇 하나를 베면 명주 5필을 상으로 준다고 하였다.

○휘종 정화 8년[1] 5월 2일에 신료가 말하기를 "등주와 발해는 서로 건너다보입니다. 희령연간(1068~1077)에 순검이 계절마다 북해의 타기도駝基島에 내려가 타기석을 경계로 삼아 주차[2]합니다. 그러나 북조시대부터 좋게 교통했으나 뿌리 깊게 다스려진 적은 없었습니다. 발해와 서로 가까이 하면 타기의 성채가 고립될까 심히 염려됩니다. 그러하니 말도末島와 명호도鳴呼島를 경계로 삼고 아울러 흠도欽島에 파수를 보는 병사를 더 두고 수자리 서는 관리들이 오가

---

1) 살피건대 응당 6년(1116)이라 해야 한다.
2) [역주] 주차(駐箚): 외교대표로 외국에 관리가 직무상 주재함.

며 순찰하게 하소서"라고 했다.

조서를 내려 낮에 아뢰도록 하고 공을 세우려는 생각에 일을 일으키지 않도록 조처하였다.3)

『거란국지』1 ○태조 천찬 3년(924)에 당시 동북의 여러 오랑캐들이 모두 복속하였으나 오직 발해만이 복속하지 않았다. 태조가 남쪽 정벌을 꾀하면서도 발해가 뒤를 견제할 것을 걱정하여 먼저 군사를 일으켜 발해의 요동을 공격했다. 군사가 발해를 공격하였으나 공을 세우지 못하고 돌아왔다.

천찬 5년(926)4)에 요나라 태조가 발해를 공격하여 부여성을 함락하고 동단국이라고 이름을 고치고 장자 야율돌욕에 명하여 진수하게 하고 인황왕이라 이름했다.

이에 앞서 발해국왕 대인선은 본래 해와 거란을 입술과 이와 같은 존재로 여겼다. 태조가 흥기한 초기에 8부를 병탄하고 이어서 군사로써 해국을 병탄했다.

그러나 대인선이 매우 두려워하여 은밀히 신라 등 여러 나라와 서로 돕기로 약속하였다. 요나라 태조가 그것을 알고 의논을 모았으나 결단을 내리지 못했으므로 사냥을 나가는데 열흘이나 사냥을 그치지 않았다.

그 때 전옥甎屋 위에 황룡이 있으므로 두 발을 연이어 쏘아 죽이니 용이 그의 앞에 떨어졌다. 태조가 말하기를 "내가 발해국을 정벌하고자 했으나 여러 계책을 정하지 못하고 있는데 용이 내 앞에 나타났고 내가 죽일 수 있었으니 이는 발해를 멸할 승리의 조짐이다"라고 했다. 드디어 그 나라를 평정하고 그 임금을 사로잡았다.

『거란국지』2 ○천현 4년(929) 11월에 거란 동단왕 야율돌욕이 직분을 잃어버린 것을 원망하여 자기의 부속 40명을 거느리고 바다를 건너 당나라로 도망쳤다. 당나라는 동단에게 모화

---

3) 또 『만주원류고』에서 인용한 『송회요』 글의 후3조와 대략 같다.
4) 『요사』에는 천현 원년으로 되어 있다.

慕華[1]라는 이름을 하사하고 회화절도사로 삼았다.

○10년(935) 11월에 당나라 황제가 동단왕 이찬화를 죽였다.

회동 원년(938) 7월에 요나라는 발해의 부여성을 동경[2]으로 삼았다.

『거란국지』6 ○경종 건형 6년(984) 7월에 송나라 태종이 북침하려고 발해왕에게 군사를 징발하여 서로 호응하라는 조서를 주었지만 발해는 요나라가 두려워 마침내 따르지 못했다. 태종은 사신을 발해에 보내 그 일을 문책했다.

『거란국지』10 ○천조제 천경 6년(1116) 봄 정월 초하루 밤에 발해인 고영창高永昌이 흉악한 무리 수십 인을 거느린 채 술기운에 용기를 믿고 칼을 들고 담을 넘어 부의 관아로 들어갔다. 마루에 올라 유수가 있는 곳을 물으며 거짓말로 이르기를 "밖에 군사들의 변란이 일어났으니 방비를 하십시오"라고 외쳤는데, 유수 소보선蕭保先

---

1) 이듬해에 성을 '이(李)', 이름을 '찬화(贊華)'로 바꾸어 하사하였다.
2) 살피건대 이는 '요양'의 잘못이다.

人越海奔唐府賜東丹名慕華朝改賜姓李以爲懷化節度使

十年十一月唐主殺東丹王李贊華同上二

夫餘城爲東京按此同上二

景宗乾亨六年七月宋太宗欲北伐遣詔渤海王發兵相應渤海畏遼竟無至者遣使如渤海責問同上

天祚天慶六年正月朔夜渤海人高永昌率凶徒十數人乘酒恃勇先繞刃踰垝入府衙登廳問留守所在紿云外軍變請備保先繼出則殺之是夜有戶部使太公鼎本渤海人登第顏剛開聞亂作權行留守事與副守高清臣集諸營奏漢

渤海國志長編一 五十一 千蕈山館

兵千餘人次日搜索元作亂渤海人得數十人並斬首即撫安民倉卒之際有溫被其害者小人喜亂得以藉口不可禁戰一夜燒寨起亂初三日軍馬抵首山門太公鼎等登門說諭使歸

不從初五日夜城中舉火內應開門騎兵突入陣於通衢太公鼎高清臣等督軍迎敵不勝領麾下殘兵百餘人奪西門出奔

行闕高永昌自殺留守蕭保先後自據東京稱大渤海皇帝改元應順據遼東五十餘州分遣軍馬肆其殺掠所在州郡哭人

戶往往擧家渡遼以避獨瀋州未下宰相張琳瀋州人也天祚命討之琳先嘗兩任戶部使有東京人望至是募遼東失業者

이 나오자마자 죽여버렸다.

 이날 밤에 호부사 태공정太公鼎이라는 사람이 있었는데, 원래 발해사람으로서 진사로 급제했으며 자못 굳세고 밝았다. 난이 일어났다는 말을 듣고서 유수의 일을 임시로 행하여 부유수 고청신高淸臣과 함께 모든 영의 해奚·한漢 군사 1천여 명을 모았다.

 이튿날 원래 난을 일으킨 발해사람을 수색하여 수십 명을 붙잡아 참수하고 곧 백성을 안무했으나 창졸간에 피해를 입은 자도 있었다. 그러나 소인들은 난을 좋아하여 그것을 구실로 삼았기에 금지하지 못하여 하룻밤에 영채에 불을 지르고 난을 일으켰다.

 초사흗날에 군마가 수산문에 이르렀으므로 태공정 등이 문루에 올라 돌아가라고 설득했으나 그들은 듣지 않았다.

 초닷샛날 밤에 성 밖에서 불길이 일고 안에서 이에 호응하여 문을 열자 기병이 돌입하여 네거리에 진을 쳤다.

 태공정과 고청신 등이 군사를 독려하여 적에 맞섰으나 이기지 못하였으므로 휘하장병 백여 명을 거느리고 서쪽 문을 헤치고 나와 행궐로 달아났다.

 고영창은 유수 소보선을 죽인 다음부터 스스로 동경을 차지하고 대발해 황제로 칭하면서, 연호를 응순이라 고치고 요동 50여 주를 차지했다. 그가 여러 곳으로 군마를 파견하여 마구 죽이고 약탈하니 주와 군에 있던 해奚의 인호人戶가 왕왕 가솔을 이끌고 요수를 건너 피난하는 형편이었다.

 그런데 오직 심주만이 공략되지 않았다. 재상 장림張琳은 심주사람이다. 천조제가 토벌하라고 명하였다. 장림이 앞서 일찍이 호부사를 두 번이나 맡아보았으므로 동경사람들에게 명망이 높았다. 이에 이르러 요동의 유랑자들을 모집하고 전호[3]의 건장한 자들도 모아 군대를

---

3) [역주] 전호(轉戶): 요나라가 한족 주민을 편성한 단위.

확충했다.

　대개 요동지역은 오래 전부터 여진과 발해가 원수가 되어 있었던 곳이다. 전호轉戶는 부리는 바에 따라 목숨을 바쳐 용감히 싸우는 사람들로 구성되었다.

　열흘 사이에 2만여 명의 병사를 얻었으며 수행관속이나 장령들은 천자의 부름에 기꺼이 복종했다.

　이에 앞서 천조제는 발해의 무술이 뛰어나고 용감한 마군 고영창 등 2천 명을 모집하여 백초곡白草谷에 주둔시켜 여진을 막게 했다. 이 때에 동경유수 태사 소보선[1]이 발해에서 혹독하고 모진 정치를 실행하였는데 평소에 성품이 사나워 법을 어긴 자는 용서하지 않았다. 그로 인해 격변이 일어났던 것이다.

　동경은 곧 발해의 옛땅인데, 야율아보기가 힘써 전쟁한 지 20여 년 만에 비로소 얻어 동경으로 삼았다.

　여름 5월 초에 장림은 현주로부

---

[1] 즉 소봉선의 사촌동생이다.

터 발해로 진군하여 요하·삼차·여수구까지 막았다. 이어서 장림은 약한 군졸 수천 명을 파견하여 그 수비병들을 현혹하는 한편 정예기병은 샛길로 바다를 건너가 심주로 나가게 했다.

발해는 비로소 그들을 발견하고 군사를 파견하며 대적했다. 열흘 사이에 30여 회를 싸웠는데, 발해는 점점 동경으로 퇴각하여 지키기에 급급했다.

장림의 군사는 성에서 5리쯤 되는 곳인 태자하를 사이에 두고 영채를 설치하고 머물렀다. 먼저 사람을 시켜 글을 보내 고영창을 달랬으나 따르지 않자 닷새 양식을 남기라고 전령傳令하고 성을 격파할 계책을 내렸다.

이틀이 지난 뒤 안덕주의 의군義軍에게 먼저 태자하를 건너도록 한 다음 대군을 이끌고 일제히 진격했다. 그 때 문득 상류에서 발해의 철기병 5백이 돌진하여 나오니 부근의 여러 군사들이 잠시 물러섰다. 낡은 진채로 물러나 지키니 물길이 다시 끊어졌으므로 사흘 동안이나 건너지 못했다. 장림은 군중이 굶주려 있음을 알고 심주로 돌아갈 것을 작정했다. 군사들에게는 천천히 행군하도록 명했다.

초7일 밤 영채를 옮기는 도중에 발해기병이 뒤를 습격하여 건장한 자들만이 겨우 성 안에 들어가고 늙고 약한 자들은 모조리 죽거나 잡혀갔다. 이 때까지는 그래도 대오가 정연했다.

바야흐로 이후 일을 어찌할지 논의하고 있을 때 홀연 여진서로도통도모국왕闍母國王의 격문이 왔다.

준準 발해국왕 고영창 장狀
요나라 장張 재상이 대군을 통솔하여 토벌하러 왔으니 엎드려 구원을 바랍니다. 의로움에 길이 있는 것이 마땅하니 곧 호응하여 구원하는 것이 합당합니다. 이미 5월 25일에 진군하기로 약속합니다.

격문이 심주에 이르렀으나 사람들은 발해가 거짓으로 이 격문을 지었다고 하면서 방비를 하지 않았다. 그러나 이날 정탐병이 동북쪽에 군사가 밀려온다 하고, 여진이 장림의 진영을 공격해 오자, 장병들은 여진이 왔다고 부르짖었다.

장림이 급히 군사를 정돈하여 적을 맞았다. 여진군을 바라보던 군사들은 이미 사기가 떨어져 패주하여 성 안으로 들어가기에 바빴다. 그 뜸에 여진군이 성 안으로 따라 들어가 먼저 성의 서남쪽을 차지한 뒤에 군사들을 풀어 거의 모두를 살육하여 버렸다.

맹초孟初 · 유사온劉思溫 등이 죽고 장림은 여러 자제와 관속들과 함께 줄을 타고 성벽을 내려와 도망쳐 죽음을 모면했다. 그렇지만 군수물자와 무기들은 모두 잃고 말았다. 이어 요주에 들어 나머지 병력을 거두어 모았다.

장림은 이에 좌천되어 요흥군절도사[1]로 제수되었다.

처음 한동안 여진은 발해를 원조

---
1) 즉 평주이다.

했으나 얼마 안 가서 거꾸로 공격하여 오므로 발해는 대패했다. 고영창이 바다로 도망쳤다. 그러자 여진은 올실눌파발근兀室訥波勃堇에게 명하여 기병 3천을 거느리고 추격하게 했다. 올실눌파발근은 장송도長松島까지 가서 고영창을 참했다.

무너져 도망갔던 많은 한아군[2]들은 작당하여 도적이 되었다. 후개候概・오당천吳撞天이 있는 곳은 천백을 헤아릴 만한 무리가 되어 운대雲隊니 해대海隊니 하였다. 그들은 맹렬한 기세로 삽시간에 수천 명씩 도륙하여 길가의 백성들은 거의 다 진멸되었다. 그러나 요나라는 능히 그들을 제압하지 못했다.

『거란국지』14 ○동단왕의 이름은 야율돌욕突欲인데 요나라 태조의 장자로서 그의 어머니는 술률述律씨이다. 태조가 발해를 공격하여 부여성을 함락하고 이름을 고쳐 동단국이라 하여 그의 장자 야율돌욕에게 동단을 지키라고 명하고 인황왕이라 이름했다. 이 때가 후당 명종 초년(926)이다.

요나라 태조가 발해에서 죽자 술률후는 작은아들 안단소군安端小君에게 동단을 지키게 하고 장자 야율돌욕과 함께 태조의 상여를 어거하여 발해를 떠났다.

이에 앞서 야율돌욕이 동단을 다스리고 있을 때 발해국에는 궁전이 있었고, 12유면복을 걸치고 있었는데 모두 용의 형상을 그리고 있었으며 황제라 칭하고 정령을 행했었다. 무릇 발해 좌·우평장사 대내상 이하 백관은 모두 그 나라 스스로가 제수했다.

거란국에 세포 5만 필, 거친 포 10만 필, 말 1천 필을 공납하였다.

태조가 죽자 술률후는 중간아들 야율덕광을 사랑했기에 그를 등극시키고자 했다. 서루에 이르러 야율돌욕과 함께 말을 타고 장막 앞에 서게 하고서 여러 장수들에게 말하기를 "나는 두 아들을 다 사랑한다. 누구를 세워야 할지 모르겠는데 너

---

2) [역주] 한아군(漢兒軍): 한족(漢族)의 군대.

희들이 세울 만한 자를 가려 그의 말고삐를 쥐도록 하라"라고 했다.

여러 장수들은 술률의 의사를 아는지라 다투어 날뛰면서 "원컨대 원수 태자를 섬기겠습니다"라고 말했다. 술률후는 "무리들이 하고자 하는 것을 내가 어찌 어길 수 있겠는가" 하고 말했다. 드디어 그를 세워 천황왕으로 삼고 황제라 칭했다.

야율돌욕은 분한 마음으로 수백 기를 거느리고 당나라로 도망치려 하다가 순라를 도는 사람들에게 막혔다. 술률후는 치죄하지 않고 그를 동단으로 돌려보냈다.

당나라 명종 장흥 원년(930)에 야율돌욕은 스스로 직분을 잃어버리고 부곡 40명을 거느리고 바다를 건너 등주로 해서 당나라로 달아났다. 명종은 그에게 성 '동단東丹', 이름 '모화慕華'를 하사하고 회화절도사와 단진등주 관찰사로 삼았다. 또 그의 부곡 및 앞서 포로가 되었던 장수 척은惕隱 등에게 모두 성명을 하사했다. 척은에게는 성을 '적狄', 이름을

──────────

《渤海國志長編》 五十二 千巷山館

所立汝曹擇可立者執其轡諸將知其意爭踊躍曰願事元帥太子后曰衆之所欲吾安敢違遂立之爲天皇王稱皇帝突欲惕帥數百騎欲自以失職帥部曲奔唐爲邏者所過后不罪遣歸東丹唐明宗長興元年突欲自以失職帥部曲四十人越海自登州奔唐明宗賜姓東丹名慕華以爲懷化節度使瑞鎭等州觀察使其部曲及先所俘將惕隱等皆賜姓名日李贊華明宗長興三年以贊華爲義成節度使選朝士爲僚輔之贊華但優游不豫政事明宗嘉賜東丹慕華姓名狄名懷惠次年明宗更賜姓名日李贊華明宗長與三年以贊華爲義成節興元年突欲自以失職帥部曲四十八越海自登州奔唐明宗之難時有不法亦不問以壯宗後宮夏氏妻之贊華好飲人血姬妾多刺臂以吮之婢僕小過或刀割火灼夏氏不忍其殘泰離婚爲尼贊華之歸唐因於海岸立木爲碑惟書二十漢字詩云小山壓大山大山全無力羞見故鄕人從此投外國贊華性好讀書不喜射獵初在東丹時令人賣金寶私入幽州市書載以自隨凡數萬卷置書堂於醫巫閭山上扁

──────────

日望海堂以南至海可也三十潞王末年石晉內叛求援契丹潞王巳危乃遺宦者榮繼爻皇城使李彥紳殺之贊華過害於其

'회혜懷惠'로 하사했다. 이듬해에 명종은 동단모화에게 성과 이름을 이찬화李贊華로 고쳐 하사했다.

명종 장흥 3년(932)에 이찬화를 의성절도사로 삼고 조정시신을 골라 주요 수하로써 그를 돕게 했다. 그러나 이찬화는 다만 자신만을 위하여 놀기만 할 뿐 정사에 관여하지 않았다. 명종은 그런 그를 칭찬할 뿐 때로 법을 어기는데도 불구하고 죄극 묻지 아니하고 장종의 후궁 하夏씨를 아내로 주었다.

이찬화는 사람의 피 마시기를 좋아했다. 희첩들 중 적지 않은 사람의 팔을 잘라 피를 빨아먹었다. 또한 비복들이 조금만 잘못해도 눈알을 빼거나 칼로 베거나 불로 지졌다. 하씨는 그의 잔인함을 참지 못하여 마침내 이혼할 것을 아뢰고 비구니가 되었다.

이찬화는 당나라로 귀부하려 배를 타고 바다를 건널 때 해안에 나무로 만든 비를 세워 한자 20자를 써놓았다. 시에 일렀다.

작은 산이 큰 산을 짓누르니	小山壓大山
큰 산은 전혀 힘이 없도다.	大山全無力
고향사람 보기가 부끄러워	羞見故鄕人
이로부터 외국에 투신하려네.	從此投外國

이찬화는 성품이 글 읽기를 좋아하고 사냥을 좋아하지 않았다. 처음 동단에 있을 때 사람들에게 가만히 금과 보물을 주어 유주에 가서 책을 구입하여 싣고 와서 자기에게 가져오도록 했는데 수만 권에 달했다.

서당을 의무려산 위에 두고서 '망해당望海堂'이란 편액을 걸었다.[1]

노왕 말년에 석진石晉[2]에 내란이 일어나 거란에게 구원을 청했다. 노왕이 위태롭게 되자 곧 환관 진계민秦繼旻과 황성사 이언신李彦紳을 보내 노왕을 살해했다. 이찬화는 그의 집에 있다가 화를 입으니 석진은 이찬화에게 연왕으로 추증한다는 조서를 내렸고 사신을 보내 그의 상여를 나라에 돌아가게끔 했다.

---

1) 거기서 바다까지는 남쪽으로 30리 가량 되고, 망해사가 있다.
2) [역주] 석진(石晉): 후진(後晉) 석씨(石氏)정권.

그 뒤 태종이 석진을 격파하고 중원에 들어가 이언신·진계민을 붙잡아 죽이고 그의 집을 멸족시키고는 재물을 동단왕자 야율올욕兀欲에게 하사했다. 야율올욕은 뒤에 즉위했는데 그가 세종이다. 의무려산에 장사지내고 시호를 양국황제라 했다.

『거란국지』 26 ○발해국은 연경에서 동북쪽으로 1천5백 리쯤 떨어져 있고 돌로써 성가퀴를 쌓았다. 동쪽은 바다에 닿아 있다. 그 왕은 원래 성씨가 대大씨이며 우성1)으로는 고高씨·장張씨·두竇씨·오烏씨·이李씨 등 불과 몇 가지밖에 없었다. 부곡과 노비는 성이 없고 모두 그 주인을 따랐다.

부인들은 다 질투를 하고 사나워서 대씨와 다른 성이 서로 10자매를 맺어 몇몇이 대신해서 자기 남편을 살피게 하여 측실을 못 두게 했다. 만약 다른 사람과 논다는 말을 듣기만 하면 꼭 독약을 놓아 좋아하는 사람을 죽였다. 남편이 잘못한 바가

---

1) [역주] 우성(右姓): 세력이 있고 명망이 있는 가문.

第石晉詔贈華燕王遣使送其喪歸國其後太宗破石晉入中原求得李彥紳柰繼殳殺之以其家財物賜東丹王子兀欲兀後即位爲世宗葬之盤巫閭山諡讓國皇帝〈同上四〉

渤海國去燕京東北一千五百里以石累城腳東並海其舊以大爲姓右姓曰高張楊竇烏李不過數種部曲奴婢無姓者皆從其主婦人皆悍妒大氏與他姓相結十姊妹迭幾察其夫不容側室及他游間則必謀寘毒其所愛一夫有所犯無妾而之覺者衆人則聚而詬之自天祚亂金人陷城出他國右至他三人渤海當一虎之語往往金人鷙勇慮其難制轉徙他所其人大怨室安居踰二百年一作叛生者皆燕地所無池植牡丹多至二三百本有數十幹一作叢而去其居故地者仍歸契丹每幾以千或五千賤貨〈一作貨〉

爲東京置留守有蘇扶復等州蘇與宋登州青州相直每

大風順隱隱聞雞犬聲〈同上〉十六

〈渤海國志長編一〉 五十三 〈千葉山館〉

阿骨打之十五年〈遼天慶六年宋政和六年〉女眞克遼渤海軍先是渤海人高永昌殺其東京留守蕭保先自稱大渤海國皇帝據遼東五十餘州遼主遣其宰相張琳討之至瀋州女眞遣兵來援渤海琳敗績乃以燕王淳爲都元帥仍募遼東人號怨軍者二萬

있는데 아내가 알지 못한다면 사람들이 곧 무리지어 모여서 핀잔을 주고 다투어 질투하는 자는 서로 자랑한다.

남자들은 지모가 많고 효용하여 타국사람보다 윗자리에 선다. 심지어 발해사람 셋이면 호랑이 한 마리를 당한다는 말이 있다.

천조天祚의 난으로 금나라 사람이 성을 함락하여 제압하기 어렵다고 생각해 그들을 다른 곳으로 옮기면서부터 그 사람들은 크게 원한을 품었다. 부자들은 2백 년 넘게 편안히 살았고 흔히 정원 연못에 모란을 심었는데 많기로는 2·3백 포기나 되고 수십 그루2)가 무더기로 자라는 것도 있는데 모두 연땅에 없는 것들로 수십 전 혹은 오천 전을 주고 바꾸어3) 갔다. 반면에 그 옛 땅에 사는 자들은 자연히 거란에 귀속되었다.

옛날에는 동경에 유수를 두었다. 소주·부주·복주 등의 주가 있는데, 소주는 송주4)·등주·청주와 서로 마주하고 있어서 큰 바람에 순풍일 때면 개와 닭이 우는 소리가 은은히 들린다.

『대금국지』1 ○아골타 15년5) 여진이 요나라의 발해군을 공략했다. 이에 앞서 발해사람 고영창高永昌이 동경유수 소보선蕭保先을 살해하고 자칭 대발해국 황제라 하고 요동 50여 주를 차지했었다. 이에 요나라 왕이 그의 재상 장림張琳을 보내 그를 치게 했다. 심주에 이르러 여진이 발해를 원조하는 군사를 보내와 장림은 패배했다. 그리하여 연왕 야율순淳을 도원수로 하고 인하여 구원군이라는 칭호를 걸고 요동사람 2만 명을 모집하여 갔다.

야율순이 건주에 이르자 무조언武朝彦 등이 야율순을 모살하려 했으나 성사되지 못했다. 다시 야율순을 불러 돌아오게 하고 소덕공蕭德恭·

---

2) 남짓이라고 쓴 것도 있다.
3) 판다고도 한다.

4) '내(萊)'라고 한 것이 있다.
5) 때는 송나라 정화 6년(1116). 요나라 천경 6년.

야율여도耶律余覩 등을 보내 둔전하면서 지키게 했다.

얼마 지나서 여진이 발해군을 격파하고 고영창을 참하니 그 무리들이 흩어져 도적이 되어 이르는 곳마다에서 노략질을 하는데 요나라도 제압하지 못했다.

육유의 『남당서』 18, 거란열전 ○남당 열조 승원 2년[1])에 거란왕 야율덕광耶律德光 및 그의 아우[2]) 동단왕이 각각 사신을 보내 양과 말을 공물로 보내왔다. 별도로 양 3만 마리, 말 2백 필을 팔아가지고 그 값으로 비단·차·약을 샀는데 열조는 그대로 놓아두었다. 그런 뒤 한림원에게 '2월입공도'를 진상하게 하고, 중서사인 강문울江文蔚을 불러들여 찬을 짓게 했다. 그 글에 일렀다.

황제께서 서도를 세우는 해에 신공神功은 3고古를 능가하고 황제의 풍모는 4예裔를 고치고 화·이가 모두 함께 가니 준마가 내달리는 것 같구나. 6월[3])에 거란의

---

1) 진(晉)나라 고조 천복 3년(938)이다.
2) 〔역주〕 원문에 '아우'라 했는데 '형'의 잘못임.

사신인 매리날로고梅里捺盧古와 동단의 사신인 병기시소령 고도환高徒煥이 서한을 받들고 특산품을 올렸다. 도읍에 모여 있던 공경·서윤들이 절을 하며 머리를 조아려 축하하니 문덕에 복종하여 명을 받든 부절로 여기는 것 같아라. 태고 이후로 세월은 덧없이 흘러 서로 비기며 지내왔거니 무력을 빛내는 데는 신위가 미치지 못하는 데가 있고 임의로 셈함에 어용물품도 좇지 못함이 있느니라.

시에서 태원의 군사를 칭송함은 곧 정벌을 이용한 데 있고 한나라가 북방 땅을 개척함에는 곧 힘을 숭상한 데 있었다. 우리의 큰 사업을 도모하고 사심이 없이 함께 덕을 베풀고 조정에 본보기가 되고 황복荒服에까지 미치게 하여 가죽옷을 입고 옷을 왼쪽으로 여미는 사람들도 해를 받들어 빛을 나누고 이역의 특산물이 조정에 가득 차게 받아들였다. "의상을 드리우면 천하가 다스려진다"라고 하는 것은 바로 이를 두고 하는 말일 것이다.

유사가 그림의 환하고 아름다움을 적노니 전傳에 이르기를 "성명하신 주상의 덕을 널리 듣게 하지 못하는 것은 유사의 잘못이라"라고 했다. 신의 직분이 글을 짓는 데 있어 직접 응성하고 평화스러움을 목도하고 있는 것만큼 감히 찬을 마치노라.

빛나도다. 성무는 요임금이 시작한 일을 이었으며 요황4)이 멀다 해도 준마로 달리니 신하로 귀부한다네. 복파장군의 기둥이며 선우의 대인 화살은 헛되이 썼으니 보배를 바치려고 아니 오는구나. 우리 임금은 엄숙하고 우리의 법망은 넓고도 크네. 중역重譯하여 날로 바치니 빛나도다. 호탕하도다.

「요사」 2. 태조본기 ○요나라 태조 신책 3년(918) 2월에 발해가 사신을 보내 공물을 바쳤다.

4년(919) 2월 병인일에 요양의 옛성을 수리하여 발해사람들로 채우고 동평군으로 고쳐 방어사를 두었다.

천찬 3년(924) 5월에 계주백성을 옮겨다가 요주땅에 채웠다. 발해는 자사 장수실張秀實을 죽이고 그 백성들을 붙잡아 갔다.

4년(925) 12월 을해일에 조서에 일렀다.

이른바 두 가지 일 가운데 한 가지는 이

---

3) [역주] 원문에는 '月'으로 되어 있으나 '月'자의 오기이다.

4) [역주] 요황(要荒): 요복(要服)과 황복(荒服)의 준말로, 국도(國都)에서 멀리 떨어진 변방을 이룸.

미 끝나고 오직 발해에 대한 대대로 내려오는 원수를 갚지 못했으니 어찌 편안히 머무를 수 있겠는가!

그리하여 친히 군사를 일으켜 발해 대인선人譔譔을 정벌했다. 황후와 황태자 대원수 야율요골堯骨이 모두 뒤따랐다. 정사일에 상령에서 숙영을 하고 밤에 부여부를 포위하였다.

천현 원년(926) 봄 정월 경신일에 부여성을 함락하고 성을 지키는 장수를 죽였다. 병인일에 척은안단惕隱安端과 전북부 재상인 소아고지蕭阿古只 등에게 명하여 1만 기를 거느리고 선봉이 되게 하였는데, 대인선의 노재상 군사와 만나 격파했다. 황태자 대원수 야율요골堯骨, 남부재상 야율소蘇, 북원의 이리근사날적夷離菫斜涅赤, 남원의 이리근질리夷離菫迭里가 이날 밤에 홀한성을 에워쌌다.

기사일에 대인선이 항복하려 했다. 경오일에 군사를 홀한성의 남쪽에 주둔시켰다. 신미일에 대인선이 소복을 하고 새끼줄로 양을 매어 끌

月乙亥詔日所謂兩事一事已畢惟渤海世讐未雪豈宜安駐乃舉兵親征渤海大諲譔皇后皇太子大元帥堯骨皆從丁巳次商嶺夜圍扶餘府天顯元年春正月庚申拔扶餘城誅其守將丙寅命惕隱安端前北府宰相蕭阿古只等將萬騎爲先鋒遇諲譔老相兵破之皇太子大元帥堯骨南府宰相蘇北院夷離菫諲譔赤涅南院夷離菫迭里是夜圍忽汗城己巳諲譔降庚午駐軍於忽汗城南辛未諲譔素服藁索牽羊偕三百餘人出降十三入入城索兵器甲戌詔諭渤海郡縣丙子遣近侍康末怛等上優禮而釋之甲寅諲譔請馬前詔以兵衛護及族屬以出城破之駕復還軍中二月庚寅安邊鄚頡南海定理等府泊諸道節度刺史來朝慰勞遣之以所獲器幣諸物賜將士壬辰以祭告天地復幸城中二月庚寅安邊鄚頡南海定理等府泊諸道節度刺史來朝慰勞遣之以所獲器幣諸物賜將士壬辰以平渤海遺使報唐下甲午復幸忽汗城閱府庫物賜從臣有差以奚部長勃魯恩王郁自回鶻新羅吐蕃黨項室韋沙陀烏古等從征有功優加賞賚丙午

改渤海國爲東丹忽汗城爲天福冊皇太子倍爲人皇王以主之以皇弟迭剌爲大相渤海老相爲右大相渤海司徒大素賢爲左次相耶律羽之爲右次相渤海司徒大素賢爲左次相耶律羽之爲右次相渤海司徒大素賢韜來貢三月戊午遣夷離畢康默記左僕射韓延徽攻長嶺府甲子祭天丁卯幸人皇王宮己巳安邊鄚頡定麗滅貊鐵驪靺鞨來貢三月戊午遣夷離畢康默記左僕射韓

고 신하 3백여 명을 거느리고 나와 항복했다. 주상은 예로써 대우하여 그를 놓아주었다.

갑술일에 조서를 내려 발해 군현을 달랬다. 병자일에 근시 강말달康末怛 등 13명을 입성시켜 병기를 수색하게 했는데 나졸들에게 살해되었다. 정축일에 대인선이 다시 배반했으므로 그 성을 들이쳐 격파했다. 어가가 성 안으로 행차하자 대인선이 말 앞에서 죄를 청했다. 조서를 내려 군사로써 대인선 및 족속들을 호위해 나오게 하고 천지에 제사를 지내고 다시 군중으로 돌아갔다.

2월 경인일에 안변부·막힐부·남해부·정리부 등 부 및 여러 도의 절도자사들이 내조했으므로 위로해 보냈고, 노획한 기물·폐백 같은 것은 장사들에게 하사했다.

임진일에 푸른 소와 흰 말을 잡아 천지에 제사를 지내고 크게 사면령을 내리는 한편 연호를 천현으로 고쳤다. 발해를 평정한 것을 사신을 보내 당나라에 알렸다.

갑오일에 다시 홀한성에 행차하여 창고의 물품들을 열람하고 종신들에게 차등있게 하사했다. 해의 부장 발로은勃魯恩과 왕욱王郁이 회골·신라·토번·당항·실위·사타·오고 등을 정벌하는 데에 공을 세웠으므로 특별히 상을 더해 주었다.

병오일에 발해국을 동단으로, 홀한성을 천복성이라 고치고 황태자 야율배倍를 인황왕으로 책명하여 다스리게 했다. 황제의 아우인 야율질랄迭剌을 좌대상으로, 발해 노재상을 우대상으로 하고 발해의 사도 대소현大素賢을 좌차상으로, 야율우지耶律羽之를 우차상으로 하고 국내의 사형수 이하를 사면했다. 정미일에 고려·예맥·철려·말갈이 와서 공물을 바쳤다.

3월 무오일에 이리필 강묵기康默記, 좌복야 한연휘韓延徽를 보내 장령부를 치게 했다. 갑자일에 하늘에 제사지냈다. 정묘일에 인황왕궁에 행차했다. 기사일에 안변부·막힐부·정리부 3부가 반역하여 안단安端을 보내 토벌했다. 정축일에 3부가 평정되었다. 임오일에 안단이 포로를 보내왔는데 안변부의 반역한 장수 2명을 죽였다. 계미일에 동단국 신료들을 위해 연회를 베풀고 차등있게 하사품을 나누어 주었다. 갑신일에 천복성에 행차했다. 을유일에 회군했는데 대인선의 온 가족을 따라가게 했다.

여름 4월 정해 초하루에 산자산에 머물렀다. 신묘일에 인황왕이 동단국 신료들을 거느리고 와서 하직하고 떠났다. 5월 신유일에 남해부·정리부 2부가 다시 반역하여 대원수 야율요골이 토벌했다. 6월 정유일에 2부가 평정되었다. 병오일에 신주에 머물렀다.

가을 7월 병진일에 철주자사 위균衛鈞이 반역했다. 을축일에 야율요골이 철주를 공격하여 함락시켰다. 경오일에 동단국 좌대상 질랄迭刺이 죽었다.

신미일에 대인선을 호위하여 데려다가 황도 서쪽에 성을 쌓고 살게 했다. 대인선에게 오로고烏魯古, 아내에게 아리지阿里只라는 이름을 하사하였다.1) 갑술일에 부여부에 머물렀다. 주상이 병으로 편안하지 못했다. 신사일에 주상이 죽었다.

8월 신묘일에 강묵기康默記 등이 장령부를 공격하여 함락시켰다. 임인일에 요골이 여러 주를 토벌하여 평정하고 행재소로 달려갔다. 이어서 을사일에 인황왕 야율배倍가 태조가 죽은 행궁에 당도했는데 부여성 서남쪽의 두 강 사이에 있었다. 뒤에는 여기에다 승천전을 세웠다. 부여를 황룡부라 했다.

『요사』 3. 태종본기 상 ○태종 천현 2년(927) 겨울 11월에 인황왕 야율배가 여러 신하들을 거느리고 황후에게 요청하여 이르기를 "황자 대원수의 공훈과 신망이 중외에 미치고 있으니 대통을 이어 마땅합니다"라고 했다. 황후는 그 말에 따랐다.

3년(928) 9월 기축일에 인황왕 야율배의 집에 행차했다. 신묘일에 다시 인황왕의 집에 행차했다.

12월에 인황왕은 황도에 있었는데 조서를 내려 야율우지耶律羽之를 보내 동단의 백성들을 옮겨 동평을 채우도록 했다. 그 백성들 가운데는 혹 신라와 여진으로 도망하는 자들이 있어 조서를 내려서 궁핍하여 옮기지 못할 자는 요나라의 부유한 자들이 보살펴 그들을 예속시키는 것을 허락했다. 동평군을 승급시켜 남경이라 했다.

4년(929) 4월 신유일에 인황왕 야율배가 내조했다. 8월에 인황왕의 집에 행차했다. 9월 경오일에 남경으로 출행하여 계사일에 남경에 당도했다. 겨울 10월 임인일에 인황왕 집에 행차하여 여러 신하들에게 연회를 베풀었다. 12월 무오일에 남경으로부터 이르렀다.

5년(930) 2월 기해에 조서를 내려 남경을 수리하도록 했다. 병오일에 붙

---

1) 살피건대 『요사』 116. 국어해에 이르기를 "'오로고'와 '아리지'는 태조와 술률후가 대인선(大諲譔)의 항복을 받을 때 탔던 두 말의 이름인데, 따라서 대인선 부부의 이름으로 하여 하사한 것이다"라고 하였다.

잡힌 발해사람을 황제의 아우 이호 李胡에게 하사했다. 병진일에 황제가 인황왕과 더불어 황태후를 조알했다. 태후는 글씨를 잘 쓰는 모든 사람들을 앞에서 글을 쓰게 하고 관람했다.

3월 신미일에 인황왕이 흰 모시를 보내왔다. 을유일에 인황왕 신료들에게 편전에서 연회를 열어주었다. 경인일에 어가가 남경으로 출발했다.

여름 4월 을미일에 조서를 내려 인황왕이 먼저 조상들의 능에 이르러 태조묘를 알현하게 하였다. 병진일에 조상들의 능에서 만났고 인황왕은 귀국했다.

9월 기묘일에 사리보령舍利普寧에게 인황왕을 위로하라고 조서를 내렸다. 경진일에 인황왕에게 의위[1]를 두라고 하는 조서를 내렸다.

겨울 10월 무술일에 사자를 보내 인황왕에게 조[2]를 하사했다. 갑진

---

1) 〔역주〕 의위(儀衛): 의식을 장엄하게 하기 위해 대열에 참여하게 하는 호위병.

일에 인황왕이 옥피리를 진상했다. 11월 무인일에 인황왕이 동단에서 바다를 건너 당나라로 갔다고 아뢰었다.

6년(931) 봄 정월 정묘일에 남경에 갔다. 3월 정해일에 인황왕 야율배의 비 소蕭씨가 그 나라 요속을 거느리고 와서 알현했다.

여름 4월에 남경에 중대성을 설치했다. 5월 을해일에 남경으로부터 돌아왔다.

7년(932) 여름 4월 갑술일에 당나라가 사신을 보내 교빙하고 인황왕 야율배의 편지를 바쳤다.

8년(933) 11월 신축일 태황태후가 죽어 당나라와 인황왕에게 부음을 알렸다.

9년(934) 여름 4월에 당나라의 이종가李從珂가 군주를 시해하고 스스로 왕위에 올랐다. 인황왕 야율배가 당나라로부터 글을 올려 토벌할 것을 청하였다.

10년(935) 겨울 11월 병오일에 굉복사에 행차하여 황후를 위해 승려들에게 음식을 공양하고 관음화상을 보았는데 이는 대성황제·응천황후 및 인황왕이 보시한 것이었다. 좌우를 돌아보고 "옛날에 부모 형제들과 함께 여기에 모여 보았는데 세월은 얼마 지나지 않았건만 오늘은 내가 홀로 왔으니 이 슬픔이 그치지 않는다"라고 하면서 스스로 글을 벽에다 지어 그리운 감회를 다 보이니 그것을 읽은 사람들이 슬퍼했다.

11년(936) 11월 신사일에 진제晉帝3)가 하양까지 이르자 이종가가 궁지에 빠져 인황왕 야율배에게 같이 죽자고 불렀으나 따르지 아니하므로 사람을 보내 그를 죽이려고 하므로 온 족속이 스스로를 불태워 죽었다.

『요사』4. 태종본기 하 ○회동 원년(938) 2월 병신일에 주상이 인황왕을 생각하여 척은惕隱을 보내 종실 이하를 거느리고 가서 그의 행궁에서 제를 지내게 했다.

---

2) [역주] 조胙: 제사지낸 고기.

3) 살피건대 석경당을 이른다.

가을 7월 무진일에 중대성 우상 야율술난질열가耶律述蘭迭烈哥를 진晉 나라에 사신으로 보내 진나라 황제를 영무명의황제로 책명했다.

3년(940) 봄 정월 경인일에 인황왕의 비가 내조했다. 6월 을미일 초하루에 동경재상 야율우지耶律羽之가 말하기를 "발해상 대소현大素賢이 법을 어겼으니 조서를 내려 신료들과 부의 백성들 중에서 재덕이 있는 자를 천거하여 그를 대신하게 하십시오"라고 했다.

가을 7월 병자일에 황태후를 따라서 인황왕비의 병을 보러갔다. 무인일에 인황왕비 소씨가 죽었다. 병술일에 인황왕의 행궁을 그의 비가 죽은 곳으로 옮겼다. 8월 기해일에 동단의 관리와 백성들에게 그들의 왕 야율배의 비 소씨를 위해 복상을 하라는 조서를 내렸다.

『요사』5. 세종본기 ○세종의 휘는 완阮이고 어릴 적 자는 야율올욕兀欲이며 양국 황제의 장자이다. 어머니는 유순황후 소씨이다.

태종 대동 원년(947) 2월에 영강왕으로 봉했다. 4월 정축일에 태종이 난성에서 죽었으므로 무인일에 황제에 즉위했다. 8월 임오 초하루에 어머니 소씨를 황태후로 추존했다. 9월 정묘일에 대동 원년을 천록 원년으로 고치고 황고를 양국황제로 시호를 추증하고 안단安端을 동단국의 임금으로 삼아 명왕으로 봉했다.

2년(948) 겨울 10월 임오일에 남경 유수 위왕 조연수趙延壽가 죽어 중대성 우상인 첩랍牒臘을 남경유수로 삼고 연왕으로 봉했다.

『요사』 6, 목종본기 ○목종 응력 2년(952) 6월 임인일에 후한이 후주의 침입을 받자 사신을 보내 원조를 구했다. 중대성 우상 고모한高模翰에게 명하여 가도록 했다. 12월 신해일에 명왕 안단이 죽었다.

『요사』 8, 경종본기 상 ○경종 보령 2년(970) 여름 4월에 동경에 행차하여 양국황제 및 세종묘에 제사를 드렸다.

5년(973) 7월 경진일에 보대군절도사 야율사리저耶律斜里底를 중대성 좌상으로 삼았다.

『요사』 10, 성종본기 1 ○성종의 휘는 융서인데. 건형 4년(982) 9월 계축일에 황제로 즉위했다. 12월 경진일에 중대성의 관리를 줄였다.

통화 원년(983) 정월 병자일에 발해 달마해리撻馬解里가 선제의 후한 은혜를 입었다고 순장해 줄 것을 빌었다. 그를 가엾게 여겨 조서를 내려 허락하지 않고 물품을 하사하여 위로했다.

2년(984) 12월 신축일에 대인정大人靖을 동경 중대성 우평장사로 삼았다.

『요사』 11, 성종본기 2 ○4년(986) 3월 계축일에 발해소교 관해貫海 등이 반역하여 송나라에 들었으므로 그 가속을 적몰하여 공이 있는 집안에 나누어 하사했다.

『요사』 13, 성종본기 4 ○13년(995) 7월 정사일에 발해의 연파燕頗 등이 철려를 침입하자 해왕 화삭노和朔奴 등을 보내 토벌했다.

『요사』 14, 성종본기 5 ○16년(998) 춘정월 병오일에 감문위상장군 야율희라耶律

喜羅를 중대성 좌상으로 삼았다.

○21년(1003) 여름 4월 무진일 발해부가 사신을 보내 공물을 바쳤다.[1]

『요사』15, 성종본기 6   ○28년(1010) 11월 고려 예부낭중 발해타실渤海陀失이 와서 항복했다.

『요사』16, 성종본기 7   ○개태 7년(1018) 12월에 소배압蕭排押 등이 고려와 다강·타강 두 강에서 싸웠는데 요나라 군사가 손실을 보았고 발해상온 고청명高淸明 등이 죽었다.

8년(1019) 3월 기묘일에 조서를 내려 고려정벌에 공을 세운 발해의 장교들에게 관직을 더하였다. 병술일에 동경 발해승봉관 도지압반을 두었다. 5월 을해일 영주의 발해호구를 요강·토강 두 강 사이로 옮겼다.

『요사』17, 성종본기 8   ○태평 8년(1028) 9월 임진 초하루에 발해재상 나한권羅漢權을 동경통군사로 삼았다.

9년(1029) 8월 기축일에 동경 사리군 상온 대연림大延琳이 유수이며 부마

---

1) 함께 특산품을 바친 자는 올야(兀惹)·오리미(奧里米)·월리독(越里篤)·월리고(越里古) 4부이다.

도위인 소효선蕭孝先 및 남양南陽공주를 가두고 호부사 한소훈韓紹勳, 부사 왕가王嘉, 사첩군도지휘사 소파득蕭頗得을 죽였다. 대연림이 결국 마음대로 왕위에 오르고 국호를 '흥료興遼'라 하고 연호를 천경天慶이라고 하였다.

처음 동요지역2)은 신책연간부터 귀부했기에 술·소금·누룩의 판매를 전담하는 법이 아직 없었고 관세 징수도 아주 관대했다. 풍연휴馮延休·한소훈韓紹勳이 연이어 연지역과 평산에 법을 적용함으로써 백성들은 그 명령에 견딜 수가 없었다.

연지역은 또 해마다 큰 기근이 들어 호부부사 왕가王嘉가 다시 계책을 세워 선박을 만들고 그 백성들로 하여금 운하로 곡식을 실어다 연지역의 백성을 구제하게 했는데 물길이 험하여 많은 배가 전복되었다. 사정을 말해도 믿으려 하지 않고 채찍과 매질을 가하는 까닭에 백성들은 원망 끝에 난을 일으키려 했다. 그런 까닭에 대연림이 그것을 이용하여 한소훈과 왕가를 먼저 죽이니 백성들이 크게 기뻐했다.

대연림이 반란을 일으키기에 앞서 부유수 왕도평王道平과 계책을 꾸몄으나 왕도평이 밤에 근거를 버리고 성을 넘어 도망쳤다. 그런 뒤 대연림과 함께 파견되어 온 황룡부의 황편黃翩을 불러 함께 행재소에 가서 변란을 알렸다. 주상이 곧 여러 도의 군사를 징집하여 제때에 나아가 토벌했다. 그 때 국구 상온 소필적蕭匹敵이 대연림과 가까운 지방을 다스리고 있었으므로, 먼저 본관本管 및 가병을 거느리고 가서 그 요새를 차지하고 그들이 서쪽으로 통하는 길을 끊어버렸다. 발해태보 하행미夏行美도 예대로 군사를 거느리고 보주를 지키고 있었다.

대연림이 비밀리에 서한을 보내 통수 야율포고耶律蒲古를 도모하도록 했으나, 하행미가 곧 사실대로 알리니 포고가 편지를 얻어 드디어 발해군사 8백 명을 죽이고 그 동쪽 길을

---
2) [역주] 동요(東遼)지역은 곧 요동을 말함.

끊어버렸다.

대연림이 황룡과 보주가 모두 귀부하지 않음을 알고 군사를 나누어 서쪽의 심주를 취했다. 처음에 절도사 소왕육蕭王六은 절도부사 장걸張桀이 항복하겠다고 소리쳐 말하여 급히 공격하지 않았다. 그것이 거짓이라는 것을 알았을 때는 이미 준비가 되어 있어 공격해도 이기지 못하고 돌아왔다.

그 무렵 남·북 여진女眞들이 다 대연림을 따랐고 고려도 방물을 바쳤다. 여러 도의 군사가 차례로 모두 이르자 대연림은 성문을 닫고 굳게 지켰다.

겨울 10월 병술 초하루에 남경유수 연왕 소효목蕭孝穆을 도통으로 삼고, 국구 상온 소필적을 부통으로 임명하고 해奚 6부대왕 소포노蕭蒲奴를 도감으로 하여 흥료국을 토벌했다.

10년(1030) 3월 갑인 초하루에 상온 소필적이 요동으로부터 도착하자 도통 소효목에게 성 주위 5리쯤 떨어진 곳에다 성보를 쌓고 포위하라고 했다. 부마 연령延寧은 그의 여동생 혈지汭地와 함께 도망가고 오직 공주 최팔崔八만이 남았는데 뒤에 성을 순찰하는 병사에게 발각되어 사로잡혔다.

8월 병오일에 동경의 적장인 양상세楊詳世가 비밀리에 내통하여 밤에 남문을 열고 요나라 군대를 들여놓아 대연림을 사로잡고 발해를 평정했다.

11월 신해일에 발해의 옛 족속 가운데 공이 있고 재력이 있는 자는 등용하고 나머지는 내주·습주·천주·윤주 등 주에 나누어 살게 했다.

『요사』19, 흥종본기 2 ○흥종 중희 15년(1046) 11월 기해일에 발해부는 거란의 예대로 군마를 통괄했다.

『요사』27, 천조본기 2 ○천조제 천경 4년(1114) 가을 7월 아골타阿骨打가 여진 여러 부의 군사를 모아 요나라 장응관障鷹官을 사로잡고 영강주를 공격했다. 동북로 통군사가 이를 알렸다.

이 때 왕은 경주에서 사슴을 사냥하다가 이 소식을 듣고서 대수롭지 않게 여기며 해주자사 고선수高仙壽를 보내 발해군을 거느리고 대응하여 구원하게 했다.

『요사』28, 천조본기 2 ○5년(1115) 2월에 요주의 발해 고욕古欲이 반란을 일으키고 대왕이라 자칭했다. 3월에 소사불류蕭謝佛留 등이 그를 토벌했다. 4월 계축일에 소사불류는 발해의 고욕에게 패배당했고 남면부부서 소도소알蕭陶蘇斡을 도통으로 삼고 공격했다. 5월에 소도소알이 고욕과 싸웠으나 또 패배했다. 6월 병진일에 소도소알이 고욕 등을 생포했다.

6년(1116) 봄 정월 병인 초하루에 고영창은 동경에서 밤에 용감한 소년 10여 명을 뽑아 술을 먹여 담력을 돋우었다. 그리고는 칼을 들려 담을 넘어 유수부에 들어가서 유수 소보선의 거처를 물으며 "지금 군변軍變이 일어났으니 이를 방비하라"라고 소리치게 했다. 소보선이 밖으로 나오자 그들이 찔러죽였다.

호부사 대공정大公鼎은 난리가 일어난 소식을 듣고 곧 유수의 일을 대신하고서 부유수 고청명高淸明[1]과 더불어 해奚와 한漢의 병사 1천 명을 모아가지고 그 무리들을 모조리 붙잡아 참해 버리고 그 백성들을 위로하고 안정시켰다.

동경은 옛 발해땅이다. 태조가 20여 년간이나 힘써 싸워 얻은 것이다. 그런데 소보선의 모진 정치에 발해가 시달려서 이런 변란이 있게 되었던 것이다. 또한 그 비장인 발해의 고영창이 황제라 칭하고 융기 원년이라 칭했다. 소을설蕭乙薛과 고흥순高興順을 보내달라고 했으나 따르지 않았다.

윤달 기해일에 소한가노蕭韓家奴와 장림張琳을 보내 토벌했다. 무오일에 귀덕주 수장인 야율여도耶律余覩는 광주발해가 반역하여 고영창에게 귀부하는 것을 보고 우리 군사로 공격하여 패배시켰다.

2월 무자일에 장가노張家奴[2]가 요주발해를 유인하여 고주를 공격해

---
1) [역주] 『거란국지』에서는 고청신이라 했음.
2) 성은 야율(耶律)씨이다.

함락하였다. 3월 갑술일에 요주발해는 평정되었다. 병자일에 소한가노·장림 등은 다시 적들에게 패하였다.

5월에 여진군이 심주를 공략하고 다시 동경을 함락하여 고영창高永昌을 사로잡았다. 7월에 춘주발해 2천여 호가 반역하므로 동북로 통군사가 군사를 이끌고 추격하여 모조리 사로잡아 돌아왔다.

『요사』,종실전 ○의종의 이름은 야율배倍인데 어릴 때 자는 도욕圖欲이고 태조의 맏아들이다. 어머니는 순흠황후 술률述律씨이다. 어려서부터 총민하고 배우기를 좋아했으며 다른 사람들에게는 관대하고 자기에게는 엄격했다.

신책 원년(916) 봄에 황태자로 책립되었다. 그 때 태조는 총애하는 신하들에게 물어 이르기를 "천명을 받은 군주는 하늘을 섬기고 신을 공경해야 하는 것이 마땅하다. 큰 공덕이 있는 이를 짐이 제사를 지내주려고 하는데 누구를 앞에 놓아야 하겠는가?" 하고 물었다. 모두 다 부처님이라고 대답했다. 태조가 말하기를 "부처님은 중국의 교조가 아니다"라고 했다. 그 때 야율배가 말하기를 "공자는 큰 성인이어서 만세에 높임을 받으니 마땅히 먼저 시행해야 합니다" 하고 했다. 태조는 아주 기뻐하면서 곧 공자묘를 짓도록 하고 황태자에게 봄가을로 석존釋奠하게 했다.

야율배는 일찍이 오고·당항을 정벌할 때 선봉도통이었다. 연땅을 경략하려고 태조가 서정함에 야율배를 경사에 남겨두고 지키게 했는데 이어 발해를 취할 계책을 말했다.

천현 원년(926)에 발해정벌에 따랐으며 부여성을 공략했다. 주상이 호구를 단속하려 하자 야율배가 간하기를 "이제 방금 땅을 차지하고서 백성을 단속하려 든다면 백성들이 반드시 불안해 할 것입니다. 만일 파죽지세로 곧 홀한성까지 이른다면 반드시 공략할 수 있을 것입니다"라고 했다. 태조가 그의 말을 따

야율배와 대원수 야율덕광德光이 선봉이 되어 밤에 홀한성을 포위하니 대인선大諲譔이 곤궁하게 되어 항복을 청했다. 그러나 재차 반란을 일으키자 태조가 이를 격파하고 나서 그 나라 이름을 동단이라 고친 뒤 그 성을 천복이라 하고 야율배를 인황왕으로 삼아 그 곳을 다스리게 했다. 이어 천자의 관복을 하사하고 연호를 감로라 세운 뒤 칭제하였다. 좌·우·대·차 4상 및 백관을 두고 모조리 중국의 법도를 따랐다. 세공으로 포목이 15만 단端이고 말이 1천 필이었다. 왕이 말하기를 "이곳은 바다에 임하고 있기에 오래 머물 곳이 못된다. 너를 남겨두어 위무하고 다스리게 할 것인즉 짐이 백성을 사랑하는 마음을 보이거라"라고 했다.

어가가 돌아갈 즈음에 야율배가 노래를 지어 바치고서 폐하와 작별했다. 태조가 말하기를 "네가 동쪽 땅을 다스린다면 내가 또 무슨 근심

元帥德光爲前鋒夜圍忽汗城大諲譔窮蹙請降尋復叛太祖破之改其國曰東丹名其城曰天福以倍爲人皇王主之仍賜天子冠服建元甘露稱制置左右大次四相及百官一用漢法歲貢布十五萬端馬千匹上諭曰此地瀕海非可久居留汝撫治以見朕愛民之心駕將還倍辭太祖曰得汝治東土吾復何憂倍號泣而出遂如儀坤州未幾諸部多叛大元帥討平之太祖即日奔赴山陵倍知皇太后意欲立德光乃謂公卿曰大元帥功德中外攸屬宜主社稷乃立光於太后而讓位焉於是大元帥即皇帝位是爲太宗太宗既立疑以東平爲南京徙倍居之盡其所之遣人跨海持書召倍倍因敗海上使再伺動靜倍旣歸國命王繼遠撰建南京碑起樓於西宮作樂田園詩唐明宗聞之遣人跨海持書密召倍倍因敗海上使再至倍謂左右曰我以天下讓主上今反見疑不如適他國以成吳泰伯之名立木海上刻詩曰小山壓大山大山全無力羞見故鄉人從此投外國攜高美人載書浮海而去唐以天子儀衛

이 있겠는가?"라고 했다. 야율배가 크게 울면서 나갔고 드디어 의곤주로 갔다. 얼마 안 있어 여러 부가 많이 반란을 일으키자 대원수가 그들을 토벌하여 평정했다.

태조의 부음이 이르러 야율배는 그날로 산릉으로 달려갔다. 야율배는 황태후가 야율덕광을 세우려는 생각이 있음을 알고 있어 공경들에게 일러 말하기를 "대원수는 공덕이 사람과 신에 미치고 중외가 모두 복속하니 사직을 맡는 것이 옳도다"라 말했다.

곧 군신들과 더불어 왕위를 양보할 것을 태후에게 청했다. 이에 대원수가 황제에 즉위했는데 이가 태종이다.

태종이 왕위에 오른 뒤 의심이 일어 동평을 남경으로 삼은 뒤 야율배를 옮겨살게 하고 그 백성들도 모조리 옮겼다. 또 위사를 두어 남몰래 동정을 살피게 했다.

야율배가 나라에 돌아온 뒤에 왕계원王繼遠에게 남경을 세운 비문을 쓰게 했다. 그리고 서궁에 서루書樓를 짓게 하고 전원을 즐기는 시를 지었다.

당나라 명종이 그 소문을 듣고 사람을 시켜 글을 가지고 바다를 건너가서 은밀히 야율배를 부르게 했다. 인하여 야율배는 바닷가에서 사냥을 했다. 사신이 다시 오자 야율배는 좌우에게 말하기를 "나는 온 천하를 주상에게 양보했는데 오늘 도리어 의심을 받게 되니 타국에 가서 오나라 태백泰伯의 이름을 이루는 것만 못하다"라고 했다.

바닷가에 나무를 세우고 시를 새겨놓았다.

작은 산이 큰 산을 짓누르니
큰 산은 전혀 힘이 없도다.
고향사람 보기가 부끄러워
이로부터 외국에 투신하려네.

고미인高美人을 데리고 책을 싣고서 바다를 건너 당나라로 가버렸다. 당나라는 천자의 의장으로 야율배를 영접했다. 야율배는 배 안의 전각에 앉아 있고 여러 관리들이 열을 지어 축수했다. 변땅에 이르러 명종을 만났다.

명종이 장종후 하夏씨를 아내로 삼게 했으며 성을 '동단東丹', 이름을 '모화慕華'라 하사했다. 서주를 회화군으로 고치고 회화군절도사 서신등주관찰사를 제수하고, 다시 성을 '이李', 이름을 '찬화贊華'로 하사하여 찰주요령건주절도사로 삼았다.

야율배는 비록 다른 나라에 머물고 있었으나 그의 친족을 생각하여 늘 문안하는 사신이 끊이지 않았다.

뒤에 명종의 양자인 종가從珂가 그의 임금을 시해하고 스스로 왕위에 오르자 야율배가 은밀히 태종에게 알리며 말하기를 "종가가 임금을 시해했는데 어찌 토벌하지 않겠습니까?"라고 물었다.

태종이 석경당石經幢을 진왕으로 세우고 낙양에 군사를 더하자 종가가 스스로 불타죽으려 하면서 야율배를 불러 함께 하자고 했다. 야율배가 따르지 아니하니 장사 이언신李彦

紳을 보내 죽였는데 그 때 나이 38세였다. 한 스님이 그를 거두어 묻어 주었다.

석경당이 낙양에 들어가서 상복을 입고 곡을 하고 왕의 예의로써 임시로 매장했다. 뒤에 태종이 의무려산에다 다시 장사지내고 시호를 문무황왕이라 했다.

세종이 즉위하자 시호를 양국황제라 했고 능을 현릉이라 했다. 통화연간에 시호를 문헌이라 고쳤다. 중희 20년(1051)에 시호를 더해 문헌흠의황제라 하고 묘호를 의종이라 했으며 두 후의 시호를 단순·유정이라 했다.

야율배가 처음에 책을 사서 1만 권에 이르렀고 의무려산 산정에 있는 망해당에 보관하였다. 음양을 통달하고 음률을 알며 의약·침술에 정밀하고 요遼·한漢의 문장에 모두 능통했다. 일찍이 『음부경』을 번역한 일이 있고 본국의 인물화를 잘 그려 『사기렵설기천록도』 같은 것이 있는데 모두 송나라 비부秘府에 들어갔다.

그러나 성품이 각박하고 급한 까닭에 죽이기를 좋아하여 비첩들에게 약간의 잘못이 있어도 늘 칼로 찌르고 불로 지졌다. 부인 하씨가 두려워 머리를 깎고 비구니가 되었다. 아들 다섯을 두었는데 장자가 세종이고 그 다음 차례로 야율누국婁國·야율초稍·야율융선隆先·야율도은道隱이다.[1)]

『요사』, 병위지 ○천찬 4년(925)에 친히 발해를 정벌했다. 천현 원년(926)에 발해국을 멸하였다. 땅이 사방 5천 리, 군사가 수십만, 5경 15부 62주였다. 그 무리를 다 차지하니 거란이 더욱 커졌다.

○무릇 군사를 일으키려고 황제가 번·한의 문무신료들을 거느리고 천지와 모든 능묘에 제사를 지내 알렸다. 그런 뒤에 곧 조서를 내려 여러 도에서 군사를 징발하였다. 남북해

---

1) 또 같은 종실전에 "야율융선의 아들 야율진격이 발해관속과 함께 그의 아비를 모살하고 군사를 동원하여 난을 일으키자 주상이 저자거리에서 찢어 죽였다"라고 하였다.

왕과 동경발해의 병마가 조서를 받고서도 군사를 감히 출동시키지 못했는데, 반드시 주상의 명령을 듣겠다고 하여 대장들을 보내 금어부를 가지고 가서 맞추어 본 다음에야 행했다.

『요사』, 지리지 ○태조가 동쪽으로 발해를 병합하고 성읍을 1백3개를 얻었다.

○동경요양부: 당나라 고종이 여기에다 안동도호부를 두었고 뒤에 발해 대씨가 소유하였다. 대씨는 처음에 읍루의 동모산을 차지하고 있었다.

무측천 만세통천 연간에 거란 이진충李盡忠의 핍박을 받자 걸걸중상乞乞仲象이라는 자가 요수를 건너 스스로 굳게 지켰다. 무측천이 걸걸중상을 진국공으로 봉했다. 아들 대조영祚榮에 이르러 도읍을 세우고 진왕이라 자칭하였다. 해북을 병탄하여 땅이 사방 5천 리나 되었고 군사가 수십만이었다.

중종이 그가 다스리는 바를 홀한주라 하고 발해군왕으로 봉했다. 12

대 왕 대이진彝震에 이르러 마음대로 연호를 고치는 한편 궁궐을 세우고 5경 15부 62주를 두었으니 요동의 번성한 나라가 되었다.

홀한주는 즉 옛 평양성인데 중경 현덕부라고 불렀다. 요나라 태조가 나라를 세워 발해를 공격하여 홀한성을 함락시키고 그 나라 왕 대인선을 사로잡았다. 이어 동단왕국으로 삼고, 태자 도욕을 세워 인황왕으로 삼아 다스리게 했다.

신책 4년(919)에 요양의 옛 성을 수리하여 발해와 한인의 호구로써 동평군을 세우고 방어주로 삼았다.

천현 3년(928)에 동단국의 백성들을 옮겨 살게 한 뒤 남경으로 승격시키고 성의 이름을 천복이라 했다. 북쪽에 양국황제의 어용전이 있고 대동단국이 새로이 세운 남경비명南京碑銘은 궁문 남쪽에 있다.

『요사』, 백관지 ○대동단국 중대성은 태조 천현 원년(926)에 설치되었고 경종 건형 원년(979)에 없앴다.

○좌대상, 우대상, 좌차상, 우차상.

○발해장사 관제는 자세하지 않다.

○발해재상, 발해태보, 발해달마 발해근시, 상온사.1)

○요나라 태조는 제왕의 도량이 있어 발해를 멸했지만 그 족장을 보존하니 요배遙輦씨와 버금갔다.

○발해군도지휘사, 발해군상온사.

○발해부, 서북발해부.

○발해내시도지.

○동경발해 승봉관. 성종 개태 8년(1019) 야율팔가耶律八哥가 아뢰기를 "발해 승봉반班에 관을 설치하여 다스리는 것이 마땅합니다"라고 했다. 인하여 설치했다.

○발해 승봉도지압반.

『요사』, 예지 ○5월 중5일 임금과 신하들이 연회를 열고 즐기는데 발해의 선부가 쑥떡을 진상했다.

『요사』, 의위지 ○발해의 의장

천현 4년(929)에 태종이 요양부에 행차했을 때 인황왕이 수레와 깃으로 장식한 호위군으로 영접했다.

---

1) 야율아소(耶律阿蘇)의 관직이 이것이다. 본전에 있다.

건형 5년(983)에 성종이 동쪽으로 순행할 때 동경유수가 의위를 갖추어 어가를 영접했는데 이는 지난날 발해의 의위였다.

『요사』, 식화지 ○태종이 연땅을 얻어 남경을 두었는데 성 북쪽에 저자가 있었다. 남쪽의 웅주와 고창에도 또 호시를 세워 서북의 여러 부와 고려의 물품을 교역했다. 그러므로 여진은 금·비단·포목·꿀·밀랍과 여러 약재로, 철리말갈과 우궐 등 부는 합주·청서·초서·교어의 가죽, 소·양·낙타·말·취계 등 물품으로 요나라에 와서 교역하는 자들이 길에 늘어섰다.…

신책 초에 발해를 평정하고 광주를 얻었는데, 본래 발해 철리부이며 철리주로 고쳤다. 그 지역에는 철이 많이 나온다.

『요사』, 형법지 ○태종 때 발해사람들을 다스리는 데 있어 똑같이 중국법에 의거했다.

『요사』, 부족표 ○도종 대안 3년(1087)에 서북발해부가 소를 바쳤다.

`요사, 속국표` ○태조 천찬 4년(925) 12월에 발해국을 정벌했다. 천현 원년(926) 2월에 회홀·신라·토번·당항·사타가 정벌을 따라와서 공이 있으므로 상을 주었다. 발해국을 동단국이라 고치고 홀한성을 천복성이라 하였다.

○성종 통화 21년(1003)에 발해부가 와서 공물을 바쳤다.

`요사, 황자표` ○ 야율질랄迭剌은 자가 운독곤이고 덕조德祖의 셋째아들[1]인데 성품이 영민하고 넉넉하였다. 태조가 말하기를 "야율질랄의 지혜는 갑자기 공을 도모하는 데는 내가 미칠 바가 못되지만 천천히 일을 도모하는 데는 나보다 못하다"라고 했다.

천현 원년(926) 중대성 좌대상이 되었다.

야율인저석寅底石은 자가 아신인데 덕조의 넷째아들[2]이다. 태조의 유언에 야율인저석을 수태사정사령으로 삼고 동단왕을 돕게 하라 하였다. 순흠황후가 사도 획사劃沙를 보내 길 위에서 죽였다.

야율안단安端은 자가 외은인데 덕조의 다섯째아들이다.[3]

천현 원년(926)에 발해를 정벌할 때 노상老相의 군사 3만여 명을 격파했다. 안변부·막힐부·정리부 3부가 반란을 일으키자 그들을 평정했다.

천보 초에 공으로 동단국의 왕이 되고 명왕이라는 호를 하사받았다.

야율소蘇는 자를 운독곤云獨昆[4]이라 하고 덕조의 여섯째아들이다.[5] 천현 초에 발해를 정벌하여 홀한성을 공략하자 대인선이 항복했다.

`요사, 아고지전` ○아고지阿古只는 자를 살본이라 하는데 공을 세워 북부재상에 임명되었다. 발해를 쳐서 부여성을 공략했는데 혼자서 기병 5백을 거느리고 노상군 3만 명을 패배시

---

1) 태조의 아우이다.
2) 태조의 아우이다.
3) 태조의 아우이다.
4) [역주] 요태조의 셋째아우 야율질랄과 여섯째 아우 야율소의 자가 『요사』에는 모두 운독곤으로 같게 되어 있음.
5) 태조의 작은 아우이다.

졌다.

발해가 이미 평정되자 동단국이라 고쳤다. 얼마 안되어 항복했던 군현들이 다시 반란을 일으켜 적들이 봉기하자 아고지와 강묵기_{康默記}가 토벌했는데, 그들이 가는 곳마다 모두 평정했다.

적들의 유기[1] 7천 명이 압록부로부터 원조하러 오는 것을 만났는데 기세가 대단했다. 아고지가 휘하의 정예를 거느리고 그 예봉을 직접 범접하여 일격에 무너뜨렸다. 2천여 수급을 베고 드디어 진군하여 회발성을 함락했다.

『요사』, 강묵기전 ○태조 천찬 4년(925)에 발해를 친히 정벌했다. 강묵기와 한지고가 따랐다. 뒤에 대인선이 반역하므로 여러 장수들에게 공격하라고 명했다. 강묵기는 동쪽 문을 분담하여 날쌔고 용맹한 자들에게 성을 먼저 오르게 했다.

성을 함락하자 한연휘_{韓延徽}와 함께 장령부를 함락했다. 군사가 돌아

---

1) [역주] 유기(游騎): 유격하는 기병.

오자 이미 함락된 성읍 가운데 반역한 데가 많아 강묵기와 아고지가 그를 평정했다. 회발성을 격파하고 태조산릉에 돌아와 주둔을 끝마치고 죽었다.

『요사』, 야율사날적전　○발해의 부여성을 칠 때에 야율사날적耶律斜捏赤이 따랐었다. 태자 대원수가 무리를 이끌고 밤을 도와 홀한성을 포위하였다. 대인선大諲譔이 항복했으나 다시 반역하였다. 제장들에게 지역을 나누어 치게 했다.

이튿날 이른 아침에 야율사날적이 사졸들을 격려해서 북을 치며 함성을 올리면서 성의 낮은 데로 오르게 했다. 적들은 겁에 질려 떨면서 감히 막지 못하여 드디어 그를 격파했다.

『요사』, 한연휘전　○한연휘韓延徽 수정사령은 천찬 4년(925)에 발해정벌에 따랐었다. 대인선이 항복하겠다 하고서 얼마 안되어 다시 반기를 들었다. 제장들과 함께 그 성을 격파했다. 또 강묵기와 함께 장령부를 치고 함락했다. 손자인 한소훈紹勳은 벼슬을 동경호부사까지 지냈다. 이 때 대연림大延琳이 배반하므로 붙잡았다. 굴하지 아니한 적들을 톱으로 각을 떴는데 그들은 죽을 때까지 분노의 욕설을 퍼부었다.

『요사』, 야율적렬, 부전 우지　○야율우지耶律羽之의 어릴 적의 자는 올리이고 성년시절 자는 인저신寅底哂이다. 어려서부터 호기롭고 시원시원하여 아이들과 놀지 않았다. 자라서는 배우기를 좋아했고 여러 부의 언어에 통달했다. 태조가 나라를 세우는 초기에 군의 참모로 참여했다.

천현 원년(926) 발해를 평정하고 황태자를 동단왕으로 세우고 야율우지를 중대성 우차상으로 삼았다. 그 때 인심이 안정되지 않았는데 좌대상 야율질랄迭剌이 한 달이 못되어 죽었다.

야율우지는 일을 보는 데 부지런하고 삼가며 위엄이 있고 믿음이 있었다. 태종이 즉위하자 표를 올려 말했다.

우리 대성천황이 처음 동쪽 땅을 차지하고 지혜로운 보좌를 가려 이 백성을 위로하셨는데 신이 어리석음에도 불구하고 이해를 감히 말씀드리지 않을 수 있겠습니까? 발해는 전에 남조를 두려워하여 험준한 데를 막아 스스로 지켜 홀한성에 살았습니다. 지금 상경에서 멀고도 먼데 이용하지도 않고 또 수비병을 파하지도 않으시니 과연 무엇 때문입니까? 선제께서는 그들의 마음이 서로 이반되어 있어 그 틈을 타서 움직였기 때문에 싸우지 않고도 이길 수 있었습니다.

하늘이 주시고 사람이 함께하는 것이 대저 한때입니다. 남은 종족들이 점점 번식되어 지금은 먼 변경에 살고 있으니 후환이 될까 두렵습니다.

양수의 땅은 그들의 옛 고향입니다. 지역은 넓고도 비옥하고 나무·쇠·소금·물·고기의 이득이 있습니다. 그들이 미약할 때를 타서 그 백성들을 옮기는 것이 만세의 좋은 계책입니다. 그들이 고향으로 돌아가게 되고 나무·쇠·소금·고기의 풍요를 얻게 된다면 반드시 안정된 살림을 하여 자기들의 업을 좋아할 것이오니, 그런 연후에 무리를 선발하여 우리의 좌익이 되게 하고 돌궐·당항·실위로 하여금 우리의 우측을 돕게 한다면 앉아서 남쪽 나라를 제어할 수 있고 천하를 합하여 하나로 할 수 있으며 성조께서 이루지 못한 공을 이룩하여 후세에 끝없는 복을 남겨줄 것입니다.

황제는 기쁘게 받아들였다. 이 해에 조서를 내려 동단국의 백성들을 양수에 옮겼는데 그 때에 그 일을 잘했다고 했다.

인황왕이 당나라로 도망하자 야율우지耶之가 나라사람들을 모두 이전처럼 진압하고 위로했으므로 그 공으로 수태부를 더하고 중대성 좌상으로 옮겼다.

회동 초기 책례로 대궐에 이르러 특진을 가해 주었다. 그는 표를 올려 좌차상 발해소渤海蘇가 탐욕스럽고 어두워 법을 어겼다고 아뢰었다.

그가 죽고 그의 아들 야율화리和里가 마침내 동경유수가 되었다.

『요사』, 야율탁진전 ○천찬 3년(924)에 장차 발해를 치려 할 때 야율탁진鐸臻이 간하여 말하기를 "폐하께서 발해에 대한 일을 먼저 행하시면 서하가 필연코 우리의 뒤를 밟을 것이오니 먼저 서쪽을 치시고 후환이 없게 하시기 바랍니다"라고 했다. 태조가 그의 말에 따랐다.

『요사』, 돌여불전 ○태조가 동쪽으로 대인선을 쳤는데 항복했다가 다시 반란하였다. 그를 공격하는데 돌여불突呂不이 먼저 성을 올랐고 발해는 평정되었다. 조서를 받들어 태조의 공덕을 영흥전 벽에다 새겨두고 군대를 철수했다. 함락된 주와 군이 왕왕 다시 반란을 일으키자 돌여불이 대원수를 따라서 그들을 공격하여 깨트렸다.

『요사』, 조사온전 ○태조가 발해를 정벌함에 조사온趙思溫을 한군도단련사로 삼았다. 그는 힘써 싸워 부여성을 함락시켰으나 몸에 여러 군데 상처를 입자 태조가 친히 그를 위해 약을 지었다.

『요사』, 야율안도전 ○야율안도耶律安圖의 아버지는 야율질리迭里이다. 천찬 3년(924)에 남원이리근이 되어 발해의 홀한성을 정벌 공략할 때 포로로 잡거나 참한 자가 매우 많았다.

태조가 붕어하자 순흠황후가 황제의 대통을 잇는 권한에 따라 대원수에게 황위를 잇게 하려 했다. 야율질리는 굳게 말하기를 "제위는 마땅히 먼저 적장자가 해야 하는 것이니 지금 동단왕이 조정에 가시어 황위에 올라야 합니다"라 하였다. 이로 말미암아 황후의 뜻을 어겼다. 동단왕에 귀부한 무리들을 하옥하라고 명했는데 듣지 않자 죽였다.

『요사』, 야율팔가전 ○야율팔가耶律八哥가 동경에 머물며 지키다가 아뢰기를 "발해 승봉관을 거느려 다스려야 합니다"라고 했다. 상은 그 말을 따라 도지압반을 두었다.

『요사』, 소효충전 ○소효충蕭孝忠은 중희 7년(1038)에 동경유수가 되었다. 그 때 발해사람들의 격구를 금지하고 있었다. 소효충이 말하기를 "동경은 가장 중요한 진鎭이어서 사냥할 만한 땅도 없는데 만일 격구가 아니면 무엇으로써 무예를 익히겠습니까? 또한 천자는 천하를 집으로 삼는데 무엇 때문에 피아를 나누겠습니까? 그 금지함을 완화하는 것이 옳은 일일까 합니다"라고 하였다. 그 말을 따랐다.

『요사』, 고모한전 ○고모한高模翰은 응력 초에 중대성 우상이 되었고 9년(959) 정월에 좌상으로 옮겼는데 죽었다.

『요사』, 첩랍전 ○첩랍牒蠟은 자가 술란이다. 천현연간에 중대성 우상이 되었다. 세종이 즉위하자 연왕으로 봉하고 남경유수로 삼았다.

『요사』, 소필적전 ○소필적蕭匹敵은 국구로서 상온이다. 태평 9년(1029)에 발해 대연림이 반역하여 인근부락을 노략질하므로 남경유수 소효목蕭孝穆과 함께 가서 토벌했다. 소효목이 성을 항복시키려고 겹성을 쌓아 그를 포위했다. 몇 달이 되어 성 안의 사람이 몰래 와서 진심으로 순종하겠다고 알렸다. 드디어 대연림을 사로잡아 동경을 평정하였다.

『요사』, 역신전 ○할저轄底는 남이 자기를 해칠까 두려워 자기의 두 아들인 질리특迭里特과 삭괄朔刮을 데리고 발해로 달아나서 거짓으로 눈이 멀었다고 했다. 뒤에 격구를 하는 틈을 타서 두 아들과 함께 좋은 말을 훔쳐 달아나 나라로 되돌아왔다.

『요사』, 문학, 소한가노전 ○발해·여진과 고려가 합종연횡을 하자 불시에 정벌하려 했다.

『요사』, 해회리보전 ○해회리보奚回離保 즉 전가산箭笴山은 자립하여 해국황제로 칭했다. 연호를 천복이라 고치고 해·한·발해 등 3추밀원을 세웠다.1)

『금사』, 세기 ○속말말갈은 처음 고구려에 부속하였으며 성은 대씨이다. 이李씨2)가 고구려를 격파하자 속말말갈은 동모산을 차지한 뒤 이후 발해가 되어 왕을 칭하고 십여 대를 전했다. 문자와 예악과 관부제도가 있으며 5경 15부 62주가 있었다.

오대 때에 거란이 발해 땅을 모조리 탈취했다. 태조가 변경에서 요나라 군사를 패퇴시키고서 야율사십耶律辭十을 사로잡고 양복알답랄梁福斡

---
1) 『금사』, 해왕 회리보전에 이르기를 "발해·해·한의 장정을 군사로 삼았다"라고 했다.
2) [역주] 당조의 성은 이씨임. '이씨'란 당나라를 가리킴.

耶律謝十乃使梁福韓咨剌招諭渤海人曰女直渤海本同一家蓋其初皆勿吉之七部也
渤海留守不受二年遼調諸軍於寧江州及渤海八社造胡沙保往觀形勢還言惟四院統軍與寧江州及渤海八百人耳十月次來流城召渤海梁福韓咨剌使之僞亡去招諭其鄉人日女直渤海本同一家我興師伐本同一家與師伐大家奴等六謀克雖不溫及無辜也太祖天輔二年七月癸未認渤海大家奴等六謀克貸其罪給官糧置之漁獵之地今歷之已久不知登可具其數以聞太宗天會四年七月壬申出金幣以所領渤海軍八明安爲萬戶熙宗天眷元年九月乙未詔百官語命女直契丹漢人各用本字渤海同漢人世宗大定十七年十二月戊辰金以渤海舊俗男女婚娶多不以禮必先攜竊以奔詔禁絶之犯者以姦論 世紀上紀 有渤海樂縣縣樂工自朋昌間以渤海敎坊兼習奏和初有

司又奏太常工人數少即以渤海漢人敎坊用以備用 樂同志上
熙宗皇統五年龍逸東漢人渤海猛安謀克承襲之制沒移兵 兵同志上
柄於其國人所謂渤海軍謂渤海八猛安之兵也 同收國二年四月詔韓魯統諸軍與闇母蒲察迪古乃合咸州路都統韓魯古等伐高永昌詔曰永昌誘脅成卒竊據一方直投

○발해유수가 태조에게 갑옷을 바쳤지만 태조는 받지 않았다. 『금사』, 본기

2년(1118)에 요나라의 여러 군사들이 영강주에서 훈련하자 태조가 호사보_{胡沙保}를 보내 형세를 보게 했다. 돌아와 말하기를 "오로지 4원통군과 영강주 및 발해의 8백 명일 따름입니다"라고 했다.

10월에 내류성에 머물면서 발해의 양복알답랄_{梁福韓咨剌}을 불러 그로 하여금 거짓으로 도망쳐 달아나게 했다. 그 마을사람들을 불러 달래며 알리기를 "여진과 발해는 본래 한집안인데 내가 군사를 일으킨 것은 죄있는 자를 치는 것으로써 함부로 무고한 사람에게 미치지는 않는다"라고 했다.

태조 천보 2년(1118) 7월 계미일에 발해의 대가노_{大家奴} 등 여섯 모극에

게 조서를 내려 이르기를 빈민에게 일찍이 관가의 양식을 주고 물고기를 잡고 사냥할 수 있는 곳에 있게 했다. 오늘까지 벌써 오랜 시일이 지났는데 거둔 것과 소모한 것을 알 수 없으니 그 수를 일일이 알리도록 하라"라고 했다.

태종 천회 4년(1126) 7월 임신일에 금패를 내어 패륵대고貝勒大皐에게 "거느리고 있는 발해군 팔명안八明安[1]을 만호로 삼으라"라고 명했다.

희종 천권 원년(1138) 9월 을미일에 백관들에게 고명誥命을 내리고 여진·거란·한인들이 각각 자기들의 본 글자를 쓰도록 하고 발해사람은 한인과 같이 하라고 했다.

세종 대정 17년(1177) 12월 무진일에 금이 발해의 옛 풍속에 따라 남녀가 혼인을 할 때 예에 따르지 않고 반드시 먼저 빼앗아 도둑질하여 도망하니, 조서를 내려 금하게 하고 어기는 자는 간음으로 죄를 논한다고 하

였다.

『금사』, 악지 ○발해악이 있다.… 궁현[2] 악공들은 스스로 명창연간(1190~1195)에 발해 교방에서 연주하는 것을 익혔다. 태화 초에 유사가 또 "태상의 악공숫자가 적어서 곧 발해와 한인 교방에서 함께 익히도록 마련해야 합니다"라고 아뢰었다.

『금사』, 병지 ○희종 황통 5년(1145)에 요동의 한인과 발해의 맹안모극 승습 제도를 파해 버리고 점점 병권을 그 나라 사람 손에 넘기도록 했다.

○소위 발해군사란 곧 발해 팔맹안八猛安의 군사이다.

『금사』, 알로전 ○수국 2년(1116) 4월에 조서를 내려 알로斡魯가 도모闍母·포찰蒲察·적고迪古와 더불어 삼군을 통솔케 하고 함주로도통 알로고斡魯古 등과 힘을 합쳐 고영창高永昌을 정벌하라 했다. 조서에 일렀다.

고영창이 수졸들을 회유하고 협박하여 한 곳에 웅거하고 있으니 곧 그 틈을 타

---

1) [역주] 『금사』 본기에 근거할 때 '渤海軍八猛安'이 옳음.

2) [역주] 궁현(宮縣): 천자만이 감상할 수 있는 음악. 네 방향에 악기를 걸고 연주함.

서 취할 것이다. 이는 원대한 계책을 하지 않고서도 그의 멸망을 곧 서서 볼 수 있을 것이다. 동경발해 사람이 나의 덕을 입은 지 오래되었으니 불러 회유하기가 쉬울 것이다. 만일 따르지 않는다면 곧 나아가 토벌할 것을 의논하되 많이 죽일 일은 없다.

고영창은 발해사람이다. 요나라의 비장으로서 3천 명의 군사를 동경 팔담구에 주둔시키고 있었다. 고영창은 요나라의 정사가 날로 잘못되고 금나라 태조가 군사를 일으키자 요나라 사람들이 지탱하지 못하는 것을 보며 드디어 그 허점을 넘겨다보았던 것이다.

이 때 동경의 한인과 발해인 사이에 원한이 있어 발해사람들을 많이 죽였다. 고영창이 이에 발해를 회유하는 한편 그의 수졸과 합하여 동경에 들어가 웅거했다. 한 달 사이에 원근이 호응하여 온 군사가 8천 명이었으며 드디어 황제로 참칭하고 연호를 융기로 고쳤다.

요나라 사람들이 그를 쳤으나 오

래도록 이기지 못했다. 고영창高永昌이 달불야撻不野·표함杓合을 시켜 폐백으로써 금나라 태조에 원조를 청했다. 또 말하기를 "힘을 합해서 요나라를 취하기 원합니다"라고 했다. 태조는 호사보胡沙補를 보내 가서 회유하여 말하기를 "힘을 합쳐 요나라를 취하는 것은 진실로 가하다. 동경은 우리와 가까운 땅인데, 네가 잠시 점유하고 황제의 호칭을 참칭하는 것이 어찌 옳은 일이겠는가? 만약 네가 성심으로 귀부한다면 왕의 작위를 줄 수 있다"라고 했다.

이어 요나라의 호적을 두고 있던 여진인 호돌고胡突古를 보내왔다. 고영창은 달불야를 시켜 호사보·호돌고와 더불어 함께 보냈다. 그러나 고영창이 올린 표문의 말투가 불손한데다가 포로가 된 발해사람들을 돌려달라는 청 또한 있었다.

금나라 태조는 호돌고를 남겨둔 채 보내지 않고 대약사노大藥使奴와 달불야를 보내 그를 부르게 하여 회유했다. 알로斡魯가 바로 동경에 가는

데 요나라 병사 6만이 소산성1)을 치러왔다. 아도한발근阿徒罕勃堇·오론석준烏論石準이 익주·퇴주 지역에서 맞받아 싸워 그들을 대패시켰다.

5월에 알로가 요나라 군사와 심주에서 조우하여 그를 격파했으며 심주를 진공하여 이를 탈취했다. 고영창은 심주가 탈취당했다는 소문을 듣고서 크게 놀라 집안노비 탁랄鐸剌에게 금도장 하나, 은패 50개를 가지고 가게 하여 "명호名號를 떼어 버리고 번국으로 칭하겠노라"라고 했다. 알로가 호사보胡沙補·살팔撒八을 보내 보고하게 했다.

마침 발해 고정高楨이 항복했는데, 고영창이 진실로 항복한 것이 아니고 단지 군사행동을 늦추게 하려는 것이라고 말했다. 알로가 진격하자 고영창이 드디어 호사보 등을 죽이고 무리를 거느리고 항거했다. 옥리활수에서 조우했는데 아군이 물을 건너자 고영창의 군사는 싸우지도

---

1) [역주] 『금사』 본기 알로전에는 '照散城'이라 되어 있음.

앉고 물러가서 드디어 북쪽으로 동경성 아래까지 이르렀다.

이튿날 고영창이 그의 무리들을 모두 거느리고 나왔지만 또다시 크게 패했다. 드디어 5천 기병을 거느리고 장송도로 달아났다.

처음 태조가 영강주를 함락하여 사로잡은 동경발해 사람들을 모조리 놓아주었는데 자주 가는 도중에 도망치기에 여러 장수들이 죽여버리자고 청했다. 태조가 말하기를 "이미 적을 싸워 이기고 성을 함락시켰는데 많이 죽여서 뭐하겠는가? 지난날 선대 태사께서는 적을 격파하고 백여 명을 사로잡아서 모두 다 놓아주어 도망치게 했다. 그 뒤에 그들은 자주 자기들 부의 사람들을 불러와 함께 항복하러 왔다. 지금 이들이 도망하면 후일에 효용이 있을 것이다"라 하였다.

이에 이르러 동경사람 은승노恩勝奴와 선가仙哥 등이 고영창의 처자를 붙잡아 성을 들어 항복하였다. 그 사람이 곧 영강주에서 놓아준 동경발해 사람이다. 아마도 선태사께서 우리 세조께 말한 것이다.

얼마 안되어 달불야가 고영창과 탁랄을 붙잡아 보내왔는데 그들을 모두 죽여버렸다. 이리하여 요나라 남로에 계적係籍된 여진 및 동경 주·현은 모두 항복했다.

『금사』, 도모전 ○고영창高永昌이 동경에 웅거했으므로 알로斡魯가 정벌하러 가자 도모闍母 등이 그를 도왔다. 심주가 함락되자 성을 나와 달아나는 자를 도모가 모두 요격해 죽였다. 고영창과 옥리활수를 사이에 두고 있었는데 무리가 진창을 만나 감히 진격하지 못하고 있었다. 도모는 자기가 거느린 부를 먼저 건너게 하고 여러 군이 다 건너가자 동경성 아래에 진을 쳤다. 성 안의 사람들이 성을 나와 싸웠는데 도모가 그들을 수산에서 격파하여 무리를 섬멸시키고 말 5백 필을 노획했다.

『금사』, 순리 노극충전 ○노극충盧克忠은 귀덕주의 봉집사람이다. 고영창이 요양에 웅거해 있었는데 노극충이 금원군

왕 알로斡魯의 진영에게 가서 항복하자 드디어 살옥출撒 을 길잡이로 했다. 알로가 동경을 공략하여 고영창이 장송도로 달아난 것을 노극충이 발해사람 달불야達不野와 함께 추격하여 사로잡았다.

『금사』, 외국 고려전 ○당나라가 고구려를 멸하자 속말이 동모산을 차지하고 점점 강대해져 호를 발해라 하고 성을 대씨라 하였다. 문물과 예악이 갖추어져 있었다. 당나라 말에 이르러 점점 쇠락해져 그 후로는 다시 소식을 들을 수 없었다. 금나라가 요나라를 치자 발해가 와서 귀부했는데 그들은 아마도 그 후손일 것이다.

『중주집』2 ○이안李晏의 자는 치미이고 고평사람으로서 어사중승을 제수받았다. 처음에 요나라 사람이 붙잡아간 중원사람과 해·발해 등 여러 나라의 노비들을 얻어서 귀척·근친 혹은 공로있는 자들에게 나누어주었다. 많은 것은 한두 고을이고 적어도 수백 명인데 모두 노비로 만들었다. 그들은 관가에 조세를 바치고

또한 그 주인에게 과세를 납부해야 했는데 그것을 '이세호二稅戶'라 불렀다.

대정 초에 모두 과세를 면제해 주어 백성으로 삼았다. 여산사의 스님에게는 3백 호를 주었는데 스님과 함께 거처하면서 역을 부담했지만 조세를 면제하는 예에는 들지 못했다. 그래서 이를 호소한 지 몇 년이 되어도 대臺와 시寺에서 처리해 주지 않았기 때문에 또 치미에게 진정하였다. 치미가 장계를 올려 대략을 말했다.

천자는 백성의 부모로서 어짊이 한결같아야 합니다. 경중을 분별해 보니, 서리들이 법조문의 폐단을 마구 휘두르고 있습니다. 폐하께서 크고 밝으시어 널리 비추시는데 어찌 천하에 단 한 사람 백성이라도 그 혜택을 받지 못해서야 되겠습니까? 또한 스님들은 출가했다고 하면서도 그들은 남녀가 함께 산다고 들었습니다. 이 사실을 글로써 재상에게 아뢰었으나 불가하다고만 합니다.

세종이 치미를 불러서 재상과 더

불어 꾸짖으니 치미가 어좌 앞에 엎드려 이르기를 "전날에 수레가 요동 여산사에 거둥했을 때 시종관에게 하룻밤 쉴 수 있는 침구를 내놓았습니다. 스님의 물품은 곧 폐하의 물품입니다. 폐하께서는 절의 스님에게 이 값을 치르지 않으시어 3백 집으로 하여금 굴욕을 받게 했습니다"라고 하였다. 세종이 크게 웃으면서 "이 안이 나를 위협하고 제압하는 자로다"라고 하면서 조세를 감면하여 주었다.

『신당서』, 지리지 ○영주에서 서북쪽으로 1백 리쯤 되는 곳에 송형령이 있다. 그 서쪽은 해, 그 동쪽은 거란이고 영주에서 북쪽으로 4백 리를 가면 황수에 이르며 영주에서 동쪽으로 1백80리를 가면 연군성에 이른다.

또 여라수착을 지나 요수를 건너 안동도호부에 이르자면 5백 리이고 부는 옛날의 한나라 양평성이다. 동남으로 평양성에 이르자면 8백 리이고 서남으로 도리해구까지는 6백 리이며 건안성까지는 3백 리인데 옛 평곽현이다.

남쪽으로 압록강 북의 박작성까지는 7백 리인데 옛 안평현이다. 도호부로부터 동북으로 옛 개모신성을 지나 발해의 장령부 1천5백 리를 지나야 발해 왕성에 이른다. 성은 홀한해에 맞닿아 있다. 그 서남으로 30리 되는 곳에 옛 숙신성이 있다. 그 북쪽으로 덕리진을 지나면 남흑수말갈까지가 천릿길이다.[1]

○등주의 동북쪽 바다로 가면 대사도·구흠도·말도·오호도 3백 리를 지나 북쪽으로 오호해를 건너면 마석산 동쪽의 2백 리쯤의 도리진에 이르게 된다.

동쪽은 바닷가를 따라 청니포·도화포·행화포·석인왕·탁타만·오골강 등 8백 리를 지난다. 그리하여 남쪽으로 바닷가를 따라 오목도·패강구·초도를 지나서 신라 서북의 장구진에 이르게 된다.

---

1) 가탐의 「변주입사이도리기」를 인용했는데, 영주는 안동도에 들어 있다. 생각건대 즉 「황화사달기」이다.

또 진왕석교를 지나 마전도·고사도·득물도 1천 리를 지나면 압록강의 당은포구에 이른다. 여기에서 동남으로 7백 리를 육로로 가면 신라 왕성에 이른다.

압록강 어구로부터 1백여 리를 배로 가서 곧 작은 배를 갈아타고 동북쪽으로 30리쯤 소급하면 박작구에 이르는데 발해의 경내에 들어선다. 또 5백 리를 거슬러 올라가면 환도현성에 이르는데 옛 고구려 왕의 도읍지이다. 또 동북으로 2백 리 소급해 올라가면 신주에 이른다.

또 육로로 4백 리를 걸으면 현주에 이르는데 천보연간(742~756)에 왕이 도읍하던 곳이다. 또 정북쪽으로 해서 동쪽으로 6백 리를 가면 발해 왕성에 이른다.[1]

『삼국사기』 37 [2] ○발해국의 남해부·압록부·부여부·책성부 4부는 모두 고구려의 옛땅이다. 신라의 천정군으로부터 책성부에 이르는 사이에 무

---

1) 등주에서 해로로 고구려 발해도에 들어간다.
2) 『삼국사기』 37권에 인용된 가탐의 『고금군국지』에서 인용.

룻 39역이 있다.

`『태평환우기』175` ○동옥저국은 중화현에서 아주 멀리 떨어져 있고, 오로지 속말백산과 가까울 뿐이다. 그 백산부는 원래 고구려에 부속되었다. 평양을 함락시킨 뒤 그 부의 많은 무리들이 중국에 들어갔다. 골돌부와 안거골부·호실부 등도 고구려가 멸망한 뒤로 흩어져 달아나 미약해졌기 때문에 지금은 소식이 없다. 설사 남은 사람이 있어도 발해에 병합되어 편호되고 말았다. 오직 흑수부만이 강성하여 16부락으로 나누어져 또 남북으로 맞서 있었다.

개원 13년(725)에 안동호安東護 설태薛泰가 흑수말갈 안에 흑수군을 설치할 것을 청했다. 이어서 다시 가장 큰 부락을 흑수부로 삼고 수령을 도독으로 임명하고 여러 부의 자사를 예속시켰다. 당나라는 장사를 설치하여 그 부락에 나아가 다스렸다.

16년에 그 부락 도독에게 이씨 성과 헌성獻誠이란 이름을 하사하고 운휘장군 겸흑수경략사를 제수했다. 또 유주도독을 그의 압사로 삼았다. 이로부터 조공이 끊이지 않았다.

옛말에 이르기를 흑수 서북쪽에 사모말갈이 있고 정북쪽에서 약간 동쪽으로 열흘길에 군리말갈이 있고 동북쪽으로 열흘길에 굴설말갈이 있다고 하였다.

지금의 흑수말갈의 지경은 남쪽으로 발해국의 덕리부에 이르고 북쪽으로는 소해小海에 이르고 동쪽으로는 큰 바다에 이르며 서쪽으로는 실위에 이르는데 남북 약 2천 리, 동서는 약 1천 리이다. 그 나라에는 말이 적어서 사람들은 보병으로 전투를 한다. 초서피·미골·치각·흰토끼·흰매 등이 많이 난다.

불녈·철리 등 여러 부락도 당나라 초기부터 천보 말에 이르기까지 일찍이 조공했고 혹은 발해의 사신을 따라서 오기도 했다. 다만 군리부·막예개부 같은 두세 개의 부가 이르지 않았다.

발해가 점점 강해짐에 따라 흑수

도 그에게 복속했다. 원화 11년(816)에 이르러 발해말갈이 사신을 보내왔다.

『송막기문』 ○발해국은 연경에서나 여진의 도읍에서 모두 1천5백 리쯤 떨어져 있고 돌로써 성을 쌓았고 동쪽은 바다가 있다. 그 나라는 예부터 대씨를 성으로 삼았다. 왕의 옛 성이 대씨이고 세력과 명망있는 가문들로는 고씨·장씨·양씨·두씨·오烏씨·이李씨 등 불과 몇 가지 성 밖에 안된다. 부곡과 노비는 성이 없고 모두 그 주인을 따랐다.

부인들은 모두 사납고 투기를 한다. 대씨는 다른 성과 서로 10자매를 맺어 교대로 자기들의 남편을 살피면서 측실을 두지 못하게 한다. 남자가 밖에 나갔다는 말을 들으면 반드시 독약을 놓아서 그의 사랑하는 여자를 죽이고 만다. 한 남편이 잘못한 것을 그의 아내가 알지 못하고 있다면 다른 아홉 사람이 모여서 그를 꾸짖고, 다투어 시기와 질투로 서로 떠벌린다. 그러므로 거란이나 여

至及渤海寖強黑水亦為其役至元和十一年渤海靺鞨遣使朝貢焉
『太平百六十七字記』卷
渤海國去燕京女眞所都皆千五百里以石累城足東並海其王舊以大為姓右姓曰高張楊竇烏李不過數種部曲奴婢無姓者皆從其主婦人皆悍妒大氏與他姓相結為十姊妹迭幾察其夫不容側室及他游聞則必謀寘毒死其所愛一夫有所犯而妻不之覺者有九人則群聚而詬之爭一也忌嫉相夸渤海無之男女眞諸國皆有小婦侍婢唯渤海當一虎之語契丹阿子多智謀驍勇出他國右至有三人渤海當一虎之語契丹阿保機滅其國譁誘徙其名帳千餘戶於燕給以田疇捐其賦入往來貿易關市皆不征有戰則用為前驅天祚之亂其裔族立姓大者於舊國為王金人討之軍未至其貴族高氏奔家來降言其虛實城後陷契丹所遷民盆蓋至五千餘戶勝兵可三萬金人慮其難制蔡年轉戍山東徒不過數百家至辛酉歲盡驅以行其人大怨富室安居蹟二百年往往為圜池植牡丹

多至三二百本有數十餘叢生者皆燕地所無綫以十數千或五千賤賀而去其居故地者今仍契丹舊為東京留守有蘇扶等州蘇與中國登州青州相直每大風順穩隱聞雞犬聲阿

진 여러 나라에는 모두 여창1)이 있어 양인들이 다 작은 마누라와 시비가 있지만 발해만은 없었다.

남자들은 지혜와 모략이 많고 날래고 용감함이 다른 나라사람보다 뛰어나 발해사람이 셋만 있으면 범 한 마리를 당해낸다는 말이 있다.

거란의 야율아보기阿保機가 그 나라의 왕 대인선大諲譔을 멸하고 그의 호적장부에 적힌 1천여 호를 연땅으로 옮겨가서 전답을 주면서 부세를 바치게 하였다. 그리고 무역하는 장사꾼이나 관시關市에서는 세금을 징수하지 않았다. 다만 전쟁이 일어나면 그들을 선두에 내세우는 데 이용하였다.

천조의 난이 일어나자. 그 친족을 모아 대씨 성을 가진 이를 옛 서울에다 두고 왕으로 삼았다. 금나라 사람이 토벌하는데 군사가 미처 들이닥치기도 전에 그들의 귀족인 고씨가 집을 버리고 와서 항복한 뒤 내부의 허실을 말했다.

1) [역주] 여창(女娼): 창기(娼妓).

성이 뒤에 함락된 뒤 거란에 옮겨 살게 한 백성은 날로 불어나 5천여 호에 달했고 정예병력이 3만이나 되었다. 금나라 사람들은 그들을 통제하기가 어려울까 염려하여 해마다 산동에 수자리를 보냈으나 매번 몇백 집에 불과하였다.

신유년에 이르러 모두 몰아갔는데 그 사람들은 큰 원한을 품었다. 부유한 집은 2백 년 넘어 편안히 살면서 흔히 동산이나 연못에 모란꽃을 심었는데 많은 집은 2백~3백 포기에 달하며 어떤 것은 수십 줄기가 무더기로 자랐는데 모두 연땅에는 없는 것이라 하여 십 수천 혹은 5천 전으로 사갔다. 그들이 살던 옛땅은 지금 거란이 그대로 차지하고 있다.

옛 동경에 유수를 설치하고 소주·부주 등 주가 있었다. 소주는 중국의 등주와 청주를 마주하고 있으며 큰 바람에 따라 개와 닭 우는 소리가 은은히 들려오기도 한다. 야율아보기의 장자인 동단왕 이찬화李贊華가 이 땅에 책봉을 받았는데 그를 인황왕이라 했다. 그는 제위에 오르지 못했으므로 이를 원망하여 시를 지어 일렀다.

작은 산이 큰 산을 짓누르니
큰 산은 전혀 힘이 없도다.
고향사람 보기가 부끄러워
이로부터 외국에 투신하려네.

드디어 소주로부터 배를 타고 바다를 건너가 당나라 명종에게 귀부했다. 말을 잘 그렸고 경서와 책을 좋아하여 배에다 싣고서 그 나라를 떠났던 것이다. 처음에는 당나라를 모방하여 관사를 두었다.

나라에는 스님이 적었다. 조숭덕趙崇德이라 하는 사람이 있었는데 연나라 도읍에 쌀을 날랐다. 예순이 넘어서는 그 일을 그만두고 스님이 되었다. 스스로 큰 사원을 짓고 연땅의 죽림사 혜일사慧日師에게 주지를 맡아달라고 청탁했다. 또 여러 승려들의 3년비용을 공급하기로 약속했다. 죽림은 곧 사명인四明人인데 조趙씨와 나는 서로 안 지 퍽 오래되었다.

○고숙진古肅眞[1]성은 4면이 약 5리이다. 성가퀴가 아직 남아 있다. 발해국도에서 30리쯤 떨어졌는데 역시 성 밑을 돌로 쌓았다.

○포로호浦路虎는 성품이 백성을 사랑했다. 관청은 조세를 면제해 주거나 적게 징수함으로써 번인이나 한인들의 인심을 얻었다. 그러나 때로는 술이 지나쳤다. 뒤에 동경유수[2]를 제수받아 떠나는데 칙령에 술을 금하라고 할 정도였다.

치소에 채 이르기 전에 한 중이 색령으로 만든 바리를 가지고 길을 막고 바치면서[3] 말하기를 "이것으로 술을 담을 수 있습니다"라고 했다. 포로호는 "황제께서 나를 보내시면서 술을 마시지 말라고 경계하셨는데 어떤 자가 감히 그릇으로써 나를 유혹하려드는 것이냐"라고 했다. 좌우를 돌아보고 "와발랄해"[4]라 명하자 곧 끌어갔다.

형을 집행하는 사람이 그가 죄없이 죽게 된 것을 불쌍히 여겨 그의 머리를 약하게 친 뒤 밤에 몰래 도망치게 하고서 "죽여버렸다"라고 고했다. 얼마 지나지 않아 다시 앞에다 불러놓았는데 중은 온통 핏자국이 낭자했다. 포로호가 "나에게 바치려고 하는 까닭이 어디에 있느냐"라고 물었다. 대답하여 이르기를 "대왕께서는 인자하고 정직하심에 백성들이 기뻐하고 다행히 여기고 있으므로 감히 이것을 바쳐 축수하려는 것뿐이고 다른 뜻은 없습니다"라고 했다.

포로호가 오해가 풀려 그를 놓아주려고 그의 고향을 물으니 발해라고 대답했다. 포로호가 웃으면서 말하기를 "너는 내가 오는 소식을 듣고 이것으로서 나를 정신없이 만들자는 것일진대 어이 용서할 수 있단 말인가"라고 하면서 끝내 그를 죽여

---

1) '진(眞)'은 즉 '신(愼)'이다.
2) 치소는 발해성이다.
3) 색령은 나무이름으로 무늬가 있어 바리를 많이 만든다.
4) [역주] '와발랄해(窪勃辣骸)': 그가 때려서 죽이라고 말한 것임.

버렸다.

또 길에서 승려 다섯이 한 수레에 탄 것을 보고 불러놓고 "너희들이 무리를 지어 다니는 것부터 법을 어긴 것인데 어찌 감히 내 앞으로 겁없이 지나간단 말이냐"라고 책망하면서 모조리 쏘아 죽이고 말았다.

처음 중국의 부랑아가 곡부에 이르러 바로 공자의 능묘를 파헤치려 드는 것을 점한 粘罕이 듣고서 고경서 高慶緒[1]에게 묻기를 "공자는 어떤 사람이냐?"라고 했다. "옛날의 대성인이십니다"라고 대답했다. "대성인의 무덤을 어찌 팔 수 있다더냐!"라고 하면서 다 죽여버렸다. 그러므로 마을이 보전될 수 있었다.

○발해의 게는 붉고 크기가 사발만하고 집게발이 크고 두터우며, 작은 발도 중국게의 집게발만큼씩 크다. 석거石擧나 모래무지 같은 것도 다 있다.[2]

『요동행부지』 ○당나라 말에 먼 곳을 경략

---

1) 발해인이다.
2) 살피건대 『거란국지』와 비슷하다.

하지 못하여 요동지역이 발해 대씨의 소유가 되었고 나라는 십여 세대 전해졌다. 오대시기에 거란이 발해와 수십 년 동안 피 흘려 싸워 마침내 그 나라를 멸망시켰다. 이에 요동땅은 모두 요나라에 들어가고 말았다.

『두양잡편』하권 ○무종 회창 원년(841)에 발해가 마노궤짝과 자자분을 공물로 바쳤다. 마노궤짝은 너비가 석 자이고 진홍색으로서 비할 데 없이 정교하게 만들어졌는데 신선의 책을 담아두는 데 쓰며 장막 옆에 둔다. 자자분은 크기가 반곡(斛)들이나 되고 내외 면이 맑고 그 빛이 순 자줏빛이고 두께가 한 치 남짓한데 들어보면 새털을 드는 듯이 가벼웠다.

주상이 광택이 나는 것을 가상하게 여겨 선대비부에 두고서 약이3)를 넣어두었다. 뒤에 3재인이 옥고리를 던져 콩 반만큼의 크기로 깨어졌는데 주상이 오히려 오랫동안 탄식했다고 한다.

『궐사』권하 ○의종 함통 초에 발해승 살다라(薩多羅)라는 사람이 서명정사에 살고 있었는데 새나 짐승의 말에 능통하다고 했다. 왕왕 까마귀·까치·제비·참새가 지저귀는 소리를 듣고서 곧 기쁜 일이거나 재앙이 될 일을 알고 마을의 일을 직접 본 사람처럼 말하곤 했다.

불도징(佛圖澄)이 방울소리를 분간한다는 말은 지나치지 않다. 하루는 가을 더위가 바야흐로 따가운데 소조4)의 객 몇 사람과 함께 말을 나란히 타고서 더위를 피하여 성 서쪽의 별장으로 갔다. 가는 길에서 암퇘지가 새끼돼지 여러 마리를 데리고 가다가 "객객(喀喀)" 소리를 지르는 것이었다.

한 조사가 비아냥조로 "이 돼지가 말을 하고 있는 것이오?" 하고 물었다. "있고 말고요. 사람들이 알아듣지 못할 뿐이지요"라고 대답했다. 또 묻기를 "말한 것이라면 무엇이라 했소?" 대답이 "큰 돼지가 새끼돼지

---

3) 〔역주〕 약이(藥餌): 약이 되는 음식.

4) 〔역주〕 소조(小朝): 섭정하는 왕세자.

를 보고서 '가자, 앞으로 가자, 나무 그늘 밑에 가서 젖을 먹여줄게'라고 했소. 여기서 멀지 않은 곳에 큰 회나무가 있는데 거기에 머문 채 새끼들에게 젖을 먹일 것이오"라고 했다. 여러 선비들이 퍽 이상하게 생각하면서 말고삐를 당기며 살펴 걸었다.

과연 개울을 지나면서도 자맥질을 아니하고 우리를 지나도 들어가지 않고 곧바로 나무그늘 밑에 가서야 새끼들에 젖을 먹이는 것이었다.

그 후로 귀한 신하 집에서 서로 맞아들이며 물어보면 조그만 차이도 없이 맞추는 것이었다. 후에 중관주中官主가 떠돌아다니는 자를 금했으므로 곧 군사軍寺에 이름을 올려야겠다고 했다. 번승은 좋아하지 않고 지팡이를 짚고 서울을 나섰는데 어디로 갔는지 모른다.

『북몽쇄언』13　○장건장張建章은 유주행군사마가 되었으며 뒤에는 군수를 역임했다. 더욱이 경학과 역사를 좋아했던바 모은 책이 1만 권이나 되어 거처에는 서루가 있었다. 오로지 책을 보며 맑고 고요하게 있는 것으로 일삼았는데 지나는 곳마다 다스려지지 않은 곳이 없었다.

　재부의 융명戎命으로 발해에 갔었는데 바람과 파도를 만나 곧 배를 정박시켰다. 문득 한 푸른 옷을 입은 사람이 일엽편주를 타고 와서는 장건장에 일러 아뢰기를 대선人仙의 명을 받고 대부를 청하러 왔습니다"라고 하였다. 장건장이 곧 그에 응하여 한 큰 섬에 이르렀다. 우뚝 솟은 누대 한 가운데 여자신선이 앉아 있고 곁에서 모시는 사람이 아주 많아보였다. 그릇에 담긴 음식은 모두 장건장의 고향에서 보통 먹는 음식들이었다.

　음식을 마치고 물러가겠다고 하니 여자신선이 장건장에게 말하기를 "그대는 암실暗室을 속이지 않는 이른바 군자입니다. 갑자기 풍랑의 괴로움을 근심하고 있기에 내가 이 청의靑衣를 보내 인도해 온 것입니다"라고 했다. 돌아가게 되자 풍랑은 잠잠해지고 오가는 데 두려워할 바가 없었다.

　또 서쪽 기슭에 돌아와서 태종의 정요비를 지나게 되었는데 절반은 물속에 있었다. 장건장은 곧 비단보로써 보리 부스러기를 싸서 물속에 넣고 만져가며 읽었는데 한 글자도 빠지지 않았으니 그의 학문을 좋아함이 이와 같았다. 그 즈음의 계문 사람들은 누구나 할 것 없이 그것을 말하여 조정에도 알려졌다.

　보광자葆光子의 이름은 잊었으나 손씨 성을 가진 계문군교를 일찍이 만난 적이 있는데. "장 대부가 수선水仙을 만났었다"고 하는 이야기를 계문군교에게 자세히 들려주었다. 그는 수선이 주는 교초鮫綃를 가지고 가서 전해주었다. 일거리를 좋아하는 사람이 그에게 전기를 써주었다.

　지금의 호주 태청궁의 도사가 그 본래의 것을 얻고 나서 말하기를 "명종황제가 교구郊丘에 일이 있었는데 장건장의 고향사람이 동서東序의 보배를 가지고 있고, 국새 외에 두 가지 물건이 있다고 하였다"라고 했다.

그 하나가 곧 장건장이 바친 교초로서 비단 같은데 붉은 실로 세 토막 묶어 함에 넣어두고 있었다.

이 물건은 여름에 날씨가 맑고 더울 때 펼쳐놓으면 온 방 안이 선선하다는 것이다. 근래에는 모든 내용이 바뀌어 어디에 있는지조차 알 수 없다고 한다.1)

『발해국지장편』 권1 끝

---

1) 제목에는 "장건장이 바다를 건너가다 신선을 만났다(張建章泛海遇仙)"고 했다.

발해국지장편 권2

발해국지 전편 2

총략 하

『삼국사기』 8, 신라본기 ○신라 성덕왕 32년(733) 가을 8월에 당나라 현종은 발해말갈이 바다를 건너 등주에 들어와 노략질하자 태복원외경 김사란金思蘭을 귀국하게 하여 서둘러 왕에게 개부의동삼사 영해군사를 더하여 임명하고 군사를 내어 말갈의 남쪽 변경을 치게 하였다. 마침 한 길이 넘는 큰눈이 내리고 산길이 막혀 군사들 중에 죽는 자가 절반이 넘었으므로 공없이 돌아왔다. 김사란은 본래 왕족으로 앞서 입조했는데 공손하고 예의가 있으므로 숙위로 머물게 되었으며, 이번에 나라를 나와 임무를 맡게 된 것이다.

○33년(734) 봄정월에 당나라에 들어가 숙위하던 좌령군위 원외장군 김충신金忠信이 표문을 올려 일렀다.

신이 받들고자 하는 분부는 신으로 하여금 부절을 소지하고 본국에 돌아가 병마를 징발하여 말갈을 토벌하여 평정하라는 것이고, 일이 있을 때는 언제나 아뢰라고 하는 것입니다.[2]

황제가 허락했다.

『삼국사기』 11, 신라본기 ○헌강왕 12년(886) 봄에 북진에서 아뢰기를 "적국狄國 사람[3]

---

[2] 글은 앞 권에서 이미 보인다. 이하는 모두 생략하였다.
[3] 생각건대 발해를 가리킨다.

이 진에 들어와서 나뭇조각을 나뭇가지에 걸어놓고 돌아갔으므로 그것을 취하여 바칩니다"라고 했다. 나무에는 "보로국이 흑수국 사람과 함께 신라국과 화통한다〔寶露國與黑水國人共向新羅國和通〕"라는 15글자가 쓰여 있었다.

『삼국사기』 12, 신라본기 ○경명왕 5년(921) 2월에 말갈의 별부인 달고達姑의 무리들이 북쪽 변경에 와서 노략질을 했다. 이 때 태조의 장군[1] 견권堅權이 삭주를 지키고 있었는데 기병을 거느리고 그들을 쳐 크게 깨뜨리니 한 필의 말도 돌아가지 못하였다. 왕이 기뻐하여 사신을 보내 글을 전하여 요나라 태조에게 사례하였다.

『삼국사기』 43, 열전 ○개원 21년(733)에 당나라에서 사신을 보내 권유하기를 "말갈발해가 겉으로는 번신이라 하면서도 안으로는 교활한 마음을 품고 있다. 지금 군사를 내어 죄를 묻고자 하니 그대도 군사를 징발하여 앞뒤로 공격하는 형세를 이루게 하라.

---

[1] 살피건대 즉 고려 태조의 장수이다.

듣건대 옛 장수 김유신金庾信의 손자 김윤중允中이 있다고 하니 모름지기 이 사람을 보내 장수로 삼으라"라고 했다.

김윤중에게 금과 폐백을 약간 주었다. 이에 성덕왕이 김윤중과 아우 김윤문允文 등 네 장군에게 군사를 거느리고 가서 당나라 군사와 회합하여 발해를 치도록 명했다.

『삼국사기』46, 열전 ○최치원崔致遠의 자는 고운이며, 왕경[신라] 사량부 사람이다. 열두 살에 당나라에 들어가 공부했다. 건부 원년(874)에 예부시랑인 배찬裵瓚 아래에서 단번에 급제했다. 그의 문집에 태사시중[신라]에게 올리는 장계가 있는데 그 장계에 일렀다.

> 고구려의 남은 무리들이 서로 모여 북쪽의 태백산 기슭에 의거하여 국호를 발해라 했으며, 개원 20년(732)에 당나라를 원망하여 군사를 거느리고 등주를 엄습하여 자사 위준韋俊을 죽였습니다. 이에 명황제께서 크게 노하여 내사 고품高品2)·하행성何行成과 태복경 김사란

2) 살피건대 '품(品)'은 '간(伋)'이어야 한다.

에게 명하여 군사를 거느리고 바다를 건너가서 공격하게 하였습니다. 그리고 우리 임금 김모에게 태위 지절 충영해군사 계림주대도독의 직분을 더했으나 겨울이 깊고 눈이 많이 쌓여 번국과 중국의 군사들이 추위에 시달려 칙명으로 회군했습니다.

> 지금까지 33)백여 년이 지나갔는데 한쪽은 일없이 창해가 편안하니 이는 곧 우리 무열대왕의 공입니다.

『해동역사』11 ○현종이 내사 고간高侃·하행성과 김사란金思蘭을 함께 신라에 사신으로 보내 왕에게 권유하기를 "발해가 겉으로 번병이라 하면서 안으로는 교활한 마음을 품고 있다. 지금 출병하여 죄를 묻고자 하니 그대는 군사를 내어 그의 남쪽 변경을 치도록 하라"고 했다.

또 칙명을 내려 신라의 명장 김유신의 손자 김윤중을 장수로 삼고 금과 폐백을 하사했다. 왕은 김윤중 등 4장군에게 군사를 거느리고 당나라 군사와 회합하여 발해를 치게 했다. 마침 날씨가 추워 군졸들이 얼어죽

3) 살피건대 마땅히 '2'이어야 한다.

으므로 군사들 모두를 파하고 돌아왔다.1)

『삼국유사』 1, 말갈발해 ○『통전』에 이르기를 "발해는 본래 속말말갈이니 그 추장 대조영에 이르러 나라를 세우고 스스로 진단(震旦)이라 하였다. 선천연간2) 비로소 말갈이란 칭호를 버리고 오로지 발해라 불렀다"라고 했다.

개원 7년(719)3)에 대조영이 죽어 시호를 고왕이라 하고 세자가 왕위를 이었다. 명황(明皇)이 책봉하여 왕위를 잇게 하였는데, 사사로이 연호를 고치고 드디어 해동성국이 되었다. 그 땅에 5경 15부 62주가 있었는데 후당 천성 초에 거란에게 공격을 당하여 깨졌고 그 후에 거란의 지배를 받았다.4)

---

1) 『해동역사』 11에 인용된 신라사는 아마도 곧 『삼국사기』를 연속으로 엮어서 이룬 것으로서 별도로 신라사가 있는 것은 아니다.
2) 현종 임자(壬子)년이다.
3) 기미(己未)년이다.
4) 『삼국사』에 이르기를 "의봉 3년(678) 즉 고종 무인에 고구려의 남은 무리들이 함께 모여 북쪽의 태백산 기슭에 의지해 살면서 국호를 발해라 했다. 개원 20년 사이에 명황이 장수를 보내 발해를 토벌했고 또 성덕왕 32년(733)에 즉 현종 갑술년에 발해말갈이 바다를 건너 당나라 등주를 침입하니 현

가탐賈耽의 『군국지』에 "발해국의 압록부·남해부·부여부·책성부 4부는 모두 고구려의 옛땅이니 신라 주천군5)으로부터 책성부에 이르기까지 39역이 있다"라고 하였고.

또 『삼국사』에는 "백제 말년에 발해·말갈·신라가 백제땅을 나누었다"라고 하였다.6) 신라사람이 말하기를 "북쪽에는 말갈이 있고 남쪽에는 왜인이 있고 서쪽에는 백제가 있어 나라의 해가 된다. 또 말갈의 땅은 아슬라주에 접하여 있다"라고 하였다.

또 『동명기』에는 "졸본성의 땅이 말갈에 인접하여 있다"라고 했다.7)

"신라 제6대 지마왕 14년(125) 을축에 말갈군사가 크게 북쪽 변경에 들어와 대령책을 엄습하고 니하를 건넜다"라고 했다.

『후위서』에는 말갈을 물길이라 하고 『지장도』에는 읍루와 물길은 모두 숙신이라 하였다. 소동파蘇東坡의 『지장도』에 보면 "진한 북쪽에 남북 흑수가 있다"라고 하였다.

『삼국유사』2, 효성왕 ○개원 21년(733) 계유에 당나라 사람이 북적8)을 치려고 신라에 청병했다.

『동국사략』2 ○당나라는 대조영을 발해 군왕으로 삼았는데 그가 죽자 사사로이 시호를 고왕이라 했다. 아들 대무예武藝가 왕위에 올랐다.

발해는 본래 속말말갈이다. 대조영의 아버지 걸걸중상乞乞仲象이 태백산 동쪽을 차지하고 대조영이 그를 이었다. 대조영은 날래고 용감하여 말타기와 활쏘기에 능했다. 고구려의 남은 무리가 점점 그에게 귀부했다. 이에 나라를 세우고 국호를 진震

종이 토벌했다'고 하였다. 또 『신라고기』에 "고구려의 옛 장수 대조영은 성이 대씨이니 잔병들을 모아 태백산 남쪽에 나라를 세우고 국호를 발해라 했다'고 했다. 여러 기사를 살펴보면 발해는 곧 말갈의 별종이고 다만 개함(開슴)이 같지 않을 뿐이다. 「지장도(指掌圖)」를 살펴보면 발해는 장성 동북쪽 밖에 있다.

5) 『지리지』에 삭주의 영현에 천정군이 있는데 지금의 용주라고 했다.
  〔역주〕『삼국유사』원문에는 '정정군(井井郡)'이라 되어 있음.
6) 이에 근거해 보면 말갈이 또 나뉘어 두 나라가 된 것이다.
7) 혹은 지금의 동진(東眞)이라고 한다.

8) 이는 발해를 가리킨다.

이라고 했다. 땅은 사방 1천 리나 되고 승병이 수만 명이었고 자못 세계를 알고 있었으며 부여·옥저·변한·조선의 땅을 모두 차지했다. 후손인 대인수(仁秀)에 이르러 강역이 크게 확대되어 5경 15부 62주가 있어 드디어 해동성국으로 되었다.

경애왕1) 때에 이르러 거란이 공격하여 멸망시키고 동단국으로 삼았다. 그 나라의 세자 및 대신들은 모두 고려에 항복했다.2)

『고려사』1, 세가 ○고려 태조 8년(925)3) 9월 병신일에 발해장군 신덕(申德) 등 5백 명이 귀부했다. 경자일에 발해 예부경 대화균(大和鈞), 균로사정 대원균(大元鈞), 공부경 대복모(大福謨), 좌우위장군 대심리(大審理) 등 백성 1백여 호가 와서 귀부했다.

발해는 원래 속말말갈이다. 당나라 무후시기에 고구려 사람 대조영이 달아나 요동을 차지했다. 예종이

---

1) [역주] 신라 경애왕(재위 924~927).
2) 『도서집성』 방여휘편, 변예전 41, 발해부휘고 이 글을 인용했는데 고쳐서 『조선사략』이라 했다.
3) 살피건대 태조가 천수라는 연호를 정했다.

高句麗餘燼稍稍歸之乃建國號震地方千里勝兵數萬頗知書契盡得扶餘沃沮下韓朝鮮之地至後孫仁秀開大境宇有五京十二府六十二州遂爲海東盛國至景哀王時契丹攻滅之以爲東丹國其世子及大臣等皆降於高麗

高麗太祖八年九月丙申渤海將軍申德等五百人來投庚子渤海禮部卿大和鈞均老司政大元鈞工部卿大福謨左右衛將軍大審理等民一百戶來附渤海本粟末靺鞨也

唐武后時高句麗人大祚榮走保遼東旣封爲渤海郡王因自稱渤海國並有扶餘肅愼等十餘國有文字禮樂官府制度五京十五府六十二州地方五千餘里衆數十萬隣於我境而與契丹相爲表裏至是世讐未雪豈宜安處乃大興攻渤海大諲譔忽汗城大諲譔戰敗乞降遂滅渤海於是其國人來奔者相繼十二月戊子渤海左首衛小將冒豆干

校開國男朴漁等率民一千戶來附十年三月甲寅渤海工部卿吳興等五十人僧載雄等六十人來投十一年三月戊申渤海人金神等六十戶來投七月辛亥渤海大儒範率民來附九月丁亥渤海人隱繼宗等來附見於天德殿三拜人謂失禮大相舍弘曰失土人三拜古之禮也十二年六月庚申渤海人洪見等以船二十艘載人物來附九十七年七月渤海正近等三百餘人來投十一年丙子渤海國世子大光顯率衆數萬來投賜姓名王繼附之宗籍特授元甫守白州以奉其祀賜僚佐爵軍士田宅有差十二月渤海陳林等一百六十八人來附

그를 발해군왕으로 봉했는데 그리하여 발해국이라 자칭했다. 부여·숙신 등 10여 국을 병합했으며, 문자와 예악과 관부제도가 있었다. 5경 15부 62주로서 땅이 사방 5천여 리가 되며 무리들이 수십만 명이 되었다. 우리나라와 이웃하고 대대로 거란과 원수가 되었다. 이 때에 이르러 거란주가 좌우에게 이르기를 "대대로 이어온 원수를 갚지 못했으니 어찌 가만히 있을 수 있겠는가"라고 하면서 곧 발해의 대인선人諲譔을 대거 공격하여 홀한성을 에워쌌다.

대인선이 싸움에 패하여 항복하니 발해는 드디어 멸망되었다. 이에 그 나라 사람이 계속 도망쳐 와서 귀부했다. 12월 무자일에 발해의 좌수위소장 모두간콤兀干과 검교개국남 박어朴漁 등이 백성 1천 호를 거느리고 와서 귀부했다.

○10년(927) 3월 갑인일에 발해 공부경 오흥吳興 등 50명과 승려 재웅載雄 등 60명이 귀부했다.

○11년 3월 무신일에 발해사람 김신金神 등 60호가 와서 귀부했다. 7월 신해일에 발해의 대유범大儒範이 백성을 거느리고 귀부했다.

9월 정해일에 발해사람 은계종隱繼宗 등이 귀부하러 와서 천덕전에서 알현했는데 3배를 하니 사람들이 실례라고 했다. 대상 함홍含弘이 땅을 잃은 사람이 3배하는 것은 옛날의 예법이라고 했다.

○12년 6월 경신일에 발해사람 홍견洪見 등이 배 20척에 사람과 물품을 싣고 와서 귀부했다. 9월 병자일에 발해의 정근正近 등 3백여 명이 귀부했다.

○17년(934) 7월에 발해국 세자 대광현大光顯이 수만 명을 거느리고 와서 투항하였다. 왕계王繼라 성명을 하사하고 왕가의 호적에 붙였다. 또한 특별히 원보元甫라는 벼슬을 제수하고 백주를 지키게 하여 그 조상들의 제사를 받들게 했다. 그의 신료들에게도 작위를 하사하고 군사들에게 전답과 집을 차등있게 하사했다.

12월 발해 진림陳林 등 1백60명이

와서 귀부했다.

○21년(938) 이 해에 발해사람 임승(林昇)[1])이 3천여 호를 데리고 와서 투항했다.

○25년(942) 10월에 거란이 사신을 보내 낙타 50필을 보냈다. 고려왕이 "거란은 일찍이 발해와 동맹을 맺고 있다가 갑자기 의심을 품어 맹약을 배반하고 그 나라를 멸망시켰으니 이는 매우 무도한 나라로서 멀리 맺어 이웃으로 삼을 만하지 못하다"라고 생각하여 드디어 국교를 단절했다. 그리고 그 사신 30명은 섬으로 귀양을 보내버리고 낙타는 만부교 아래에 매어두어 모두 굶겨죽였다.[2])

『고려사』2, 세가 ○경종 4년(979) 이 해에 발해사람 수만 명이 와서 투항했다.

『고려사』5, 세가 ○현종 20년(1029) 8월 을미일에 동여진의 대상 쾌발(噲拔)이 그의 족속 3백여 호를 거느리고 와서

---

1) [역주] 『고려사』 태조세가 21년조에 의하면 '임승(林昇)'이 아니라 '박승(朴昇)'이 옳음.
2) [역주] 원래는 『고려사』 2, 세가 조항에 기록되어 있음.

투항했다. 발해 옛 성지를 하사하여 살게 했다. 9월 무오일에 거란의 동경장군 대연림大延琳이 대부승 고길덕高吉德을 보내 건국을 알리고 겸하여 구원을 요청했다. 대연림은 발해 시조인 대조영의 7대손인데 거란을 반역하고 국호를 흥료라 하고 연호를 천흥이라 했다.

12월 경인일에 흥료국 대사 대연정大延定이 동북여진과 함께 거란에 대항하여 서로 공격하면서 사신을 보내 구원을 청했으나 왕이 허락하지 않았다. 이로부터 길이 막혀 거란과의 왕래가 끊어졌다. 임진일에 서북면판병마사 유소柳韶를 진으로 보내 흥료국을 대비하게 했다.

○21년(1030) 정월 병인일에 흥료국이 또 수부원외랑 고길덕高吉德을 보내 원병을 청하는 표문을 올렸다. 5월 을축일에 거란의 수군지휘사 호기위대도 이경李卿 등 6명이 와서 투항하였다. 이로부터 거란과 발해사람들이 와서 투항하는 일이 매우 많았다.

7월 을축일에 흥료국 행영도부서 유충정劉忠正이 영주자사 대경한大慶翰을 보내 표문을 가지고 와서 원조를 청했다. 9월 병진일에 흥료국 영주자사 이광록李匡祿이 와서 위급함을 알리더니 얼마 안되어 나라가 망했다는 소식을 듣고 머물러 돌아가지 않았다. 갑술일에 김가金駕를 거란에 보내 동경수복을 축하했다. 을해일에 거란이 천우장군 나한노羅漢奴를 보내왔다. 조서에 일렀다.

근래에 사람을 파견하여 왕래하지 않는 것은 마땅히 길이 막혔기 때문인데 지금 발해의 거짓 임금 이하가 모두 포위되었다가 이미 다 항복했으니 그대의 신하를 빨리 보낼 수 있을 것이며 나라에는 반드시 근심이 없을 것이다.

10월에 거란과 해의 발해사람 5백여 명이 와서 투항했는데 강남의 주·군에 살게 했다.

○22년(1031) 3월에 거란의 발해민 40여 명이 와서 투항했다.

○덕종은 현종 22년(1031) 5월에 즉위했다. 7월 정묘일에 발해의 감문

군 대도행랑 등 14명이 와서 귀부했다. 기사일에 발해의 제군판관 고진상高眞祥, 공목 왕광록王光祿 등이 거란으로부터 첩서를 가지고 와서 귀부했다.

○원년(1032) 정월 무술일에 발해의 사지沙志와 명동明童 등 29명이 와서 귀부했다. 2월 무신일에 발해의 사통史通 등 17명이 와서 귀부했다. 5월 정축일에 발해의 살오덕薩五德 등 15명이 와서 귀부했다. 6월 신해일에 발해의 우음약기丁[1]音若己 등 12명이 와서 귀부했다. 을묘일에 발해의 소을사所乙史 등 17명이 와서 귀부했다.

7월 병신일에 발해의 고성高城 등 20명이 와서 귀부했다. 10월 병오일에 발해의 압사관 이남송李南松 등 10명이 도망쳐왔다.

○2년(1033) 4월에 발해의 수을분首乙分 등 18명이 와서 귀부했다. 무오일에 발해의 가수可守 등 3명이 와서 귀부했다. 5월 계사일에 발해의 감

---

[1] 원서에는 '우(亐)'라고 했다.

문대정 기질화崟毗火 등 19명이 와서 귀부했다. 6월 신축일에 발해의 선송先宋 등 7명이 와서 귀부했다. 12월 계축일에 발해의 기질화 등 11명이 와서 귀부했는데 남부지역에 살게 했다.

『고려사』 7, 세가 ○문종 4년(1050) 4월 계유일에 발해의 개호開好 등이 와서 투항했다.

『고려사』 14, 세가 ○예종 11년(1116) 3월 임인일에 정양직鄭良稷이 요나라의 동경으로부터 돌아왔다. 이 때 동경에서는 발해사람들이 난을 일으켜 유수 소보선蕭保先을 죽이고 공봉관 고영창高永昌을 세워 황제로 참칭했다. 국호를 대원이라 했고 연호를 융기라 하였다. 정양직이 이르러 관직을 속이고 표문을 올려 신하로 칭하면서 우리나라에서 동경유수에게 준 토산물을 고영창에게 주어 후한 보답을 받았다. 돌아와서 이 사실을 숨기고 왕에게 알리지 않았다. 일이 발각되어 유사有司가 그를 옥에 가두고 죄를 다스리자고 청하니 왕이 따랐다.

12월에 발해의 44명이 왔다.[2]

『고려사』 86, 연표 ○을유년 즉 후당 동광 3년(925), 거란 천찬 4년. 고려 태조 천수 8년에 거란이 발해국을 멸망시켰고 세자 대광현이 와서 귀부했다.

『고려사』 92, 최언위전 ○최언위崔彦撝의 처음 이름은 신지愼之이고 경주사람이다. 어려서부터 글을 잘했다. 신라 말엽 18세에 당나라에 들어가 예부시랑 설정규薛廷珪 아래에서 유학하여 과거에 급제했다.

그 때 발해재상 오소도烏炤度의 아들 오광찬光贊과 같은 해에 급제했는데, 오소도가 당나라에 조공했다가 자기 아들의 이름이 최언위 아래에 있는 것을 보고 표를 올려 청했다.

신이 옛날에 입조하여 과거에 급제했을 때 이름이 이동李同의 위에 있었습니다. 지금 신의 아들 오광찬도 최언위의 위

---

2) 살피건대 12년 3월 신묘일에 요나라의 내원성 문첩에 이르기를 "동경의 발해가 배반하여 난을 일으켰다"고 했다. 또 영덕성에 첩문을 옮겨 이르기를 "동경의 발해가 계속 배반하여 난을 일으켰다"고 했다. 이후에는 다시 보이지 않는다.

에 올려놓아 주십시오.

그러나 최언위의 재질이 우수하고 학식이 풍부하므로 허락하지 않았다. 42세 때에 비로소 신라에 돌아왔다.

『고려사』 93, 최승로전 ○성종 원년(982)에 정광 최승로崔承老가 글을 올려 일렀다.

거란 같은 나라는 우리와 국경을 접하고 있으니 먼저 화친을 맺어야 마땅한데 저들이 또 사신을 보내와 화친을 청했으나 우리는 그들과의 교빙을 끊어버렸습니다. 그 까닭은 저 나라가 발해와 일찍이 동맹을 맺고 있다가 갑자기 의심을 품어 두 마음을 가지고 옛 맹약을 돌아보지 않고 하루아침에 다 멸망시켰기 때문에 태조는 이런 무도한 나라로서 함께 사귀기에는 매우 부족하다고 여겼기 때문입니다. 그들이 바친 낙타도 모두 버리고 기르지 않았으니 그 심원한 계획으로 우환을 미연에 방비하고 위기가 오기 전에 나라를 안보하신 것이 이와 같았습니다.

발해가 거란의 군사에게 격파되자 그 세자 대광현 등은 우리나라가 의리를 들고서 일어났다고 여기고 남은 무리 수만 호를 거느리고 밤낮으로 길을 걸어 도망쳐 왔습니다. 태조는 불쌍히 여기는 마음이 아주 깊어 매우 후하게 맞이하여 대우하였고 심지어 성명을 하사하고 또 종실호적에 붙이고 그의 본국 조상의 제사를 받들도록 하였습니다.

또 그의 문무참좌 이하까지도 우대하여 관직에 임명하였으니, 그렇게 멸망한 자를 보존해 주며 끊어진 세대를 이어주기를 서둘러 함으로써 능히 먼 곳의 사람이 와서 복종하게 한 것이 또한 이와 같았습니다.

『고려사』 93, 최사위전 1) ○거란의 동경장군 대연림大延琳이 반역하여 자칭 흥료국이라고 하였다. 형부상서 곽원郭元이 그 기회를 타서 압록강 동쪽을 차지하자고 청하자 수문하시중 최사위崔士威와 서눌徐訥 등이 글을 올려 그렇게 해서는 안된다고 하였다. 곽원이 고집하여 공격했지만 끝내 이기지 못했다.

대연림이 태사로 임명한 대연정大延定이 동북의 여진을 이끌고 거란과 서로 공격하게 되자 사신을 보내 구원을 청했다. 왕이 보좌하는 여러 신하들과 의논하였는데 최사위와 평장사 채충순蔡忠順이 이르기를 "전쟁이란 위험한 일이니 삼가지 않으면 안되며 또 저들이 서로 공격하는 것이 어찌 우리에게 이득이 되지 않겠습니까? 다만 성을 수리하고 봉수를 조심함으로써 그들의 변화를 관망하십시오"라고 했다.

왕이 그들의 말을 따랐다.

『고려사』 94, 곽원전 ○현종 20년(1029)에 흥료가 거란을 배반하니 거란이 사신을 보내 구원을 청했다. 형부상서 곽원이 은밀히 아뢰기를 "압록강 동쪽 기슭 거란의 성을 이 기회를 타서 취할 수 있습니다"라고 했다. 최사위·서눌·김맹金猛 등은 모두 글을 올려 불가하다고 했다. 곽원이 고집하여 군사를 보내 공격했지만 이기지 못했다. 곽원은 부끄럽고 분하여 등창이 나서 죽었다.

『고려사』 94, 유소전 ○거란의 동경장군 대연림이 반역하여 자칭 흥료라 하고 와서 구원을 청했으나 왕이 허락하지 않았다. 이 때 평장사 유소柳韶는 서

---
1) [역주] 본래는 『고려사』 권4.

북면판병마사로서 상중에 있었는데 왕이 기용할 것을 하교하여 이르기를 "옛날 3년상에도 졸곡이 지나면 병마의 임무를 맡는 일을 피하지 않았으며 한나라 승상 적방진翟方進은 상사를 만나 장사를 치른 지 30일만에 상복을 벗고 일을 보았다고 한다. 지금 흉료가 군사를 청하러 오는데, 아마도 변경에 경보가 있을 법하니 경은 속히 변경으로 달려가서 대비함이 옳도다"라고 했다.

『고려사』122, 폐행 유행간전[1] ○지은대사 좌사낭중 유충정劉忠正은 본래 발해사람인데 특별한 재주도 없이 왕[2]의 총애를 받았었다. 왕은 일찍이 수방水房 인원을 이 두 사람에게[3] 나누어 소속시켰으므로 거동할 때면 추종騶從이 참람되게도 왕과 같이 의장을 차렸다. 왕이 병이 났을 때 유행간과 유충정이 함께 안에서 숙직하고 있었는데, 재신들이 침전에 들기를 청

---

[1] [역주] 본래는 『고려사』권123.
[2] 목종이다.
[3] 그 한 사람은 합문사인 유행간(庾行簡)이다.

槻詔以西北面判兵馬遭喪王下敎起復日古者三年之喪卒哭金革之事無避漢丞相翟方進遭喪旣葬三十日除服視事今興遼來請師恐有邊警卿宜馳往邊上以備之四柳上九同知樞密事左司郎中劉忠正本渤海人無甚技能甚寵於王嘗以水房人吏分屬二人其一人謂閤門出入驕從僭擬無極王不豫士簡忠正竝直宿於內辛臣請入寢行簡傳旨日體氣漸平取別日召見宰相再請不許及康兆作亂殺行簡等七人雙冀上同庚行簡

渤海國志長編二

新羅聖德王十二年十月唐以大祚榮爲渤海郡王渤海本粟末靺鞨即高句麗種榮父乞乞仲象與其徒渡遼水保太白山東仲象死祚榮嗣種勇善騎射高句麗餘燼稍稍歸之乃建國自稱震國王遣使交突厥地方五千里戶十餘萬勝兵數萬頗知書契盡得扶餘沃沮弁韓朝鮮諸國中宗時遣子入侍

至是拜爲左驍衞大將軍渤海郡王以所統爲忽汗州領忽汗

州都督自是始去靺鞨號專號渤海鳳東國通十八年春渤海郡王大祚榮卒私諡曰高王子武藝立斥大土字東北諸夷畏服之上同二十五年唐以渤海大門藝爲左驍衞將軍初黑水靺鞨使者朝唐帝以其地建州黑水州置長史武藝召其下謀曰黑水始假途於我與唐通今請唐官不吾告是必與唐謀攻我也乃遣弟

하면 유행간이 왕의 명령을 전하여 말하기를 "몸이 점점 편안하여 가니 다른 날에 부르겠다"고 하고 재상이 다시 청해도 허락하지 않았다. 강조康兆가 난을 일으켜 유행간 등 7인을 죽였다.

『동국통감』10 ○신라 성덕왕 12년(713) 10월에 당나라가 대조영을 발해군왕으로 삼았다. 발해는 본래 속말말갈로서 곧 고구려의 별종이다. 대조영의 아버지 걸걸중상乞乞仲象과 그의 무리들이 요수를 건너 태백산 동쪽을 차지했다. 걸걸중상이 죽고 대조영이 뒤를 이었는데 그는 날래고 용감하며 말타기와 활쏘기에 능하여 고구려의 남은 무리들이 모두 점점 그에게 귀부하게 되었고 마침내 나라를 세워 진국이라 자칭했다.

왕이 사신을 보내 돌궐과 교류하였다.

땅은 사방 5천 리이고 호수는 십여만이고 정예병이 수만 명이며 자못 서계를 알고 부여·옥저·변한·조선 등 여러 나라를 다 차지했다. 중종 때 아들을 보내 입시하게 했다. 이에 이르러 좌효위대장군 발해군왕을 제수받았고 다스리는 곳을 홀한주라 했으며, 홀한주도독을 제수받았다. 이때부터 비로소 말갈이라는 칭호는 버리고 오로지 발해라 불렀다.

○18년(719) 봄에 발해군왕 대조영이 죽었다. 사사로이 시호를 고왕이라 했다. 아들 대무예가 왕위에 올라 영토를 크게 넓히자 동북의 여러 오랑캐들이 두려워서 복속했다.

○25년(726)에 당은 발해의 대문예를 좌효위장군으로 삼았다. 처음에 흑수말갈의 사신이 당나라에 조공하자 황제는 그 땅에 흑수주를 세우고 장사를 두었다. 대무예가 그 아랫사람을 불러 상의하기를 "흑수는 처음에 우리에게 길을 빌려 당나라와 통교했다. 지금 당나라의 관리를 청하면서 우리한테 알리지 않는 것으로 보아 반드시 당나라와 상의하여 우리를 치려는 것이다"라고 하면서 이에 아우 대문예門藝를 보내 군

사를 징발해서 흑수를 치게 했다.

대문예가 이르기를 "흑수가 관리를 청한다 하여 우리가 공격한다면 당나라를 배반하는 것이 됩니다. 당나라는 큰 나라로 우리보다 만 배나 많은 병력이 있으니 그들의 원한을 사면 우리는 망하고 말 것입니다. 옛날에 고구려가 강성할 때 군사 30만으로 당나라를 적으로 삼았으니 가히 강했다고 할 것이지만 당나라 군사가 한번 임하자 땅을 쓸어버린 듯 없앴습니다. 지금 우리의 군사는 고구려의 3분의 1밖에 안되니 왕께서 거스르시면 이에 불가하지 않겠습니까?"라 했다. 그러나 대무예武藝는 듣지 않고 억지로 그를 보냈다.

대문예는 두려워 당나라로 도망치니, 이에 당나라는 조서를 내려 좌효위장군을 제수했다. 대무예는 사신을 보내 대문예의 죄악을 폭로하고 죽여달라고 청했다. 조서를 내려 그를 안서에 보냈다고 하면서 좋게 답하여 일렀다.

門藝發兵至黑水門藝曰黑水請吏而我擊之是背唐也唐大國兵萬倍我與之產怨我且亡昔高句麗盛時士三十萬抗唐敵可謂雄強唐兵一臨掃地盡矣今我衆比高句麗三之一王將違之無乃不可乎武藝不聽強遣之門藝懼奔唐詔拜左驍衛將軍武藝使使暴門藝罪惡請誅之有詔假安西好報

曰門藝窮來歸我誼不可殺已投之嶺南道遠諭旨武藝知之上表曰大國當示人以信豈得爲此欺誑帝以道遽遣鴻臚少卿李道邃源復漏洩之遷之朁遣門藝詣嶺南以報之上

三十二年七月希以渤海靺鞨越海入寇登州遣太僕員外郎金思蘭歸假授王開府儀同三司寧海軍使發兵擊渤海南鄙

諭曰靺鞨渤海外稱藩翰內懷狡猾今欲出兵問罪卿亦發兵擊渤海之俗

爲掎角希又曰聞舊將金庾信孫允中在本國賢可爲將軍伐渤海會大雪

允命金允允中等四將率兵會唐軍伐渤海之偽

丈餘山路阻隘士卒死者過半無功而還 上同

三十三年正月金忠信入唐宿衛爲左領軍衛員外將軍上表

대문예가 궁지에 이르러 나에게 귀부했으니 마땅히 죽일 수 없고 이미 거친 땅에 보냈다.

사신을 머무르게 하고 보내지 않고 조서를 내려 이도수李道邃에게 황제의 뜻을 알리게 했다. 대무예가 그것을 알고 표문을 올려 이르기를 "큰 나라는 신의를 보여주어야 한다는 말이 있는데 어찌 이렇게 속이십니까?"라고 했다. 황제는 이도수 등이 일을 누설했다고 하여 좌천시키고 대문예를 잠시 영남으로 가 있게 한 다음 이를 알려주었다.

○32년(733) 7월에 황제가 발해말갈이 바다를 건너 등주에 들어와 노략질하자 태복원외랑 김사란金思蘭을 돌려보내고, 이어서 그의 왕에게 개부의동삼사 영해군사를 제수하고 군사를 징발하여 발해의 남쪽 변경을 치게 했다. 유서에 일렀다.

말갈발해는 겉으로는 번국이라고 하지만 안으로는 교활한 마음을 품고 있어 지금 군사를 내어 죄를 묻고자 하니 그대도 군사를 징발하여 앞뒤로 공격하는 형세를 이루어라.

황제가 또 이르기를 "듣건대 옛 장수 김유신金庾信의 손자 김윤중允中이 지혜로워 장수로 삼을 만하니 그를 보내도록 하라"고 하고 이어 김윤중에게 금과 비단을 하사했다. 이에 왕은 김윤중 등 4명 장수에게 명하여 군사를 거느리고 당나라 군사와 회합하여 발해를 치게 했다.

마침 큰눈이 내려 한 길이 넘게 쌓여 산길이 막히고 군사들 중 죽은 자가 반이 넘어 공을 세우지 못하고 돌아왔다.

○33년(734) 정월에 김충신金忠信은 당나라에 숙위하자 좌령군위원외장군이 되어서 표문을 올려 일렀다.

신이 황제의 분부를 받드니, 신으로 하여금 부절을 가지고 본국에 돌아가 군사를 징발하여 말갈을 정벌하게 하고 이어서 일이 있으면 계속 아뢰게 하는 것이었습니다.[1]

황제가 허락했다.

---

1) 글은 이미 앞에서 보았다.

○경덕왕 21년(762)에 당나라는 대흠무大欽武를 검교태위 발해국왕으로 책봉했다. 이에 앞서 대무예가 죽자 시호를 무왕이라 했다. 아들 대흠무가 왕위에 올라 옛 도읍에서 3백 리 떨어진 홀한하의 동쪽에 있는 상경으로 천도했다. 대흠무가 죽자 시호를 문왕이라 했다.

『동국통감』11 ○흥덕왕 5년(830)에 발해왕 대인수가 죽었다. 대인수는 대조영의 아우 대야발의 4세손이다. 그는 자못 해북의 여러 부를 토벌하여 영토를 크게 개척했으므로 당나라가 조서를 내려 검교사공을 더 수여하였다.

대조영 때부터 자주 학생들을 장안의 태학에 보내 고금제도를 익히도록 하였는데 이에 이르러 드디어 해동성국이 되었다.

『동국통감』12 ○신라 경애왕 3년(926), 곧 고려 태조 9년 봄에 거란이 발해를 멸했다. 거란주는 작년 겨울부터 발해를 침략했는데, 서쪽 변경의 여러 부를 공격하고 결국 진격하여 부여성을 포위하였다. 이에 이르러 함락시키고 드디어 나아가 홀한성을 포위했다. 발해왕 대인선人譔譔이 싸움에 패하여 항복을 청했다. 거란주는 군사로 대인선과 그의 족속들을 호위하여 성을 나가게 했다. 발해를 동단국으로, 홀한을 천복성으로 고치고 태자 야율배耶律倍를 인황왕으로 책명하여 다스리게 하였다.

대인선을 임황의 서쪽에 두고 오로고烏魯古라는 이름을 하사했다. 이에 발해세자 대광현人光顯 및 장군 신덕申德, 예부경 대화균人和均, 균로사정 대원균人元均, 공부경 대복모人福暮, 좌우위장군 대심리人審理, 소장 모두간冒豆干, 검교개국남 박어朴漁, 공부경 오흥吳興 등이 그 남은 무리들을 거느리고 전후로 고려에 도망하여 왔는데 수만 호나 되었다.

고려왕은 아주 후하게 그들을 대우했다. 대광현에게 왕王이라는 성명을 하사하고 종실호적에 붙여 선조들의 제사를 받들게 하였고 그 신료들에게도 모두 작위를 하사했다.

○신라 경순왕 12년(928) 즉 고려 태조 11년 8월에 발해사람 은계종隱繼宗 등이 고려에 투항하니 고려왕이 천덕전에서 그를 알현했다. 은계종 등이 절을 3번 하니 사람들은 실례라고 했다. 대상 함홍含弘이 말하기를 "땅을 잃어버린 사람이 세 번 절을 하는 것은 옛날의 예법이다"라고 했다.

『동국통감』 13 ○고려 태조 25년(942) 10월에 거란이 사신을 보내 낙타 50필을 보내왔다. 왕은 거란이 일찍이 발해와 동맹을 맺고서 갑자기 의심을 품어 두 마음을 가지고 옛 맹약을 돌보지 않고 하루아침에 다 멸망시켰으니, 이는 무도함이 심하며 멀리 맺어 이웃 삼을 만하지 못하다고 여겼다. 그리하여 그와의 교빙을 끊고 사신 30명을 섬에 유배시켰으며 낙타는 만부교 아래에 매어두고 남김없이 굶겨죽였다.

○경종 4년(979) 6월에 발해의 우두머리 대난하人鸞河가 송나라에 항복했다. 송나라는 그를 발해도지휘사

로 삼았는데 대난하는 대조영의 후손이다.

『동국통감』 16 ○현종 20년(1029) 9월에 거란 동경장군 대연림이 대부승 고길덕高吉德을 보내 건국을 고하고 구원을 요청했다. 대연림은 발해시조 대조영의 7대손인데 거란에 반역하여 국호를 흥료라 하고 연호를 천흥이라 했다.

11월 참지정사 곽원이 죽었다. 곽원은 성품이 청렴하고 문장에 능했으며 대성臺省을 역임하여 능력있는 관리로 이름이 났다. 그러나 자중하지 못하여 이작인李作仁과 사이가 좋아져 사람들은 이것 때문에 그를 비난했다. 흥료가 반역하자 은밀히 아뢰기를 "압록강 동쪽 기슭의 거란의 성을 지금 기회를 타서 취할 수 있습니다"라고 했다. 최사위崔士威·서눌徐訥·김맹金猛 등이 모두 글을 올려 불가하다고 했다. 곽원이 고집하여 군사를 보내 공격했지만 이기지 못했다. 곽원은 부끄럽고 분하여 등창이 나서 죽었다.

12월에 흥료국 태사 대연정大延定이 동북여진을 인솔하여 거란과 서로 공격하면서 사신을 보내와 구원을 청했다. 왕은 보좌하는 여러 신하들과 의논했는데 시중 최사위와 평장사 채충순蔡忠順이 이르기를 "전쟁이란 위험한 일이니 삼가지 않으면 안되며 저들이 서로 공격하는 것이 어찌 우리에게 이득이 되지 않겠습니까? 다만 성을 수리하고 봉수를 조심함으로써 그들의 변화를 관망하십시오"라 했다. 왕이 따랐다.
　이로부터 길이 막혀 거란과의 통교가 없었다. 서북면판병마사 유소柳韶를 다시 기용하여 진에 가서 지키게 했다. 이 때 흥료가 도움을 구했으나 허락하지 않았으므로 유소를 보내 막게 했던 것이다.
　○21년(1030) 정월에 흥료국이 수부원외랑 고길덕을 보내 구원병을 청하는 표문을 올렸다. 5월에 거란의 수군지휘사 호기위 대도 이향李鄕1)

---
1) [역주] 『고려사』 세가에 따르면 '이경(李卿)'이 정확함.

등 6명이 와서 귀부했다. 이 때부터 거란과 발해사람들이 와서 귀부하는 경우가 매우 많았다. 7월에 흥료국 행영도부서 유충정劉忠正이 영주자사 대경한大慶翰을 보내 표문을 가지고 와서 원조를 청했다.
　9월에 흥료국 영주자사 이광록李匡祿이 와서 위급함을 알리더니 얼마 안되어 나라가 망했다는 소식을 듣고 드디어 머물러 돌아가지 않았다. 김가金哥를 거란에 보내 동경수복을 축하했다. 거란이 천우장군 나한노羅漢奴를 보냈다.

　근래 사람을 보내 왕래하지 않는 것은 마땅히 길이 막혔기 때문이다. 지금 발해의 거짓 임금이 모두 포위되었다가 아울러 돌아와 항복했으니 마땅히 그대의 신하를 빨리 보내면 나라에 반드시 근심이 없을 것이다.

　10월에 거란과 해의 발해민 5백여 명이 와서 투항했는데 강남 주·군에 살게 했다.
　『동국통감』20 ○예종 11년(1116) 3월에 정양직鄭良稷이 요나라 동경에서 돌아

```
睿宗十一年三月鄭良稷自途東京還時東京渤海人作亂殺
留守蕭保先供奉官高永昌僞稱皇帝國號大元建元隆基
良稷至蕭稱官銜上表稱臣以國家所遺留守土物贈永昌得
厚報及遠匿不奏事覺有司請下獄治之十二月渤海四十四
人來投同上

渤海國志長編二              十二  千華山館

日本聖武天皇神龜四年九月庚寅渤海郡使首領高齋德等
八人來著出羽國遣使存問兼賜時服十二月丁亥渤海郡王
使高齋德等八人入京丙申遣使賜齋德衣服
冠履渤海國也淡海朝廷天智七年冬十月唐將
李勣伐滅矣至是渤海郡王遣寧遠將軍
高仁義等 應從 作高 使仁義等以
下十六人並被殺害首領齋德等八人朝貢而著蝦夷境
五年正月庚子渤海使朝賀甲寅天皇御中宮高齋德等上其
字海頓頁始於此七

王書 文見 竝方授齋德等八人並授正六位上賜常色服
仍宴齋德等給大射及雅樂寮之樂宴訖賜祿有差
二月壬午以從六位下引田朝臣從麻呂爲送渤海客使四月
壬午齋德等八人各賜綵帛綾錦有差仍賜其王璽書 文徵六
月庚午遣渤海使拜辭 本紀略上
天平二年八月辛亥遣渤海使正六位上引田朝臣蟲麻呂等
來歸九月癸丑遣渤海郡獻渤海信物丙子遺使以渤海
郡信物令獻山陵六所並祭故太政大臣藤原不比等墓十月
庚戌遣使奉渤海信物於諸國名神社 上同
```

왔다. 이 때 동경에서는 발해사람이 난을 일으켜 유수 소보선蕭保先을 죽이고 공봉관 고영창高永昌을 세워 황제로 참칭하고, 국호를 대원이라 했으며 연호를 융기라 했다.

정양직이 이르러 관직을 속이고 표문을 올려 신하로 칭하고서 우리 나라에서 유수에게 준 토산물을 고영창에게 주어 후한 보답을 받았다. 돌아와서 그 사실을 숨기고 왕에게 아뢰지 않다가 일이 발각되었다. 유사가 그를 옥에 가두고 죄를 다스리라고 청했다.

12월에 발해의 44인이 와서 투항했다.

『속일본기』 10 ○일본 성무천황 신구 4년 (727) 9월 경인일에 발해군 사신 수령 고재덕高齋德 등 8명이 출우국에 도착했다. 사신을 보내 안부를 묻고 아울러 때에 맞는 옷을 하사했다.

12월 정해일에 발해군왕의 사신인 고재덕 등 8명이 서울에 들어왔다.1) 병신일에 사신을 보내 고재덕에게 의복·관·신발을 하사했다. 발해국이란 옛 고구려국이다.

담해淡海조정 천지 7년(668) 겨울 10월에 당나라 장수 이적李勣이 고구려를 정벌하여 멸망시킨 뒤로 오랫동안 조공이 끊어졌다. 이에 이르러 발해군왕이 영원장군 고인의高仁義2) 등 24명을 조공하러 보냈는데 하이蝦夷의 경내에 도착하여 고인의 등 이하 16명은 모두 살해되고 수령 고재덕齋德 등 8명만이 겨우 죽음을 면하고 왔다.3)

○5년(728) 정월 경자일에 발해사신이 조공하고 새해를 축하했다. 갑인일에 천황이 중궁에 나갔는데 고재덕 등이 왕의 서한4)과 방물을 바쳤다. 이에 고재덕 등 8명에게 모두 정6위상을 제수하고 해당하는 색의 의복을 하사했다. 이어서 고재덕 등에게 잔치를 베풀고 활쏘기와 「아악요」의 음악을 주었고 잔치가 끝나자 녹을 내렸는데 차등이 있었다.

○2월 임오일에 종6위하 인전조신충마려引田朝臣虫麻呂를 송발해객사로 삼았다. 4월 임오일에 고재덕 등 8명에게 각각 채색비단과 능사비단을 내렸는데 차등이 있었다. 이어 그들의 왕에게 주는 새서5)를 주었다.6) 6월 경오일에 발해사신을 보내는데 사신 등이 절을 하고 하직했다.7)

○천평 2년(730) 8월 신해일에 견발해사 정6위상 인전조신충마려引田朝臣虫麻呂 등이 돌아왔다. 9월 계축일에 인전조신충마려 등이 발해군왕의 폐백을 보내왔다. 병자일에 사신을 보내 발해군의 폐백을 산릉 여섯 곳에 바치게 하고 아울러 죽은 태정대신 등원불비藤原不比의 무덤에 제사를 지내게 했다. 10월 경술일에 사신을 보내 발해폐백을 여러 지방 명산

---

1) "丁亥渤海郡王使高齋德等八人入京." 이상 15자는 『일본기략』에 근거하여 보충했다.
2) 마땅히 『일본전사』에서 고인(高仁)이라 한 것을 따라야 한다.
3) 『일본전사』에는 이 아래에 "발해는 이 때부터 조공을 했다[渤海朝貢始於此]"라는 7자가 있다.
4) 서한은 문징에 있다.

5) [역주] 새서(璽書): 옥새가 찍힌 서한.
6) 서한은 문징에 있다.
7) 6월 "庚午送渤海使等拜辭." 이상 11자의 말은 『일본기략』에 근거하여 보충했다.

의 신사에 바쳤다.

『속일본기』13 ○11년(739) 7월 계묘일에 발해사 부사 운휘장군 이진몽已珍蒙 등이 내조했다. 10월 병술일 당나라에 갔던 사신 판관 종5위하 평군조신 광성平郡朝臣廣成[1]과 발해객 등이 함께 서울에 들어왔다. 처음 평군조신 광성은 천평 5년(733)에 대사 다치비진인광성多治比眞人廣成을 따라 당나라에 들어갔다.

6년(734) 10월에 일을 마치고 돌아오는데 소주로부터 출발하여 바다로 들어갔으나, 모진 바람이 갑자기 일어 서로를 잃어버렸다.

7년(735)에 이르러 다치비진인광성은 당나라에 돌아가게 되었다. 우리나라 학생 아배중만阿部仲滿을 만나 곧 조정에 사정을 아뢸 수 있어 발해로를 통하여 조정에 돌아가도록 해달라고 했다. 천자가 허락하고 타고 갈 배와 양식을 주어 출발하게 하였다.

---

1) '평군광성(平群廣成)'이라고 한 데도 있는데 '군(群)'은 '군(郡)'과 통한다고 했다.

10년(738) 3월 등주에서 바다로 들어가 5월에 발해경내에 이르렀다. 마침 그 왕 대흠무大欽武가 사신을 뽑아 일본조정에 보내려고 하여 즉시 함께 출발했다. 바다를 건너는데 발해의 배 한 척이 파도에 뒤집혀 대사인 서요덕胥要德 등 40명이 빠져죽고, 평군조신광성 등이 남은 무리를 이끌고 출우국에 도착했다.

12월 무진일에 발해사신 이진몽 己珍蒙 등이 조정에 와서 절하고 자기 왕의 서한과 방물을 바쳤다.2)

○12년(740) 정월 무자 초하루에 천황이 어전에서 조공과 새해 축하를 받았다. 발해사신도 함께 행렬에 있었다. 갑오일에 이진몽 등에게 관위를 주었는데 차등이 있었다. 그리고 조당에서 잔치를 베풀고 발해군왕에게 미농의 명주 30필, 비단 30필, 실 150구, 조금 3백 둔을 하사했으며, 이진몽에게 미농시 20필, 명주 10필, 명주실 50구, 조금 2백 둔을 내렸다. 나머지 사람들에게는 각각 차

―――――――――
2) 서한은 문정에 있다.

등이 있었다. 경자일에 이밖에 종5위하 대반숙녜견양大伴宿禰犬養을 견발해대사로 삼았다. 계묘일에 발해객에게 조당에서 잔치를 내렸다. 갑진일에 천황이 태극전 남문에 나아가 활쏘기를 관람했다. 5위 이상이 활쏘기를 마치자 발해사신 이진몽 등에게 활을 쏘게 했다. 병진일에 사신을 보내 객관에 가서 발해대사 충무장군 서요덕에게 종2위를 주고 수령 이알기몽己閼棄蒙에게 종5위하를 주었다. 아울러 조포 1백50단, 용포 60단을 하사했다. 정사일에 천황이 중궁 합문에 나왔는데 이진몽 등이 본국음악을 연주했다. 비단과 무명을 내렸는데 차등이 있었다.

2월 기미일에 이진몽 등이 귀국했다. 4월 병자일에 견발해사 등이 떠나면서 알현했다.3)

10월 무오일에 견발해군사 대반숙녜견양 등이 돌아왔다.

『속일본기』16 ○18년(746) 이 해 발해와 철

―――――――――
3) "四月丙子 遣渤海使等辭見" 이상 11자는 『일본기략』에 의해 보충했다.

리사람 총 1천1백여 명이 교화를 사모하여 와서 조공했다. 출운국에 안치하고 옷과 식량을 주어 돌려보냈다.1)

『속일본기』18 ○효겸천황 천평승보 4년(752) 9월 정묘일에 발해사신 보국대장군 모시몽慕施蒙 등이 월후국 좌도섬에 도착했다. 10월 경진일에 좌대사 정6위상 판상기촌노인板上忌寸老人 등을 월후국에 보내 발해사신 일행의 소식을 물었다.

『속일본기』19 ○5년(753) 5월 을축일에 발해사신 모시몽 등이 조정에 배알하고 아울러 폐백을 보내왔다. 아뢰기를 "발해왕은 일본을 통치하는 성스러운 천왕조정에 아룁니다. 사신의 명을 내리지 않은 지가 이미 10여 년이 지났으므로 모시몽 등 75명을 보내 나라의 신물을 가지고 가서 조정에 바칩니다"라고 했다. 정묘일에 모시몽 등에게 조당에서 잔치를 베

---

1) 『일본전사』에는 이 아래에 "철리는 본래 흑수말갈의 일부인데 뒤에 발해에 항복했다고 한다[鐵利本黑水靺鞨一部 後降渤海云]"라는 14자가 있다.

풀고, 관위와 녹을 내렸는데 차등이 있었다.

6월 정축일에 모시몽 등이 귀국하자 국서를 주었다.[2]

『속일본기』 21 ○순인천황 천평보자 2년(758) 9월 정해일에 소야조신전수小野朝臣田守 등이 발해로부터 이르렀다. 발해대사 보국대장군 겸장군 행목저주자사 겸병서소정 개국공 양승경楊承慶, 귀덕장군 양태사楊泰師 이하 23명이 소야조신전수를 따라 내조하니 곧 월전국에 안치했다.

10월 정묘일에 발해에 파견했던 대사 종5위하 소야조신전수에게 종5위상을, 부사 정6위하 고교조신노마려高橋朝臣老麻呂에게 종5위하를 주었으며 그 나머지 66명에게도 각각 차등있게 관위를 수여했다.

12월 무신일에 견발해사 소야조신전수 등이 당나라의 소식을 아뢰었다.

천보 14년(755) 을미년 11월 9일에 어사대부 겸범양절도사 안록산安祿山이 반역하여 군사를 동원하고 반란을 일으켰습니다. 또한 대연성무황제를 자칭하고 범양을 영무군으로 고치고 자기 집을 잠룡궁으로, 연호를 성무라 했습니다. 그의 아들 안경서安慶緖[3]를 지범양군사로 남겨두고 스스로 정예군사 20만의 기병을 거느리고 남쪽으로 내려갔습니다. 12월에 곧바로 낙양에 들어가 백관을 임명해 두었습니다.

천자는 안서절도사 가서한哥舒翰을 보내 30만 명의 무리를 거느리고 동진관을 지키게 하고 대장군 봉상청捧常淸으로 하여금 15만 명의 무리를 거느리고 따로 낙양을 포위하게 했습니다.

천보 15년(756)에 안록산이 장군 손효철孫孝哲 등을 보내 2만 기병을 거느리고 동진관을 공격하게 했습니다. 가서한은 동진의 언덕을 무너뜨리고 황하에 떨어뜨려 그 통로를 끊어놓고 돌아왔습니다. 손효철은 산을 파서 길을 내어 군사를 이끌고 신풍에 이르렀습니다.

6월 6일에 천자는 검남으로 달아났습니다. 7월 갑자일에 황태자 이여璵가 영무군도독부에서 황제로 즉위하여 연호를 지덕으로 고치고 원년 기묘일에 천자가 익주에 이르렀습니다. 평로유후사

---

2) 서한은 문징에 있다.

3) 살피건대 원래 '경(卿)'이라 했다.

서귀도徐歸道가 과의도위 행유성현 검사 부경략판관 장원간張元澗[1])을 보내 발해를 방문하고 병마를 징발하라고 하면서 "금년 10월에 안녹산을 공격할 때에 왕은 기병 4만을 징발하여 적을 평정하는데 도와주십시오"라고 했습니다. 발해는 그들이 다른 마음이 있을까 의심하면서 머물러두고 돌려보내지 않았습니다.

12월 병오일에 서귀도가 과연 유정신劉正臣을 북평에서 죽이고 몰래 안녹산과 통했습니다. 유주절도사 사사명史思明이 천자를 공격하려고 모의했는데, 안동도호 왕현지王玄志가 그 모의를 알고는 정예병 6천여 명을 거느리고 유성을 격파하고 서귀도를 참했습니다. 그는 권지평로절도라고 자칭하면서 북평을 진압했습니다.

지덕 3년(758) 4월에 왕현지가 장군 왕진의王進義를 보내 발해를 방문하고 국가의 일을 말하기를 "천자는 서경으로 돌아가고 태상천황을 촉땅에서 영접하여 별궁에 모셨으며 적의 무리를 완전히 미彌[2])하게 멸하려고 하신을 보내 명을 알리도록 했습니다"라 했습니다. 발해왕은 그 일을 믿기 어렵다고 여

---

1) 『일본기략』에서 '동(洞)'이라고 한 것은 잘못이다. 『해동역사』에서는 '간(簡)'이라 했다.
2) '미(彌)'자인가 한다.

元載已卯天子至於益州平盧留後事徐歸道遺果毅都尉行
柳城縣兼四府經略判官張元澗來聘渤海
且徵兵馬日今載十月當擊祿山王須發騎四萬來援平賊渤
海疑其有異心且留未歸十二月丙午徐歸道果燼劉正臣於
北平僞通祿山幽州節度史思明謀襲天子安東都護王玄志
仍知其謀精兵六千餘人打破柳城斬徐歸道自稱權知平
盧節度進鎭北平至德三載四月王玄志遣將軍王進義來聘
渤海且通國故曰天子歸於西京迎太上天皇於蜀居於別宮
彌殺殘賊徒故遣下臣來告命矣渤海王爲其事難信且留

渤海國志長編二　　　　十三　　千華山館

進義遺使詳問行人未至事未可知其唐王賜渤海國王敕書
一卷亦副狀進於是救太宰府曰安祿山者是狂胡狡竪也違
天起逆事必不利疑是不能計西還更掠於海東古人曰峰螢
猶毒何況人乎其府帥王及大貳吉備朝臣俱是碩學
名顯當代簡在朕心委以重任宜知此狀預設奇謀縱使不來

儲備無悔其所謀上策及應備雜事一具錄報來壬戌渤海
使楊承慶等入京
軒渤海原作渤海高麗
言承聞在於日本照臨八方聖明皇帝登遐天宮攀號感慕不
能默止是以差輔國將軍楊承慶歸德將軍楊泰師等令齎表
文幷貢常物入朝詔曰渤海高麗國王遠同先朝登遐天宮不
能默止使楊承慶等來慰問之感痛永慕益深但歲月既改海

겨 진의를 머물게 하고 사신을 보내 자세하게 묻기를 "간 사람이 이르지 않아 일을 알 수 없었는데, 당나라 왕이 발해왕에게 칙서 한 권을 내리고 또 덧붙여 장계를 올렸습니다"라고 했습니다.

이에 태재부에 칙서를 내려 일렀다.

안록산은 미친 오랑캐로서 교활한 놈이다. 하늘을 어기고 반역을 일으켰으니 반드시 불리하게 될 것이다. 아마도 서쪽으로 도모할 수 없어서 도리어 해동을 노략질할 것이다. 옛사람의 말에 "벌이나 전갈도 오히려 독이 있는데 하물며 인간이랴"고 했다. 그 부의 장수 선왕船王과 대이 길비조신진비吉備朝臣眞備는 모두 석학으로 당대에 이름이 드러났다. 짐의 마음에 뽑혀서 중임을 맡겼으니 마땅히 이 상황을 알아서 신기한 대책을 미리 꾸미고 설사 오지 않더라도 미리 대비하여 후회가 없도록 하라. 도모하는 바의 좋은 책략과 대비하는 잡다한 일들은 하나하나 갖추어서 보고하도록 하라.

임술일에 발해사신 양승경楊承慶 등이 서울에 들어왔다.3)

『속일본기』 22 03년(759) 정월 무진 초하루에 발해4)사신 등이 의례에 따라 절하고 축하했다. 3일 경오일에 천황이 친림하자 발해5)사신 양승경 등이 방물을 바치고 아뢰었다.

발해6)국왕 대흠무大欽武가 아룁니다. 일본에서 8방을 다스리던 성명천황께서 천궁으로 승하했다는 소식을 듣고 슬프고 추모하는 마음에 가만히 있을 수 없었습니다. 이 때문에 보국장군 양승경과 귀덕장군 양태사 등을 파견하여 표문을 가지고 가게 하고 아울러 상례의 물품을 바치러 입조하게 합니다.

조칙을 내렸다.

발해7)국왕이 멀리서 전왕이 천궁으로 승하하셨다는 소식을 듣고 가만히 있을 수 없어 양승경 등으로 하여금 위문케 했습니다. 듣고 나니 마음이 아프고 추모하는 마음이 더욱 깊어집니다. 다만 해가 이미 바뀌었고 온 나라가 길함을

---

3) "壬戌渤海使楊承慶等入京" 이상 11자는 『일본기략』에 근거하여 보충했다.
[역주] 아래에서는 보충한 원문은 달지 않음.
4) 원래 '고려'라 했다.
5) 원래 '고려'라 했다.
6) 원래 '고려'라 했다.
7) 원래 '고려'라 했다.

따르므로 그 예로써 대접하지는 않습니다. 또 옛 정을 잊지 아니하고 사신을 보내 특산품을 바치니 정성이 지극하여 매우 가상하게 여깁니다.

을유일에 발해[1] 대사 양승경에게 정3위, 부사 양태사楊泰師에게 종3위를 제수하고 판관 풍방례馮方禮에게 종5위하를 주었다. 녹사 이하 19명에게도 각각 차등이 있었다. 국왕과 대사 이하에게 녹을 내렸는데 차등이 있었다. 5위 이상과 번객, 그리고 주전主典 이상에게 조당에서 잔치를 베풀었다. 여악을 무대에서 연주하고「내교방답가」를 뜰에서 연주했다. 일이 끝나자 무명옷감을 내렸는데 각각 차등이 있었다.

병술일에 궁 안에서 활쏘기를 했는데 손님을 불러서 함께 쏘게 했다. 갑오일에 태보 등원혜미조신압승藤原惠美朝臣押勝이 전촌田村의 집에서 번객들에게 잔치를 베풀었다. 칙서로 여악과 면 1만 둔을 내렸다. 당대의 문사들이 시를 지어 송별하자 부사

---

1) 원래 '고려'라 했다.

內從古故不以其禮相待也又不忘舊心遣使來貢勤誠之至深有嘉尚乙酉授渤海大使楊承慶正三位副使楊泰師從三位判官馮方禮從五位下錄事以下十九人各有差賜國王及大使以綠有差饗五位以上及蕃客並主典於朝堂作女樂於舞臺奏內敎坊踏歌於庭事畢賜綿各有差丙戌射唤客亦令同射甲午太保藤原惠美朝臣押勝宴蕃客於田村第敕賜女樂及綿一萬屯當代文士賦詩送別副使楊泰師作詩和之丁酉以外從五位下高元度爲迎入唐大使外從五位下內藏忌寸全成爲判官癸丑楊承慶等歸蕃高元度亦相隨而去十月辛亥迎藤原河淸使輔國大將軍高元度等自渤海遣使判官內藏全成將對馬渤海使輔國大將軍高元度 藏全成等到莟難波江口丙辰高南申入京

渤海國志長編二 十四 千華山館

史兼押官開國公高南申相臨來朝 高麗作 使於太宰十二月辛亥渤海 高麗作 使高南申我判官內

四年正月癸亥朔渤海蕃客依儀拜賀丁卯渤海國使高南申等貢方物奏曰國王大欽茂言爲獻日本朝造唐大使特進兼秘書監藤原河淸上表并恒貢物差輔國大將軍高南申等充使入朝 其國日本國中全史作 詔曰遣唐大使藤原河淸久不來歸所念也而渤海 高麗作 差南申令齎河淸表改入朝王之誠欵實有嘉焉己巳高野天皇及帝御閣門渤海 高麗作 使依儀陳列詔授大使高南申正三位副使高興福正四位下判官李能本解

양태사가 시를 지어 화답했다. 정유일에 외종5위하 고원도高元度를 영입당대사로 삼았다.

2월 무술 초하루에 발해2)왕에게 서한을 내렸다.3) 계축일에 양승경 등이 번으로 돌아가는데 고원도高元度 등도 따라갔다.

10월 신해일에 등원하청藤原河清을 영접하는 사신 판관 내장기촌전성內藏忌寸全成이 발해로부터 돌아오다가 바다에서 풍랑을 만나 대마도에 표착했다. 발해사신 보국대장군 겸장군 현도주자사 겸압아관 개국공 고남신高南申이 따라와 내조했다.4) 병진일에 발해5)사신을 불렀다.

12월 신해일에 발해6)사신 고남신과 일본 판관 내장기촌전성內藏忌寸全成 등이 난파강 입구에 도착했다. 병진일에 고남신이 서울에 들어왔다.

『속일본기』22 및 23 ○4년(760) 정월 계해 초하루에 발해번객이 의례에 따라 절을 하고 새해를 축하했다. 정묘일에 발해국사 고남신 등이 방물을 바치고 아뢰었다.

국왕 대흠무가 일본조정에서 당나라에 보낸 대사 특진 겸비서감 등원조신하청이 올리는 표와 아울러 통상의 특산품을 바치기 위하여 보국대장군 고남신 등을 사신으로 삼아 입조하게 합니다.7)

조서를 내렸다.

견당대사 등원하청이 오랫동안 돌아오지 않아 답답했는데 발해8)가 고남신을 보내 등원하청의 표문을 가지고 입조하게 했으니 왕의 충성스러움을 실로 가상하게 여깁니다.

기사일에 고야高野천황과 제帝가 합문에 나왔다. 발해9)사신이 의례에 따라 줄지어 섰다. 조서를 내려 대사 고남신高南申에게 정3위를, 부사 고흥복에게 정4위하를, 판관 이능

---

2) 원래 '고려'라 했다.
3) 서한은 문징에 있다.
4) 따로 중대성 첩문을 가지고 왔는데 문징에 있다.
5) 원래 '고려'라 했다.
6) 원래 '고려'라 했다.

7) 『일본전사』에서는 그 나라의 중대성의 첩문을 올리는 것으로 되어 있다.
8) 원래 '고려'라 했다.
9) 원래 '고려'라 했다.

본李能本, 해비 안귀보安貴寶[1]에게 모두 종5위하를 주었으며 녹사 이하에게도 각기 차등이 있었다. 국왕에게 명주 30필, 미농명주 30필, 실 2백 구, 조금 3백 둔을 내렸으며, 대사 이하에게도 각기 차등이 있었다. 5위 이상과 사신일행에게 잔치를 베풀고 녹을 내렸는데 차등이 있었다. 기묘일에는 궁 안에서 활쏘기를 했는데 사신을 불러 활쏘기대회를 관람하게 했다.

2월 신해일에 발해사신 고남신 등이 그 나라로 돌아갔다. 11월 정유일에 고남신을 보내러 간 사신 외종5위하 양후사영구陽侯史玲璆가 발해로부터 돌아왔다.

『속일본기』23 05년(761) 8월 갑자일에 고원도高元度 등이 당나라로부터 돌아왔다. 처음에 고원도가 사신의 임무를 받들던 날에 발해도로 취하여 하정사 양방경楊方慶 등을 따라 당나라에 갔다. 일을 마치고 돌아오려고

---

1) 『본조통감』에는 비응(臂鷹)·안귀종(安貴琮)으로 되어 있다.

하는데 내사內使가 칙서를 알렸다.

특진비서감 등원하청을 지금 사신이 아뢴 바에 따라 조정으로 돌려보내자고 하는데, 다만 남아 있는 도적들이 아직 평정되지 않아 가는 길에 어려움이 많을까 걱정된다. 고원도는 남쪽 길로 해서 먼저 돌아가는 것이 좋겠다.

곧 중알자압령으로 하여금 소주로 향하게 하였다. 자사 이점李岾과 의논하여 배를 만들어 고원도 등을 보내 귀국하게 하였다.

10월 계유일에 종5위하 무장개武藏介, 종5위하 고려조신대산高麗朝臣大山을 발해[2] 사절로 삼았다.

『속일본기』 24 ○6년(762) 10월 병오 초하루에 정6위상 이길연익마려伊吉連益麻呂 부사 등이 발해로부터 돌아왔다. 그 나라 사신 자수대부 행정당성좌윤 개국남 왕신복王新福 이하 23명이 따라와서 내조했다. 월전국 가하군에 안치하고 물품을 공급했다. 우리 대사 종5위하 고려조신대산은 떠나

는 날 배에서 병으로 누웠는데 좌리익진에 이르러서 죽었다.

11월 을해 초하루 정6위상 다치비진인소이多治比眞人小耳를 발해[3] 사신을 환국토록 교섭하는 관리로 삼았다. 윤12월 계사일에 왕신복 등이 서울에 들어왔다.

○7년(763) 정월 갑진 초하루에 발해[4] 번객이 의례에 따라 절을 하고 새해를 축하했다. 일이 끝나고 관위를 주었다. 병오일에 발해[5] 사신 왕신복이 방물을 바쳤다. 대사 왕신복에게 정3위, 부사 이능본李能本에게 정4위상, 판관 양회진楊懷珍에게 정5위상, 품관 착비 달능신達能信에게 종5위하를 주고 그 나머지에게도 차등 있게 하사했다. 국왕 및 사신의 종자 이상에게 녹을 주었는데 차등이 있었다. 번객에게 잔치를 베풀었는데 당나라 음악을 연주했다.

경신일에 왕이 합문에 나와 발해[6]

---
2) 원래 '고려'라 했다.
3) 원래 '고려'라 했다.
4) 원래 '고려'라 했다.
5) 원래 '고려'라 했다.
6) 원래 '고려'라 했다.

사신들에게 무명옷감을 하사했다. 발해[1]대사 왕신복이 말하기를 "이가의 태상황[2]과 소제少帝[肅宗]가 모두 죽고 광평왕 대종代宗이 섭정하는데 해마다 곡식이 익지 않아 사람이 서로 잡아먹고 있습니다. 사조의朝義[3]는 성무황제라 칭하고 성품이 어질고도 너그러워 인물들이 많이 귀부하고 군사의 예봉이 매우 강하여 감히 당할 자가 없습니다. 등주 양양은 이미 사씨에 속하였고 이씨는 오로지 소주만 소유하여 조빙의 길이 실로 쉽게 통할 수 없습니다"라고 했다. 이에 태재부에 칙서를 내렸다.

당나라가 크게 어지럽고 양가가 권세를 다투어 난리가 평정될 것을 기약할 수 없고, 사신의 임무는 통하기 어려우니 심유악沈惟岳 등은 마땅히 데리고 가서 안치시키고 후하게 물건을 공급하여 주

---

1) 원래 '고려'라 했다.
2) [역주] '이가(李家)의 태상황'은 당나라 현종(玄宗)을 일컬음.
3) 원래 '의(議)'라 했다.
 [역주] 사조의(史朝義): 당나라 안사의 난을 이끈 사사명의 큰아들임.

어라. 계절마다의 옷은 부고의 물건으로 공급하라. 만일 고향을 생각하는 마음이 깊어 고향으로 돌아가기를 원하는 자는 마땅히 타고 갈 배를 주어 일을 헤아려 떠나보내라.

갑자일에 궁내에서 활쏘기를 하는데 사신일행들 가운데 활쏘기를 감당할 만한 사람도 그 대열에 참여해야 한다고 했다.

2월 정축일에 태사 등원혜미조신 압승이 발해4)사신에게 잔치를 베풀었다. 왕명으로 사신을 보내 여러 가지 모양의 겹옷 30궤를 하사했다. 계사일에 발해5) 사신 왕신복 등이 그 나라로 돌아갔다.

8월 임오일에 처음 발해6)국에 배를 보냈는데 '능동能登'이라 이름했다. 본국으로 돌아오는 날 바람과 파도가 사납고 급하여 바다 가운데에서 표류했다. 기원하기를 "다행히 배를 지키는 신령의 힘을 입어 무사

히 나라에 도착하면 반드시 조정에 청하여 비단으로 만든 관으로 보답하겠습니다"라 했다. 이 때에 이르러 지난번의 기도로 말미암아 그 관을 만드는 데 겉은 비단이고 안은 명주를 대고 자줏빛 실로 끈을 만들었다.

10월 을해일에 좌병위 정7위하 판진겸속板振鎌束이 발해로부터 돌아왔는데 사람을 바다에 던졌으므로 옥에 갇혔다.

처음 왕신복이 본국으로 돌아가는데 타고 갈 배가 낡고 약하여, 환송사신인 판관 편궁충마려平郡忠麻呂 등이 그 불완전함을 우려하여 관에 알리고 머물도록 청하였다. 이에 사생7) 이상이 모두 가기를 중지하고 배를 수리하고 판진겸속을 곧 선사船師로 삼아 왕신복 등을 전송했다.

떠나보내는 일을 마치고 돌아오는 날 우리 학생 고내궁高內弓과 그의 아내 고씨高氏 및 아들 고광성廣成, 갓

---

4) 원래 '고려'라 했다.
5) 원래 '고려'라 했다.
6) 원래 '고려'라 했다.

7) [역주] 사생(史生): 관청에서 문서를 쓰는 일을 담당하던 사람을 말함.

난아이 1명, 유모 1명, 또 당나라에 들어갔던 학문승 계융戒融과 우파새[1] 1명이 발해를 거쳐 함께 본국으로 돌아오는데, 바다 가운데에서 폭풍을 만나 방향을 잃었다. 키잡이와 수수水手는 파도에 빠졌다. 이 때 판진겸속이 의논하기를 "다른 지방 부녀자가 지금 배 위에 있다. 또 우파새는 여러 사람들과 달리 한 끼에 몇 알의 곡식만 먹으면 며칠이 지나도록 허기를 느끼지 않는다. 폭풍의 재앙은 틀림없이 이로 말미암을 것이다"라 하고, 곧 수수로 하여금 내궁의 아내와 갓난아이·유모·우파새 4인을 잡아 바다에 집어던지게 하였다. 그러나 바람의 기세는 오히려 강해져 10여 일을 표류하다가 은기국에 도착했다.

『속일본기』 25 08년(764) 7월 갑인일에 신라사신 대나마 김재백金才伯 등 91명이 태재부의 박다진에 도착했다. 우소변 종5위하 기조신우양紀朝臣牛養과 수도대위 외종5위하 속전조신

1) [역주] 우파새(優婆塞): 남자 재가불자.

도마려粟田朝臣道麻呂 등을 보내 그들이 온 까닭을 묻게 했다.

김재백 등이 말하기를 "당나라 칙사 한조채韓朝彩가 발해로부터 와서 '일본국 승려 계융戒融을 본래 고향까지 돌아가게 하는 일을 이미 마쳤다. 만일 무사히 고향에 돌아갔을 것 같으면 마땅히 소식이 있겠는데 오늘이 이르도록 소식이 없다' 하므로, 마땅히 사신을 보내 그 소식을 천자에게 알리고자 하여 이에 집사부의 첩을 가지고 태재부에 왔습니다. 한조채라는 자는 길을 떠나 신라의 서쪽 포구에 있습니다. 본국의 사은사 소주의 김용金容은 태재부의 보첩을 받아 조채에게 넘겨주기 위하여 아직 서울에 있으면서 떠나지 않았습니다"라 했다. 칙서를 내렸다.

근래에 너희 나라에서 귀화하러 온 백성들이 "본국에서 군사를 징발하여 경비하고 있는데 이것은 일본국이 와서 죄를 물을까 의심해서 그런다"고 하는데 그 일의 허실은 어떤가?

김재백이 대답했다.

당나라는 난리로 어지럽고 해적이 참으로 빈번하므로 군대를 징발하여 변방을 지키고 있는데 이는 곧 나라의 대비책으로서 거짓된 일이 아닙니다.

그들이 돌아가는 날이 되어 태재부에서 신라 집사부에게 첩문을 보냈다.

문서를 잘 받아보았습니다. 건정관의 부첩을 받았는데 이르기를 "태재부에서 이르기를 신라국의 첩문에 한조채 내상시의 청에 따라 승려 계융이 도착했는지 아닌지를 알고자 한다고 하므로 태재부는 그 서장을 갖추어 아뢴다"라고 했는데 "그는 지난 해 10월 발해[2]국으로부터 본국에 돌아왔으니 태재부는 마땅히 그것을 받들어 알고 곧 알리도록 하라"라고 했습니다.

『속일본기』31. ○광인천황 보구 2년(771) 6월[3] 임오일에 발해국 사신 청수대부 일만복壹萬福 등 3백25명이 17척

---

2) 원래 '고려'라 했다.
3) 『일본전사』에는 '4월'로 되어 있다.

의 배를 타고 출우국의 적국지역인 야대주에 도착했다. 상륙국에 안치하고 물품을 공급했다.

10월 병인일에 일만복 이하 40명을 불러 새해를 축하하는 조회에 참석하게 했다. 12월 계유일에 일만복 등이 서울에 들어왔다.

『속일본기』 32 03년(772) 정월 임오 초하루에 발해번객이 의례에 따라 절하고 새해를 축하했다. 갑신일에 일만복 등이 방물을 바쳤다. 정유일에 앞서 일만복에게 발해왕의 표문이 무례하여 책망하고 문책했는바 이날 일만복 등에게 말하기를 "일만복 등은 진실로 발해왕의 사신인데 올린 표문이 어찌 그렇게 예에 어긋나고 무례한가? 이 때문에 그 표문을 거두지 않는다"라고 했다. 일만복 등이 말하기를 "대저 신하된 도리는 임금의 명을 어기지 않는 것입니다. 이 때문에 봉함을 잘못되지 않았다 여기고 바로 올린 것입니다. 이제 예에 어긋났다고 하여 표함表函을 물리치시니 일만복 등은 진실로 깊이 걱정되고 두려워 떱니다. 이에 땅에 엎드려 다시 절하고 울면서 거듭 아룁니다. 임금은 모두 같습니다. 신들은 본국에 돌아가면 반드시 벌을 받게 될 것입니다. 지금 이미 멀리 바다를 건너 성조에 와 있으니 가볍거나 무겁거나 죄를 감히 피할 수는 없을 것입니다"라고 말하였다.

경자일에 발해국의 예물을 되돌려 주었다. 병오일에 일만복壹萬福 등이 표문을 고쳐 짓고 왕을 대신하여 사죄했다.

2월 계축일에 발해번객에게 조당에서 잔치를 베풀고 세 종류의 음악을 연주했다. 일만복 등이 들어서서 자리에 나아가 이르기를 "올린 바의 표문은 상례에 어긋났기 때문에 표함과 신물을 모두 되돌렸습니다. 그런데 성조께서는 은혜를 두텁게 하시고 긍휼을 내려 일만복 등을 손님의 예에 참여케 하시고 작록도 더하여 주시니 뛸 듯이 기쁜 마음을 이기지 못하여 삼가 받들어 대궐의 뜰에서 절합니다"라고 했다.

대사 일만복에게 종3위를, 부사에게 정4위하를, 대판관에게 정5위상을, 소판관에게 정5위하를, 녹사와 역어관에게 모두 종5위하를 주었다. 녹색관복을 입은 품관 이하에게도 각각 차등있게 수여했다. 국왕에게 미농시 30필, 실 2백 구, 조금 3백 둔을 하사했다. 대사 일만복 이하에게도 각각 차등있게 하사했다.

기묘일에 발해왕에게 칙서[1]를 내렸다. 경진일에 발해번객이 고향으로 돌아갔다.

9월 무술일에 송발해객사 무생조수武生鳥守 등이 닻줄을 풀고 바다로 나아갔는데 홀연히 폭풍을 만나 능등국에 표착하였다. 객주客는 겨우 죽음을 면했고 곧 복량진에 안치되었다.

『속일본기』34 ○4년(773) 2월 을축일에 발해부사 정4위하 모창록慕昌祿[2]이 죽었으므로 사신을 보내 조문했다. 종3위를 추증하고 부의를 규정대로

---
1) 서한은 문징에 있다.
2) 혹은 '배(拜)'라고 한다.

하였다.

6월 병진일에 능등국에서 "발해국의 사신 오수불烏須弗 등이 배 한 척을 타고 부하部下에 도착했습니다. 내력을 보내 조사하니 오수불이 글로 아뢰기를 '발해와 일본은 오랫동안 사이좋은 이웃으로 왕래하고 조빙하여 형제 같은 사이입니다. 근년에 일본에서 내웅업성內雄業成 등을 발해국에 보내 음성1)을 배우고 본국에 돌아갔는데 이제 10년이 되었는데도 안부를 알리지 않았습니다. 이로 말미암아 대사 일만복 등을 뽑아 일본국으로 보내 조정에 나아가 의논하게 했습니다. 그런데 4년이 되어도 돌아오지 않으므로 본국은 다시 대사 오수불 등 40명을 보내 직접 조서를 받들게 했습니다. 이밖에 다른 일은 더 없습니다. 부쳐올린 바의 물품과 표서는 다 배 안에 있습니다'라고 했습니다"라고 아뢰었다.

무진일에 사신을 보내 오수불에

---

1) [역주] 음성(音聲): 여기서의 음성은 발해의 음악을 가리킴.

渤海國志長編二 十八 千葉山館

贈從三位賻物如令六月丙辰能登國言渤海國使烏須弗等乘船一艘來著部下差使勘問烏須弗報書曰渤海日本久來好隣往來朝聘如兄如弟近年日本使內雄等往渤海國學音聲却還本國今經十年未報安否由是差大使壹萬福等向日本國擬於朝參稍經四年未返本國更差大使烏須弗等四十人面奉詔旨更無餘事所附進物及表書並在船內戊辰遣使宣告烏須弗曰太政官處分前使壹萬福等所告知其狀罷去已畢而今能登國言渤海使烏須弗等所進表函違例無禮由是不召朝廷返却本鄉但表函違例非使等之過也涉海遠來事須憐矜仍賜祿並路糧放還且渤海使取此道來朝者承前禁斷自今以後宜依舊例就筑紫道來朝十月乙卯遣壹萬福使正六位上武生連鳥守至自渤海

上同
七年十二月乙巳渤海遣獻可大夫司賓少令開國男史都蒙

等一百八人應史作十七人賀我即位並赴彼國王妃之喪比著我岸忽遭惡風柁折帆落漂沒者多計其全存僅有四十六人使於越前國加賀郡安置供給

八年正月癸酉遣使問史都蒙等日去寶龜四年烏須弗歸本蕃日太政官處分渤海入朝使自今以後宜依古例向太宰府

게 알려 말하기를 "태정관이 처분하여 지난번 사신 일만복(壹萬福) 등이 올린 표의 언사가 교만했기 때문에 그 정황을 알리고 물러가게 한 일이 있었다. 그런데 지금 능등국의 관리가 말하기를 '발해국사 오수불 등이 올린 바의 표함도 예에 어긋나고 무례하다'고 한다. 이 때문에 조정에 부르지 않고 바로 본국으로 돌려보내려 한다. 그러나 표함이 예에 어긋나는 것은 사신들의 잘못이 아니고, 바다를 건너 멀리까지 온 일은 모름지기 어여삐 여길 만하므로 이에 녹과 길 가는 동안 먹을 양식을 주어 돌아가도록 하겠다. 또한 발해사신이 이 길을 취해 내조하는 것은 전부터 금한 일이니 지금 이후로 옛 규정대로 축자도[2]를 따라 내조토록 하라"고 했다.

10월 을묘일에 일만복을 보내러 간 사신 정6위상 무생연조수(武生連鳥守)가 발해[3]에서 돌아왔다.

○7년(776) 12월 을사일에 발해가 헌가대부 사빈소령 개국남 사도몽(史都蒙) 등 1백87명[4]을 보내 우리 천황의 즉위를 축하하고 아울러 그 나라 왕비[5]의 상사를 알렸다. 우리나라 해안에 막 도착하려는데 갑자기 사나운 바람을 만나 키가 부러지고 돛이 떨어져 표류하다 죽은 자가 많았고 살아남은 자는 겨우 46명밖에 되지 않았다. 곧 월전국의 가하군에 안치하고 물건을 공급했다.

○8년(777) 정월 계유일에 사신을 보내 사도몽 등에게 "지난 보구 4년(773)에 오수불이 본국으로 돌아가던 날에 태정관이 처리하여 발해에서 입조하는 사신은 이제 이후로는 마땅히 옛 규정에 따라 태재부로 향하고 북로를 취하여 오지 못하도록 했다. 그런데 지금 그 약속을 어겼으니 어찌된 일인가" 하고 물었다.

---

2) [역주] 축자도(筑紫道): 일본정부의 대외교섭 관장기구인 축자(筑紫)의 박다진(博多津) 태재부를 경유하는 길임.

3) 원래 '고려'라 했다.
4) 『일본전사』를 따라 1백67명이라 해야 한다.
5) [역주] 발해 문왕의 왕비를 말함.

사도몽이 대답하기를 "오수불이 돌아오던 날 진실로 이 뜻을 받들었습니다. 이로 인하여 사도몽 등은 우리나라 남해부 토호포吐號浦에서 떠나 서쪽으로 대마도의 죽실진竹室津으로 향했는데 바다 가운데에서 폭풍을 만나 이 금지된 구역에 도착했습니다. 약속을 어긴 죄는 다시 피할 길이 없습니다"라고 했다.

2월 임인일에 발해사신 사도몽史都蒙 등 30명을 불러 입조하라고 했다. 이 때에 사도몽이 말하기를 "사도몽 등 1백60여 명이 멀리서 천황의 즉위를 축하하고자 항해하여 내조하다가 갑자기 바람을 만나 표류하다 죽은 자가 1백20명이고 다행히 살아남은 사람이 겨우 46명입니다. 이미 험한 물결 아래에서 구사일생으로 살아났으니 성조의 지극한 덕이 아니고서 어떻게 살아남을 수 있었겠습니까? 하물며 다시 특별한 은혜를 입고 들어와 천황의 궁궐에 절하니 천하에 이처럼 행복한 백성이 어디에 또 있겠습니까? 그러나 죽지 않고 남은 사도몽 등 40여 명은 몸과 마음을 하나로 하고 고생과 즐거움을 함께 하자고 기약했습니다. 이제 명을 받들어 16인은 달리 처분을 받아 나누어 해안에 머물게 하셨으니 비유하자면 한 몸을 베어 등을 나누고 사지를 잃고 엎드려 기는 것과 같으니 우러러 바라건대 천황의 빛을 두루 비추어 함께 입조하도록 해주십시오"라고 했다. 천황이 허락했다.

4월 경인일에 사도몽 등이 서울에 들어왔다. 신묘일에 태정관이 사신을 보내 사도몽 등을 위문했다. 계묘일에 사도몽 등이 방물을 바쳤다. 아뢰기를 "발해국왕은 오래 전부터 공봉을 시작하여 그치지 않았습니다. 또한 국사 일만복이 돌아와 성황께서 새로 등극하셨다고 전하는 말을 듣고 기쁨을 이기지 못하고 곧바로 헌가대부 사빈소령 개국남 사도몽史都蒙을 보내 입조하게 하고 아울러 나라의 신물을 가지고 천황의 궁궐에 삼가 절하게 했습니다"라고 하였다.

무신일에 발해대사 사도몽에게 정3위를, 대판관 고녹사高祿思와 소판관 고울림高鬱琳에게 모두 정5위상을, 대록사 사도선史道仙에게 정5위하를, 소록사 고규선高珪宣에게 종5위하를 수여하고 나머지에게도 모두 차등있게 수여했다. 발해국왕에게 녹을 내렸는데 칙서를 갖추어 적었다. 사도몽 이하에게도 역시 각각 차등있게 하사했다.

5월 정사일에 천황이 중합문에 행차하여 활쏘기와 말타기를 관람했다. 발해사신 사도몽史都蒙 등도 불러 활터에 모이게 하였다. 5위 이상은 장식한 말을 타고 달려나가 무대에서 전무[1]를 추게 했다. 사신일행도 본국의 음악을 연주했다. 일이 끝나자 대사 사도몽 이하에게 채백을 하사했는데 차등이 있었다.

경신일에 이에 앞서 발해판관 고숙원高叔源 및 소록사 한 사람이 우리

---

1) 〔역주〕 전무(田舞): 상대(上代)에 밭갈이할 때 노래부르며 추던 춤으로, 후대에는 조정에서 주로 행해졌음.

나라 해안에 도착하려 할 때 배가 표류하여 물에 빠져 죽었다. 이에 이르러 숙원에게 정5위상을, 소록사에게 종5위하를 추증하고 아울러 부의를 규정에 따라 주었다.

계유일에 사도몽 등이 그 나라로 돌아갔다. 대학소윤 정6위상 고려조신전계高麗朝臣殿繼를 환송사신으로 삼고 발해왕에게 서한을 보냈다.[1] 그 나라의 왕후의 상을 조문케 했다.[2]

『속일본기』 35 09년(778) 4월 병오일에 이에 앞서 보구 7년(776) 발해[3] 사신의 일행 30명이 물에 빠져 죽고 표류하다가 월전국의 강소군·가하군 두 군에 도착한 일이 있었다. 이에 이르러 그 나라에 명하여 장사를 지내게 하였다.

9월 계해일에 송발해[4]사 고려조신전사 등이 월전국 판정군 삼국주에 도착했다. 월전국에 칙을 내려 발해[5]사신을 보내는 관리와 그 나라

---
1) 서한은 문징에 있다.
2) 또 서한이 있는데 문징에 있다.
3) 원래 '고려'라 했다.
4) 원래 '고려'라 했다.

의 환송사신을 편안한 곳에 안치하고 예에 따라 물건을 공급하도록 하였다.

12월 기축일에 정6위상 대망공광도 人網公廣道를 송발해[6] 객사로 삼았다.

○10년(779) 정월 임인 초하루에 발해국이 헌가대부 사빈소령 장선수 張仙壽 등을 보내 입조하고 새해를 축하했다. 병오일에 발해사신 장선수가 특산품을 바치고 아뢰기를 "발해국왕께서 '성조의 사신 고려조신전사 등이 길을 잃고 표류하다가 오랑캐 땅에 도착했는데, 타고 간 배가 파손되어 돌아갈 방법이 없으므로 배 2척을 만들고 장선수 등을 보내 고려전사를 따라 입조하게 하고, 아울러 바칠 물품을 실어보내 천조에 삼가 올립니다'라 하셨습니다"라 하였다.

무신일에 5위 이상 및 장선수 등에게 조당에서 잔치를 베풀고 녹을 내려주었는데 차등이 있었다. 발해사신에게 조서를 내렸다.

발해왕사 장선수 등이 내조하여 절하고 알현하니 짐은 기쁘다. 이에 위계를 더하여 주고 또 녹과 물품을 하사한다.

정사일에 5위 이상 및 발해사신에게 조당에서 잔치를 베풀고 녹을 하사했다. 기미일에 궁내에서 활쏘기를 했는데 발해사신도 활쏘는 대열에 참가했다.

2월 계유일에 발해사신이 본국에 돌아갔다. 그 왕에게 국서를 내리고 신물을 부쳤다. 4월 신묘일에 영당객사가 아뢰기를 "견당사는 절하며 사례하는 예를 보지 못했습니다. 다만 발해국사는 모두 말에서 내려 두 번 절하고 무도[7]를 했습니다. 지금 영당객이 마땅히 이 의식에 의거해야 할 것입니다"라고 했다.[節錄][8]

9월 경진일에 칙을 내렸다.

발해 및 철리의 3백59명이 교화를 사모

---

5) 원래 '고려'라 했다.
6) 원래 '고려'라 했다.

7) [역주] 무도(舞蹈): 조정에 배알할 때의 예절로 손을 휘두르고 발을 구르는 행동.
8) [역주] 절록(節錄): 원문의 내용을 요약하여 간추린 것을 말함.

하여 입조해서 출우국에 있으니 예에 따라 물건을 공급하되, 온 사신이 모두 미천하여 손님으로 모시기에는 족하지 않으므로 지금 사신을 보내 잔치를 베풀고 그 길로 돌려보내고자 한다. 그들이 타고 온 배가 만약 훼손되었으면 또한 마땅히 수선하여 본국으로 돌려보내는 날을 지체하지 말도록 하라.

계사일에 육오국·출우국 등의 나라에 칙을 내려 상륙국에서 조調로 바친 시絁와 상모국에서 용庸으로 바친 면과 육오국에서 세금으로 바친 포로써 발해·철리 등의 녹을 충당하게 하였다. 또 칙서를 내렸다.

출우국에 있는 번인 3백59명은 지금 엄동설한이고 바닷길도 험하니 만약 금년 동안은 머물러 있기를 원하는 자가 있다면 뜻대로 그것을 들어주도록 하라.

11월 을해일에 검교발해인사에게 칙서를 내렸다.

압령 고반필高伴弼1) 등이 올린 표문이 무례하니 마땅히 올리지 못하게 하고 또 축자도에도 나아가지 못하게 하라.

---

1) '반죽(泮粥)' 또는 '양죽(洋粥)'이라 한다.

간교한 말로써 편의를 구하니 마땅히 더욱 죄를 조사하여 다시는 그렇게 하지 못하도록 하라.

병자일에 검교발해인사가 말하기를 "철리국의 관인이 고설창高說昌의 윗자리에 앉기를 다투고 늘 업신여기는 기운이 있으니 태정관이 처분해 주십시오. 발해통사 종5위하 고설창이 멀리 험한 파도를 건너 수차례나 입조했고 말과 생각이 충성스럽고 근실합니다. 그러므로 높은 자리를 제수해야 합니다. 저 철리국의 아랫자리에 있게 하는 것은 특별히 총애하는 뜻이라고 할 수 없습니다. 마땅히 그 자리의 서열을 달리하여 관품의 높고 낮음을 드러내십시오"라고 했다.

12월 무오일에 검교발해인사가 말하기를 "발해사신 압령 고반필高伴弼 등이 '타고 왔던 배가 파손되어 돌아갈 계책이 없습니다. 조정에서 은혜를 베푸시어 배 9척을 주셔서 본번에 이를 수 있도록 해주기를 바랍니다'라고 간청했습니다" 하니 이에 허락하였다.

『속일본기』 39 ○환무천황 연력 5년(786) 9월 갑진일에 출우국에서 알리기를 "발해국사 대사 이원태李元泰 이하 65명이 배 한 척을 타고 표류하다가 부하部下에 도착했는데 하이蝦夷에게 12명을 노략질당하고 41명이 살아남았습니다"라고 했다.

○6년(787) 2월 갑술일에 발해사신 이원태 등이 말하기를 "이원태 등이 입조할 때에 키잡이와 협초挾抄 등이 도적을 만나 모두 살해당하였으므로 나라로 돌아갈 방법이 없습니다"라고 했다. 이에 월후국에 명하여 배 한 척과 키잡이·협초·수수 등을 주어 떠나보내게 했다.

『일본후기』 4 ○14년(795) 11월 병신일에 출우국에서 알리기를 "발해국사 여정림呂定琳 등 60명이 표류하다가 이지夷地에 도착했다"고 하였다. 칙서를 내려 월후국으로 옮겨 예대로 공급하게 하였다.[2]

---

2) 원문은 산실됨. 『일본기략』 전편 13에 의거하여 보충하였다.

○15년(796) 4월 무자일에 발해국이 사신을 보내 방물을 바쳤다. 그 왕이 계문에서 다음과 같이 말했다.

발해국은 고구려의 옛땅입니다. 천명개별천황[1] 7년(668) 고구려 왕 고씨가 당나라에 멸망당하고, 뒤에 천지진조풍조부천황[2] 2년(698)에 처음으로 발해국을 세우고 화동 원년(708)에 당나라의 책립을 받았습니다.

5월 정미일에 발해국사 여정림 등이 번으로 돌아가는데 상야개 차관의 어장광악御長廣岳과 식부대록 상원추성桑原秋成 등을 보내 데리고 떠나가게 했다. 예대로 그 나라 왕에게 준 국서에서 "천황은 발해국왕에게 공경스레 문안합니다"라고 하고, "특별히 견 20필, 비단 20필, 명주실 1백 구, 무명옷감 2백 둔을 부치니 받으십시오. 지금 여정림 등이 돌아가는 편에 사금을 적게나마[3] 3백량 내리니 영충永忠 등에게 보내십

---

1) 천지천황이다.
2) 문무천황이다.
3) 원래는 '입(卄)'으로 되었는데 오기이다.

시오"라고 했다.4)

『일본후기』5 ○10월 기미일에 정6위상 어장진인광악御長眞人廣岳 등이 발해국으로부터 돌아왔다.5) 신유일에 정6위상 어장진인광악에게 종5위하를, 정6위상 상원공추성桑原公秋成에게 종5위하를 수여했고 아울러 사신의 일을 받든 것을 칭송하였다.

임신일에 이에 앞서 발해국왕이 올린 상서는 문체에 일정한 규례가 없고 불손한 언사가 많았는데 지금 올린 계문은 처음부터 끝까지 예의를 잃지 않았고 말에도 정성이 보였다. 뭇 신하들이 표를 올려 축하했다.

신이 듣건대 대인이 시대를 순화시킴에 있어서 덕을 근본으로 삼고 현명한 왕이 세상에 대응함에는 먼 곳을 품어 위로하는 것을 으뜸으로 삼는다고 합니다. 그러므로 은나라 시대에는 온 세상이 인仁에 귀의했고 주나라 시기에는 9이夷가 법도에 순응했습니다.

엎드려 생각하건대 천황폐하께서는 하늘을 우러러 나라의 법을 만드셨고 땅을 쥐고서 규칙을 이루셨습니다. 해 뜨는 지역에 있으면서 흠모의 명성을 날리고 바람부는 지역에서 교화를 폈으니 진실로 만물을 낳아 기르는 1천 세대의 황제이시고 재주와 덕을 드러내지 않는 1백 세대의 제왕이십니다. 최근에 송발해객사 어장진인광악 등이 돌아옴에 그 나라에서 올린 계문을 보니 말의 뜻이 공손하고 마음속에서 우러나오는 예의를 볼 만하였으며 중간의 잘못된 계책을 뉘우치고 선조의 발자취를 회복하였습니다. 하물며 다시 산을 넘고 바다를 건넌다 하더라도 왕복하는 길의 어려움을 돌보지 아니하며 자기를 이기고 지난날을 뉘우쳐 비로소 조공의 연한을 청했습니다. 오! 백환6)을 서쪽에서 바치고 호시7)를 동쪽에서 바치는 것과 어찌 같은 날에 말할 수 있겠습니까?

신 등은 다행히 조정의 열위에 서고 특별한 경사를 만날 수 있었으니 기쁨을 이기지 못해 삼가 대궐에 이르러 표문을 올려 아룁니다.

『일본후기』7 17년(798) 5월 무술일에 견

---

4) 『일본기략』 전편 13에 의거하여 보충한다.
5) 아울러 그 나라 왕의 계문을 가지고 왔다. 문징에 있다.

6) 〔역주〕 백환(白環): '흰 가락지'란 의미로, 순임금 때 서왕모가 조공했다고 하는 옥으로 만든 가락지.
7) 〔역주〕 호시(楛矢): 고목(楛木)으로 만든 화살로 숙신의 조공품.

발해국사 숙녜내장하만宿禰內藏賀萬[1] 등이 하직하니, 이에 그 나라 왕에게 칙서를 내려주었다.

12월 임인일 발해국이 사신을 보내 특산품을 바쳤다. 계문에 이르기를 "대숭린嵩璘이 아룁니다. 사신 숙녜내장하만 등이 이르렀습니다" 운운했다.[2]

『일본후기』8 ○18년(799) 정월 병오 초하루에 황제가 태극전에 나와 조회를 받았다. 문무관 9품 이상과 번국의 사신들에게 각각 관위를 더해 주고 네 번 절하는 것을 줄여 두 번 절하게 했다. 박수는 치지 않았는데 발해국의 사신이 있었기 때문이었다. 임자일에 풍락원이 아직 완공되지 못하여 태극전 앞의 용미통龍尾通 위에 임시로 전각을 짓고 채색비단으로 지붕을 이어 천황이 거동했다. 그 나라의 사신들이 우러러보고는 장엄하고도 화려하다고 여겼다. 5위

---

1) '하만(賀萬)'은 '하무(賀茂)'라고도 했다.
2) 원문은 산실되고 『일본기략』 전편 13에 의거하여 보충했다.

이상에게 명하여 잔치를 즐기게 했는데 발해국 사신 대창태사昌泰도 참석했다. 녹을 차등있게 주었다.

신유일에 여러 신하들과 발해객에게 연회를 베풀고 음악을 연주했다. 번국사신 이상에게 진개의秦揩衣를 하사하고 아울러 뜰에 줄을 지어 답가3)를 했다. 계해일에 조당원에서 활쏘기를 참관하고 5위 이상이 활쏘기를 마친 후 번국의 사신이 활을 쏘았다.4)

4월 기축일에 발해국 사신 대창태 등이 그 나라로 돌아갔다. 식부소록 정6위상 자야숙녜선백滋野宿禰船白 등에게 데리고 떠나게 하고 그 왕에게 국서를 보냈다.5)

5월 병진일에 앞서 견발해사 외종5위하 내장숙녜하무마려內藏宿禰賀茂麻呂 등이 말하기를 "고향으로 돌아올 날에 바다에서 날은 캄캄하고 동서로 이리저리 이끌려 어딘지 모르는 곳에 도착했습니다. 이 때 멀리 불빛이 보이기에 잠시 뒤에 그 빛을 따라가니 문득 한 섬의 해안가에 도착하였습니다. 물어보니 은기국 지부군이었는데 그 곳에는 사는 사람이 없었습니다. 어떤 사람이 말하기를 '비내마치비매신比奈麻治比賣神이 항상 영험이 있어 장사하는 무리들이 바다에서 헤맬 때 반드시 불빛이 날리는데 그 불빛에 의지하여 구원된 사람이 이루 다 헤아릴 수 없다'라고 합니다. 신의 돌보심에 잘 보답하는 것이 좋을 듯하니 엎드려 바라건대 참례하고 전례에 따라 재물을 바치십시오"라고 말하니 허락하였다.

9월 신유일에 정6위상 식부소록 자야숙녜선대滋野宿禰船代 등이 발해국으로부터 돌아왔다.6)

『일본후기』12 ○23년(804) 6월 경오일에 칙서를 내렸다.

---

3) [역주] 답가(踏歌): 중국에서 정월15·16일에 새해를 축하하며 부른 노래와 춤.
4) 이상 19자는 『일본일사』8이 인용한 『유취국사』72에 근거하여 보충했다.
5) 서한은 문징에 있다.

6) 아울러 그 나라 왕의 계문을 가져왔는데 문징에 있다.

근년에 발해국 사신이 와서 능등국에 도착함이 많다. 머물러 묵을 곳은 외지고 누추해서는 안되니 마땅히 서둘러 객원客院을 짓도록 하라.1)

『일본후기』18 ○평성천황 대동 4년(809)2) 10월 계유 초하루에 발해국이 사신을 보내 방물을 바쳤다. 왕의 계문이 있었다.3)

『일본후기』19 ○차아천황 홍인 원년(810) 4월 경오 초하루 발해사신 고남용高南容 등에게 홍려관에서 향응을 베풀었다. 정축일에 고남용 등이 귀국했는데 국왕에게 보내는 글이 있었다. 5월 병인일에 발해사신 수령 고다불高多佛이 몸을 빼내 월전국에 남았다. 그를 월중국에 안치하고 음식을 공급했다. 사생 우율마장羽栗馬長과 습어생들로 하여금 발해어를 배우게 했다.4)

『일본후기』20 ○9월 병인일에 발해국이

---

1) 살피건대 이 아래에 빠진 글이 있다.
2) 4월 무자일에 차아천황에게 선위했다.
3) 원문은 이미 산실되어 『일본기략』 전편 14에 의거하여 보충했다.
4) 『일본기략』 전편 14에 의거하여 보충했다.

사신을 보내 방물을 바쳤다.5) 12월 경오일에 종6위상 임숙녜동인林宿禰東人6)을 송발해객사로 삼고 대초위하 상모야공계익上毛野公繼益을 녹사로 삼았다.

『일본후기』21 02년(811) 정월 병신 초하루에 번객들이 보통 의례대로 조회하고 새해를 축하했다. 임인일에 5위 이상과 번객들에게 잔치를 베풀고 녹을 내렸는데 차등이 있었다. 임자일에 풍락원에 행차하여 활쏘기를 관람하였다. 번객들에게 각궁7)을 하사하여 쏘게 했다.8) 을묘일에 대납언 정3위 판상대숙녜전촌마려坂上大宿禰田村麻呂, 중납언 정3위 등원조신갈야마려藤原朝臣葛野麻呂, 참의 종3위 관야조신진도管野朝臣眞道 등을 보내 조집원에서 발해사신에게 향응을 베풀었으며 녹을 차등있게 주었다. 정사일에 발해국사 고남용高南容이 그 나라로 돌아갔다. 그 나라 왕에게 보내는 서한을 주었다.9)

4월 경인일에 견발해국사 정6위상 임숙녜동인林宿禰東人 등이 인사차 배알하므로 의복을 하사했다.10)

10월 계해일에 정6위상 임숙녜동인 등이 발해로부터 돌아왔다. 아뢰기를 "국왕의 계문은 상례에 의거하지 않았으므로 버리고 가져오지 않았습니다. 그 녹사 대초위하 상모야공사익上毛野公嗣益 등이 탄 두번째 배는 떠나던 날에 서로 잃어버려 보이지 않는데 어디에 있는지 알지 못하겠습니다"라고 했다.

12월 을해일에 발해에 파견되었다가 죽은 녹사 대초위하 상모야공사익에게 종6위하를 추증했는데, 이는 죽음으로써 왕을 섬겼기 때문이다.11)

『일본후기』23 05년(814) 5월 을묘일에 신

---

5) 아울러 그 나라 왕의 계문을 가지고 옴. 문장에 있다.
6) '인(人)'은 '인(仁)'이라고도 한다.
7) 〔역주〕 각궁(角弓): 소나 양의 뿔로 장식한 활.
8) 이상 15자는 『일본일사』 19에서 인용된 『유취국사』 72에 의거해 보충했다.
9) 서한은 문장에 있다.
10) 이상 24자는 『일본기략』에 의거하여 보충했다.
11) 이상 33자는 『일본기략』에 의거하여 보충했다.

라 왕자가 내조하는 날 제서(制書)를 내렸다.

만일 조헌할 뜻을 가지고 있다면 발해의 예에 준하되 단지 우호적 이웃 관계만 맺으려고 한다면 답례할 것이 없이 곧 돌아가게 하고 돌아갈 식량은 주도록 하라.1)

『일본후기』24 09월 계묘일에 발해국이 사신을 보내 방물을 바쳤다. 11월 신사일에 출운국의 세금[田租]을 사면했다. 그런 까닭은 도적의 난리가 있었고 번객들에게도 공급해 주었기 때문이다.2)

6년(815) 정월 계유 초하루에 천황이 조회를 받았다. 번국사신에게 관위를 더해 주었다. 기묘일에 5위 이상과 발해사신에게 잔치를 베풀고 여악을 연주했다. 이날 발해국 대사 왕효렴(王孝廉)에게 종3위를, 부사 고경수(高景秀)에게 정4위하를, 판관 고영선(高英善)과 왕승기(王昇基)에게 정5위하를,

---

1) 원문은 산실되고 『일본기략』 전편 14에 의거하여 보충했다.
2) 이상 12자는 『일본기략』에 의거하여 보충했다.

五年五月乙卯制新羅王子來朝之日若有朝獻之志者准渤海之例但願修隣好者不用答禮直令遣却且給還糧〔伏譏十四補上〕

九月癸卯渤海國遣使獻方物十一月辛巳免出雲國田租緣有賊亂及供蕃客也〔上十二字據本紀補〕

六年正月癸酉朔皇帝受朝蕃客陪位己卯宴五位以上並渤海使奏女樂是日授位渤海國大使王孝廉從三位副使高景秀正四位下判官高英善王昇基正五位下錄事釋仁貞烏賢愜譯語李俊雄從五位下賜祿有差壬辰於朝集堂饗王孝廉等賜樂及祿甲午渤海國使王孝廉等歸蕃賜書〔二〕五月戊子御豊樂院宴王孝廉等賜祿國使王孝廉等於海中值逆風漂廻舟檣裂折不可更用癸巳令越前國擇大船駕蕃客也六月癸丑渤海大使從三位王孝廉薨詔曰悼往飾終事茂舊範褒恤錄績義存先彝故渤海國

使從三位王孝廉闋庭修聘滄溟迴艫復命未申昊蒼不愁雖有命在天雅露難駐而銜恨使命不得更歸朕恫於懷加贈榮爵死而有靈應照泉扃宜可正三位更賜信物并使等祿以先所賜濕挹也〔同上二〕

十年十一月甲午渤海國遣使獻方物上啓日云〔同上二〕前篇文己〔伏譏十四補略〕

十一年正月甲戌朔蕃客朝賀如儀庚辰宴五位以上及蕃客於豊樂院授位又渤海國入覲大使李承英等叙位有差己丑

〔渤海國志長編二〕 千華山館 二十四

녹사 석인정釋仁貞과 오현시烏賢偲, 역관 이준웅李俊雄에게 종5위하를 제수하고 녹을 차등있게 하사했다. 무자일에 풍락원에 거동하여 5위 이상과 번객에게 연회를 베풀고 답가를 연주하고 녹을 차등있게 하사했다. 임진일에 조집당에서 왕효렴 등에게 향응을 베풀고 악과 녹을 하사했다. 갑오일에 발해국사 왕효렴 등이 그 나라로 돌아갔다. 서한을 내렸다.3)

5월 무자일에 발해국사 왕효렴 등이 바다 가운데서 역풍을 만나 표류하다가 되돌아 왔다. 배의 노가 부러져 다시 쓸 수 없었다. 계사일에 월전국으로 큰 배를 골라 번국의 사신을 태워 보내게 했다.

6월 계축일에 발해대사 종3위 왕효렴이 죽었다. 조서를 내렸다.

죽음을 슬퍼하고 마지막을 장식하는 것은 옛 규범에 많이 있는 일이며, 충성을 표창하고 공적을 기록하는 것은 의義가 선인先人의 떳떳함을 존속시키는 것이다.

―――――――
3) 서한은 문징에 있다.

죽은 발해국사 종3위 왕효렴은 조정에 교빙을 닦고 큰 바다를 건너 되돌아가 미처 복명하여 아뢰지 못했으니 이는 하늘도 바라던 바가 아니었을 것이다. 비록 명이 하늘에 있다 하나 풀잎 끝에 맺힌 이슬과 같은 목숨을 머물게 하기란 어렵다.

사신의 명이 한스럽게 머물고 다시 돌아오지 못하니 짐은 마음으로 통곡한다. 영광스러운 관작을 더해 주어 죽어서 넋이 있다면 응당 저승에서라도 밝게 빛날 것이니 마땅히 정3위로 삼는다. 신물을 다시 더하고 또 같은 녹을 내린다. 이는 먼저 준 것이 습기로 손상되었기 때문이다.

『일본후기』 27 ○10년(819) 11월 갑오일에 발해국이 방물을 바쳤다. 계문을 올렸다.4)

『일본후기』 28 ○11년(820) 정월 갑술 초하루에 번객이 의례에 따라 조회하고 새해를 축하했다. 경진일에 풍락원에서 5위 이상과 번객에게 잔치를 베풀고 관위를 수여했다. 또 발해국 입근대사 이승영李承英 등에게 관위

―――――――
4) 원문은 이미 산실되어 『일본기략』 전편 14에 의거하여 보충했다.

를 차례로 주었는데 차등이 있었다. 기축일에 풍락전에 행차하여 답가를 연주하고 여러 신하들과 번객에게 잔치를 베풀고 녹을 하사하였다.

갑오일에 발해왕에게 보내는 서한에 이르기를 "천황이 삼가 문안한다. …"라고 하였다. 을미일에 당나라 월주사람 주광한周光翰·언승칙言升則 등이 고향에 돌아가려고 청원했다. 이에 발해사신를 따라서 돌려보낸다.1)

『일본후기』 29 ○12년(821) 11월 을사일에 발해국은 사신을 보내 방물을 바쳤다. 국왕이 올린 계문에는 "대인수大仁秀가 계합니다. …"라고 했다.2)

『일본후기』 30 ○13년(822) 정월 계사 초하루에 황제가 태극전에 행차하여 조회와 축하를 받았다. 번객에게 의례대로 관위를 더해 주었다. 기해일에 풍락전에 행차하여 여러 신하들과 번객에게 잔치를 베풀었다. 무신일에 풍락전에서 5위 이상과 번객에

---

1) 『일본기략』 전편 14에 의거하여 보충했다.
2) 『일본기략』 전편 14에 의거하여 보충했다.

게 답가를 연주하여 주었다. 발해국사 왕문구王文矩 등이 타구를 하자 무명옷감 2백 둔을 내기로 했다. 담당 관부가 음악을 연주하고 번객이 모두 춤을 추었고 녹을 하사했다. 임자일에 조집전에서 왕문구 등에게 향응을 베풀었다. 계축일에 왕문구 등이 그 나라로 돌아갔다. 국왕에게 서한을 내렸다.3)

『일본후기』31 ○14년(823)4) 11월 임신일에 가하국加賀國에서 발해국 입근사 1백1명이 도착했다는 말씀을 올렸다. 12월 무자일에 발해사신 위문을 중지하게 했다. 올해는 눈이 많이 와서 가고 돌아오는 길이 통하지 않기에 수연守掾 등에게 칙서를 내려 예에 준해서 위문하게 하였다.5)

『일본후기』32 ○순화천황 천장 원년(824) 정월 을묘일에 발해 객도客徒의 대사 이하 녹사 이상 6명에게 겨울의복 옷감을 하사했다.

2월 임오일에 발해국사 등에게 조지詔旨를 내렸다.

이렇게 불러들여 다스림을 베풀 수 있지만 편안한 바람은 내릴 수 없다. 기다렸다가 본국으로 돌아가라.

4월 병신일에 월전국이 바친 발해국의 예물과 대사 정태貞泰 등6)의 별공7)을 살펴보았다. 또 거란의 큰 사냥개 두 마리와 개 두 마리가 이전에 바쳐져 있었다. 경자일에 되돌아온 발해부사 장선璋璿이 따로 별도로8) 방물을 바쳤다. 신축일에 신천원으로 행차하여 발해 사냥개로 하여금 정원에 있는 사슴을 쫓게 했는데 중도에 그만두었다.

5월 계해일 발해에 보내는 칙서의 날짜를 적은 곳 위에 도장을 찍었다.9)

『일본후기』33 ○2년(825) 12월 신축일에 은기국이 역마를 달려 아뢰기를 "발해

---

3) 『일본기략』전편 14에 의거해서 보충했다.
4) 4월에 순화천황이 재위를 이었다.
5) 『일본기략』전편 14에 의거하여 보충했다.
6) 살피건대 『유취삼대격』18에는 고정태(高貞泰)로 되어 있다.
7) 〔역주〕별공(別貢): 별도로 바치는 공물.
8) 이 '별(別)'자는 『일본일사』에 의거해서 보충했다.
9) 『일본기략』전편 14에 의거하여 보충했다.

국사 고승조高承祖 등 1백3명이 도착했습니다"라고 했다. 을사일에 대내기 포유숙녜고정布琉宿禰高庭이 영객사는 출운국의 차관이 대신하도록 하고, 영객사라고 칭하지는 않기로 정했다.1)

『일본후기』 34 ㅇ3년(826) 3월 무진 초하루에 우대신 등원서사藤原緖嗣가 표문을 올려 "가히 발해객도를 부르는 것이니, 경영이 중첩하여 소동이 그칠 줄 모릅니다"라고 했는데 허락하지 않았다.

5월 무인일에 발해국사 고승조에게 정3위를 수여하고 부사·판관·녹사들에게도 차례로 관위를 주었다. 경진일에 발해국 객도들이 가하국에 돌아갔다. 신사일에 천황이 발해국왕에게 "삼가 문안한다"고 운운했다.2)

『일본후기』 36 ㅇ5년(828) 정월 갑술일에 단마국에서 역마를 달려 말씀을 올리

---

1) 『일본기략』전편 14에 의거하여 보충했다.
2) 『일본기략』전편 14에 의거하여 보충했다. 살피건대 여기에 궐문이 있다.

기를 "발해사람 1백여 명이 도착했습니다"라고 하였다.3) 2월 기축일에 단마국사가 발해왕의 계문과 중대성의 첩문을 베껴 진상했다.

4월 계미일에 발해객 대사 이하 뱃사공〔梢工〕 이상에게 차등있게 명주와 무명을 하사했다.4)

『속일본후기』 10 ○인명천황 승화 8년(841) 12월 정해일에 장문국에서 알리기를 "발해객도 하복연(賀福延) 등 1백5명이 도착했습니다"라고 했다. 경인일에 식부대승 정6위상 소야조신항가(小野朝臣恒柯), 소외기 정6위상 산대숙녜씨익(山代宿禰氏益)을 존문발해객사로 삼았다.

『속일본후기』 11 ○9년(842) 2월 을유일에 발해객도로 하여금 서울에 들어오도록 했다. 3월 신축일에 존문 겸영발해객사 식부대승 정6위상 소야조 신항가와 소내기5) 종6위상 풍계공안인(豊階公安人) 등이 아뢰기를 "발해객도의 글과 발해왕이 올린 계문, 그리고 별도의 장계와 중대성 첩문 등의 글6)을 살펴보았습니다"라 했다.

임술일에 발해객도 하복연(賀福延) 등이 하양으로부터 서울에 들어왔다. 식부소보 종5위하 등원조신제성(藤原朝臣諸成)을 교로사7)로 삼았다. 이날 저녁 홍려관에 안치하고 음식을 공급하였다.

계해일에 태정관이 우대사 정6위상 번량조신풍지(蕃良朝臣豊持)를 홍려관에 보내 그들을 위문했다. 이날 발해사신 하복연 등이 중대성의 첩을 올렸다. 갑자일에 시종 정5위하 등원조신춘진(藤原朝臣春津)을 홍려관에 보내 조칙을 전하였다.

---

3) 『일본전사』에 이르기를 "단마국에서 발해사신 왕문구 등 1백여 명이 왔다"고 했다.
4) 『일본전사』에는 발해사신에게 명주와 무명을 하사했으나 서울에 들어오는 것을 허락하지 않았다고 하고 칙령에 기간이 1기(一紀)를 채운 다음에 입근할 수 있다고 했다. 『일본기략』 전편 14에 근거하여 보충했다.
[역주] 1기(一紀)는 12년을 말함.

5) [역주] 소내기(少內記): 내기(內記)는 중무성(中務省)의 속관으로 조칙(詔勅)·선명(宣命)을 기초하는 일을 맡았음. 내기는 대·중·소로 나뉘어져 있었는데 정원은 각각 2명씩임.
6) 계문 1수, 별장 1수, 첩 1수, 모두 문정에 있다.
7) [역주] 교로사(郊勞使): 영접하여 맞이하는 임무를 맡은 사신.

4월 을축 초하루에 객도들에게 계절에 맞는 옷을 하사했다.[1] 병인일에 발해국사 하복연 등이 팔성원[2]에 서계문을 담은 함과 신물 등을 보내왔다. 기사일에 천황이 풍락전에 행차하여 발해사신들에게 잔치를 베풀고 조서를 내려 대사 하복연에게 정3위를, 부사 왕보장王寶璋에게 정4위하를, 판관 고문연高文暄[3]과 마효신馬孝愼[4] 두 사람 모두 정5위하를, 녹사 고문인高文寅[5]과 고평신高平信·안환희安歡喜 세 사람에게는 모두에게 종5위하를 수여했다. 그밖에 역관 이하 수령 이상 13명에게 복색에 따라 품계를 높여주었다. 우소변 겸 우근위소장 종5위하 등원조신씨종藤原朝臣氏宗으로 하여금 음식을 공급

---

1) 이상 34자는 『일본기략』 전편 15에 근거하여 보충했다.
2) [역주] 팔성원(八省院): 8개의 성(省)으로서 중무(中務)·식부(式部)·진부(眞部)·형부(刑部)·치부(治部)·민부(民部)·대장(大藏)·궁내성(宮內省)의 백관이 정무를 보았던 곳으로, 태극전은 그것의 정전임.
3) 혹은 '훤(暄)'으로 쓴다.
4) '마(馬)'는 혹 오(烏)로 쓴다.
5) '인(寅)'은 혹 '선(宣)'으로 쓴다.

하게 했다. 해질 무렵에 녹을 내렸는데 차등이 있었다.

신미일에 대사 하복연이 사사로이 방물을 바쳤다. 계유일에 조집당에서 객도들에게 잔치를 베풀었다. 종5위하 유양숙녜춘도惟良宿禰春道를 보내 음식을 공급하고 조칙을 전하여 말하였다.[6] 병자일에 칙사를 홍려관에 보내 발해왕에게 보내는 조칙을 선포했다.[7] 태정관이 중대성에 첩문을 주고[8] 첩[9] 해유판관 정6위상 등원조신속작藤原朝臣粟作, 문장생 종6위상 대중신조신청세大中臣朝臣淸世 등을 영객사로 삼았다. 이날 사신 하복연 등이 고향으로 돌아갔다.

『속일본후기』 18 ○가상 원년(848) 12월 을묘일에 능등국에서 역마를 달려 아뢰기를 "발해국입근사 왕문구 등 1백 명이 도착했다"고 알려왔다.

『속일본후기』 19 ○2년(849) 2월 병술 초하루에 소내기 정7위상 현견양대숙녜정수縣犬養人宿禰貞守와 직강 정6위상 산구기촌서성山口忌寸西成 등을 존문발해객사로 삼아 능등국에 파견했다.

3월 무진일에 능등국에 보냈던 존문발해객사 소내기 현경대숙녜정수 등이 역마를 달려 사신들이 가지고 온 계문과 첩문 등을 아뢰었다.[10] 을축일[11]에 존문사 등이 역마를 달려 사신 등을 힐책하고 전례에 어긋나게 찾아온 사유를 묻고 대답한 글들을 아뢰었다. 임신일[12]에 현견양대녜숙정수와 산구기촌서성에게 영발해객사를 겸하게 했다.

4월 신해일에 영객사 등이 발해국 사신 왕문구王文矩 등을 안내하여 서울에 들어왔다. 칙사 좌근위소장 종5위상 양잠조신종정良岑朝臣宗貞을 보내며 위로하고 홍려관에 안치했다.[13] 계축일에 발해객도들에게 계

---

6) 이상 19자는 『일본기략』 전편 15에 근거하여 보충했다.
7) 서한은 문징에 있다.
8) 첩은 문징에 있다.
9) [역주] 첩(牒): 감(勘)의 오자인 듯함.

10) 계(啓)와 첩(牒)은 모두 문징에 있다.
11) 『일본기략』에는 '을해'로 되어 있다.
12) 『일본기략』에는 '임오'로 되어 있다.
13) 이 아래에 선명(宣命)이 있는데 그 풀이가 난해하므로 생략한다.

절에 맞는 옷을 하사했다.

　5월 을묘일에 발해국 입근사 대사 왕문구 등이 팔성원에 나아가 국왕의 계문을 담은 함과 신물 등을 바쳤다. 병진일에 천황은 풍락전에 행차하여 사절들에게 잔치를 베풀었다.1) 대사 이하 수령이 함께 절하고 춤추었다.

　대사 왕문구에게 종2위를 수여하였다. 왕문구에게는 지난 홍인 13년(822)에 정3위를 주었기에 이번에는 관위가 더해져서 종2위를 준 것이다. 부사 오효신烏孝愼2)에게 종4위상을, 대판관 마복산馬福山3)과 소판관 고응순高應順에게 모두 정5위하를, 대록사 고문신高文信과 중록사 다안수多安壽 그리고 소록사 이영진李英眞4)에게 모두 종5위하를 수여했다. 나머지 품관으로부터 수령들에게도 모두 관위와 품계를 주었다.

---

1) 이 아래에 조칙을 내린 내용이 있는데 생략한다.
2) '오(烏)'는 혹 '마(馬)'라고 한다.
3) '마(馬)'는 혹 '오(烏)'라고 한다.
4) '이(李)'는 혹 '학(學)'이라 했는데, 이는 잘못된 것이다.

무오일에 천황이 무덕전에 행차하여 말타고 활쏘기 하는 것을 관람했다. 6군이 깃발을 들고 에워쌓으며 백관이 자리를 함께했다. 조칙을 내려 왕문구 등에게 연회에 배석할 것을 명했다.5) 해질 무렵에 수레를 타고 대궐로 돌아갔다.

계해일에 공경을 조당에 보내 사절들에게 음식을 대접했다.6) 을축일에 참의 종4위상 소야조신횡小野朝臣篁, 우마두 종4위하 등원조신춘진藤原朝臣春津, 소납언 종5위하 등원조신춘강藤原朝臣春岡, 우소변 종5위상 귤조신해웅橘朝臣海雄, 좌소사 정6위상 대와익문大窪益門, 소내기 종7위하 안야숙녜풍도安野宿禰豊道 등을 홍려관에 보내 칙서와 태정관의 첩문을 주었다.7) 이날 객도들이 돌아갔다.

『일본문덕천황실록』1 03년(850)8) 5월에 신사일에 차아태황태후가 죽었다. 태후의 성은 귤씨橘氏이고 휘는 가지자嘉智子이다. 아버지 귤청우淸友는 젊어서 심지가 깊고 『서기』를 섭렵했다. 신장이 6척 2촌이고 눈썹과 눈이 그림 같고 거동이 아주 방정했다.

보구 8년(777) 발해9)국이 보내온 사신이 방문했는데, 귤청우의 나이 겨우 약관 스무 살이었다. 양가의 자제로서 자태가 매우 뛰어났으므로 사신을 접대할 수 있었던 것이다.

발해10) 대사 헌가대부 사도몽史都蒙이 그를 보고 그릇이 크다고 여기고 통사사인 산어야상山於野上에게 "저 소년은 누구입니까?" 하고 물었다. 산어야상의 대답이 "그는 서울의 한 백면서생일 따름입니다"라고 대답

---

5) 이 아래에 조칙을 내린 내용이 있는데 생략한다. 또한 『본조통감』에는 "5월 5일에 약옥을 차고 또 술을 마신다[佩五月五日藥玉且飲酒]"라는 10자가 있다.
　[역주] 주 글자 뒤에는 "이러한 사람들은 장수할 복이 있다고 하는 까닭에 약옥과 술을 내린다"는 내용이 생략되어 있음.
　[역주] 약옥(藥玉): 사향 등 여러 가지 약을 구슬 모양으로 만들어, 그것을 꽃으로 수놓고 색실을 늘어뜨린 비단 주머니에 넣어 어깨나 기둥 등에 걸어 놓은 것임. 부정을 물리치는 기운을 의미함.
6) 이 아래에 조칙을 내린 내용이 있는데 생략한다.
7) 칙서와 첩문은 문정에 있다.
8) 문덕천왕이 이 해 3월에 제위를 이었다.
9) 원래 '고려'라 했다.
10) 원래 '고려'라 했다.

했다.

사도몽은 관상을 잘 보았는데 산어야상에게 "이 사람은 골상이 뛰어나므로 자손 가운데 크게 귀한 사람이 있을 것이오"라고 말했다. 산어야상이 "수명은 깁니까, 짧습니까?" 하고 물으니 사도몽이 "32세에 재앙이 있을 것인데 이 해만 넘기면 탈이 없을 것입니다"라고 말했다.

그 뒤에 굴청우는 전구씨田口氏의 딸과 결혼하여 태후를 낳았다. 연력 5년(786)에 내사인이 되었다. 8년에 병으로 집에서 죽었다. 그 해의 나이가 32세였으니 과연 사도몽의 말과 같았다.

『일본삼대실록』 2. ○청화천황 정관 원년(859) 정월 기묘일[22일]에 능등국에서 역마를 달려 아뢰기를 "발해국 입근사신 마효신馬孝愼1) 등 1백4명이 주주군에 도착했습니다"라고 했다. 을유일[28일]에 정6위상 행소외기 광종숙녜안인廣宗宿禰安人, 대내기 정6위상 안배조신청행安倍朝臣淸行을 영발해국객

1) '마(馬)'는 혹 '오(烏)'라 했다.

사로 삼았다.

2월 경인일[4일]에 발해객이 능등국에 도착했다. 이날 조칙을 내려 가하국으로 옮겨 편한 곳에 안치하도록 하였다. 계사일[7일]에 종6위하 행직강 예전수안웅細田首安雄을 영발해객사로 삼았는데 광종안인廣宗安人이 사퇴했기 때문이다. 을미일[9일]에 대초위하 춘일조신택성春日朝臣宅成을 발해통사로 삼았다.

3월 기사일[13일]에 영발해국객사 안배조신청행과 예전수안웅이 행장을 차리고 떠나려 하니 천황이 고선告宣[2)하여 "사신들은 마땅히 존문 겸 영발해객사로 칭해야 할 것이니, 이번에는 존문사를 임명하지 않기 때문이다"라고 말했다.

발해국 부사 주원백周元伯은 자못 문장에 뛰어났으므로, 조칙을 내려 월전권소연 종7위하 조전조신충신島田朝臣忠臣을 임시 가하권대연으로 삼아 그 곳으로 향하여 주원백과 시를 주고받도록 했는데, 조전충신이 문장을 잘 지었기 때문이다.

5월 을축일[10일]에 존문 겸영발해객사 대내기 안배조신청행과 가하국사 등이 발해국 계첩과 신물을 받들어 진상했다.3)

『일본삼대실록』3 ○6월 정미일[23일]에 발해국에 칙서를 내렸다.4) 태정관이 중대성첩을 보냈다.5) 동시 50필, 무명옷감 4백 둔을 대사 마효신에게 하사하였다. 마효신이 따로 토산물을 보내왔기 때문에 이를 하사한 것이다.

7월 갑술일[21일]에 존문 겸영발해객사 직강 예전안웅細田安雄이 복명하여 "사신들은 이 달 6일에 닻줄을 풀고 그 나라로 돌아갔습니다"라고 아뢰었다. 대내기 안배조신청행은 지난 4월에 부친상을 당하여 사직했으므로, 예전안웅 혼자 돌아와 일의 전말을 아뢰었다. 천황은 상중이었으므로 사신들을 불러들이지 않

---

2) 어떤 곳에는 '선고宣告'라 했다.
3) 계첩은 모두 문징에 있다.
4) 글은 문징에 있다.
5) 첩은 문징에 있다.

고 가하국으로부터 그 나라로 돌려보냈던 것이다.

『일본삼대실록』5 ○정관 3년(861) 정월 을미일(20일)에 출운국에서 말씀을 올리기를 "발해국사 이거정李居正 등 1백5명이 은기국으로부터 도근군에 도착했습니다"라고 했다. 계묘일(28일)에 산위 정6위상 등원조신춘경藤原朝臣春景, 병부소록 정7위하 갈정연선종葛井連善宗을 영발해객사로, 파마소목 대초위상 춘일조신택성春日朝臣宅成을 통사로 삼았다. 칙을 내렸다.

사신의 일을 묻는 일이 끝나면 등원춘경藤原春景은 마땅히 단마권개로 칭하고 선종善宗은 인번권개로 칭하라.

5월 갑오일(21일)에 존문 겸영발해객사 단마권개 정6위상 등원조신춘경과 출운국사 등에게 명하여 일렀다.

발해국사 이거정李居正은 선황의 제도를 어기고 거듭 조문하러 왔다. 또 계안을 살피게 했더니, 예를 어긴 일이 많으니 모름지기 그 경솔하고 방자함을 책망하여 그 곳으로부터 돌려보내야 한다. 그러나 듣자 하니 이거정 관위가 공경이고, 나이는 사직할 때를 지났으며, 재주가 교신1)하는 데 뛰어나 오히려 아낄 만하다고 한다. 그러므로 특별히 우대하고 긍휼히 여겨 서울에 들어오는 것을 허락하고자 했다.

그러나 지난번 가뭄이 계속되고 농번기라 방해가 되니, 오는 길이 염려되므로 다시 멈추게 했다. 또 왕의 계문과 예물 등은 다시 거두어들일 수 없으니 모름지기 중대성 첩을 진상하라.

그리고 출운국의 비단 1백35필, 무명옷감 1천2백25둔을 발해사절 1백5명에게 하사하도록 했다. 을묘일[26일]에 태정관이 발해국 중대성에 보내는 첩을 존문사와 출운국사에게 내리고 비단 10필, 무명옷감 40둔을 대사 이군정李君正에게 따로 하사했다.

6월 기미일[16일]에 「장경선명역경」2)을 반포 실시했다. 이에 앞서

음양두 종5위하 겸행역박사 대춘일조신진야마려大春日朝臣眞野麻呂가 아뢰었다.

삼가 살피건대 풍어식취옥희豊御食炊屋姫천황3) 10년(602) 10월에 백제국 승려 관륵觀勒이 처음 역술을 보내왔으나 세상에 시행되지 않았습니다. 고천원광야희高天原廣野姫천황4) 4년(690) 12월에 비로소 칙령으로 「원가력」을 사용하였고 다음에는 「의봉력」을 사용했습니다.

고야희高野姫천황5) 천평보자 7년(763) 8월에 의봉력을 중지하고 「개원태연력」을 사용했는데 그 뒤에 보구 11년(780)에 견당사 녹사 고故 종5위하 행내약정 우율신익羽栗臣翼이 「보응오기역경」을 바치면서 "대당은 지금 「태연력」을 그만두고 오직 이 경만 쓰고 있습니다"라고 하였습니다.

천응 원년(781)에 칙령이 있어 이 경에 의거해서 역일을 만들게 했는데, 이를 익히거나 배운 사람이 없으므로 이 업을 전할 수 없어 오히려 「태연역경」을 사용한 지 이미 1백 년이 되었습니다. 진야마려眞野麻呂가 지난 제형 3년(856)

---

1) [역주] 교신(交新): 새로운 사람을 사귐.
2) [역주] 「장경선명역경」: 당 목종 장경 2년(822)에 만든 역(曆)으로, 일본에서는 정관 4년부터 강호시대 정향 원년(1684)까지 사용했음.
3) 추고천황이다.
4) 지통천황이다.
5) 칭덕천황이다.

에 저 「오기력」을 쓸 것을 청하니 조정에서 의논하기를 "나라에서 「태연경」에 근거하여 역일을 만든 것이 오래되었고 성인이 떠난 지 이미 오래되었으나 의리로 보아 둘 다 있는 것이 좋겠습니다. 마땅히 잠시 동안이라도 서로 겸용하여 한쪽 것만 사용하지 않도록 합시다"라고 했습니다.

정관 원년(859)에 발해국대사 마효신 馬孝愼[1]이 새로 「장경선명역경」을 바치면서 "이는 대당에서 새로 쓰는 역경입니다"라고 했습니다. 진야마려가 시험 삼아 살펴보았는데 이치가 분명했습니다. 이에 저 새로운 역을 「태연」·「오기」 두 경과 비교하고, 또 천문을 살피며 절기를 참작하니, 두 경의 술법은 점점 거칠고 성긴 것으로 초하루와 절기에 차이가 있습니다.

또 당나라 개성 4년(839)과 천평[2] 12년(858) 등의 역을 교감해 보았는데 다시는 저 신역과 서로 다르지 않았습니다. 『역의』에 이르기를 "음양의 운행은 움직임에 따라 차이가 있으며 그 차이는 어찌할 수 없는 것이므로 역서와 어긋나는 것이다"라고 했습니다. 바야흐로 지금 대당은 개원 이래 역술을 세 번이나

---

1) '마(馬)'는 '오(烏)'라 한 곳도 있다.
2) [역주] 대중(大中)의 잘못임.

고쳤지만 본조는 천평 이래로 아직도 같은 경만을 사용하면서도 조용히 사물의 이치만을 말하고 있으니, 진실로 그리할 수는 없는 것입니다. 청하건대 옛 역법을 그만 두고 새로운 역법을 사용하여 천운을 공경하십시오.

조칙을 내려 이를 따랐다.

『일본삼대실록』 8 ○6년(864) 정월 갑진일[17일]에 산위 종5위하 산구이미길서성山口伊美吉西成이 죽었다. 산구서성은 우경사람이다. 어려서 책읽기를 싫어했고 활쏘기를 익히는 것을 좋아했다. 어른이 되어 뜻을 고쳐 배움에 들어가 『춘추』로써 명가를 이루고 겸하여 『모시』와 『주역』에 능했다. 승화(834~847) 초기에 대학직강을 제수받았다.

가상 2년(849) 발해국왕이 사신을 보내 조공할 때 산구이미길서성은 임시로 대학대윤이라 칭하고 존문겸영객사가 되어 가하국에 들어가서 사신들을 맞이하여 서울로 들어오게 하였다. 죽을 때의 나이 63세였다.

『일본삼대실록』 20 ○13년(871) 12월 임자일[11일]에 발해국 입근사 양성규楊成規 등 1백5명이 가하국 해안에 도착하였다.

『일본삼대실록』 21 ○14년 정월 정축일[6일]에 정6위상 행소내기 관원조신도진菅原朝臣道眞, 종6위하 행직강 미노연청명美努連淸名을 존문발해객사로 삼고 원지정 정6위상 춘일조신택성春日朝臣宅成을 통사로 삼았다.

신묘일[22일], 이달 서울에 해역병3)이 발생하여 죽은 자가 많았다. 사람들이 "발해사신들이 와서 다른 나라의 독기를 묻혀왔기 때문에 그렇다"고 하였다. 이날 건례문 앞에서 아주 큰 푸닥거리를 지냄으로써 그것을 막았다.

정유일[26일]에 정6위하 행소외기 대춘일조신안수大春日朝臣安守를 존문발해객사로 삼았는데 소내기 관원조신도진이 모친상을 당하여 벼슬을 그만두었기 때문이다.

---

3) [역주] 해역병(咳逆病): 목구멍이 막혀 숨을 들이마시면 소리가 나는 병.

3월 갑신일(14일), 조칙을 내려 존문발해객사 대춘일조신안수와 미노연청명에게 함께 영객사를 겸하게 하였다. 계사일(23일), 이번 봄 이후로 안팎으로 괴이한 일이 자주 보여 여러 신사에 사자를 각각 보내 폐백을 바치게 하였다. 고하는 글에 일렀다.

별도로 작년에 음양료陰陽寮가 점을 쳐 "번객이 오는 일이 상서롭지 못하다"고 합니다. 그러나 이제 발해객이 12년의 기한이 되어 조회하러 왔으므로, 어쩔 수 없이 나라의 법으로써 불렀습니다.

4월 임자일(13일)에 존문발해객사 소외기 대춘일조신안수 등이 대사 양성규楊成規가 가지고 온 계첩의 상자를 열어 예에 어긋난 이유를 꾸짖어 물은 문답의 글과 대춘일안수 등이 가하국으로 가는 도중의 소식을 기록한 것을 역마를 달려 아뢰었다. 을묘일(16일)에 정6위상 행소내기 도숙녜언도都宿禰言道와 정6위상 행식부소승 평조신계장平朝臣季長을 장발해객사로 삼고 상륙소연 종7위상 다치진인수선多治眞人守善과 문장생 종8위하 관야조신유초菅野朝臣惟肖를 영귀향발해객사로 삼았다.

5월 병자일[7일]에 장발해객사 도언도都言道가 풀이하는 글을 스스로 지어 관의 결재를 청했다.

성과 이름이 서로 짝하면 그 뜻이 이에 아름다운 것이니. 만일 천황의 아름다운 명이 없었다면 어찌 먼 곳에서 온 사람에게 보일 수 있었겠습니까. 엎드려 바라옵건대 이름을 양향良香으로 고쳐 편안한 편을 쫓겠습니다.

그 청대로 허락했다. 갑신일[15일]에 칙령을 내려 종5위상 수우근위소장 등원조신산음藤原朝臣山陰을 파견하여 산성국 우치군 산과촌에 이르러 교외에서 발해객을 영접하여 위로하게 했다. 영객사 대춘일조신안수 등과 교로사가 함께 발해국 입근대사 정당성 좌윤 정4품 위군상진장군 사자금어대 양성규楊成規와 부사 우맹분위소장 정5품 사자금어대 이흥성李興晟 등 20명을 이끌어 서울에 들어와 홍려관에 안치하도록 했다.

우경인 좌관장 종8위상 박인씨수狛人氏守에게 성을 하사하여 직도숙녜直道宿禰라고 하였다. 박인씨수는 사람됨이 장대하고 용모와 거동이 볼 만하여 임시로 현번속을 삼았고, 홍려관에 가서 연회와 사신의 송별과 환영에 관한 일을 맡아보았다. 그러므로 박인씨수의 청에 따라 성을 고쳐주었던 것이다. 그의 조상은 고구려 사람이다.

병술일[17일]에 칙을 내려 정5위하 행우마두 재원조신업평在原朝臣業平을 홍려관에 보내 발해객을 위로하고 문안하게 했다. 홍려관은 이날 객도들에게 계절에 맞는 옷을 내렸다.

정해일[18일]에 칙령을 내려 좌근위중장 종4위하 겸행비중권수 원조신서原朝臣舒를 홍려관에 보내 양성규 등이 가져온 발해국왕의 계문과 신물 그리고 중대성첩을 살피도록 했다.[1] 그들의 신물은 대충피 7매,

---
1) 계첩은 문징에 있다.

표범가죽 6장, 곰가죽 7장, 꿀 5곡이었다.

무자일(19일)에 칙령을 내려 참의 정4위하 행좌대변 겸감해유장관 근강권수 대강조신음인大江朝臣音人을 보내 홍려관에 가서 발해국사들에게 위계와 고신을 내려주었다.[1] 대사 이하가 서로 함께 절하고 춤추었다. 이를 마치자 대사 양성규에게 종3위를, 부사 이여성李與晟에게 종4위하를, 판관 이국도李國度[2]와 하왕진賀王眞[3]에게 모두 정5위하를, 녹사 고복성高福成·고관高觀·이효신李孝信에게 모두 종5위상을 내리고, 품관 이하와 아울러 수령 등에게 관위를 내렸는데 각각 차등이 있었다. 또 천문생 이상은 위계에 따라 각각 조복을 하사했다. 지난해 음양료가 점을 쳐 "번객이 조회하면 상서롭지 못한 일이 있을 것이다"라고 했기 때문에 직접 사신들을 인견하지 않고 홍려관

---

1) 칙서는 따로 있는데 문정에 있다.
2) '도(度)'는 '경(慶)'이라 한 곳도 있다.
3) '왕(王)'을 '주(主)'라 한 곳도 있다.

으로부터 돌려보냈다.

 기축일[20일]에 내장료內藏寮와 발해객이 재화와 물건을 서로 주고받았다. 경인일[21일]에 서울의 사람들과 발해의 사신들이 교관[4]하는 것을 허락했다. 신묘일[22일]에 여러 시전의 사람들과 사신의 무리들이 사사로이 물건을 거래하는 것을 허락했다. 이날 발해국사들에게 나랏돈 40만을 주고 시전의 사람들을 불러 모아 사신들과 방물을 매매하도록 했다. 전축후소목 종7위상 이세조신여방伊勢朝臣與房을 영귀향객사통사로 삼았다.

 임진일[23일]에 칙을 내려 대학두 종5위상 겸행문장박사 아파개 거세조신문웅巨勢朝臣文雄, 문장득업생 월전대연 종7위하 등원조신좌세藤原朝臣佐世를 홍려관에 보내 발해국사에게 향연을 베풀어 주도록 했다.[5] 술잔이 여러 차례 돌자 주인과 객이 모두 취했다. 사신들에게 녹을 내렸는데 각각 차등이 있었다.

 계사일[24일]에 대사 양성규가 장객사를 따라 사사로이 방물을 제사에 바치고[壤尊][6] 장차 천황과 황태자에게 바치기를 청하였다. 장객사가 장계를 올려 아뢰었는데 조칙을 내려 허락하였다. 내리동궁內裏東宮의 봉헌물품이 많았다.

 이날 칙을 내려 민부소보 겸동궁학사 종5위하 귤조신광상橘朝臣廣相을 보내 사신들에게 곡연[7]을 베풀도록 하였다. 병부소보 종5위하 겸행하야권개 고계진인영범高階眞人令範을 보내 어의御衣를 하사했다. 주객이 모두 취했으며 이흥성興城은 시를 읊었다.

 갑오일[25일]에 칙을 내려 참의우대변 종4위상 겸행찬기수 등원조신가종藤原朝臣家宗, 종4위상 행우근위중장 겸행아파수 원조신흥源朝臣興, 종6위하 수대내기 대강조신공과大江朝臣公跨를 홍려관에 보내 칙서를 내리게

---

4) [역주] 교관(交關): 서로 왕래함.
5) 이하 조칙을 내린 내용이 있는데 생략한다.
6) '회존懷尊'이라고도 한다.
7) [역주] 곡연(曲宴): 임금이 궁중의 내원에서 베푸는 조그만 연회.

했다.[1] 종5위상 행소납언 겸시종 화기조신이범和氣朝臣彜範, 정5위하 수우중변 등원조신양근藤原朝臣良近, 좌대사 정6위상 대춘일조신안수大春日朝臣安守에게 태정관의 첩문을 부치니 대사 이하가 두 번 절하고 춤추고 내린 글과 태정관 첩함을 받았다.[2]

이날 영귀향객사 다치진인수선多治眞人守善 등이 사신들을 이끌고 홍려관을 떠났다. 대사 양성규楊成規가 말하기를 "성규 등이 삼가 빙문하는 예를 마치고 본토로 돌아갑니다. 지금 대사를 보내 환송하게 하시니 성규 등은 대궐을 우러르면서 흘리는 눈물이 옷깃을 적시고, 우러러 사모하는 정성이 마음속에 그지없습니다"라고 했다. 작별할 때 장객사 도량향都良香이 관문을 막고 잔을 들고 권했다.

『일본삼대실록』23 ○15년(873) 5월 경인일[27일]에 앞서 태재부에서 아뢰기를 "지

---

1) 이상 3자[賜勅間]는 『일본기략』 전편 18에 근거하여 보충했다.
2) 서첩은 문장에 있다.

난 3월 11일 어느 곳 사람인지 알지 못하는 사람들 60명이 배 두 척에 타고 살마국 증도군에 표착했습니다. 말이 통하기 어려워 무엇으로써 문답을 할까 했는데, 그 수령 최종좌(崔宗佐)·대진윤(大陳潤) 등이 스스로 글을 써서 '최종좌 등은 발해국 사람으로 저희들 국왕께서 당나라에 들어가 서주의 평정을 축하하도록 보냈는데, 바닷길에서 풍랑이 험하여 표류하다가 이에 이르렀다'라고 했습니다. 국사가 사실과 뜻을 살펴보니 공험[3]을 가지지 않고, 쓴 기년도 또서로 어긋났습니다. 아마도 이것은 신라사람이 발해사람으로 거짓 칭하고 변경을 가만히 엿보러 온 것인 듯싶습니다. 두 척의 배를 이끌고 부(府)를 향하는 사이에 한 척은 바람을 만나 돛을 날려 도망했습니다"라고 아뢰었다. 이날 칙령을 내렸다.

발해의 먼 번국이 우리에게 귀순했다. 신라가 조그마한 나라로서 오랫동안 나

---
3) [역주] 공험(公驗): 여행용 신분증명서.

쁜 마음을 품고 있으니 마땅히 부(府)와 국(國)의 관사로 하여금 면밀히 살피도록 하라. 만일 진실로 발해사람이라면 모름지기 위로하고 식량을 주어 돌려보내도록 하고, 만약 신라의 흉측한 무리라면 모두 그들을 가두고 아뢰도록 하라. 겸하여 관내의 여러 나라로 하여금 거듭 삼가고 경계하여 지키도록 하라.

『일본삼대실록』24 07월 경오일[8일]에 이에 앞서 태재부가 역마를 달려 알리기를 "발해국인 최종좌·문손재(門孫宰) 등이 표류하다가 비후국 천초군에 도착했습니다. 대당통사 장건충(張建忠)을 파견하여 사유를 다시 문의하고 사실을 확인해 보니 발해국입당사라고 합니다. 지난 3월에 살마국에서 도망해 간 한 척의 배였습니다"라고 했다. 이에 최종좌 등의 일기와 가지고 있던 밀납으로 봉한 함, 여러 가지 밀봉한 글, 활과 칼 등을 진상했다.

이날 칙령을 내렸다.

최종좌 등을 신문하여 올린 글을 보아도 발해사람임을 알겠다. 또한 그 표함

과 첩서·인장을 찍어 밀봉한 관의 직함 등이 먼저 조공하러 와 이 곳에 있는 그것과 비교해 보니 완전히 일치했다. 최종좌 등은 변경의 틈을 엿보는 간악한 도적이 아니고 선린의 임무를 띤 사신으로서, 표류하다가 이르게 된 어려움은 진실로 긍휼히 여길 만하다. 마땅히 구제할 의복과 식량을 지급하도록 하고, 올려보냈던 밀납으로 봉한 상자와 여러 가지 봉한 글 등은 그 봉함을 온전하게 하여 번거롭게 열어보지 말라. 또한 그들이 몸에 지니고 있는 물건들은 하나도 건드리지 말고 모두 돌려주도록 하라. 그들이 타고 온 배 두 척은 만일 파손된 곳이 있거든 정성을 다해 고쳐주어 충분히 파도를 헤치고 나아갈 수 있도록 하여 조속히 잘 떠날 수 있게 하라.

다만 최종좌 등은 저 나라[발해]의 이름있는 신하인데 어찌 우리 조정의 선린을 알지 못하겠느냐. 그러므로 표류하다 도착한 날에 모름지기 사실을 털어놓고 은혜로운 구제를 바라야 했을 것임에도 돛을 펴고 도망했으니 돌이켜 보면 간특한 적과 같다고 할 수 있다. 우리의 어질고 관대함이 없었다면 어찌 무거운 죄로 주살을 면할 수 있었겠는가? 마땅히 그들의 과실을 책망하고 그 잘못을 뉘우치게 해야 한다.

佐等申狀知是渤海人亦其表函牒書印封宵衛等譬校先來入觀在此間者符合如一崔宗佐等既非伺隙之奸宠可謂善隣之使臣其飄泊艱澁誠當矜恤宜令在所支濟衣糧所上蠟封函子雜封書等全其印封莫煩披閱亦其隨身雜物秋毫不犯皆悉還與其所乘二船設有破損勤加繕修足以凌波早得好去但宗佐等彼國名官之人豈知我朝之相善然則飄著之日須露情實以望恩濟而飛帆逃亡還似奸賊非我仁恕何免重誅宜責以過契俾悔其非也

十六年六月庚申 先是渤海宗佐等五六十人漂著石見國給資糧放還本郷 本紀略二十一

陽成天皇元慶元年正月戊子 出雲國言渤海國大使堂省孔目官楊中遠等一百五人去年十二月二十六日著岸中遠申云爲謝恩請使差使中遠等裝獻方物於島根郡安置供給 二月乙巳 以少外記正八位上大春日朝臣安名前讃岐掾正八位下占部連月雄爲存問渤海客使園池正正六位

上春日朝臣宅成爲通事三月壬子 以存問渤海客使大春日朝臣安名 渤海國志攷編二

四月己丑 存問兼領渤海客使少外記大春日朝臣安名等寫渤海國王啓并中臺省牒馳驛上奏 六月甲午 渤海國使楊中遠等自出雲國還於本薔王啓并信物不受而還之大使中遠欲以珍翫瑪瑙酒盃奉獻天子皆不受言昔往大唐多觀珍賣求有若此之奇 佐 同上

六年十一月乙未 加賀國馳驛言今月十四日渤海國人通事圍池正春日朝臣宅成言昔往大唐多觀珍賣求有若此觀使裵頲等一百五人著岸 丙申 下符加賀國安置渤海

『일본삼대실록』 30 ○16년(874) 6월 경신일[4일]. 이에 앞서 발해의 최종좌 등 56명이 석견국에 표류하다 도착하였다. 물자와 식량을 주어 본 고향으로 돌려보냈다.[1]

○양성천황 원경 원년(877) 정월 무자일[16일]에 출운국에서 아뢰기를 "발해국대사 정당성공목관 양중원楊中遠 등 1백5인이 작년 12월 26일에 해안에 도착했습니다. 양중원이 '중원 등을 사은청사로 삼아 보내고 겸하여 방물을 바치게 되었습니다'라고 아뢰었습니다. 이에 도근군에 안치하고 식량 등을 공급했습니다"라고 했다.

2월 을사일[3일]에 소외기 정8위상 대춘일조신안명大春日朝臣安名, 전찬기연 정8위하 점부연월웅占部連月雄을 존문발해객사로 하고 원지정 정6위상 춘일조신택성春日朝臣宅成을 통사로 삼았다.

3월 임자일[11일]에 존문발해객사 대춘일조신안명과 점부연월웅으로 영객사를 겸하게 했다.

『일본삼대실록』 31 ○4월 기축일[18일]에 존문겸영발해객사 소외기 대춘일조신안명 등이 발해국왕의 계문과 중대성첩을 베껴 역마를 달려 아뢰었다.[2]

6월 갑오일[25일]에 발해국사 양중원 등이 출운국으로부터 그들 나라로 돌아갔다. 왕의 계문과 신물은 받지 않고 돌려보냈다. 대사 양중원이 진완·대모·술잔 등을 천자에게 보내왔지만 모두 받지 않았다. 통사 원지정 춘일조신택성이 말하기를 "지난날 당나라에 가서 진귀한 보물을 많이 보았지만 이같이 신기한 것은 없었다"라고 했다.

『일본삼대실록』 42 ○원경 6년(882) 11월 을미일[27일]에 가하국에서 역마를 달려 아뢰기를 "이달 14일에 발해국 입근사 배정裵頲 등 1백5명이 해안에 도착했습니다"라고 했다. 병신일[28일]에 가하국에 부절을 내려 발해사신을 편안한 곳에 안치하고 예에 따라

---

1) 이상 31자는 『일본기략』 전편 18에 근거하여 보충한 것이다.

2) 계첩은 문징에 있다.

공급하되 대우를 잘하도록 했다. 또 사신들이 가지고 온 화물과 사사로이 교역하는 것을 금지하였다.

『일본삼대실록』43 07년(883) 정월 무진 초하루에 정6위상 행소외기대장 이미길선행伊美吉善行과 식부소승 고계진인무범高階眞人茂範을 존문발해객사로 삼고, 전축후소목 이세조신흥방伊勢朝臣興房을 통사로 삼았다.1) 계사일[26일]에 산성국·근강국·월전국·가하국 등 국에 관사와 도로·다리 등을 수선하고 길가의 주검들을 한데 묻어 발해사신들이 서울에 들어올 수 있도록 했다. 또 월전국·능등국·월중국 등 국에 통지를 내려 술·육류·어류·조류·마늘 등의 물품을 가하국에 보내 발해사신을 위로하고 향연을 베풀 수 있도록 했다.

2월 무오일[21일]에 임읍악인林邑樂人 1백7명을 대안사에서 음악을 조율하게 익히게 하고, 대화국의 정세로써 그들의 식량을 충당하여 지급

---

1) 이상 50자는 『일본기략』 전편 19에 근거해서 보충했다.

하도록 했는데 발해사신들로 하여금 그 음악을 관람하도록 하기 위한 것이었다. 이날 존문발해객사 대장선행大藏善行과 고계무범高階茂範에게 모두 영객사를 겸하도록 했다.

임술일[25일]에 발해사신들에게 겨울옷을 내렸는데, 변관辨官 사생史生 한 사람을 파견하여 가하국에 가지고 가도록 하고 영객사 등으로 하여금 나누어 주도록 했다.

3월 갑술일[8일]에 존문 겸영발해객사 소외기 대장선행大藏善行과 식부소승 고계무범高階茂範 등이 출발하려고 궐안에 들어가서 알현하고 하직을 하니 옷 각 한 벌씩을 하사했다.

4월 무술일[2일]에 좌위문대위 정6위상 판상대숙녜무수坂上大宿禰茂樹와 문장득업생 종8위상 기조신장곡웅紀朝臣長谷雄을 장발해객사로 삼고, 민부대승 정6위상 청원진인상잠淸原眞人常岑과 문장생 종8위하 다치비진인유우多治比眞人有友를 영귀향발해객사로 삼았다.

정사일[21일]에 발해사신들에게 연회를 베푸는 것으로 인하여 여러 관사의 관인과 잡색인들에게 발해사신이 서울에 있는 동안에는 금지한 물품을 휴대하는 것을 허락했다. 종5위상 행식부소보 겸문장박사 가하권수 관원조신도진菅原朝臣道眞을 권행치부대보사로, 종5위상 행미농개 도전조신충신島田朝臣忠臣을 권행현번두사로 한 것은 발해대사 배정裵頲을 접대하게 되었기 때문이다.

갑자일[28일]에 칙을 내려 우근위소장 정5위하 평조신정범平朝臣正範이 산성국 우치군 산계야변 교외에 이르러 발해사신을 위로하고 영객사 소외기 대장선행 등이 사신들을 인도하여 홍려관에 들어왔다. 을축 그믐날[29일]에 우대사 정6위상 가원조신고향家原朝臣高鄕을 홍려관에 보내 사신들을 위로하게 했다.

5월 병인 초하루에 종5위상 행우병위 좌원조신원佐源朝臣元을 홍려관에 보내 사신들을 위로하고 위문하게 했다. 정묘일[2일]에 대사 배정 등이 조당에서 왕의 계문 및 신물을 보내왔는데 친왕 이하 정5위 이상[1] 및 백료초위百寮初位 이하[2]는 모두 모였고, 4위 이하로서 별다른 일이 없는 자들도 또한 참여했다. 관할관사에서 받은 계문과 신물을 대궐 안에 바쳤다.

무진일[3일]에 천황이 풍락전에 행차하여 발해사신들에게 연회를 베풀어주었다. 친왕 이하 참의 이상이 정전 위에서 천황을 모셨고, 5위 이상은 현양당에서 모셨다. 대사 이하 20명은 승환당에서 모셨고, 백관 6위 이하는 관덕당·명의당 양당에 서로 나누어 모셨다.

대사 문적원소감 정4품 사자금어대 배정에게 종3위를, 부사 정5품 사비은어대 고주봉高周封에게 정4위하를, 판관과 녹사에게 5위를 수여하고 그 다음은 6위를 내렸으며, 이하는 각각 등급이 있게 주었다.

또 그 위계에 따라 관복을 하사하니 사신들은 절을 하고 춤추며 물러

---

1) 이상 4자는 『일본기략』 전편 19에 의거하여 보충했다.
2) [역주] '이상(以上)'의 잘못임.

갔다가 다시 옷을 입고 들어와 절을 하고 춤추며 당에 올라와 음식을 들었다. 아악하는 관료가 종과 북을 두드리자 내교방에서 여악女樂을 연주했고 기녀 1백38명이 번갈아 나와 춤을 추었다. 술이 몇 잔 돌자 별도로 어여비파자와 하나의 은완을 내리니 대사 이하가 자리에서 일어나 절하며 받았다. 해질 무렵에 사절들에게 녹을 내렸는데 차등이 있었다.

경오일[5일]에 천황은 무덕전에 행차하여 4부의 말타고 활쏘는 것과 5위 이상의 공마貢馬를 관람했는데 발해사신들을 불러 관람시키고, 친왕과 공경에게 속명루[3]를 하사했다. 이세수 종5위상 안배조신흥행安倍朝臣興行이 손님을 인도하여 좌석에 나아가 음식을 공급했다. 별도의 칙을 내려 대사 이하 녹사 이상에게 속명루를 하사하고 품관 이하는 창포 비단을 하사했다.

이날 큰비가 내렸는데, 이에 앞서 미리 담당부서에 칙을 내려 "만일 비가 오면 모름지기 절회[4]를 중지하여 사신들을 부르지 말고 다시 날을 바꾸어 행사하게 하라"했다. 그런데 장객사 등이 신속하게 사신들을 인도하여 궁성으로 들어갔으므로 비오는 가운데 예를 마쳤다.

임신일[7일]에 대사 배정이 별도로 방물을 바쳤다. 이날 내장두 화기조신이범和氣朝臣彛範이 부하를 거느리고 홍려관에 가서 교관交關했다. 계유일[8일] 내장료에서의 교관이 어제와 같았다.

을해일[10일]에 조집당에서 발해사신들에게 연회를 베풀었다. 대신 이하는 동당東堂의 자리에 나아가게 하고 5위 이상에서 용모가 단정하고 위의가 있는 사람 30인을 가려 동당의 상석에서 시위하게 했으며, 종5위하 수좌위문권좌 등원조신양적藤原朝臣良積으로 하여금 사신들을 인도하

---

3) [역주] 속명루(續命縷): 음력 5월 5일에 어깨에 거는 색실로 사람의 수명을 알려준다고 함.

4) [역주] 절회(節會): 조정에서 명절에 행하는 연회.

여 서쪽 당(堂)의 자리에 나아가 음식을 대접하도록 했다.

원래 음식을 대접하도록 정해진 사람이 있었는데 사양하고 나오지 않았다. 양적이 위의와 용모가 있었으므로 문득 이에 선발된 것이다. 대사 배정이 송별의 시를 지어 써주려고 갑자기 필묵을 찾으니 등원양적이 글짓기를 익히지 못했으므로 자리에서 일어나 나가자 배정도 그만두었다. 칙령을 내려 중사 종5위하 행우마조 등원조신항흥藤原朝臣恒興을 보내 어의 한 벌을 대사 배정에게 하사하여 배정의 높은 재주와 풍도와 의용의 아름다움에 대해 상을 주었다.

정축일〔12일〕에 발해사신이 번으로 돌아갔다. 이날 참의 정4위하 행우위문독 겸근강권수 등원조신제갈藤原朝臣諸葛, 종4위하 행좌근위소장 겸근강권개 등원조신원경藤原朝臣遠經, 정6위상 행소내기 다치비진인언보多治比眞人彦輔를 홍려관에 보내 칙서를 주도록 했다. 정5위하 행태황태후궁권양 평조신유범平朝臣惟範, 종5위상 행소납언 겸시종 등원조신제방藤原朝臣諸房, 종6위상 수우소사 진숙녜안형秦宿禰安兄에게 태정관 첩을 부쳤다.

예를 마치자 영객사 민부대승 정6위상 청원진인상잠淸原眞人常岑과 문장생 다치비진인유우多治比眞人有友 등이 사신들을 인도하여 관사를 나와 길을 떠났다.

기묘일(14일), 이달 3일에 풍락원에서 발해사신들에게 연회를 베풀었다. 음률인·가무기 등에게 대장성의 상포 1천1백5단을 하사했는데 승화 9년(842)의 예에 준한 것이다.

『일본삼대실록』 54 ○광효천황은 젊어서 총명하고 경사를 즐겨 읽으며 행동거지와 용모가 한가하고 단아했다. 가상 2년(849)에 발해국 입근대사 왕문구王文矩가 천황이 여러 친왕들 가운데서 절을 하고 일어나는 예법을 보고 자신의 친한 사람에게 "이 공자는 제일 귀한 상을 가지고 있으니 그가 반드시 천위天位에 오를 것이다"라 했다.

원경 8년(884) 2월 을미일(4일)에 태상천황이 천황의 위를 선양했다. 『일본삼대실록』 49 ○인화 2년(886) 5월 병오일에 전주방수 종5위상 기조신안웅紀朝臣安雄이 죽었다. 안웅은 정관초에 발해존문 겸영객사가 되었다. 죽을 때 나이 65세였다.[1]

『일본기략』 전편 20 ○우다천황 관평 4년(892) 정월 갑인일(8일)에 발해객이 출운국에 도착했다. 정사일(11일)에 소내기 등원관근藤原菅根, 대학대윤 소야양필小野良弼을 발해객존문사로 삼았다.

6월 병신일(24일)에 발해에 보낼 칙서를 좌근소장 등원조신민행藤原朝臣敏行에게 쓰게 했다. 신축일(29일)에 태정관이 발해국에 첩 두 통을 주었는데 하나는 좌근위소장 등원민행에게 쓰게 하고, 하나는 문장득업생 소야미재小野美材에게 쓰게 했다.

8월 무인일(7일)에 존문발해객사가 돌아왔다고 아뢰었다.

---
1) 원문은 없어지고 『일본기략』 전편 28에 근거하여 보충했다.

○6년(894) 5월 발해사신 배정裵頲 등이 입조했다. 12월 병진일(29일)에 발해국 객도 1백5명이 백기국에 도착했다.

○7년(895) 정월 경신일(22일)에 비중권연 삼연리평三緣理平, 명법득업생 중원연악中原連岳 등을 발해객존문사로 삼았다.

5월 계해일(7일)에 발해사신이 홍려관에 도착했다. 정묘일(11일)에 천황이 풍락원에 행차하여 객도들에게 잔치를 베풀고 겸하여 차례로 위계를 내렸다. 경오일(14일)에 조집당에서 객도들에게 잔치를 베풀었다. 신미일(15일)에 참의 좌대변 관원조신도진菅原朝臣道眞이 홍려관에 가서 객도들에게 술과 음식을 내렸다. 임신일(16일)에 발해객도들이 돌아갔다.

『일본기략』 후편 1 ○제호천황 연희 8년(908) 정월 경신일(8일)에 발해객이 왔다. 4월 8일에 존문발해영객사 대내기 등원박문藤原博文 등이 입근사 문적 원소감 배구裵璆와 함께 21일에 금래하 강가에 베푼 곡연에 참가했다. 어느 날 천황이 발해왕에게 서한을 주었다.

5월 12일 법황(法皇)[1]이 발해 배구에게 서한을 주었다.[2] 6월 어느 날 발해사신 배구가 내조했다. 어느 날 장객사로서의 여러 문사(文士)들이 홍려관에서 고향으로 돌아가는 북쪽 손님을 전별했다.

○19년(919) 12월 갑오일(1일) 발해객존문사 등을 임명했다.

○20년 4월 임자일(20일)에 발해객사 배구 등을 존문했다.

5월 기사일(8일)에 발해 입근대사 배구 등 20인이 홍려관에 도착하였다. 신미일(10일)에 우대신[3]이 발해국 첩장을 보고 대사 종3위 배구에게 정3위를 수여하였다. 임신일(11일)에 발해대사 배구가 팔성원에서 계문과 신물 등을 바쳤다. 계유일(12일)에 천황이 풍락원에 행차하여 발해사신에게 잔치를 베풀었다. 정축일(16일)에 조집당에서 발해사신들을 위로하고 잔치를 베풀었다. 무인일(17일)에 영귀사 등을 보냈다. 또 법황[4]이 대사에게 칙서를 주었다. 기묘일(18일)에 대사 배구가 귀향했는데 태정관이 반첩(返牒)을 주었다.

○연장 7년(929) 12월 24일에 발해국입조사 영서대부 배구(裵璆)가 단후국의 죽야군 대진빈(大津濱)에 도착했다.

○8년(930) 3월 2일에 발해존문사 배구가 태장(怠狀)을 바쳤다.

『일본일사』 4 ○환무천황 연력 14년(795) 11월 병신일에 출우국에서 아뢰기를 "발해국사 여정림(呂定琳) 등 68명이 오랑캐 땅인 지리파촌에 표류하여 도착했는데 약탈을 당하여 사람과 물품이 흩어져 없어졌다"고 했다. 칙을 내려 월후국에 옮겨놓고 예에 따라 공급하라고 했다.[5]

---

1) 우다(宇多)천황이다.
2) 원문 아래에 '정(脛)'자가 있는 것으로 보아 글이 빠진 것 같다.
3) 충평이다.

4) 우다(宇多)천황이다.
5) 『일본유취국사』 193을 인용. 아래에는 『유사』로 간칭한다.

『일본일사』7 ○15년(797) 4월 무자일에 발해국이 사신을 보내 특산품과 그 왕의 계문과 또 상사(喪事)를 알리는 계문을 바쳤다.[1] 그리고 당나라에서 학문을 하는 승려 영충(永忠) 등이 부친 서한을 전해 보내왔다.

발해국이란 고구려의 옛땅이다. 천명개별천황(天命開別天皇)[2] 7년(668)에 고구려 왕 고씨가 당나라에 멸망을 당하였다. 뒤에 천지진종풍조부(天之眞宗豊祖父)천황[3] 2년(698)에 대조영이 발해국을 세웠고 화동 6년(713) 당나라의 책립을 받았다. 그 나라는 사방 2천 리이고 주현에는 관역이 없고 곳곳마다 촌락이 있는데 모두 말갈부락이다. 백성은 말갈이 많고 토인이 적다. 모두 토인들을 촌장으로 삼았는데 큰 마을은 도독이라 하고 그 다음은 자사라 하며 그 아래 백성들은 모두 수령이라고 한다. 토지는 매우 거칠어서 논농사가 알맞

---
1) 두 서한은 모두 문징에 있다.
2) 천지천황이다.
3) 문무천황이다.

지 않으며 풍속에는 자못 글을 안다. 고씨 이래로 조공은 끊이지 않았다.

5월 정미일에 발해국사 여정림呂定琳 등이 그 나라로 돌아갔다. 정6위상 상야개 어장진인광악御長眞人廣岳, 정6위상 행식부대록공 상원추성桑原秋成 등을 보내 인도하여 보내주게 하고 예대로 그 왕에게 국서를 주었다.4) 또 태정관이 당나라에 있는 스님 영충에게 주는 편지를 여정림에게 부쳤다.

『일본일사』7[『유사』193 인용] ○17년(799) 4월 외종위하 내장숙녜하무마려內藏宿禰賀茂麻呂를 견발해사로 삼고. 정6위상 어사숙녜금사御史宿禰今嗣를 판관으로 삼았다.

5월 무술에 견발해국사 내장숙녜하무마려 등이 작별인사를 하러 알현하자 그 왕에게 보내는 국서를 내렸다.5) 또 당나라에 있는 학승 영충 등의 글을 주었다. 12월 임인

일에 발해국이 사신을 보내 방물을 바쳤다.6)

『일본일사』24[『유사』194 인용] ○차아천황 홍인 7년(816) 5월 정묘일에 사신을 보내 발해부사 고경수高景秀 이하 대통사 이상에게 여름옷을 하사하고 이날 발해왕에게 서한을 하사했다.7)

『일본일사』27[『유사』194 인용] ○10년(819) 11월 갑오일에 발해국이 사신을8) 보내 방물을 바치고 계문을 올렸다.9) 이승영 등에게 묻기를 "모감덕慕感德 등이 돌아갈 때 칙서를 내리지 않았는데. 지금 올린 계문에서 엎드려 글을 받든다고 했으니 이 말이 실제로는 이치에 맞지 않아 돌려보내야 할 것이다. 다만 계문의 언사가 공경함을 잃지 않고 있기에 의연히 그 허물을 용서하고 각별히 우대한다"고 했다. 이승영 등이 머리를 조아리면서 말하기를 "신은 작은 나라의 천한 신하로서 오로지 죄를 짓고 처분을 기

---

4) 서한은 문징에 있다.
5) 서한은 문징에 있다.
6) 왕의 계문을 함께 부쳤으며 문징에 있다.
7) 서한은 문징에 있다.
8) 이승영 등이다.
9) 계문은 문징에 있다.

다리오니 해와 달이 돌아 비추시고 비와 구름이 은택을 베푸신다면 얼어붙었던 나무가 봄을 만난 것이고 말라버린 비늘[鱗]이 물을 만난 것이오니 입은 은혜가 지극하여 어떻게 춤을 추어야 할지 모르겠습니다"라고 했다.

『일본일사』28『유사』194 인용 ○11년(820) 정월 갑오일에 발해왕에게 칙서를 내렸다.1)

『일본일사』29『유사』194 인용 ○12년(821) 11월 을사일에 발해국이 사신을 보내 방물을 바치고 국왕의 계문을 올렸다.2)

『일본일사』30『유사』194 인용 ○13년(822) 정월 계축일에 왕문구 등이 그 나라로 돌아가니 국왕에게 칙서를 내렸다.3)

『일본일사』32『유사』194 인용 ○순화천황 천장 원년(824) 2월 임오일의 조서를 내려 일렀다.

천황이 발해국사 등에게 조칙을 내린다. 그 나라 국왕이 국례로서 사신을 선발하니, 사명을 받들고 건너온 사신 등

---

1) 서한은 문징에 있다.
2) 서한은 문징에 있다.
3) 서한은 문징에 있다.

은 거센 파도를 타고 찬바람을 잊고 예에 따라 참여하여 왔다. 나라를 다스리는 직분을 내려주어 내가 다스리는데 나라는 매해 풍년이 들지 않고 백성들은 피폐해졌다. 또 역병이 유행하고 때에 따른 예식이 때대로 임하여 보내고 맞이하는 백성들이 고생스럽다. 이 같은 일로 하여 불러서 순풍을 기다려 본국에 돌아가게 한다.

5월 무진일 조서를 내렸다.

천황의 황명으로 객인들을 본국에 돌려보낼 때 근처에 있는 국왕에게 의거하여 녹을 주어라. 아울러 오로지 하는 마음으로 물품과 음식을 모두에게 하사하라.[4]

『일본일사』34 [『유사』194 인용] ○천장 3년(826) 3월 무진 초하루에 우대신 종2위 겸 행황태자전신 등원조신서사藤原朝臣緖嗣가 아뢰었다.

신이 지난 천장 원년(824) 정월 24일에 올린 표에 의해 발해의 입조를 일기[5]로 써 정하였습니다. 지금 영선靈仙에 핑계 대고 교묘하게 약속한 시기를 어겼으니 이에 돌려보내야 한다는 장계를 작년 12월 7일에 올렸습니다. 어떤 사람이 논하기를 "지금 두 임금의 절세絶世의 양위가 있어 이미 요임금과 순임금을 능가했으나 가만히 어질기 그지없다고 알리지 아니하니 그 성망이 어떻게 해외에 통할 수 있겠습니까?"라고 했습니다.

신이 살피건대 『일본서기』에 의하면 예전譽田천황[6]이 돌아가실 때에 태자 도도치낭자菟道稚郎子가 초료대존鷦鷯大尊에게 양위했습니다. 이때 굳이 사양하면서 "어찌 선제의 명을 어기고 문득 아우가 왕이 된다는 말을 좇겠습니까?"라고 하며, 형제가 서로 양보하면서 즉위하려 하지 않았습니다. 태자는 도도菟道에 궁실을 짓고 살면서 왕위를 비워놓았습니다. 이미 3년이 지나서 태자가 말하기를 "내가 오래 살아서 이 세상을 번거롭게 하였구나" 하고 도도궁에서 스스로 돌아가셨습니다. 초료대존은 슬퍼하는 것이 예를 초월하였습니다. 천황의 자리에 오르니, 모두 난파고진궁에서 행하였습니다.

『서기書紀』에 자세하고 소상하게 다 적혀 있어 모두 다 말하지는 못했습니

---

4) 이상의 선명문(宣命文)은 다 해석하기 힘들다. 오로지 역사사실과 연관이 있으므로 요지를 적어둔다.
5) [역주] 일기(一紀): 12년.

6) 응신(應神)천황이다.

다. 이 때에 나라를 사양한 미덕이 해외에 나가지 못했습니다. 이는 곧 선철先哲의 슬기로운 심려이며 나라를 심히 걱정한 것입니다. 그런즉 선왕의 옛 법전은 만세에 불휴하는 것입니다.

또한 『예기』에 이르기를 "대저 예라는 것은 친소를 정하고 혐의를 가르고 이동異同을 나누고 시비를 밝히는 것이다. 예는 소모함을 사양하지 않고 절의를 넘지 아니한다"라고 합니다.

그러나 발해객도는 조지를 어기고 함부로 입조하여 졸렬한 믿음을 두루 용납하고 있으니 옛 법전이 손상될까 두렵습니다. 실은 장사하는 무리일 따름이고 이웃의 손님으로 여기기는 부족하니 저 장사하는 무리를 손님으로 대접한다는 것은 나라의 손실이고 정치의 체제를 발현시키지 않는 것입니다. 더 하여 연일 잡다한 업무와 행사가 있으니 황후[1]의 묘소를 옮기는 것이 〔하나〕요, 임금의 법회가 〔둘〕이요, 가세산加勢山과 비오언飛鳥籔의 해자를 파는 것이 〔셋〕이요, 칠도七道와 기내에 순찰사를 보내는 일이 〔넷〕이요, 발해객도를 초대하는 것이 〔다섯〕입니다. 이같이 경영이 중첩되고 소동이 그칠 줄 모르고 또 근년에 가뭄과 역질이 연달아 일어나 사람

---

1) 고지내친왕(高志內親王)이다.

이나 사물이 다했으니 한번 공급하자면 정세正稅가 모자랍니다. 하물며 또 농사가 중요한 시기에 폐단이 많이 일어나 사람들은 부역에 시달리고 조세의 공급은 손실이 있습니다.

대저 임금이 신하의 것을 빼앗지 않고서야 천하를 어떻게 유지하겠습니까? 백성의 근심이 멎지 않으면 하늘의 재앙을 없애기 어렵습니다. 한 사람의 천하가 아니고 만인의 천하인데 지금 백성의 것에 손해를 끼친다면 후대의 현자에게 부끄러움이 있습니다. 엎드려 바라건대 객도의 입경을 그치시고 곧 도착한 곳에서 그 나라로 돌려보냄으로써 또한 조정의 위엄을 보여주고 백성들의 재해를 없애소서. 오직 기한에 따라 입조하면 모름지기 옛 예대로 하십시오. 신 등원서사緖嗣는 비록 오랫동안 병석에 누워 있어 마음과 정신이 이미 혼미하지만 임금님의 지극하신 은혜는 거의 죽게 되어도 잊지 않을 것입니다. 어리석은 신하의 마음 속 정성을 아뢰지 않을 수 없어 삼가 표를 다시 받들어 드리옵니다.

왕이 허락하지 않았다.

5월 갑술일에 발해객도 대사 고승조高承祖 등이 서울에 들어와 홍려관에 안치되었다. 신사일에 천황이 서한을 내렸는데 발해국왕을 문안한다고 하였다.[2]

『부상약기』6. ○환무천황 신구 4년(727) 12월에 대당사신 수령 제덕齊德이 서울에 들어왔다.[3]

『부상약기』20. ○양성천황 원경 7년(883) 4월 정유일[2일]에 문장득업생 종8위상 기조신장곡웅記朝臣長谷雄 등을 장발해객사로 삼았다. 정사일[22일]에 발해객을 대접하기 위해 제사諸司·관인·잡색인은 객도들이 서울에 있는 동안 금지된 물품을 몸에 지니는 것을 허락하였다. 종5위상 행식부소보 겸문장박사 가하권수 관원조신도진菅原朝臣道眞 등이 발해대사를 대했다.

5월 병인 초하루에 종5위상 행우병위 좌원조신충향佐源朝臣充向이 홍려관에 가서 객도들을 위문했다. 정묘일[2일]에 당객[4] 대사 등 1백5명이

---

[2] 서한은 문징에 있다.
[3] 살피건대 이는 곧 발해사신 고재덕高齋德이다. 이 중에는 잘못된 글자가 있다. 대당이라 한 것도 잘못이다.
[4] 즉 발해사신이다.

조당에 들어와 왕의 계문과 신물을 바쳤다. 친왕 이하 5위 이상 및 백료의 초위 이상이 모두 모였다. 소사所司가 받은 계문과 신물을 대궐 안으로 받들어 진상했다.

무진일〔3일〕에 천황이 풍락전에 행차하여 발해객에게 잔치를 베풀었다. 아악료가 북과 종을 두드리자 내교방에서 여악을 연주했고, 기녀 1백48명이 번갈아 나와 춤을 추었다. 술을 여러 잔 들자 따로 어여비파자御餘枇杷子와 하나의 은완을 하사했다.

경오일〔5일〕에 천황은 무덕전에 행차하여 4부의 말타고 활을 쏘는 것을 관람했다. 발해객도 관람했다. 친왕과 공경에게는 속명루續命縷를 하사했다. 칙을 내려 당객[1] 대사 이하 녹사 이상에게는 속명루를 하사하고 품관 이하는 창포비단을 하사했다.

을해일〔10일〕에 조집당에서 발해사신들에게 음식을 하사하고 칙명

---

1) 즉 발해사신이다.

으로 중사를 보내 어의 1습을 하사했다. 정축일(12일)에 발해사신들이 그 나라로 돌아갔다.

『부상약기』23 ○제호천황 연희 8년(908) 정월 8일에 좌대신이 아뢰기를 "백기국이 발해입근대사 배구裵璆 등이 도착했다는 장해문狀解文을 올렸습니다"라 하였다.

3월 20일에 존문발해객사 대내기 등원박문藤原博文, 직강 가대학권윤 태유여秦維與 등을 백기국으로 가게 했다는 장계를 아뢰었다.

4월 2일에 식부대승 홍광紅光, 산위 관원순무菅原淳茂를 장객사로, 병부소승 소야갈근小野葛根과 문장생 등원수진藤原守眞을 영객사로 정하였다. 26일 발해객이 서울에 들어올 때 말을 타라고 했다. 관평연간(889~897)의 예에 따라 아래로 공경 등에게 개인의 말을 바치게 하였다.

5월 5일 남쪽 전각에 행차하여 좌우의 마료馬寮를 보았다. 발해객이 말 20필에 각각 올라앉았다. 9일에 법황2)이 당객3)에게 글을 하사했 다.4) 14일에 조집당에서 번객에게 음식을 대접했다.

15일에 조집당에서 번객에 음식을 대접하면서 아울러 그 나라 국왕 등에 물품을 하사했다. 우근소장 평원방수平元方殊로 하여금 대사 배구에게 어의 1습을 주게 했다. 참의 관근菅根 조신과 내장두 고계高階 조신을 홍려관에 보내 칙서를 주었다. 우중변 청관淸貫, 소납언 현상玄上에게 관첩을 들이게 하고 또 당객대사에게 답례품을 하사했다.

『부상약기』24 ○연희 19년(919) 11월 18일에 대납언 등원조신5)이 약협수령 윤형허尹衡許로부터 보고된 발해사신이 도착한 사유를 아뢰게 했다. 21일 사신의 첩장에 단생포 바다에 떠 있었다고 운운하였으나 도착한 사유는 없었다. 또 첩에는 비록 타고 있는 사람숫자와 도착한 이유가 있기는 해도 자세한 상황에 대해서는

---

2) 즉 우다태상법황이다.
3) 즉 발해사신이다.
4) 서한은 문집에 있다.
5) 도명이다.

전하지 않았다. 장인 중연仲運으로 하여금 약협국의 해문解文을 육조원에서 삼가 열람하게 했다. 25일에 우대신[1]이 발해사신에 대하여 행사를 정하고 약협으로부터 옮겨 월전국에 안치하는 일과 입경하게 할 일들을 상주했다.

12월 5일 식부소승 귤성친橘性親과 직강 의지진광조依知秦廣助를 존문발해객사로 삼았다. 아파권연인 대화유경大和有卿을 통사로 삼고 발해객 향연일을 정했다. 권주부 숫자를 40명, 전례차앙前例差仰을 80명으로 했는데 8년이 지났기에 그 수는 이미 쓸모없고 예전대로 감하기로 정했다. 16일에 내교방 별당우근소장 이형伊衡을 보내 내교방에서 발해객 연회일 무도인들을 정하게 했는데 방가坊家에서 무도인 20명과 무동 10명, 음성 20명을 뽑아내라고 했다. 8년 전에는 음성인을 36명으로 했는데 이번에는 규정에 따라 감소하였다. 이밖에 위의 20명은 예에 따

1) 충평이다.

來著由未有子細狀令藏人仲連以若狹國解文奉覽於六條院二十五日右大臣忠泰渤海客事所定行事可遷若狹安置越前及可令入京事十二月五日以式部少丞橘惟親直講依知秦廣助爲存問渤海客使阿波權操大和有卿爲通事定渤海客饗日權酒部數四十人前例差仰八十人去八年彼數已無用仍令定減十六日仰遣內敎坊別當右近少將伊衡於已教坊選定渤海宴日舞人等仰坊家可調舞人二十人并隨身雜物等解文家狀中云舞人二十人去八年音聲人三十六人此度定減此外戚儀二十人依例內侍所可差女孀等二十四日右大臣令舞童十人音聲二十人已上式部少丞橘直講依此内教坊奏日舞入等仰音聲入三十六人此度定令并臨身雜物等解文客狀中云遷送越前國松原驛館客徒一百五人邦基朝臣奏狹國申遷送越前國松原驛館而閉封門戶行事官人等無人兇敷設薪炭更無儲備者仰宜令切責越前國急令安置供給者仍即令仰大臣以越前接州便可爲蕃客行事國司申以大臣書狀可仰彼國守延年也勘前例無以官符宣旨即此事例仍令大臣告仰之十四上二

라 내시로 하는데 혼자된 과부들을 부릴 수 있다고 했다.

24일에 우대신이 방기邦岐 조신에게 영을 내려 아뢰기를 "약협국에서 사신 1백5명과 몸에 지닌 물품들을 월전국 송원역관에 보내고자 청했다"고 했다. 해문객장에 썼다.

송원역관에 보냈는데 문을 닫아걸어 행사관인들이 없고 시설·땔나무·숯 같은 것도 마련해 놓은 것이 없으니 월전국에 급히 영을 내려 반드시 안치하는 책임을 지우심이 좋을까 합니다.

이에 곧 그대로 대신에게 영을 내려 월전연 유명維明을 번객행사국사로 삼고. 대신의 서장을 받드는 것으로써 그 나라에서 새해를 맞게 하라고 했다. 이전의 예를 조사해 보면 관가의 부절로 선지하지 아니했으니 곧 이 일을 그대로 대신에게 명하여 알리도록 하라고 했다.

○20년(920) 3월 22일 관리를 월전국에 보내 발해객에게 때에 맞는 옷을 하사했다.

5월 5일에 객도들이 서울에 들어올 날을 정하고 사신이 서울에 들어온 동안에 금지된 물품을 휴대하는 것을 허락했다. 농구우마윤瀧口馬允과 등원방량藤原邦良 등을 불러들여 손님이 서울에 있는 기간에 매일 신선한 사슴을 두 마리씩 드리라고 했다.

7일에 명경학생 형부 고명참내高名參內를 시켜 한어漢語에 대한 것들을 물었다. 고명참내가 아뢰기를 "행사소에서 부르는 한어를 배운 사람은 대장삼상大藏三常인데 곧 장인소에 불러들였으면 합니다"라고 했다. 고명참내가 다시 그는 언어가 부족하다고 하니 아뢰기를 "삼당三唐의 언어는 더욱 널리 박식하다"고 했다. 그래서 공경들의 의견을 좇아 칙을 내려 대장삼상을 통사로 삼았다고 알렸다.

8일에 당객2)이 서울에 들어왔다. 진시3)3극으로부터 신시4극4) 사이

---

2) 즉 발해객이다.
3) [역주] 진시는 오전 7~9시.
4) [역주] 신시는 오후 3~4시이고 4극은 4시 반.

에 장객사 계방조강季方朝綱 등이 들어왔다. 두 대사에게 어의를 각각 한 벌씩 주었다. 11일에 발해사신 배구裴璆 등이 팔성원에서 왕의 계문과 신물을 바쳤다. 사시[1]4각에 친왕 이하 참의 이상이 팔성원에 갔다.

12일에 풍락원에서 사신들에게 잔치를 열어주었다. 밤중부터 흐리고 비가 내리기 시작하여 진시4각에 비가 멎었다. 사시1각에 남쪽 전각에 행차하여 수레를 타고 궁궐을 나와 풍락원에 드셨다.

15일에 장객사 민부대승 계방季方이 대사 배구를 인도하여 별도로 장인소에 공물을 바치게 했다. 16일에 조집원에서 발해객도에게 음식을 주었고 국왕에 답례하는 신물을 하사하였다.

6월 14일에 문장득업생 조강朝綱이 장인소에 나가 발해대사 배구의 서장을 알리고 아울러 물품을 보냈는데 물품을 돌려달라는 일을 쓴 글

---

[1] 〔역주〕사시는 오전 9~11시.

《渤海國志長編二　四十三　千華山館》

綱等參入御衣各一襲給兩使十一日渤海使人裴璆等於八省院進王啓幷信物已四刻親王以下參議以上向八省院十二日於豐樂院可賜客徒宴自夜中陰雨辰四刻雨止已一刻出御南殿乘輿出宮入御豐樂院十五日掌客使民部大丞季方領大使裴璆幷送物進藏人所十六日於朝集院饗渤海客徒幷賜渤國王答信物六月十四日文章得業生朝綱就藏人所日奏渤大使裴璆書狀幷送物仰遣書可返送物事二十令奏渤海遺渤大使裴璆書狀答仰所贈帶裝二上恒陸等申通留不歸客徒卽仰所贈帶裝二十二日大同五年例越前國安置云云同上二十六日右大臣令元方奏領歸鄕渤海客使大學少允坂書

延長八年四月朔日唐客卽渤稱東丹國使若丹後國合問子附同上理

二十二年九月己卯□渤海客安置越前之□進解文附同上
　
細件使客狀前後相違重令復問東丹使人等本雖爲渤海人
今降爲東丹之臣而對答中多稱契丹王之罪惡云云一曰爲
人臣者豈其如此乎須擧此旨先令責問今須令進過狀仰下
丹後國已了東丹國失禮義

八年正月戊辰三丹後國言上渤海客到來由在大臣參被
定召否之由件客九十三人去年十二月二十三日著丹後
國竹野郡乙酉二十渤海客船修造料幷若狹但馬結蕗以
正稅可饗同客也

光仁天皇寶龜十年五月敕前學生阿　一倍陪朝臣仲麻呂在安

을 보냈다. 22일에 조강은 발해대사 배구에게 서장을 아뢰게 했다. 객이 귀향하게 되자 곧 분부대로 띠와 갖옷을 주었다.

26일에 우대신[2]이 원방元方에게 영귀향발해객사 대학소윤 판상항음坂上恒蔭 등이 도망하여 돌아가지 않고 남은 네 사람을 신고하도록 하였다. 28일에 사람들을 대동 5년(810)의 예에 준하여 월전국에 안치하라고 하였다.

『부상약기』 23[부 이서] ○22년(922) 9월 기묘일[2일]에 발해객을 월전국에 안치하였다. 해문을 진상했다.

『부상약기』 24 ○연장 8년(930) 4월 초하루에 동단국 사신이라고 하는 당객[3]이 단후국에 도착했다. 자세한 것을 묻게 했는데 사신의 답장이 전후가 어긋나므로 다시 묻도록 하였다. 동단의 사신들은 본래 발해사람이기는 하지만 지금은 항복하여 동단의 신하로 되었기에, 대답하는 가운데 거란왕의 죄악에 대해 많이 말하여 운운하니 "하루 만에 인신人臣이 된 자가 어찌 이와 같은가?"라고 했다. 모름지기 이 뜻을 들어 먼저 책문하고, 이제 잘못된 장문을 바치게 하며 단후국에 머물라고 하는 분부를 내렸다. 동단국이 예의를 지키지 않은 것이다.[4]

『부상약기』 23[부 이서] ○연장 8년(930) 정월 무진일[3일]에 단후국에서 발해객이 도착한 연유를 올려 말하였다. 좌대신이 불러들일 연유를 참작하여 결정하였다. 사신 93명은 작년 12월 23일에 단후국 죽야군에 도착하였다. 을유일[20일]에 발해객이 타고 온 배를 수리하는 비용은 약협若狹·단마但馬·결번結蕃이 정세正稅로써 합하여 늘이고 함께 손님들을 접대할 것이다.

『본조통감』 14 ○광인천황 보구 10년(779) 5월 칙을 내려 전학생 아배조신중마

---

2) 충평이다.
3) 즉 발해객이다.
4) 『일본전사』에는 이 글 뒤에 다음과 같이 쓴 것이 있다. "배구는 봉사장奉謝狀으로 하여 곧 석방되어 돌아갔다. 그 후로 드디어 조공이 끊어졌다."

려 阿陪朝臣仲麻呂[1]가 당나라에서 죽었다는데 집이 가난하여 장례에 모자람이 있으니 비단과 솜을 하사하라고 했다.

이에 앞서 천평 6년(734)에 평군광성平群廣成이 당나라에서 돌아올 때 소주에서 배를 타고 바다로 나갔다. 그런데 갑자기 해풍이 사납게 일어 곤륜국에 표류하여 도적들에게 포위되었다. 마침내 겨우 풀려나 당나라로 돌아가는 중에 아배중마려를 만나 입조할 것을 아뢰고 천자에게 발해의 길을 취해 돌아갈 것을 청했더니 허락했다.[2]

『본조통감』18 ○평성천황 대동 원년(806) 8월에 승려 공해空海가 당나라로부터 돌아왔다. 공해가 당나라에 있을 때 등藤 대사를 위하여 발해왕자에게 편지를 보낸 일이 있다.

『본조통감』20 ○차아천황 홍인 5년(814) 11월에 발해국사가 출운국에 있었다.

---

1) '아(阿)'는 '안(安)'이라고도 한다.
2) 이 뒤의 각 조목은 전기에 없음. 혹 다르고 같은 점이 있는 것만 초록하고 나머지 것을 일일이 기재하지 않았다.

대사 왕효렴王孝廉이 지은 「출운주에서 뜻을 적어 두 칙사에게 부침」이라는 시가 있다.3)

○6년(815) 정월에 발해사신 왕효렴의 「칙명을 받들어 내연에 참석하여 지음」이란 시가 있다. 승려 인정仁貞4)도 「궁중에서 잔치에 참석하여 지음」이라 시를 지었다.5)

발해 입근부사 고경수高景秀의 「용안을 대하고 지은 시를 상원적복嵯峨赤腹에게 부침」이란 시가 있으며 상원적복이 이에 화답한 시도 있다. 자야정주滋野貞主의 「봄날 밤에 홍려관에 묵으면서 왕대사에게 편지를 보냄」이란 시가 있다.6)

『본조통감』 21 ○13년(822) 정월 발해국사 왕문구王文矩 등이 타구를 했다. 「천황의 타구를 보다」라는 시가 있다. 자야정주滋野貞主가 받들어 그에 화답하였다. 자야정주가 지은 「봉사입객관」이라는 시도 있다.7)

───
3) 시는 문정에 있다.
4) 인정도 발해에서 입조한 승려이다.
5) 시는 모두 문정에 있다.
6) 시는 모두 문정에 있다.

『본조통감』 36 ○양성천황 원경 6년(882) 10월 임술일 능등국에 칙령을 내렸다.

우작군의 복량박산 나무의 벌채를 금한다. 발해객이 북쪽 대륙의 해안에 도착하면 반드시 이 산에서 돌아갈 배를 만들라. 백성들에게 벌채를 맡기면 혹시 재목이 없어질 염려가 있으므로 미리 큰 나무를 베어 백성의 업을 방해하는 것을 금하노라.

○7년(883) 5월 정축일에 발해사신이 그 나라로 돌아가므로 참의 등원제갈藤原諸葛 등이 홍려관에 가서 칙서를 부쳤다. 이번에 관원도진菅原道眞과 전달음田達音8) 등이 홍려관에서 대사와 더불어 만나 즉석에서 주고받은 시로 한 축을 만들고 관원도진이 서문을 썼다. 배정裴頲이 이르기를 "관菅 예부의 시는 백낙천白樂天의 시와 비슷하다"고 했다. 그가 고향으로 돌아가게 되자 전별시를 지었다.

『본조통감』 39 ○우다천황 관평 6년(894) 12

───
7) 시는 모두 문정에 있다.
8) 살피건대 전달음(田達音)은 도전충신(島田忠臣)이다. 충신(忠臣)은 전달음의 훈독음에 가깝다.

월에 문장생 귤등청橘澄淸이 백기국의 권연에 임명되어 발해사신을 따라 입근했다.

○7년(895) 3월 관원도진이 별칙을 받들어 식부소보 기장곡웅紀長谷雄과 함께 현번료에 가서 발해국 대사 배정을 접대하여 함께 시를 짓고 술을 대접하게 하였다. 대사는 지난해에 사절을 주관할 때를 생각하면서 시를 지었는데 자리를 메운 사람들이 함께 화답하여 주고받은 시가 여러 편이 되었다. 부사·대부도 참례하였다.

『속본조통감』 3 ○제호천황 연희 7년(907) 이 해에 종4위상 우병위독 등민행藤敏行이 죽었다. 그는 정관(859~876) 이래로 다섯 조정에서 벼슬했으며 왜의 시가도 잘했고 서법에도 이름나 불경을 많이 썼다. 또한 그의 묵적이 발해에까지 전해졌다.

○8년(908) 4월 법황이 발해국 배정裵頲에게 글을 써주었는데 서학동거사 무명씨라는 이름으로 해서 배구裵璆에게 붙여 보냈다. 배정은 배

구의 아버지이다. 이에 앞서 입조하였는데 6월에 배구가 귀국하게 되자 영객사 등원박문藤原博文이 몇몇 문사와 여러 무리들을 홍려관에 불러들여 잔치를 베풀고 시를 지어 전별했다. 문장생 대강조강大江朝綱에게 서문을 짓게 했다.1) 배구가 서문을 읽다가 '안산홍려雁山鴻臚'라는 구절에 이르러 박자를 치고 탄성을 지르면서 칭찬했다. 대강조강의 이름은 이로 말미암아 소문이 나기 시작했는데 이 때 그의 나이가 24세였다.

지금 관원순무菅原淳茂가 배구를 만나 이르기를 "배문적裵文籍의 후손인 그대를 들은 지 오래이나 관瞽 예부의 고아인 나를 보기는 새로울 것입니다. 아마도 원경(877~884)연간에 왔던 일을 추억합니다"라고 했다. 배구가 월전국을 지날 때에도 도재중都在中이 하급관리가 되어 나라[國]에 있어 만난 후 전별하며 말하기를 "그대와 뒤에 만나는 것은 마땅히 정할 수 없으니 이제부터 바라는 마음 북풍의 바람에 매달릴 것이로다"라고 했다.

배구는 그 말을 마음깊이 느껴 칭찬하였다. 조정에서 의논하여 이르기를 "재중在中이 사사로이 외국사신과 시를 주고받았으니 그의 관직을 파면해야 한다"고 했다. 그러나 배구가 그의 시구를 칭찬하여 이역에 이름을 날렸기 때문에 그를 용서하였다.

『속본조통감』5 ○연희 20년(920) 5월에 배구裵璆가 담비 갖옷 한 점을 입고 진기하다고 여기면서 스스로 자랑했다. 중명重明친왕은 오리털 수레를 타고 검은 담비 갖옷 여덟 벌을 입고서 조회에 참석했다. 배구가 그것을 보고 크게 부끄러워했다.

배구가 귀국하게 되어 몇몇 문사들이 홍려관에 모여 시를 지어 전별하였는데 기재창紀左昌이 서문을 지었다.2)

『속본조통감』6 ○연장 8년(930) 4월에 배구가 동단국 사신이라고 하면서 단후

---

1) 서문은 문징에 있다.

2) 서문은 문징에 있다.

에 왔다. 천황이 사신을 보내 물어 말하기를 "본래 발해라고 했는데 어찌 동단국 사신이라 하는가?"라고 하자 배구 등이 대답하기를 "발해가 거란에게 망하고 동단이라 이름을 고쳤나이다. 신 등은 지금 항복하여 동단의 신하가 되었습니다"이라 했다. 조칙을 내려 꾸짖어 말했다.

짐이 듣건대 발해는 거란에 대하여 대대로 원수의 나라인데, 지금 너희가 두 마음을 품어 조진모초[1] 꼴로 남의 신하로 되었으니 어찌 하루아침에 이같이 된단 말이냐?

배구 등이 머리를 조아려 사죄하고 장계를 바쳐 말하기를 "신 등이 참됨을 어기고 거짓을 행해 선과 다투고 악에 순종하여 선주[2]를 도탄에서 구하지 않고 외람되게 신주[3]를 전쟁 속에서 아첨했습니다"라고 하였다.

---

1) 〔역주〕 조진모초(朝秦暮楚): 아침에는 진나라의 신하였다가, 저녁에 초나라의 신하가 된다는 의미.
2) 〔역주〕 선주(先主): 발해 마지막 왕 대인선.
3) 〔역주〕 신주(新主): 동단국 인황왕 야율배.

『입당구법순례행기』2 ○개성 4년(839)4) 8월 13일에 들으니 상공 이하 9척의 배는 청산포구에 있으며, 또한 발해의 교관선도 그 포구에 정박하고 있었다.5) 15일에 절간은 수제비와 떡 등을 차려 팔월 보름의 명절을 지냈다. 이 명절은 여러 나라에는 없고 오직 신라국에만 있었다. 노승들이 말하기를 "신라국이 옛날 발해와 싸웠을 때에 이날에 승리를 얻었다. 그리하여 명절로 삼아 노래하고 즐겁게 춤을 추어 대대로 끊어지지 않고 영원히 이어져 그치지 않는다. 여러 가지 음식을 차려놓고 가무와 음악을 연주하며 낮과 밤을 이어가 사흘 만에야 그만둔다. 지금 이 산원山院에서도 고국을 그리워하여 오늘을 명절로 삼은 것이다. 발해가 신라의 토벌을 당했을 때 겨우 1천 명이 북쪽으로 도망쳤다가 그 후에 돌아와 예전대로 나라를 세웠는데 지금 발해국이라 부르는 것이 바로 이 것이다"라고 했다.

○5년(840) 3월 2일 등주도독부 성 남쪽 거리의 동쪽에 신라관과 발해관이 있었다.… 20일 일찍 출발하여 서쪽으로 북해현으로부터 20리쯤 가다가 들에서 상도6)로부터 귀국하는 발해사신를 만났다.…

22일 아침에 주7)아문에 들어가서 녹사와 사법8)을 만나고 다음으로 상서인 압양번사의 아문9)에 이르렀다. 등鄧 도사에게 등주의 공문서를 제출하였다.10) 도사가 나와 말을 전하며 사택으로 들어오라 했다. 그리고 상서의 말을 전하면서 이르기를 "잠시 사원에 가 계시면 처분이 있을 것입니다"라 했다.…

28일에 등주유후관인 왕이무王李武가 사원11)으로 찾아와 만났다. 전번에 발해왕자가 고향으로 돌아갈

---

4) 일본 승화 6년이다.
5) 등주 문등현 청녕향 적산촌에서의 일이다.
6) [역주] 상도(上都): 장안.
7) 청주이다.
8) [역주] 사법(司法): 법률담당관.
9) 곧 압신라발해 양번이다.
10) [역주] 원문은 '함등도사통등주合鄧都使通登州'임.
11) [역주] 용흥사를 말함.

때 칙사가 오기를 기다렸다가 출발했다고 한다.

『입당구법순례행기』3 ○개성 5년(840) 7월 1일에 죽림로를 취해 죽림사 앞부터 서남으로 향해 한 높은 고개를 넘어 보마진국금각사의 견고불보살원에 이르러 묵었다. 편대의 공양주이며 승려인 의원義圓도 역시 분주로 돌아가려고 오늘 화엄사로부터 우리의 뒤를 따라 같은 보살원에 묵었다.

사원의 승려가 차를 마시며 말하여 이르기를 "일본국의 영선靈仙 삼장三藏이 옛날 이 사원에서 2년간 머물렀고 그 뒤에 칠불교계원으로 옮겨가서 죽었습니다. 그 삼장은 스스로 길이 4치, 넓이가 3치의 손껍질을 벗겨내 불상을 그리고 금동탑을 만들어 그 안에 안치했습니다. 지금 이 절의 금각 아래에 있어 오랜 세월 공양도 하고 있습니다"라고 했다.

2일에 공양주 의원義圓과 사원 내의 스님 몇이 함께 금각을 열고 영선 성인이 손 껍질에 그린 불상과 금동탑을 보았다. 3일에 재를 마쳤다. 대의 정상에서 남쪽을 향해 17리쯤 내려가니 계곡 안에 한 사원이 있었다. 건물은 허물어지고 사람은 없었는데 이름을 칠불교계원이라 되어 있다. 사원 현판의 제명에는 '팔지초난야(八地超蘭若)'1)라고 적혀 있다. 일본스님 영선이 일찍이 여기에서 살다가 돌아가셨다. 발해승려 정소(貞素)는 영선(靈仙) 성인을 곡하는 시를 판 위에 써서 못으로 박아 벽 위에 걸어두었다. 이를 필사하니 다음과 같다.2)

태화 2년(828) 4월 14일 씀.

작은 굴 안에 안치하였다. 남쪽으로 3리쯤 가서 대력영경사에 도착하였다. 노숙(老宿)을 보고 영선 삼장이 돌아가신 곳을 물었더니 이에 말하기를 "영선 삼장은 이전에는 일찍이 철근난야와 칠불교계원에 많이 계셨는데, 뒤에 이 절에 와서 욕실원3)에 거주했습니다. 어떤 사람이 약을 넣어 죽이고자 하여 중독되어 죽었습니다. 지나는 제자들이 묻어 주었는데 어느 곳인지는 알 수 없습니다"라고 하였다.

장문기 ○지금 세상사람들은 반드시 싸워 이긴 자를 임금으로 삼고 있는데 우리 조정에는 없지만 다른 나라에는 있다. 가령 지난 연장연간에 대사령4)이 내려졌을 때 거란왕이 정월 1일에 발해를 쳐서 동단국이라 하여 고쳐 다스렸다. 어찌 힘으로써 붙잡아 차지하지 않겠는가? 여러 사람의 힘 위에 더하여 싸우고 토벌하여 공업을 경영한다.

○ 논하기를 나는 중외의 책들을 모두 열람하고 발해의 유실된 것들을 수집하여 무려 3백30여 건을 얻어 『총략』 2권을 만들었다. 선인들이 수집한 것을 넘어섰다고는 하나 완비된 것은 아니다. 대체로 발해에 관계되는 책들을 보고

---

1) [역주] '팔지초난야'는 불교에서 이상적 수행의 장소를 말하며 '최고'를 뜻함.
2) 시는 문징에 있다.
3) [역주] 욕실원(浴室院): 『발해국지장편』의 원문에는 욕보원(浴湺院)으로 되어 있으나 욕실원이 맞음.[옌닌 지음, 김운경 역주, 『옌닌의 입당구법순례행기』(중심, 2001), 같은 항의 내용 참고]
4) '사(敇)'를 '연(延)'이라 한 데도 있다.

보존해 둔 것은 대략 두 부류로 나뉜다. 하나는 당나라로부터 원나라까지의 저작으로서 모두 발해일족의 역사와 사실을 초록한 것인데 「총략」에 기재한 것이 곧 그것이다. 다른 하나는 명나라로부터 지금까지의 저작인데 많이는 구문舊聞을 채집하여 체계화하여 논증한 것으로서 이 또한 「총략」의 지류라 할 것이다. 근대 연구자들이 저술한 것은 흔히 스스로 출처를 주석했거나 명확한 말에 다 내력까지 밝혔으므로 내용이 좋지 않은 것은 아니다. 그러나 또한 일률적으로 동등하게 할 수는 없다.

본편의 저술은 「기記」・「표表」・「전傳」・「고考」 같은 것이 있고 한 단락의 문장이 여러 편에 갈라져 속해 있으므로 혹 다른 것으로 여길까 봐 마침내 없애버리기도 했다. 설사 스스로 주석을 한 예를 쓴다 하더라도 모두 다 온전할 것을 바라기란 매우 어려운 것이다. 그리하여 찬집한 바의 출처를 한 편으로 모았다. 무릇 채집한 재료가 찬연히 다 있고 언어도 각각 적당하면 상세하기를 꺼리지 않았다. 그런즉 「총략」의 편집에 용납되지 않거나 늦추어서는 안될 것들이 있다.

일찍이 시험삼아 논하여 보면 「기」・「표」・「전」・「고」를 강과 하천에 비긴다면 「총략」은 곧 원천이다. 「기」・「표」・

「전」·「고」를 보불輔黻에 비긴다면 「총략」은 곧 그 실오라기이다. 원천이 없이 어찌 넓고도 출렁이는 장관을 이루며 실오라기가 없이 어찌 아름다운 무늬를 이룰 수 있단 말인가? 그러므로 본체를 버리는 것을 끝을 쫓는 것이라고 하며 시작이 되면 끝을 맺을 수 있다고 하는 것이다.

「총략」의 수집도 역시 이 같을 따름이다. 만일 중복을 버리고 저촉됨을 힘써 피한다면 「기」·「표」·「전」·「고」의 모든 사실이 「총략」의 「직지職志」가 아니다. 이것으로 해서 나무란다면 아마도 부당하리라.

『발해국지장편』 권2 끝

渤海國志長編卷三

遼陽金毓黻　撰集

世紀第一

渤海國志一

渤海高王名祚榮姓大氏靺鞨粟末部人乞仲象之子也或云高麗別種靺鞨之先出自肅愼肅愼改自有虞一名挹婁在南北朝之世則曰勿吉亦名靺鞨居太白山之北凡分七部其一曰粟末部居最南抵太白山與高麗接依粟末水其二曰伯咄部在粟末之北其三曰安車骨部在伯咄之東其四曰拂涅部在伯咄之東其五曰號室部在拂涅之東其六曰黑水部在安車骨之西北其七曰白山部在粟末之東南每部之間遠者三四百里近亦二百里粟末白山二部皆近高麗高麗盛時

발해국지장편 권3

발해국지 1

세기 제1

고왕高王

○발해 고왕은 이름이 조영祚榮이고 성은 대大씨이다. 말갈 속말부 사람이며 걸걸중상乞乞仲象의 아들이다. 혹은 고구려의 별종이라 한다. 말갈의 선조는 숙신에서 나왔고 숙신은 유우에서 시작되었는데 일명 읍루라고 한다. 남북조 시기에는 물길 또는 말갈이라 했으며 태백산의 북쪽에 살았다. 무릇 7개 부로 나눈다.

첫번째는 속말부粟末部라 하는데 제일 남쪽에 살고 태백산에 이르러 고구려와 접하고 속말강을 따라 있다. 두번째는 백돌부伯咄部라 하는데 속말의 북쪽에 있다. 세번째는 안거골부安車骨部라 하는데 백돌의 동북에 있다. 네번째는 불녈부拂涅部라 하는데 백돌의 동쪽에 있다. 다섯번째는 호실부號室部라 하는데 불녈의 동쪽에 있다. 여섯번째는 흑수부黑水部라 하는데 안거골의 서북쪽에 있다. 일곱번째는 백산부白山部라 하는데 속말의 동남쪽에 있다.

매 부 사이의 거리는 멀리는 3~4백 리쯤 되고 가까워도 2백 리는 된다. 속말부와 백산부 2부는 모두 고구려와 가까웠는데 고구려가 전성할 때에 다 신속되었다. 당나라가 고구려를 멸망시키고 그 땅을 합치게 되자 그 부의 사람들은 많이 도망쳐 흩어져 버렸다.

속말의 추장으로서 이름이 걸사비우乞四比羽라는 자가 걸걸중상과 함께 가속을 거느리고 영주에 옮겨살면서 거란에 귀부했다. 걸걸중상의 벼슬은 대사리였다.

무측천 만세통천 원년(696)에 거란의 대추장 이진충李盡忠이 반란을 일으켜 영주도독 조화趙翽를 죽이자 당나라는 군사를 징발하여 토벌에 나섰다. 걸사비우와 걸걸중상은 죄를 받을까 두렵고, 또한 말갈의 옛 땅이 비었으므로 소속을 거느리고 동쪽으로 망명해 도망쳤다. 무측천武則天이 그들의 죄를 사면해 주고 걸사비우를 허국공으로 책봉하고 걸걸중상을 진국공으로 삼았다.

걸사비우가 명령을 받지 않자 무후가 조서를 내려 우옥금위대장군 이해고李楷固와 중랑장 색구索仇로 하여금 그를 쳐서 죽게 하였다. 이때 걸걸중상은 이미 죽고 대조영이 이어받아 그 무리를 거느리고 도망쳐

버렸다.

　이해고가 천문령을 넘어 대조영을 뒤쫓자 대조영은 고구려와 말갈의 군사를 합해서 대항했다. 이해고는 크게 패하여 몸만 빼내어 돌아갔다. 거란과 해奚가 모두 돌궐에 귀부하여 길이 끊어지자 당나라 군사는 토벌할 수 없었다. 대조영은 드디어 걸사비우의 무리를 합하여 동쪽으로 요수를 건너가 말갈의 옛땅을 차지하고 오루하를 사이에 두고 동모산에 웅거하여 성을 쌓고 살았는데. 그 땅은 영주에서 동쪽으로 2천 리 되는 곳에 있었다.

　대조영은 날래고 용감할 뿐만 아니라 용병을 잘하여 말갈의 무리들과 백돌·안거골·호실 등 부의 유민들이 함께 편호가 되었고 고구려의 유민들도 점점 그에게 귀부했다.

　○원년(698). 곧 당나라 무측천 성력 원년이다. 대조영이 자립해서 진국왕[1]이 되었고 이어 말갈이라 불렀다. 이것이 건국의 시작이다. 왕은 그의 아버지 걸걸중상이 일찍이 대사리 벼슬을 했으므로 '대大'를 성씨로 삼았으며 사신을 보내 돌궐과 통교했다.

　○8년(705) 당나라 중종이 복위하여 시어사 장행급張行伋을 보내와서 그를 위로했다. 대조영은 아들 대문예門藝에게 장행급을 따라 당나라에 보내 조공하게 하고 결국 숙위로 머물게 했다. 당나라가 사신을 보내 책립하려고 했으나 거란과 돌궐이 해마다 변경을 침략하여 사명에 이를 수 없었다.

　○14년(711) 겨울 11월에 사신을 보내 당나라에 방물을 바쳤다.

　○16년 겨울에 당나라가 낭장 최흔崔忻[2]을 섭홍려경으로 보내 왕을 좌효위 원외대장군 발해군왕으로 책봉하고 그가 통솔하는 지역을 홀한주로 삼고 홀한주도독을 더 제수하였다. 아울러 그의 적자 대무예武藝를 계루군왕으로 삼았다. 이로부터 비로소 말갈이란 호칭을 버리고

---

1) '진(震)'을 '진(振)'이라고도 했다.

2) '흔(忻)'을 '흔(訢)'이라 한 것도 있다.

오로지 발해라 칭하였다. 왕자[1]를 보내 당나라에 조공하게 했다.

12월에 장안에 이르러 시장에 나가 교역하고 절에 들어가 예배하게 해달라고 주청하니 현종이 허락했다. 이 해에 아들 대문예가 당나라로부터 돌아왔다.

○17년(714) 여름에 최흔이 당나라로 돌아갔다.

○19년 겨울 윤12월에 대수령[2]을 보내 당나라에 조공했다.

○20년 여름 5월에 사신을 보내 당나라에 조공하고 아울러 방물을 바쳤다.

○21년(718) 봄 2월에 사신을 보내 당나라 조공했다.

○22년 봄 3월 정유일에 왕이 죽었다. 당나라에 사신을 보내 부음을 알렸다.

여름 6월 정묘일에 현종이 조서를 내려 특진으로 추증하고 물류 5백 단을 하사하고 좌감문솔 상주국

---

1) 그 이름은 잊혔다.
2) 이름을 잊어버렸다.

오사겸吳思謙을 섭홍려경 지절충사로 앞서 보내 조문하게 했다. 나라사람들이 고왕高王이라는 시호를 올렸다.

고왕의 세대에는 승병 수만 명을 가지고 있었으며 개척한 지역이 2천 리이고 편호가 10여만이었다. 옥저·조선과 해북의 여러 지역을 모두 차지했으며 남쪽으로 신라와 니하를 경계로 삼고 동쪽으로 바다에 닿았고 서쪽은 거란과 이웃하고 북쪽으로 흑수말갈에 이르렀다. 자못 문자와 서기書記가 있었고 나라를 열 만한 규모를 다 갖추었다.

무왕

○무왕武王의 이름은 무예武藝이고 고왕의 세자이다. 이전에 계루군왕으로 책봉받았다. 고왕 7년3) 3월에 왕이 죽자 대무예가 왕위를 이었다.

8월에 당나라가 사신을 보내 좌효위대장군 발해군왕 홀한주도독으로 책봉했다.4) 이 해에 당나라가 평로절도사를 두고 관할 내의 여러 번국을 경략했는데 영주에 치소를 두었다.

○인안 원년(720) 정월에 기원을 고치고5) 아울러 연호를 인안이라 했다. 가을 8월 당나라가 왕의 적자 대도리행都利行을 계루군왕으로 책봉했다. 9월에 좌효위낭장 섭낭중 장월래張越來를 보내와서 함께 해와 거란을 토벌할 것을 약속했다.

○2년(721)에 대수령6)을 보내 당나라에 조공하고 겨울 11월에 이르러 관직7)을 임명받고 돌아왔다.

○3년에 대신 미발계味勃計를 보내 당나라에 조공했으며 아울러 보라매를 보내왔다. 겨울 11월 신미일에 이르러 관작을 제수하고 돌려보냈다. 이 해에 흑수말갈과 함께 돌궐에 사신을 보내 토둔吐屯을 청했다.

○4년 겨울에 신하 하조경賀祚慶을

---

3) 〔역주〕고왕 22년(719)의 잘못임.
4) 살피건대 『책부원귀』 967에는 또 '九城燕然都督'이라는 여섯 자가 있다.
5) 즉위한 이듬해에 기원을 고치는 예를 이용하는데 이하는 이를 따른다.
6) 그 이름은 잃어버렸다.
7) 절충(折衝)이다.

보내 당나라에 조공하고 이듬해의 새해를 축하하였다.

05년 봄 2월 을사일에 하조경이 당나라에 이르니 당나라는 폐백을 하사하고 돌려보냈다. 겨울에 대수령 오차지몽(烏借芝蒙)[1])을 보내 당나라에 조공하고 이듬해 새해를 축하하고 방물을 바쳤다.

06년(725) 봄 정월에 오차지몽이 당나라에 이르니 관작을 제수하고 돌려보냈다. 수령 알덕(訐德)을 보내 당나라에 조공했다. 여름 4월 갑자일에 이르러 관작을 제수하고 돌려보냈다. 아우 대창발가(昌勃價)를 보내 당나라에 조공했다. 5월에 이르러 관작을 제수하고 숙위로 머물게 하였다.

이 해에 흑수말갈이 당나라에 조공하자 당나라는 그 땅을 흑수주로 삼았다. 왕은 흑수말갈과 당나라가 통교한다고 의심하여 군사를 징발하여 공격했다.

07년에 세자 대도리행을 보내 당

---

1) '지(芝)'를 '지(攴)'라 한 것도 있다.

나라에 조공하고 담비가죽을 바쳤다. 봄3월 을유일에 이르렀다.

여름4월 을축일에 관작을 제수하고 숙위로 머무르게 했다. 아들 대의신義信을 보내 당나라에 조공하고 방물을 바쳤다. 아우 대문예大文藝와 임아任雅에게 명하여 군사를 징발하여 흑수말갈을 치게 했다. 갑자기 대일하大壺夏를 보내 대문예를 대신하게 하니, 대문예는 당나라로 도망쳤다. 당나라는 대문예에게 좌효위장군을 제수했다. 신하 마문궤馬文軌와 총물아葱勿雅를 보내 당나라에 조공하게 하고 표문을 올려 대문예를 죽여달라고 청하였다.

겨울 11월 신축일에 대의신이 당나라에 도착했고 마문궤와 총물아가 당나라에 이르렀다. 당나라는 대문예를 안서땅에 있게 하고 마문궤 등을 보내지 않고 별도로 홍려소경 이도수李道邃와 원복源復을 보내 알렸다.

○8년(727) 봄에 신하 이진언李盡彦을 보내 표문을 가지고 가게 하고, 당나라에 조공하였다. 당나라도 다시 내사內使를 보내 황제의 뜻을 알렸다.

여름 4월 정미일에 당나라가 숙위로 머물러있던 왕의 아우 대창발가 및 수령 등을 나라로 돌려보냈다. 아울러 관작을 제수하고 폐백을 내렸는데 차등이 있었다. 현종이 조서를 내려 왕을 위로하고 채색명주 1백 필을 하사했다.

가을 8월에 아우 대보방大寶方을 보내 당나라에 조공했다. 낭장 고인高仁 등 24명을 보내 일본과 교빙하였는데, 하이에 도착하여 고인 등 다수의 사람들이 살해당하고 같이 간 고재덕高齋德 등 8명이 겨우 죽음을 면하였다. 9월 경인일에 일본에 이르렀다.

겨울 10월에 사신을 보내 당나라에 조공하고 방물을 바쳤다.

○9년(728) 여름 4월 계미일에 왕세자 대도리행이 당나라에서 죽었다. 관작과 비단필·곡식을 추증하고 유사에 명하여 조문하고 그 상여를 본

弔祭遣覆還國秋高齊德同日本聘使引田從麻呂來遣臣菸
夫須計朝唐以九月壬寅至授官放還
十年遣弟胡雅朝唐以春二月甲子至授官留宿衛三月壬寅
遣使朝唐獻鷹癸卯遣使獻鯔魚至唐賜帛
丁卯遣弟琳朝唐授官留宿衛是秋日本聘使歸國冬遣弟郞
雅朝唐賀正並獻方物
十一年春正月戊寅遣臣智蒙朝唐
獻方物及馬授官賜物放還夏五月己酉遣臣烏那達利朝唐
獻海豹皮貂鼠皮瑪瑙杯及馬授官放還秋九月乙丑遣使朝
唐獻方物賜帛放還
十二年遣使朝唐賀正以春二月癸卯至授官賜帛
放還遣其大姓取珍等百二十八人朝唐以冬十月癸巳至授
官放還
十三年秋契丹遣使約攻唐九月乙巳遣大將張文休率兵越

海攻唐登州殺其刺史韋俊又以兵趨幽州至馬都山唐平盧
先鋒烏承玼禦之又以石塞其歸路兵不得還支宗命左領軍
將軍蓋福順發兵遣門藝往幽州徵兵來討並遣使徵新羅兵
以攻南境
十四年春唐及新羅兵俱無功而退是歲密遣使至唐東都假

국으로 보냈다. 가을에 고재덕이 일본의 교빙사 인전충마려引田虫麻呂와 함께 왔다. 신하 어부수계菸夫須計를 보내 당나라에 조공하게 하였다. 9월 임인일에 이르러 관작을 제수하고 돌려보냈다.

○10년(729) 아우 대호아胡雅를 보내 당나라에 조공하게 했다. 봄 2월 갑자일에 이르러 관작을 제수하고 숙위로 머무르게 했다. 3월 임인일에 사신을 보내 당나라에 조공하고 보라매를 바쳤다. 계묘일에 사신을 보내 당나라에 숭어를 바쳤다. 비단[1]을 하사하고 돌려보냈다.

가을 8월 정묘일에 아우 대림琳을 보내 당나라에 조공했다. 관작을 제수하고 숙위로 머무르게 하였다. 이 가을에 일본의 교빙사가 귀국했다.

겨울에 아우 대낭아郎雅를 보내 당나라에 조공하여 새해를 축하하고 아울러 방물을 바쳤다.

○11년(730) 봄 정월 무인일에 대낭아가 당나라에 도착했다. 당나라

---
1) 20필이다.

가 폐백을 하사했다. 2월 무인일에 신하 지몽(智蒙)을 보내며 당나라에 조공하고 방물과 말을 바쳤다. 관작을 제수하고 물품을 하사하여 돌려보냈다.

여름 5월 기유일에 신하 오나달리(烏那達利)를 보내 당나라에 조공했더니 해표가죽·담비가죽·마노잔 및 말을 보내왔다. 관작을 제수하고 돌려보냈다.

가을 9월 을축일에 사신을 보내 당나라에 조공하고 방물을 바쳤다. 폐백을 하사하고 돌려보냈다.

○12년에(731) 사신[2]을 보내 당나라에 조공하고 새해를 축하하였다. 봄 2월 계묘일에 도착하였다. 관작을 제수하고 폐백[3]을 하사하여 돌려보냈다. 그밖에 대성취진(大姓取珍)[4] 등 1백20명을 보내 당나라에 조공하였다.

---
2) 그 이름을 잃어버렸다.
3) 1백 필이다.
4) [역주] 대성(大姓): 성씨가 '대'씨로서 대취진이라 보기도 하고, 대성을 '우성(右姓)'으로 보아 세력있고 훌륭한 가문의 '취진'으로 보기도 함. 전자의 설로 보는 것이 옳은 듯함.

겨울 10월 계사일에 이르러 관작을 제수하고 돌려보냈다.

○13년(732) 가을에 거란이 사신을 보내 당나라를 공격하자고 약속했다.

9월 을사일에 대장 장문휴(張文休)를 보내 군사를 징발하여 바다를 건너 당나라의 등주를 쳐서 그 자사 위준(韋俊)을 죽였다. 또 군사를 유주로 보내 마도산에 이르니 당나라의 평로 선봉 오승자(吳承泚)가 막았다. 또 돌로써 그 귀로를 막아 군사가 왕성하게 활동할 수 없게 했다.

현종이 좌령군장군 개복순(蓋福順)에게 명하여 군사를 징발하게 하고 대문예를 보내 유주에 가서 군사를 징발하여 토벌하게 했으며, 아울러 사신을 보내 신라의 군사를 징발하여 남쪽 변경을 공격하게 했다.

○14년(733) 봄에 당나라와 신라의 군사가 모두 공 없이 물러갔다. 이 해에 비밀리에 사신을 보내 당나라 동도에 이르러 자객의 힘을 빌려 대문예를 찌르게 했으나 죽이지 못

했다. 당나라는 자객을 붙잡아 죽였다.

당나라는 왕의 아우 대낭아(郎雅[1])등을 영남에 귀향보냈다. 대성경(大誠慶)을 보내 당나라에 조공하고 표문을 올려 잘못을 뉘우치니 현종은 조서로써 달랬다. 돌궐이 사신을 보내와서 함께 해(奚)와 거란을 공격하자고 청했다. 왕이 사신을 붙잡아 보내려고 당나라에 표문을 올려 청했으나 당나라가 허락하지 않았다. 당나라는 대낭아 등의 죄를 용서하고 돌려보냈다.

○16년(735)에 아들 대번(蕃)을 보내 당나라에 조공했다. 관작을 제수하고 돌려보냈다.

○17년(736) 겨울 11월 계유일에 수령 율기계(聿棄計)가 당나라에 조공했다. 관작을 제수하고 폐백을 하사하여 돌려보냈다. 이 해 겨울에 대수령 목지몽(木智蒙)을 보내 당나라에 조공했다.

○18년(737) 봄 정월에 목지몽이 당

---

1) '낭(郎)'을 '낭(朗)'이라 한 데도 있다.

나라에 도착했다. 여름 4월 정미일에 신하 공백계公伯計를 보내 당나라에 조공하고 보라매를 보내왔다. 관작2)을 제수하고 돌려보냈다.

가을 8월 무신일에 대수령 다몽고多蒙固를 보내 당나라에 조공하고 아울러 뱃사람과 물에 빠져 죽은 사람을 함께 보냈다.3)

8월에 이르러 현종이 관작을 제수하고 또 왕에게 주는 조서를 써서 주어 돌아가게 했다. 왕이 죽었으므로 당나라로 사신을 보내 부음을 알리게 했다. 나라사람들이 무왕武王이라는 시호를 올렸다.

무왕의 세대에 크게 영토를 확장하여 동북의 여러 오랑캐들이 모두 두려워 신속했다.

문왕

○문왕文王의 이름은 대흠무欽茂이고 무왕의 둘째아들이다. 인안 18년 (737)에 무왕이 죽자 대흠무가 국무를 임시로 맡았다.

○대흥 원년(738) 봄 정월에 연호를 고쳤다. 여름 6월 신사일에 당나라가 내시 단수간段守簡을 보내 대흠무를 발해군왕으로 책봉하고 이어 좌금오대장군4) 홀한주도독을 잇게 했다. 왕은 당나라의 조서를 받고서 나라에 대사령을 내렸다. 사신을 보내 당나라에 조공하고 『한서』·『삼국지』·『진서』·『36국춘추』·『당례』를 베껴갈 수 있도록 청하니, 현종이 허락하였다.

겨울 8월 사신5)을 단수간에게 딸려 보내어 당나라에 조공하고 담비가죽 1천 장, 문어 1백 마리를 보내왔다.

○2년(739)에 아우 대욱진勖進을 보내 당나라에 보라매를 바쳤다. 봄 2월 정미일에 이르러 잔치를 베풀고 관작을 제수하고 숙위로 머무르게 하였다. 도독 서요덕徐要德과 이진몽李珍

---

2) 장군이다.
3) 〔역주〕무왕 13년(732)에 당나라 등주를 공격할 때 사로잡은 포로와 죽은 자들을 송환한 듯함.
4) 살피건대 '좌효위대장군'이라고도 한다.
5) 이름을 잃어버렸다.

蒙 등을 보내 일본과 교빙했다. 아울러 일본의 조당사 평군광성平群廣成을 보내 귀국하게 했다. 서요덕은 바다에 빠져죽고 이진몽 등이 가을 7월 계묘일에 일본에 이르렀다.

겨울 10월 을해일에 신하 수복자受福子[1]를 당나라에 보내 하사[2]를 사례했다. 관작을 제수하고 돌려보냈다.

○3년(740) 봄 2월에 당나라가 왕곡사王斛斯를 평로군절도사로 삼고 압발해흑수등4부경략처치사를 더하여 주었으니, 결국 예로부터 전해오는 규칙이 되었다.

여름 4월에 이진몽 등이 일본의 교빙사 대반견양大伴犬養과 함께 왔다.

가을에 일본의 교빙사가 귀국했다. 이 해에 사신[3]을 보내 당나라에 담비가죽을 보내왔다.

○4년에 신하 실아리失阿利를 보내 당나라에 조공하고 새해를 축하했

---

1) '수(受)'를 '우(優)'라 한 데도 있다.
2) '사(賜)'를 '은(恩)'이라 한 데도 있다.
3) 그 이름을 잃어버렸다.

다. 봄 2월 기사일에 이르러 관작을 제수하고 돌려보냈다.

여름 4월에 사신4)을 보내 당나라에 보라매를 바쳤다. 가을 8월 을미일에 당나라가 안록산을 영주도독 겸평로군사 겸압발해흑수등4부경략사로 삼았다.

○5년(742) 봄 정월 임자일에 당나라가 안록산을 평로절도사로 삼고 이전과 같이 압발해번사로 삼았다.

○6년(743)에 아우 대번(蕃)을 보내 당나라에 조공했다. 가을 7월 계해일에 이르러 관작을 제수하고 숙위로 머무르게 했다.

○9년(746) 사신을 보내 당나라에 조공하고 새해를 축하했다. 봄 3월에 이르렀다. 겨울에 사신5)을 보내 당나라에 조공하고 이듬해 새해를 축하했다.

이 해에 나라사람들과 철리부 사람 1천1백여 명이 일본에서 장사했다. 배가 출우국에 도착하여 상륙했

는데 지키던 신하가 조금 있다가 의복과 식량을 주고 돌려보냈다.

○10년(747) 봄 정월에 사신이 당나라에 이르러 방물을 바쳤다.

○12년 봄 3월에 사신을 보내 당나라에 보라매를 보내왔다.

○13년 봄 3월에 사신을 보내 당나라에 보라매를 보내왔다.

○15년(752) 가을에 신하 모시몽(慕施蒙) 등 75명을 보내 일본에 교빙했다.

○16년 사신을 보내 당나라에 조공하고 새해를 축하했다. 봄 3월에 이르렀다. 여름에 모시몽 등이 일본으로부터 돌아왔다. 겨울에 사신을 보내 당나라에 조공하고 이듬해 새해를 축하했다.

○17년 봄 정월에 사신이 당나라에 이르렀다.

○18년에 서울을 상경용천부로 옮겼는데 옛 서울에서 3백 리쯤 떨어진 홀한하의 동쪽에 있다. 당나라가 왕에게 특진태자첨사를 더해 주었고 뒤에 또 승진시켜 태자빈객으로

---

4) 이름을 잃어버렸다.
5) 이름을 잃어버렸다.

삼았다. 이 해 겨울 당나라에 안록산安祿山의 난이 일어났다.

○19년 여름 4월에 당나라가 유정신劉正臣을 유성태수 평로절도사 겸육운압발해흑수등4부경략사로 삼았다. 가을에 평로유후 서귀도徐歸道가 과의도위 행유성군 겸4부경략판관 장원간張元澗을 보내와서 군사와 말을 징발했다.

또 말하기를 "금년 10월에 여러 군사를 합하여 안록산을 공격하려고 하는데 왕께서 기병 4만을 징발하여 오기를 청합니다"라고 하였다. 문왕은 장원간을 남겨두고 보내지 않았다.

이 해 12월에 서귀도가 반란을 일으키고 안록산에게 귀부했다. 왕은 끝내 군사를 징발하지 아니했다.

○20년(757) 여름 4월에 권지평로절도 왕현지王玄志가 장군 왕진의王進義를 보내 당나라 황제의 칙서를 받들고 와서 방문했다.

○21년 일본이 소야전수小野田守 등 68명을 보내와서 교빙했다. 가을에

장군 양승경楊承慶 등 23명을 함께 보내 교빙에 보답했다.

○22년(759) 봄에 양승경이 일본의 입당사 고원도高元度와 함께 왔다. 겨울에 장군 고남신高南申을 보내 일본 견당사 내장전성內藏全成 등을 인도하여 귀국하게 했다. 신하 양방경을 보내 당나라에 조공하고 이듬해 새해를 축하했다. 고원도와 함께 갔다.

○23년 봄에 고남신 등이 일본의 교빙사 양령구楊玲珍와 함께 왔다. 겨울에 일본의 교빙사가 귀국했다.

○24년 겨울에 일본이 신하 고려대산高麗大山을 보내 교빙하러 왔는데 중도에서 죽고 그 부사 이길익마려伊吉益麻呂가 왔다. 이 해에 당나라 영주가 해奚에 함락되어 평로절도를 청주로 옮겨 주둔하게 하고 평로치청절도사라 불렀다.

○25년에 당나라가 조서를 내려 발해를 국으로 삼아 왕을 발해국왕으로 책봉하고 검교태위를 더하였다. 가을에 행정당성 좌윤 왕신복王新福 등 23명을 보내 이길익마려와 함께 일본에 교빙했다.

○26년(763) 봄에 왕신복이 일본의 환송사신 판진겸속板振鎌束과 함께 왔다. 겨울에 당나라 사신 내상시 한조채韓朝彩가 일본유학승 계융成融과 함께 왔다. 10월에 계융이 판진겸속과 함께 귀국했다. 이 해에 일본에서 와서 음성을 유학한 내웅업성內雄業成이 귀국했다.

○27년 봄에 한조채가 신라로 갔다. 이 해에 신하 왕탄王誕을 보내 당나라에 조공했다.

○28년에 당나라가 평로치청절도관찰사 겸압발해번사 이정기李正己를 사신으로 삼았다. 이로부터 이정기는 해마다 와서 이름난 말을 교역했는데 끊임이 없었다.

○29년 당나라가 왕에게 사공 겸 태위를 더하여 임명했다.

○30년 여름 5월, 가을 8·9월, 겨울 11·12월에 모두 사신을 보내 당나라에 조공했다.

○31년(768) 봄 3월, 겨울 12월에 모

두 사신을 보내 당나라에 조공했다.

○34년 여름에 대부 일만복壹萬福 등 3백25명을 보내서 일본에 교빙하였다.

○35년(772) 여름 5월에 사신을 보내 당나라에 조공했다. 가을 9월 일만복이 바다를 건너다가 폭풍을 만나 돌아오지 못했다.

○36년 봄 2월 을축일에 일본에 교빙하러 보낸 부사 모창록慕昌祿이 일본에서 죽었다. 여름 4월 사신을 보내 당나라에 조공하고 아울러 방물을 바쳤다. 신하 오수불烏須弗 등 40명을 보내 일본에 교빙하고 아울러 일만복 등이 도착하여 흩어진 경위를 조사했다.

6월에 사신을 보내 당나라에 조공하고 새해를 축하하였다. 이 해 여름에 일만복이 일본의 교빙사 무생조수武生烏守와 함께 왔다.

가을에 오수불이 일본으로부터 돌아왔다. 겨울에 무생조수가 일본으로 돌아갔다.

11월 윤달에 당나라에 조공하러

三十一年春三月冬十二月皆遣使朝貢於唐

三十四年夏遣大夫壹萬福等三百二十五人聘於日本

三十五年夏五月遣使朝貢於唐秋九月壹萬福渡海遇風不得還

三十六年春二月乙丑遣聘日本副使慕昌祿卒於日本夏四月遣使朝貢并獻方物遣臣烏須弗等四十人聘日本并查詢壹萬福等著落六月遣使朝貢于唐賀正是夏壹萬福同日本聘使武生烏守來秋烏須弗還自日本冬武生烏守歸日本十一月閏月皆遣使貢於唐留唐宿衛王子名失其私取修龍衰冠事發鞫之辭云慕中朝文物故欲得之代宗釋其罪不問十二月遣使朝貢於唐

三十七年春正月遣使朝貢於唐二月辛卯唐代宗放留質王子英俊還國并御殿延見冬十二月遣使朝貢於唐

三十八年春正月夏五月六月冬十二月皆遣使朝貢於唐

三十九年王妃卒冬遣司賓少令史都蒙等一百六十七人聘於日本并致王妃之訃海中遇風僅四十六人得全

四十年春正月辛酉遣使獻日本國舞女十一人及方物於唐

四十一年春夏四月壬寅遣使朝貢於唐是夏史都蒙同日本送使獻鷹於唐夏四月壬寅遣使朝貢於唐是夏史都蒙同日本遣使高麗殿嗣來冬十二月復遣使往朝唐

四十二年春遣臣張仙壽送高麗殿嗣歸日本丙子唐詔停渤海歲貢鷹秋遣張仙壽還自日本夏閏五月丙子唐詔停渤海歲貢鷹秋遣高泮弼等聘於日本冬泮弼等還

四十三年冬十月遣使朝貢於唐

보낸 사신과 당나라에 숙위로 머물렀던 왕자[1]가 함께 사사로이 곤룡포를 취해 수리한 일이 발각되어 국문하니 중국의 문물을 사모하여 그것을 얻으려 했다고 말하였다. 대종이 그의 죄를 묻지 않고 풀어주었다. 12월에 당나라에 사신을 보내왔다.

○37년(774) 봄 정월에 사신을 보내 당나라에 조공했다. 2월 신묘일에 당나라 대종이 볼모로 머물렀던 왕자 대영준英俊을 본국으로 돌려보내고 아울러 어전에서 만나보았다. 겨울 12월에 사신을 보내 당나라에 조공했다.

○38년 봄 정월, 여름 5·6월, 겨울 12월에 모두 사신을 보내 당나라에 조공했다.

○39년에 왕비가 죽었다. 겨울에 사빈소령 사도몽史都蒙 등 1백67명을 보내 일본에 교빙하고 왕비의 부음을 알렸다. 바다에서 폭풍을 만나 겨우 46명이 살아남았다.

○40년(777) 봄 정월 신유일에 사신을 보내 일본국 무녀 11명과 방물을 당나라에 바쳤다. 2월에 사신을 보내 보라매를 당나라에 보내왔다. 여름 4월 임인일에 사신을 보내 당나라에 조공했다.

이 해 여름에 사도몽이 일본의 환송사신 고려전사高麗殿嗣와 함께 왔다.

겨울 12월에 다시 사신을 보내 당나라에 조공했다.

○41년(778) 가을에 신하 장선수張仙壽를 보내 고려전사가 일본에 돌아가는 것을 호송하고 아울러 교빙했다.

○42년 봄에 장선수가 일본으로부터 돌아왔다. 여름 윤5월 병자일에 당나라가 조서를 내려 발해의 보라매 세공을 중지하였다. 가을에 고반필高伴弼 등을 보내 일본에 교빙했다. 겨울에 고반필 등이 돌아왔다.

○43년 겨울 10월에 사신을 보내 당나라에 조공했다.

○45년(782) 여름 5월에 당나라에

---

[1] 그 이름을 잃어버렸다.

사신을 보내왔다. 가을에 당나라가 회서절도사 이희열李希烈에게 치청 등주절도사와 압발해번사를 겸하게 했다.

○48년에 서울을 동경용원부로 옮겼다.

○49년 가을에 이원태李元泰 등 65명을 보내 일본에 교빙했다. 바다에서 폭풍을 만나 하이蝦夷에 표착했으나 도적에게 피해를 입어 겨우 41명만이 살아남았다.

○50년(787) 봄에 이원태 등이 일본으로부터 돌아왔다.

○54년 봄 정월에 신하 대상정大常靖을 보내 당나라에 조공하고 새해를 축하하였다. 여름 5월 무진일에 관작을 제수하고 돌려보냈다. 가을 8월에 왕자 대정간貞幹[1]이 당나라에 조공하고 숙위로 머물 것을 청하였다.

○55년(792) 여름 4월에 사신을 보내 당나라에 조공했다. 가을 8월 신묘일에 당나라가 이사고李師古를 평

---

1) '간(幹)'을 '한(翰)'이라 한 데도 있다.

로치청등주절도관찰 해운육운 압발해번등사로 삼았다.

겨울 윤12월에 압말갈사 양길복楊吉福 등 35명을 보내 당나라에 조공하였다.

○57년(794)[2] 봄에 왕이 죽었다. 나라사람들이 문왕이란 시호를 올렸다. 문왕의 재위기간이 제일 길다. 서울을 두 차례 옮겼고 당나라와의 교류에 힘썼는데 한 해에도 네댓 번 조공했으니 그의 지혜로움이 아버지보다 훨씬 크다.

폐왕

○폐왕廢王의 이름은 대원의大元義이고 문왕의 족제族第이다.

대흥 57년(794) 봄에 문왕이 죽고 세자 대굉림大臨도 일찍 죽자, 대원의가 왕위를 계승했다. 2월 임술일에 왕자 대청윤滿允 등 30여 명을 보내 당나라에 조공했다. 관직을 제수했는데 차등이 있었다. 대원의가 왕위에 올라 수개월 동안 신하들을 의심

[2] 성왕 중흥 원년이다.

하고 모질게 대우하자 나라사람들이 그를 시해하였다.

성왕

○성왕成王의 이름은 대화여華璵이고 문왕의 손자이며 대굉림의 아들이다. 대원의가 시해되자 나라사람들이 함께 대화여를 추대하여 왕으로 삼고 연호를 중흥이라 고쳤는데 곧 대흥 57년(794)이다. 상경용천부로 환도하니 이로부터 드디어 서울로 정해졌다.

겨울에 왕이 죽으니 나라사람들이 성왕이란 시호를 올렸다.

강왕

○강왕康王의 이름은 대숭린崇璘이고 문왕의 작은아들이다. 중흥 원년(794) 겨울에 성왕이 죽으니 대숭린이 국무를 임시로 맡았다.

○정력 원년(795) 봄 정월에 연호를 고쳤다. 2월 을사일에 당나라가 내시 은지첨殷志瞻을 보내와 대숭린을 발해군왕 겸좌효위대장군 홀한주도

독으로 책봉했다.

겨울에 낭중 여정림呂定琳 등 60명을 보내 일본에 교빙하고 부음을 알렸다. 겨울 11월에 도독 밀아고密阿古 등 22명이 당나라에 조공했다. 관작을 제수하고 돌려보냈다.

○2년(796) 여름에 여정림이 일본의 환송사신 장광악長廣岳과 함께 왔다. 가을에 장광악이 일본으로 돌아가면서 준비한 책을 가지고 갔다.

○4년(798)에 왕은 당나라가 단지 군왕·장군만 제수했기에 사신을 보내 당나라에 조공하고 조리있게 말하니, 승진시켜 은청광록대부 검교사공 발해국왕으로 책봉하고 홀한주도독으로 삼았다. 왕의 조카 대능신大能信과 번장 여부구茹富仇가 당나라에 조공했다.

여름에 일본이 신하 내장하무內藏賀茂를 보내 국서를 가지고 와서 교빙했다. 겨울 11월 무신일에 당나라가 대능신 등에게 관작을 제수하고 돌려보냈다. 이 해 겨울에 좌웅위도장 대창태大昌泰 등을 보내 내장하무와 함께 일본에 가서 답빙했다.

○5년(799) 여름에 대창태가 일본의 환송사신 자야선백滋野船白과 함께 왔다. 가을에 자야선백을 일본에 돌려보냈다.

○10년(804) 겨울 11월에 사신을 보내 당나라에 조공했다.

○11년 사신을 보내 당나라에 조공했다. 왕에게 금자광록대부 검교사도를 더해 주었다.

○12년 겨울 10월에 당나라가 왕에게 검교태위를 더해 주었다. 또 이사도李師道를 평로치청절도부대사 해운육운 압발해번사로 삼았다. 겨울 12월 병술일에 사신을 보내 당나라에 조공했다.

○13년 봄에 양광신楊光信을 보내 당나라에 조공하고 단오를 진봉했다. 허락을 기다렸으나 보내주지 않으므로 도망쳐 돌아오다가 동관에 이르러 붙잡혀 당나라 서울에 압송되어 문초를 받았다.

가을 8월에 당나라가 건왕建王 이심諶에게 밀려서 절도를 감독하게 하고 운주대도독 치청평로등주절도관찰처치 육운해운압발해번등사로 삼았다. 겨울 12월에 사신을 보내 당나라에 조공했다.

○14년 겨울에 사신을 보내 당나라에 조공했다.

○15년(809) 봄 정월 무술일에 사신이 당나라에 이르렀다. 헌종이 어전에서 맞아들여 만나고 물품을 하사하였다.

가을에 화부소경 고남용高南容을 보내 일본에 교빙했다. 왕이 죽자 나라사람들이 강왕이란 시호를 올렸다.

정왕

○정왕定王의 이름은 대원유元瑜이고 강왕의 아들이다. 정력 15년(809)[1]에 강왕이 죽고 대원유가 국무를 임시로 맡았다.

당나라가 중관 원문정元文政을 보내와서 조문하고 아울러 대원유를

---

1) [역주] 원문에 14년으로 되어 있으나 정력 15년으로 고쳤음.

永德元年春正月改元遣臣高才南等朝唐夏高南容還日
本同行首領高多佛留於日本秋再遣高南容聘於日本冬十
一月遣子延眞等朝唐獻方物
二年夏高南容同日本聘使林東人來秋遣林東人歸日本冬
遣使朝貢於唐
三年春正月癸酉使至唐憲宗御殿 延見賜宴甲申賜官
告 五十 及衣 與一王堯國人上諡日定王
傳王名言義定王之長弟也永德三年十二月改元是月唐遺內侍李重旻往册言義權知國務
告哀
朱雀元年言義定王薨冬十二月遣使朝貢於唐
是歲
青光祿大夫檢校秘書監忽汗州都督渤海國王冬十二月賜銀
及辛文德等九十七人朝唐丙午宴賜
子 失名 二年春正月遣臣高禮進等三十七人朝唐獻金銀佛像
各一十二月己丑憲宗御殿延見賜宴有差秋遣臣王孝廉高景
渤海國志長編三   十一   千華山館

秀等聘於日本冬十一月遣使獻鸚鵡於唐十二月遣臣大孝
眞等五十九人朝唐
三年遣臣卯貞壽等朝唐正月丁酉賜卯貞壽等官
告返二月甲子授大昌慶等官告放還三月丙子遣臣朝唐
賜官告放還夏六月王孝廉卒於日本秋七月王子庭俊等一
百一人朝貢於唐
四年遣臣高宿滿等朝朝貢於唐春二月癸卯賜賜物庚戌
授高宿滿等二十人官並國信放還三月甲戌賜大誠愼等物
夏高昙秀等返自日本冬十一月遣使朝貢於唐

308 발해국지장편 권3

은청광록대부 검교비서감 홀한주도
독으로 책봉하고 이전과 같이 발해
국왕으로 삼았다.

○영덕 원년(810) 봄 정월에 연호를
고쳤다. 신하 고재남高才南 등을 보내
당나라에 조공했다. 여름에 고남용
이 일본으로부터 돌아왔다. 동행한
수령 고다불高多佛이 일본에 남았다.
가을에 다시 고남용을 보내 일본에
교빙했다. 겨울 11월에 아들 대연진
延眞을 보내 당나라에 조공하고 방물
을 바쳤다.

○2년(811) 여름에 고남용이 일본
의 교빙사 임동인林東人과 함께 왔다.
가을에 임동인을 일본에 돌아가게
했다. 겨울에 사신을 보내 당나라에
조공했다.

○3년(812) 봄 정월 계유일에 사신이
당나라에 이르렀다. 헌종이 어전1)에
서 맞아들여 만나고 잔치를 베풀었
다. 갑신일에 관고2)와 의복3)을 하

---
1) 인덕전이다.
2) 35통이다.
3) 1습이다.

사했다. 왕이 죽자 나라사람들이 정왕이란 시호를 올렸다.

희왕

○희왕僖王의 이름은 대언의言義이고 정왕의 큰아우이다.

영덕 3년(812)에 정왕이 죽고 대언의가 국무를 임시로 맡았다. 이 해 겨울 12월에 사신을 보내 당나라에 조공하고 부음을 알렸다.

○주작 원년(813) 봄 정월에 연호를 고쳤다. 이달에 당나라가 내시 이중민李重旻을 보내 대언의를 은청광록대부 검교비서감 홀한주도독 발해국왕으로 책봉했다. 겨울 12월에 왕자4)와 신문덕辛文德 등 97명을 보내 당나라에 조공했다. 병오일에 잔치를 베풀었다.

2년(814) 봄정월에 신하 고예진高禮進 등 37명을 보내 당나라에 조공하고 금·은 불상 각각 하나씩을 보내왔다. 2월 기축일에 헌종이 어전에서 맞아들여 만나보고 잔치를 베풀

---
4) 이름을 잃어버렸다.

었는데 차등이 있었다. 가을에 신하 왕효렴王孝廉·고경수高景秀 등을 보내 일본에 교빙하였다.

겨울 11월에 사신을 당나라에 보내 보라매를 보내왔다. 12월에 신하 대효진大孝眞 등 59명을 보내 당나라에 조공했다.

○3년(815) 신하 묘정수卯貞壽·대창경大昌慶 등을 보내 당나라에 조공했다. 봄 정월 정유일에 묘정수 등에게 관고를 주고 돌려보냈다. 여름 6월 왕효렴이 일본에서 죽었다. 가을 7월에 왕자 대정준庭俊 등 1백1명이 당나라에 조공했다.

○4년 신하 고숙만高宿滿·대성신大誠愼 등을 보내 당나라에 조공했다. 봄 2월 계묘일에 물품을 하사했다. 경술일에 고숙만 등 20명에게 관작을 제수하고 아울러 국신國信을 주어 돌려보냈다. 3월 갑술일에 대성신 등에게 물품을 하사했다. 여름에 고경수 등이 일본으로부터 돌아왔다. 겨울 11월에 사신을 보내 당나라에 조공했다.

○5년(817) 봄 2월 사신을 보내 당나라에 조공했다. 왕이 죽자 나라사람들이 희왕이라는 시호를 올렸다.

간왕

○간왕簡王의 이름은 대명충明忠이고 희왕의 아우이다. 주작 5년(817)에 희왕이 죽고 대명충이 왕위를 계승하여 왕이 되었다.

○태시 원년(818) 봄 정월에 연호를 고쳤다. 2월에 왕이 죽자 사신을 보내 당나라에 조공하고 부음을 알렸다. 나라사람들이 간왕이란 시호를 올렸다.

선왕

○선왕宣王의 이름은 대인수仁秀이고 간왕의 종부從父이다. 그의 4세조는 대야발野勃인데 고왕의 아우이다.

태시 원년(818) 봄 2월에 간왕이 죽자 대인수가 국무를 임시로 맡았다. 3월에 신하 이계상李繼常 등 26명을 보내 당나라에 조공하고 부음을 알렸다. 여름 5월[1])에 당나라가 사신을 보내 대인수를 은청광록대부 검교비서감 홀한주도독 발해국왕으로 책봉했다. 겨울에 신하 모감덕慕感德 등을 보내 일본에 교빙하였다.

○건흥 원년(819) 봄 정월에 연호를 고쳤다. 당나라가 이사도李師道를 토벌하여 평정하고 설계를 평로절도로 삼고 압발해번사를 더하였다. 이 해 봄에 모감덕 등이 일본으로부터 돌아왔다. 겨울에 신하 이승영李承英 등을 보내 일본에 교빙했다.

○2년(820) 봄에 이승영李承英 등이 일본으로부터 돌아왔다. 윤정월에 사신을 보내 당나라에 조공했다. 이 달에 대인수大仁秀에게 금자광록대부 검교사공을 더하였다. 2월에 당나라 목종이 어전2)에서 사신을 맞아들여 만나고 잔치를 베풀었는데 차등이 있었다. 겨울 12월에 사신을 당나라에 보내왔다.

○3년에 조카 대공측大公則을 보내 신능지愼能至와 함께 당나라에 조공했다. 관작을 제수했는데 차등이 있었다. 겨울에 정당성 좌윤 왕문구王文矩를 보내 일본에 교빙했다.

○4년(822) 봄 정월에 사신을 보내 당나라에 조공했다. 임자일에 목종이 어전3)에서 맞아들여 만나고 잔치를 베풀었는데 차등이 있었다. 이 해 봄에 왕문구 등이 일본으로부터 돌아왔다.

○5년(823)에 조카 대다영大多英을 보내 대정순大定順 등과 함께 당나라에 조공하였다. 관작을 제수했는데 차등이 있었다. 겨울에 고정태高貞泰 등 1백1명을 보내 일본에 교빙하였다.

○6년(824) 봄에 신하 대총예大聰叡 등 50명을 보내 당나라에 조공하고 숙위로 머무르기를 청하였다. 여름에 고정태 등이 일본으로부터 돌아왔다.

○7년(825) 봄 3월에 사신을 보내 당나라에 조공했다. 겨울에 고승조高

---

1) 4월이라 한 데도 있다.
2) 인덕전이다.

3) 인덕전이다.

八年正月遣使朝唐夏高承祖還自日本自是日本約以每十二年通聘一次永以爲例亦不答聘

九年夏四月遣使十一人朝唐癸巳文宗御殿殷 延見宴賜

有差多遣使賀明年正旦又遣臣王文矩等聘於日本

十年夏王文矩等還自日本朝唐使遇風溺於海冬十二月遣使朝唐己卯文宗御殿殷 延見宴賜

十一年冬十二月遣使朝唐

十二年王薨國人上謚曰宣王宣王之世南定新羅北伐海北

諸部開大境宇並蓋定京府州縣之名國勢甚盛

震權知國務是歲十二月遣使朝唐告哀

王名彝震宣王之孫也父新德蚤卒建興十二年宣王薨彝

咸和元年春正月已丑唐遣使冊彝震爲銀靑光祿

大夫檢書監忽汗州都督渤海國王冬十一月遣使朝貢

於唐

二年春二月遣子朗俊等六人朝唐丙辰文宗御殿延見宴賜

有差尋放還唐遣內侍王宗禹來置左右神策軍左右三軍一

百二十司冬王宗禹還唐

三年春正月遣同中臺省右平章事高寶英朝唐謝冊命仍遣

學生解楚卿趙明劉寶俊三人隨寶英赴唐都留學前遣學

生李居正朱承朝高壽海三人至是業成寶英請遞乘歸本國

唐許之二月王子光晟等六人朝唐己卯文宗御殿延見宴賜

有差

承祖 등 1백3명을 보내 일본에 교빙했다.

○8년 봄 정월에 사신을 보내 당나라에 조공했다. 여름에 신하 고승조가 일본으로부터 돌아왔다. 이로부터 일본이 12년마다 한 차례씩 통교하여 교빙할 것을 약속하고 길이 규례로 삼았다. 또한 답빙을 하지 않았다.

○9년(827) 여름 4월에 사신 11명을 보내 당나라에 조공했다. 계사일에 문종이 어전[1]에서 맞아들여 만나고 잔치를 베풀었는데 차등이 있었다. 겨울에 사신을 보내 당나라에 조공하고 이듬해 새해를 축하했다. 또 신하 왕문구 등을 보내 일본에 교빙했다.

○10년(828) 여름에 왕문구 등이 일본으로부터 돌아왔다. 조당사朝唐使가 돌아오다가 폭풍을 만나 바다에 빠졌다. 겨울 12월 사신을 보내 당나라에 조공했다. 기묘일에 문종이 어전[2]에서 맞아들여 만나고 잔

1) 인덕전이다.

치를 베풀었다.

○11년(829) 겨울 12월에 사신을 보내 당나라에 조공했다.

○12년에 왕이 죽자 나라사람들이 선왕이란 시호를 올렸다. 선왕의 세대에 남쪽으로 신라를 평정하고 북쪽으로 해북의 여러 부를 쳐서 영토를 크게 넓혔다. 아울러 경·부·주·현의 이름을 고쳐 정했다. 나라의 위세가 아주 강성했다.

□왕

○□왕의 이름은 대이진大彝震이고 선왕의 손자이다. 아버지는 대신덕新德인데 일찍 죽었다.

건흥 12년(830)에 선왕이 죽고 대이진이 국무를 임시로 맡았다. 이 해 12월에 사신을 보내 당나라에 조공하고 부음을 알렸다.

○함화 원년(831) 봄 정월에 연호를 고쳤다. 이달 기축일에 당나라가 사신을 보내 대이진을 은청광록대부

---
2) 인덕전이다.

검교비서감 홀한주도독 발해국왕으로 책봉했다. 겨울 11월에 사신을 보내 당나라에 조공했다.

○2년(832) 봄 2월에 아들 대명준明俊 등 6명을 보내 당나라에 조공했다. 병진일에 문종이 어전에서 맞아들여 만나고 잔치를 베풀었는데 차등이 있었다. 얼마 안되어 돌려보냈다. 당나라가 내시 왕종우王宗禹를 보내왔다. 좌·우신책군과 좌·우3군 1백20사를 두었다. 겨울에 왕종우가 당나라에 돌아갔다.

○3년(833) 봄 정월 동중대성 우평장사 고보영高寶英을 보내 당나라에 조공하고 책명에 사례했다. 이어 학생 해초경解楚卿·조효명趙孝明·유보준劉寶俊 3명이 고보영을 따라 당나라 서울에 가서 유학했다. 먼저 보낸 학생 이거정李居正·주승조朱承朝·고수해高壽海 3명이 이 때에 이르러 학업을 이루니 고보영이 역마를 갈아타고 귀국하게 할 것을 청했다. 당나라가 허락했다.

2월에 왕자 대광성光晟 등 6명이 당

나라에 조공했다. 기묘일에 문종이 어전에서 맞이하여 만나보고 잔치를 베풀었는데 차등이 있었다.

○5년(835) 이 해에 유주절도부가 행군사마 장건장張建章을 보내 서한을 지니고 와서 교빙했다.

○6년(836) 여름 6월에 숙동熟銅을 운반하여 당나라에 가서 교역했다. 당나라 치청절도사가 아뢰어 곧 도착하는데 금지하지 말라고 했다. 아들 대명준 등 19명을 보내 당나라에 조공하고 이듬해 새해를 축하했다. 겨울 12월에 이르렀다. 수행한 학생들은 청주에 머물렀다.

○7년(837) 봄 정월 계사일에 당나라 문종이 어전에서 대명준 등을 맞이하여 만나보고 잔치를 베풀었는데 차등이 있었다. 당나라가 칙서를 내려 발해가 생도들이 학문을 익히게 해달라고 청한바 마땅히 청주관찰사로 하여금 6명은 놓아 서울로 보내고, 남은 10명은 돌아가도록 하게 했다.

○8년(838) 봄 2월에 사신을 보내

五年是歲幽州節度府遣行軍司馬張建章齎書來聘

六年夏六月運熟銅至唐交易唐淄青節度使奏以將到請不禁斷遣子明俊等十九人朝貢於唐賀明年正旦以冬十二月至又隨行學生十六人留於青州

七年春正月癸巳唐文宗御殿延見明俊等宴賜有差唐敕渤海所請生徒習學宜令青州觀察使放六人到上都餘十八人勒回

八年春二月遣使朝唐辛卯武宗御殿延見賜宴賜物有差（宜朝政）

九年冬十二月壬子延廣朝貢於唐

十一年冬遣政堂省左允賀福延等百五人聘於日本

十二年夏賀福延等百五人聘於日本

十六年春正月遣使朝唐己未武宗御殿延見宴賜有差

十八年冬遣永寧縣丞王文矩己丑王子大之蕚朝貢至唐

十九年夏王文矩還自日本

二十七年王彛震史失其諡

○王名虔晃彛震之弟也咸和二十六年王彛震薨虔晃權知國務遣使告哀於唐

○元年春正月改元（年史失其）二月唐册彛震爲銀青光祿大夫檢校秘書監忽汗州都督渤海國王冬遣政堂省左允烏孝愼等百四人聘於日本

二年秋冬遣臣李居正等百五人聘於日本

三年冬遣臣李居正等還自日本

四年夏王居正等還自日本

十四年王薨史失其諡

당나라에 조공했다. 신묘일에 문종이 어전[1]에서 맞이하여 만나보고 잔치를 베풀었는데 차등이 있었다.

○9년 겨울 12월에 왕자 대연광延廣이 당나라에 조공했다.

○11년(841) 겨울에 정당성 좌윤 하복연賀福延 등 1백5명을 보내 일본에 교빙했다.

○12년 여름에 하복연 등이 일본으로부터 돌아왔다.

○16년(846) 봄 정월에 사신을 보내 당나라에 조공했다. 기미일에 무종이 어전에서 맞이하여 만나보고 잔치를 베풀었는데 차등이 있었다.[2] 기축일에 왕자 대지악大之萼이 당나라에 이르러 조공했다.

○18년(848) 겨울에 영녕현승 왕문구 등 1백 명을 보내 일본에 교빙했다.

○19년(849) 여름에 왕문구 등이 일본으로부터 돌아왔다.

○27년(857) 왕이 죽었다. 그 시호는 역사에서 잃어버렸다.

□왕

○□왕의 이름은 대건황大虔晃으로 대이진의 아우이다. 함화 27년(857)[3]에 왕 대이진이 죽고 대건황이 국무를 임시로 맡았다. 사신을 보내 당나라에 부음을 알렸다.

○□□ 원년(858) 봄 정월에 연호를 고쳤다.[4] 2월에 당나라가 대건황을 은청광록대부 검교비서감 홀한주도독 발해국왕으로 책봉했다. 겨울에 정당성 좌윤 오효신烏孝愼 등 1백4명을 보내 일본에 교빙했다.

○2년(859) 가을에 오효신 등이 일본으로부터 돌아왔다.

○3년(860) 겨울에 신하 이거정李居正 등 1백5명을 보내 일본에 교빙했다.

○4년(861) 여름에 이거정 등이 일

---

1) 인덕전이다.
2) 선정전에서 조공하고 인덕전에서 주대하였다. 내정자(內亭子)에서 음식을 하사하고 이어 비단과 그릇을 하사했다.
3) [역주] 본문에는 '함화 26년'이라 되었는데 '27년'으로 고쳤음.
4) 역사에서 그 연호를 잃어버렸다.

본으로부터 돌아왔다.

○14년(871)에 왕이 죽었다. 역사에서 그 시호를 잃었다.

□왕

○□왕의 이름은 대현석大玄錫으로 대건황의 손자이다.

□□ 14년(871)에 왕 대건황이 죽고 대현석이 왕위를 계승했다. 겨울에 정당성 좌윤 양성규楊成規 등 1백5명을 보내 일본에 교빙했다.

□□ 원년(872) 봄 정월에 연호를 고쳤다.[1] 여름 5월에 양성규 등이 일본에 있어 시장에서 교역을 하고 얼마 뒤에 돌아왔다.

○2년(873) 봄에 신하 문손재門孫宰·최종좌崔宗佐·대진윤大陳潤 등을 보내 당나라에 조공하고 방훈龐勛의 난을 평정한 것을 축하하였다. 바다에서 폭풍을 만나 3월에 일본에 표착하였다.

○3년 여름에 문손재 등이 일본으로부터 돌아왔다.

---

1) 역사에서 그 연호를 잃어버렸다.

□王名玄錫虔晃之孫也□□十四年王虔晃薨玄錫嗣立冬遣政堂省左允楊成規等百五人聘於日本
□元年春正月改元年史 夏五月楊成規等在日本互市尋還
二年春遣臣門孫宰崔宗佐大陳潤等朝唐賀平龐勛之亂海中過風三月漂着日本
三年夏門孫宰等還自日本
五年冬遣政堂省孔目官楊中遠還自日本
六年夏楊中遠還自日本
十一年冬遣文籍院少監裵頲等百五人聘於日本
十二年夏裵頲還自日本
十八年冬十月己未朝唐以崔安濳爲平盧軍節度親觀察押渤海蕃使
十九年春三月辛亥朔唐以王師範爲平盧軍節度觀察押渤海蕃使

二十年冬遣文籍院少監裵頲等百五人聘於日本
二十一年秋王龜謀等還自日本
二十二年王薨史失其諡使朝唐又遣諸生至唐京習古今制度歸而放之地有五京十五府六十二州遂爲海東盛國
□王瑋瑎不詳其世□二十二年王玄錫薨瑋瑎嗣立遣使告哀於唐
□元年春正月改元年史 唐加册封冬遣文籍院監裵頲等百五人聘於日本
二年夏裵頲還自日本
十三年遣國相烏炤度朝貢於唐其子光贊同來應賓貢士及第足年王薨史失其諡

○5년 겨울에 정당성 공목관 양중원楊中遠 등 1백5명을 보내 일본에 교빙했다.

○6년(877) 여름에 양중원이 일본으로부터 돌아왔다.

○11년(882) 겨울에 문적원소감 배정裵頲 등 1백5명을 보내 일본에 교빙했다.

○12년 여름에 배정이 일본에서 돌아왔다.

○18년(889) 겨울 10월 기미 초하루에 당나라가 최안참崔安潛을 평로군절도관찰 압발해번사로 삼았다.

○19년 봄 3월 신해 초하루에 당나라가 왕사범王師範을 평로군절도관찰 압발해번사로 삼았다.

○20년 겨울에 문적원소감 왕구모王龜謀 등 1백5명을 보내 일본에 교빙했다.

○21년(892) 가을에 왕구모 등이 일본으로부터 돌아왔다.

○22년에 왕이 죽었다. 역사에서 그의 시호를 잃었다.

이 왕의 세대에 무릇 네 번이나 사신을 보내 당나라에 조공하였고 또 여러 학생들을 당나라 서울에 보내 고금의 제도를 배워가지고 돌아와 그것을 본받았다.

지역에 5경 15부 62주가 있어 드디어 해동성국이 되었다.

□왕

○□왕 대위해大瑋瑎는 그 세대가 자세치 않다. □□ 22년(893)에 왕 대현석이 죽고 대위해가 왕위를 계승했다. 사신을 보내 당나라에 부음을 알렸다.

○□□ 원년(894) 봄 정월에 연호를 고쳤다.2) 당나라가 책봉을 더해 주었다. 겨울에 문적원소감 배정 등 1백5명을 보내 일본에 교빙했다.

○2년(895) 여름에 배정 등이 일본으로부터 돌아왔다.

○13년(906)에 국상 오소도烏炤度를 보내 당나라에 조공했다. 그의 아들 오광찬光贊이 함께 와서 빈공시에 응시하여 진사로 급제하였다.

---

2) 역사에서 그 연호를 잃어버렸다.

이 해에 왕이 죽었다. 역사에서 그 시호를 잃었다.

말왕

○말왕末王의 이름은 대인선諲譔으로 그 세대가 자세하지 않다.[1] □□ 13년(906)에 왕 대위해가 죽고 대인선이 왕위를 계승했다.

○□□원년(907) 봄 정월에 연호를 고쳤다.[2] 여름 4월에 주온朱溫이 당나라를 찬탈하여 국호를 '양梁'이라 하니 이윽고 당나라는 망했다. 5월 무인일에 왕자 대소순昭順을 보내 해동의 물산을 양나라에 보냈다. 겨울에 문적원소감 배구를 보내 일본에 교빙했다.

○2년(908) 봄 정월에 전중소령 최예광崔禮光 등을 보내 양나라에 조공했다. 관작을 제수하고 물품을 하사했는데 차등이 있었다. 여름에 배구 등이 일본으로부터 돌아왔다.

○3년 봄 3월 신미일에 상 대성악大誠諤을 보내 양나라에 조공하고 아

---
[1] 대위해의 아들인가 한다.
[2] 역사에서 그 연호를 잃어버렸다.

울러 방물을 바쳤다.

○5년 가을 8월 무진일에 사신을 보내 양나라에 조공하고 아울러 방물을 바쳤다.

○6년(912) 여름 5월 정해일에 왕자 대광찬光贊이 표문을 가지고 양나라에 조공하고 방물을 바쳤다. 윤5월 무신일에 양나라가 후하게 하사하여 돌려보냈다.

○9년 이 해에 거란의 할저轄底가 두 아들을 데리고 도망쳐 왔다가 얼마 안 가서 좋은 말을 빼앗아 가지고 달아나버렸다.

○12년(918) 봄 2월에 사신을 보내 거란에 조공했다. 겨울 12월에 양나라가 주규朱珪를 평로군절도 치청등주관찰처치 압발해번등사로 임명했다.

○13년 봄 2월에 거란이 나라 사람들을 붙잡아 가서 요양을 채웠다. 겨울에 다시 배구 등을 보내 일본에 교빙했다.

○14년 여름 배구 등이 일본으로부터 돌아왔다. 이 해에 신라왕자 궁예弓裔의 부장 왕건王建이 자립하여 국호를 고려高麗라 했다.

○15년(921) 봄 2월 속부 달고達姑의 무리들이 신라를 공격했는데 고려의 군사가 요격하여 패하고 돌아왔다. 얼마 뒤에 왕은 드디어 고려와 우호관계를 맺고 아울러 통혼하였다.

○17년 10월에 이존욱李存勗이 양나라를 멸하고 국호를 '당'이라고 하였다.

○18년(924) 봄 정월 을묘일에 왕자 대우모禹謨가 후당에 조공하였다. 여름 5월 병진일에 조카 대원양元讓을 보내 후당에 방물을 바쳤다. 경신일에 물품을 하사했는데 차등이 있었다.

이달에 군사를 보내 거란의 요주를 공격하여 그의 자사 장수실張秀實을 살해하고 아울러 그의 백성들을 붙잡아가지고 돌아왔다.

병진일 후당에 사신을 판견하여 조공했다.

가을 7월에 거란 태조가 군사를 거

느리고 아울러 공격해 왔다. 8월에 조카 대원겸元謙을 보내 당나라에 조공하자 관작을 제수했다. 9월에 거란군사가 공을 이루지 못하고 돌아갔다.

이 해에 오월국왕 전류錢鏐가 사신을 보내와서 책봉했다.

○19년(925) 봄 2월 신사일에 수정당성 화부소경 배구裵璆를 보내 당나라에 조공했다. 여름 5월 을묘일에 관작을 제수했다. 왕은 거란의 공격을 받을까 두려워 사신을 보내 신라와 손을 잡았다.

겨울 12월 을해일에 거란 태조가 군사를 거느리고 신라·회골·토번·당항党項·사타沙陀의 무리들과 함께 와서 공격했다. 정유일 밤에 부여부를 포위하였다.

○20년(926) 봄 정월 경신일에 부여성이 함락되고 지키던 장수가 죽었다. 대진림大陳林 등 1백16명을 보내 당나라에 조공했다. 노상老相[1]에게 명하여 군사를 거느리고 거란을

---

[1] 이름은 잃었다.

막게 했다. 병인일에 패하고 말았다. 이날 밤에 상경이 포위되었다. 기사일에 왕이 항복을 청하니 거란이 허락했다. 신미일에 왕이 새끼줄로 양을 끌고 신료 3백여 명을 거느리고 나와서 항복했다. 거란 태조가 항복을 받아들이고 그를 풀어주었다. 갑술일에 거란이 조서를 내려 각 군현을 회유했다.

병자일에 거란이 근시 강말달康末怛 등 13명을 성 안에 들여보내 병기를 검색했는데 군사가 그들을 죽이자 왕은 두려워 나가지 못했다. 정축일에 거란의 군사가 성을 공격하여 깨뜨리니 왕이 사죄했다. 거란은 군사로써 왕과 그의 족속들을 호위하여 성을 나와 군막에 묵게 했다.

2월 경인일에 안변부·막힐부·남해부·정리부 등 부 및 여러 도의 절도와 자사가 내조했다. 거란 태조가 위로하여 돌려보냈다. 갑오일에 거란 태조가 다시 입성하여 창고의 물품을 점검했다. 병오일에 발해를 동단국東丹國, 상경을 천복성이라 하고, 아들 야율배耶律倍를 인황왕이라 하여 그 곳을 다스리게 했다. 나라 안에 크게 사면령을 내렸다.

3월 무오일에 거란의 군사가 장령부를 공격하였다. 기사일에 안변부·막힐부·정리부 3부에서 군사를 일으켜 회복을 도모했다. 이기지 못하고 안변부 수비장수 2명이 죽었다. 을유일에 거란이 군사를 되돌리면서 왕의 모든 족속을 데리고 서쪽으로 갔다.

여름 4월에 대진림大陳琳 등이 당나라에 이르렀다. 5월 신유일에 남해부·정리부 2부가 다시 군사를 일으켜 회복을 도모했으나 이기지 못했다.

가을 7월 병진일에 철주자사 위균衛鈞이 군사를 일으켜 회복을 도모했으나 이기지 못했다. 신미일에 거란이 왕을 임황부 서쪽으로 호위하여 보내 성을 쌓고 살게 했다. 왕의 이름을 오로고烏魯古, 왕비의 이름을 아리지阿里只라 고쳤다. 세자 대광현光顯과 장군 신덕申德 등이 그 무리를 이끌고 앞서거니 뒤서거니 고려로 달아나 귀부했다.

8월 신묘일에 장령부가 거란에 함락되었다. 왕의 아우[1]가 군사를 거느리고 부여성을 공격했는데 이기지 못하고 무리를 보존하여 물러갔다. 이에 무릇 1백3성이 모두 거란에 들어가고 발해국은 멸망되었다.

○논하기를 내가 발해의 15왕의 일을 순서대로「세기」로 지었다. 처음에 그 연월과 경위를 찾을 길이 없어서 매우 걱정했다. 『신당서』 발해전을 찾아보면 사실을 서술하면서 연월을 적지 아니했으나 『구당서』를 보면 그것이 있었다. 『구당서』 발해전에 보이지 않는 것은 「본기」에 기재되어 있었다. 또 『책부원구』・『당회요』・『오대회요』・『요사』 같은 여러 책을 찾아보면 사적이 더욱 상세하고 연월이 더욱 분명하며 주변의 신라・고려・일본 등의 역사와 관계되는 것도 있어 소득이 더욱 많아졌다. 그것들을 취해서 상고 배열하여 가능한 한 적어두어 점차 정리하게 되었다.

---

1) 그의 이름을 잃었다.

무릇 발해는 나라를 세운 지가 자못 오래되었으니 제도가 갖추어져 있었을 것이고 사실을 기록하는 전문적인 관리가 있었을 것이다. 요나라에 멸망되면서 그들의 전적이 모두 없어졌으니 비로소 그 본말을 밝히지 못하게 된 것이다. 이제 1천 년 후인 오늘에 와서 남아 있는 자료를 수습하여 229년의 사적을 엮고자 하니 실로 처음의 뜻이 미칠 수 있는 바가 아니나, 이후 위안을 받을 점이 없는 것만이 아니다. 발해 말엽의 사적을 상고해 본다면 『신당서』에 기술된 바가 상세하기는 하나 연월이 상세하지 않는 것만 해도 찾고 검사하는 데 자못 힘이 들었다. 또 대현석·대위해·대인선 3왕이 왕위에 등극한 연도와 죽은 연도에 대하여 여러 저서에서 특별히 그 명문이 없다. 이에 모름지기 잠시 가정을 하고 또 특별히 그 증거를 들어 그것을 밝히기도 했다.

「기紀」란 「전傳」·「고考」의 으뜸으로 「기」가 그 경위를 밝히지 아니하면 「전」·「고」가 붙어 걸릴 데가 없게 된다. 을부의 체제는 실로 그 자체의 나름이 있다. 공자는 "아는 것을 안다고 하고 모르는 것은 모른다고 하라"고 했으며 또 말하기를 "군자가 그것에 대하여 알지 못하는 것은 대개 빠진 것이다"라고 하였다. 내가 이것을 모아 엮은 뜻도 아마 이것밖에 없다고 할 것이다.

『발해국지장편』 권3 끝

渤海國志長編卷四

遼陽 金毓黻 撰集

渤海國志二

後紀第二

東丹人皇王名倍小字圖欲姓耶律氏契丹太祖阿保機之長子也幼聰敏好學外寬內摯太祖即位立王爲皇太子
甘露元年 渤海二十四年末王諲譔 春正月契丹兵攻渤海扶餘城下之太祖欲括戶口王諲日始得地而料民民必不安若乘破竹之勢迺造忽汗城破之必矣太祖從其言王與弟堯骨爲前鋒夜圍忽汗城末王諲譔出降渤海亡二月丙午太祖建東丹國以王爲人皇王王諲譔之建元甘露改忽汗城爲天福準用天子冠服被

발해국지장편 권4

발해국지 2

후기 제2

동단 인황왕

○동단 인황왕의 이름은 배倍이고 어릴 적의 자는 도욕圖欲이며 성은 야율耶律씨이다. 거란의 태조 야율아보기阿保機의 장자로 어려서 총민하고 공부하기를 좋아했으며 밖으로는 너그럽고 안으로는 진지했다. 태조가 즉위하여 왕을 황태자로 책립했다.

○감로 원년[1](926) 봄 정월에 거란 병이 발해 부여성을 공격하여 함락했다. 태조는 호구를 검사하려고 했다. 왕이 간권했다. "처음 땅을 얻고 백성을 다스리는 것이니만큼 백성들은 필시 불안해 할 것입니다. 지금 파죽지세를 탈 것 같으면 거침없이 홀한성에 당도하여 격파할 수 있을 것이 틀림없습니다"라고 하였다. 태조는 그의 말을 들었다. 왕과 아우 야율요골堯骨이 선봉이 되어 밤 동안 홀한성을 에워싸니 말왕 대인선이 나와서 항복하고 발해는 망해 버렸다.

2월 병오일에 태조가 동단국을 세우고 왕을 인황왕으로 하고 그 곳을 다스리게 했다. 연호를 감로라고 하고 홀한성을 천복성이라 고쳤다. 천자의 관복을 쓰게 하고 12면류관을

---
[1] 발해 마지막 왕 대인선 24년이다.

드리우게 했으며 모든 것에 용을 그리게 했다.

또 발해의 옛 제도를 그대로 썼는데 중대성 등 성 및 백관을 두었다. 중대성에는 좌·우·대·차 4상을 두었다. 아우 야율질랄迭剌을 좌대상으로, 발해노상[1]을 우대상으로, 발해사도 대소현大素賢을 좌차상으로, 야율우지耶律羽之를 우차상으로 임명했다.

국내 사형수 이하를 모두 사면하고 거란에 세공으로 포목 10만 단과 말 1천 필을 바치기로 약정했다.

3월 정묘일에 태조가 왕궁으로 거둥했을 때 문반 임아돌여불林牙突呂不에게 명하여 영흥전 벽에 명문을 새기게 했다. 을유일에 태조가 동쪽으로 돌아감에 왕이 요속을 거느리고 폐사[2]하면서 노래를 지어 보내왔다. 태조가 그에게 말했다. "네가 동녘 땅을 다스리게 되었으니 내가 근심할 것이 또 무엇이 있겠느냐?" 왕

---

1) 이름을 잃었다.
2) [역주] 폐사(陛辭): 임금에게 하직하고 돌아감.

은 울음을 터뜨리며 나왔다.

　가을 7월 병오일에 중대성 좌대상 야율질랄迭剌이 죽었다. 대소좌大昭佐 등 신하 6명을 발해의 지난 규례대로 당나라에 보내 조공했다. 태조가 부여에서 운명했다. 유조[3])에 인저석黃底石을 수태사 겸정사령으로 삼아 왕을 보필하게 하라고 했으나 왕후 술률씨術律氏가 사도 획사劃沙를 파견하여 길에서 죽이고 또 안단女端을 보내 왕을 대신하여 지키게 했다. 왕이 곧 스스로 상사를 보려고 떠났다.

　8월에 행재소에 이르렀으며 9월 정묘일에 관을 모시고 거란 상경에 이르렀다.

　02년(927)에 왕은 거란 상경에 있었다. 겨울 11월에 왕은 그의 모친 술률씨가 그의 아우 야율요골堯骨을 황제로 세우려는 것을 알고 있기에 곧 군신들과 더불어 술률씨에게 청하여 왕위를 선양했다. 야율요골이 즉위하여 이름을 덕광德光이라 고쳤

---

3) [역주] 유조(遺詔): 황제가 남긴 유언.

는데 이가 거란의 태종이다. 좌대상 야율질랄이 죽으니 새 나라를 방금 세웠기로 인심이 안정되지 못한 형편이었다. 우차상 야율우지耶律羽之가 부지런하고도 조심스레 일을 보므로 위엄과 신임이 병행했다.

　태종이 즉위함에 야율우지가 표문을 올렸다.

　우리 대성천황께서 처음으로 동녘 땅을 가지게 되어 현자를 간택하여 이 백성을 안무하려 하셨으니 어리석은 신이 임할 자리가 아니었으나, 나라의 이해에 관계되는 일을 어이 말씀을 올리지 않겠습니까! 발해는 옛날 남조가 두려워서 험준한 곳을 이용하여 자신을 보위하면서 홀한성에 있었습니다. 지금 상경과의 거리는 아득히 멀고 이미 쓰여지지도 않습니다. 또한 수자리를 파견하지도 아니하니 과연 무엇 때문이옵니까? 선제께서는 저들이 딴마음을 먹기 때문에 기회를 보아 동원했기로 싸우지도 않고 함락했습니다.

　하늘이 사람에게 수여한 것은 그 한 때뿐입니다. 남은 무리들은 점점 번식하고 지금은 먼 변경에 있는 것만큼 필시 후환이 될 것입니다. 양수梁水의 땅은

곧 그들의 고향이고 토지가 넓고도 비옥한데다가 나무・철・소금・물고기의 이로움이 있습니다. 그들이 미약한 기회를 이용하여 그들의 백성들을 옮기는 것이 만세를 담보하는 장원한 계책인가 합니다. 저들이 고향을 찾게 되고 나무・철・소금・물고기의 부요함을 얻게 된다면 필시 본분을 지키고 산업에 전념하게 될 것입니다.

그런 다음에 사람을 골라서 우리의 좌익을 돕게 하고 돌궐・당항・실위로 하여금 우리의 우익을 돕게 한다면 앉아서 남쪽 나라를 제압하고 천하를 한 덩어리로 만들어 성조께서 모두지 못하신 공업을 이루게 되어 후세에 끝없는 복을 누리게 할 수 있습니다.

표문을 올리자 요나라 태종이 기쁘게 받아들였다.

○3년(928)에 인황왕은 거란 상경에 있었다. 겨울 12월에 요나라 태종이 야율우지에게 조서를 내렸다. 나라의 수도를 동평[1]으로 옮기고 발해 백성들을 이주시켜 채우도록 했으며 동평을 승급시켜 남경이라 했다. 발해의 원래주민들은 이주가 두려

---
1) 지금의 요양성이다.

워 신라·고려·여진으로 많이 도망쳐 갔다. 그리하여 태종이 조서를 내렸다.

> 곤핍하여 옮기지 못할 자는 거란의 부유민이 먹여 살려주게 하고 그들에게 예속시키도록 하라.

왕은 나라의 서울로 돌아갔다.

○4년(929) 여름 4월 신유일에 인황왕은 거란의 상경에서 조하했다. 5월에 고정사高正詞를 당나라에 들여보내 방물을 바쳤다.

가을 7월에 당나라가 고정사에게 벼슬을 수여했다. 9월 경오일에 태종이 야율태후를 모시고 남경에 갔는데 왕이 동행하여 계사일에 수도에 도착했다.

겨울 10월 임인일에 태종이 왕의 처소에 거둥하여 여러 신하들을 위해 잔치를 베풀었다. 이 해 겨울에 배구 등 93명을 일본에 보내 빙문하였다.

○5년(930) 봄 정월에 나라사람 왕헌王憲 등이 당나라 청주에서 배를 타고 귀국했는데 흑수부에게 약탈당했다.

2월 기해일에 거란에서 남경을 재건하라는 조서가 내렸다. 요나라 태종은 한림학사 왕계원王繼遠에 명하여 '대동단국신건남경비명'을 짓게 한 뒤 궁궐문의 동쪽에다 비석을 세우게 하고 서루를 서궁에 세웠다. 병오일에 태종은 발해의 유랑민들을 그의 아우 이호李胡에게 하사했다. 병진일에 인황왕은 태종과 함께 태후에 조하했다. 태후는 그들이 다 서법에 능한 줄을 알고 있기에 앞에서 글을 지어보이라 명했다.

3월 신미일에 왕이 태종에게 흰 모시를 보내왔다. 을유일에 태종이 편전에서 왕의 요속들을 접대하는 잔치를 베풀었다. 경인일에 태종이 남경을 떠났다. 여름 4월 을미일에 왕이 먼저 가서 태조릉을 배알하고 가을에 의주宜州에서 사냥을 하고 얼마 안되어 국도로 돌아왔다.

왕은 의무려의 신기하고 수려한 산수를 즐겼다. 수만 권의 서적을 사들여 가지고 꼭대기에 당(堂)을 지어 그것을 비치해 두고서 액을 망해(望海)라 하고 전원을 즐기는 시를 썼다.

이 달에 배구 등이 일본에 도착했는데 거절을 당하고 그들의 서울에 들어가지 못하고 돌아왔다.

가을 9월 기묘일에 태종이 사리보령(舍利普寧)에게 명하여 와서 안무 위로했다. 경진일에 거란은 왕에게 의장 위대를 두었다.

겨울 10월 무술일에 태종이 태조릉을 참례하고서 사자를 보내 제사지낸 포를 하사했다. 갑진일에 왕이 태종에게 옥피리를 진상했다. 왕은 황위핍박으로 의심을 받은데다가 또 의장과 호위를 증가해 주고서 비밀리에 동정을 살피고 있으므로 갈수록 안정할 수 없었다.

당나라 명종이 이 소문을 듣고 사람을 보내 바다를 건너 서한을 가지고 와서 비밀리에 왕을 불렀다. 그리하여 왕은 바닷가에 천렵을 나갔는데 사신이 또 왔다. 왕은 좌우를 보고서 "내가 온 천하를 주상에게 양

絶頂築堂貯之額曰望海仵樂田園詩是月裹嘐等至日本被拒不得入其國都遂還秋九月己卯太宗命舍利普寧來撫慰庚辰契丹置王儀衛冬十月戊戌太宗詣太祖陵遣使來賜胙甲辰王進玉笛於太宗王旣以位偪見疑又因增置儀衛以陰伺動靜益不自安唐明宗聞之遣人跨海持書密召王王因海上使再至王謂左右曰我以天下讓主上今反見疑不如他國乃成吳泰伯之名立木海上刻詩曰小山壓大山全無力羞故鄕人從此投外國十一月丙辰擕高美人戰書浮海而去

六年春正月丁卯契丹太宗如南京壬申至唐京謁明宗丁丑王進印三紐馬十四並以氈帳及諸方物獻於唐二月丁酉幸王第夏三月辛酉唐賜王姓東丹名曰慕華授檢校太保安東都護渤海郡開國公充懷化軍節度瑞愼等州觀察處置等使同王來部曲五人唐皆賜姓名罕只曰罕友通穆葛曰穆順

義撤羅日羅賓德易密曰易師仁盖禮曰盖來賓並授歸化歸德等將軍郞將有差丁亥太宗至南京王妃蕭氏率其僚屬謁之夏四月契丹重建中臺省於南京佐國務改置左右二相仍受成於契丹遜耶律羽之爲左相牒螭爲右相乙亥太宗還上京五月癸亥王從兄汚整自唐靑州寄書問王起居且欲修朝

도했는데도 지금 도리어 의심을 받고 있으니 아예 타국에 가서 오나라 태백泰伯과 같은 이름을 남기는 것이 좋으리라" 하고서 바닷가에 나무를 세우고 시를 새겼다.

작은 산이 큰 산을 짓누르니
큰 산이 전혀 힘이 없어라
고향사람 보기가 부끄러워
이로부터 타국에 가리로다.

11월 병진일에 고미인高美人을 데리고 책을 싣고 바다를 건너갔다.

○6년(931) 봄 정월 정묘일에 거란의 요나라 태종이 남경에 갔다. 임신일에 인황왕이 당나라 서울에 도착하여 명종을 알현했다. 정축일에 왕은 인끈 세 줄과 말 10필, 그리고 전甎 장막 및 여러 가지 특산품을 당나라에 진상했다.

2월 정유일에 왕의 처소에 거동했다. 여름 3월 신유일에 당나라는 왕에게 성을 '동단東丹', 이름을 '모화慕華'라고 하사하고 검교태보 안동도호 발해군개국공 충회화군절도 서신등주관찰처치등사를 제수했다. 당나라에서 왕과 함께 온 부곡 5명에게 모두 성명을 하사했다. 한지罕只는 한우통罕友通으로, 목갈穆葛은 목순의穆順義로, 철라는 나빈덕羅賓德으로, 역밀易密은 역사인易師仁으로, 갑례蓋禮는 갑내빈蓋來賓으로 하사하고 아울러 귀화·귀덕 등 장군·낭장을 차등있게 수여했다. 정해일에 태종이 남경에 이르렀다. 왕비 소蕭씨가 요속을 거느리고 배알했다.

여름 4월에 거란이 남경에 중대성을 다시 건립하였다. 국무를 돕는 데는 좌상·우상 2상을 고쳐두고 인하여 거란에 수성1)하였다. 야율우지를 좌상으로, 첩납㸹蠟을 우상으로 벼슬을 올렸다. 을해일에 태종이 상경에 돌아갔다.

5월 계해일에 왕의 종형인 야율오정汚整이 당나라 청주에서 편지를 보내 왕의 기거를 물어보고 또한 조공의 예를 만들자고 하였다. 윤달에

---

1) [역주] 수성(受成): 이미 정해진 훌륭한 계책을 접수함.

좌상 야율우지耶律羽之가 왕에게 두 번 서한을 올렸다. 청주로부터 당나라의 서울에 부쳤다.

가을 9월 기해일에 당나라는 왕에게 '이'씨 성을 하사하고 이름은 '찬화贊華'라 했다. 그리고 농서현개국공으로 고쳐 봉했다. 겨울 12월에 신하 문성각文成角·고보예高寶乂 등을 당나라에 들여보내 조공했다.

07년(932)에 인황왕은 당나라의 서울에 있었다.[1] 봄 정월에 국상이 사신을 보내 당나라에 조공했으며 당나라는 차등있게 물품을 하사했다. 2월 기묘일에 왕은 거란의 지도를 당나라에 진상했다.

여름 4월 계해일에 당나라는 왕을 활주절도사로 하고 장종莊宗부인 하씨夏氏를 시집보냈다. 갑술일에 당나라는 거란에 사신을 보내 빙문했다. 왕은 요나라 태종에게 드리는 서한을 부쳐보냈다.

08년(933) 가을 7월에 당나라가 문성각·고보예 등에게 벼슬을 수여

---

1) 이하 5년은 모두 같다.

했다. 겨울 11월에 당나라 명종이 죽고 아들 이종후從厚가 등극했다. 신축일에 거란의 태황태후가 훙거했다. 태종이 왕에게 서한을 보내 소식을 알리고 애상을 고했다. 이 해에 당나라는 왕에게 '이'씨 성을 하사하고 이름을 '찬화'로 했다. 활주에 진주하게 하고 장종부인 하씨를 그에게 시집보냈다.

○9년(934) 여름 4월에 명종의 양자 이종가從珂가 그의 임금 이종후를 사살하고 스스로 등극했다. 인황왕은 당나라에서 태종에게 비밀히 급보하여 "이종가가 군주를 주살했는데 어찌 그를 치지 않는가"라고 했다.

○10년(935) 겨울 11월에 남해부도독 열주도列周道, 정당성 공부경 오제현烏濟顯을 당나라에 들여보내 특산품을 바쳤다.

○11년(936) 봄 2월에 당나라는 열주도 등에게 벼슬을 수여했다. 가을에 거란이 당나라를 침노할 뜻을 가지고 있었다. 9월 신해일에 이종가가 회주에 거동하여 인황왕을 거란의 군주로 세우려고 했지만 끝내 실시하지 못했다.

겨울 11월에 거란이 석경당石敬瑭을 황제로 책립했는데 이가 진晉나라 고조이다. 진나라는 군사로써 낙양을 에워쌌다. 신사일에 이종가가 궁지에 몰려서 스스로 죽기로 작정하고 왕을 불러 함께 죽자고 했다. 왕이 좇지 아니하니 장사 진계민秦繼旻과 이언신李彦紳을 보내 살해했다. 왕이 훙거했는데 나이 38세였다. 한 스님이 무덤자리를 얻어 묻어주었.

12월에 진나라가 왕을 연왕으로 추증하고 전 선주자사 이숙李肅을 보내 본국에 가서 장사지낼 일을 처리하게 했다.2)

○12년(937) 봄 정월 병자일에 인황왕의 관이 진나라로부터 북쪽으로 돌아갔다. 이 해에 의무려산에 장사지냈다.

○13년(938)에 거란사신과 함께 남

---

2) 살피건대 감로 기원은 이 해에 끝나고 이하는 그 차례순으로 나라가 끝날 때까지 헤아린다.

당나라에 사신을 보내 빙문했다. 아울러 별도로 양 3만 마리와 말 2백 필을 가지고 가서 팔아 그 값으로 얇은 비단·비단·차·약을 사가지고 돌아왔다.

○15년(940) 봄 정월 경인일에 왕비 소씨가 거란 상경에 조하했다. 여름 6월 을미 초하루에 좌상 야율우지가 좌차상 대소현이 법을 어겼다고 요나라 태종에게 주달했다. 조서에 "요좌僚佐와 부민部民들 가운데 재와 덕이 있는 자를 천거하여 그를 대신하게 하라"고 했다.

가을 7월 병자일에 태종이 태후를 따라 왕비의 병을 보러갔다. 무인일에 왕비 소씨가 행재소에서 훙거했다. 8월 기해일에 태종이 전국 이속들에게 왕비의 복을 입으라는 조서를 내렸다. 왕자 야율올욕兀欲이 이어서 국정을 장악했다. 야율올욕의 이름은 야율완阮이고 인황왕의 총자[1]이다.

○21년(946) 가을 8월에 태종이 스

---

1) 〔역주〕 총자(冢子) : 적장자(嫡長子).

스로 진나라를 치러 떠났다. 야율올욕이 군사를 따라나섰다.

○22년(947) 봄 정월에 요나라 태종이 변땅에 들어가서 진계민秦繼旻과 이언신李彦紳을 죽여 인황왕의 원수를 갚아주었다. 2월에 태종이 국호를 '요遼'라 고치고 야율올욕을 영강왕으로 봉했다. 야율올욕의 아우 야율누국嫈國2)을 활주절도사로 하고 왕의 옛땅을 차지하게 했다.

여름 4월 정축일에 태종이 북쪽으로 돌아오다가 난성에서 죽었다. 무인일에 야율올욕을 받들어 제위에 등극하게 했는데 이가 요나라 세종이다.

가을 7월에 상경에 들어갔다. 8월 임오 초하루에 어머니 소씨를 황태후로 추존했다. 9월 정묘일에 인황왕에게 양국황제라는 시호를 추증하고 능을 현릉이라 했다. 또 그의 종조부 야율안단安端을 동단국주로 하고 명왕으로 봉하였다.

○23년 겨울 10월 임오일에 요나라는 중대성 우상인 첩납牒蠟을 남경유수로 하고 연왕으로 봉했다.

○26년(951) 가을 9월에 요나라 세종이 사살되었다. 고한모高翰模가 중대성의 우상이 되었다.

○27년 여름 6월 임인일에 중대성 우상 고한모를 보내 군사를 거느리고 한漢나라를 원조하게 했다. 겨울 12월 신해일에 명왕 야율안단이 훙거했다.

○29년 가을 7월에 나라사람들 오사다烏斯多 등 30명이 주나라에 귀부했다.

○34년(959) 봄 정월에 고한모高翰模의 관직을 좌상으로 높였는데 얼마 뒤에 죽었다.

○45년(970) 여름 4월에 요나라 경종이 동경3)에 가서 양국황제 및 세종묘에 제사지냈다.

○48년 가을 7월에 경진일에 야율사리저耶律斜里底를 중대성 좌상으로 삼았다.

○54년(979) 여름 6월에 송나라 태

---

2) '유주(留住)'라 한 데도 있다.

3) 즉 요양. 원래는 남경이라 했다.

종이 북한北漢을 멸하고 승정을 기회를 보아 북벌하여 동단왕 대난하人驚河, 소교 이훈李勳 등이 송나라에 항복하였다. 송나라는 대난하를 발해도휘사로 했다.

○56년(981) 가을 7월 병오일에 송나라 태종이 오사성烏舍城 부여발해 염부왕에게 조서를 내려 함께 요나라를 칠 것을 약정했다. 부여부는 요나라로부터 정안국에 귀부했다. 정안국왕 오현명烏玄明이 송나라에 표문을 올렸다. 태종이 우대하는 조서로 답했다.

○57년(982) 겨울 12월 경진일에 요는 동경 중대성을 파하고 동단국을 제거해버렸다.

○논하기를 거란이 발해를 멸하고 이어서 동단을 세웠다. 동단의 왕은 야율씨의 자손으로서 대씨의 후손이 아님에도 여전히 「기」를 지어 발해의 뒤를 잇게 한 것은 무슨 까닭인가? 무릇 동단을 세웠으나 여전히 발해의 제도를 사용하여 그 땅을 다스리고 그 신하를 신하로 삼고 그 백성을 자식으로 삼았으니 이는

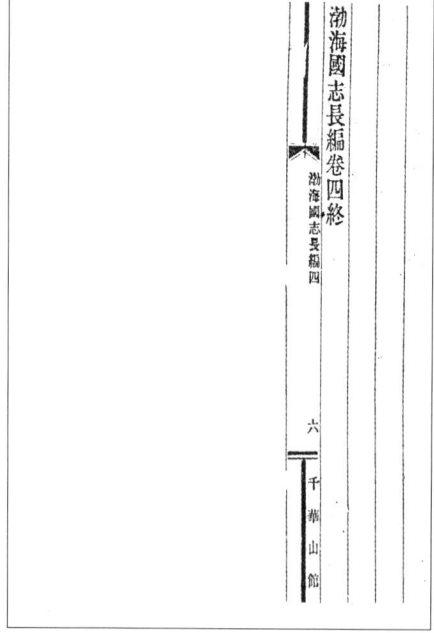

발해가 멸망했으나 아직 멸망되지 않은 것이다. 동단의 신민들이 다른 나라에 가면 자칭 발해라고 했으며 다른 나라의 기록에도 역시 발해사신이 왔다고 할 뿐 동단이라고 하지 않았다. 이와 같은 것은 일일이 말할 것도 없다. 이러할 뿐만 아니라 동단국이 제거된 다음에도 후손들이 성하여 요나라와 금나라를 겪으면서도 그 세력이 쇠진하지 않았으니 그가 이렇게 되는 까닭은 가히 짐작할 수 있는 것이다. 발해후손의 사적은 따로 뒤에 「열전」으로 모으려 한다. 이에 먼저 동단국의 일을 차례로 넣음으로써 벼리로 삼고 「후기」라고 이름을 달았으니 또한 세기의 예를 이용한 것이다.

『발해국지장편』 권4 끝

渤海國志長編卷五

遼陽 金毓黻 撰集

渤海國志三

年表第一

渤海諸王受唐封號朝貢不絕唐亡之後其事朱梁及後唐也
亦以事唐之禮事之又能南結新羅東聘日本西通契丹蓋以
方五千里之地周旋於數國之間可謂極事大交鄰之能事矣
及其亡也東丹繼建亦踵其故事數通中朝又嘗南至南唐東
至日本剙其遺裔或徙臨潢或奔高麗或入女眞歷遼及金履
見紀載於是頭緒棼如一事常涉數國非輔之以表不能明也
兹先撰年表以挈其綱復分撰世系大事屬部諸表以張其目
執簡馭繁若金在冶覽斯編者其或取之

발해국지장편 권5

발해국지 3

연표年表 제1

○발해의 여러 왕은 당나라의 봉호를 받았고 조공도 끊이지 않았다. 당나라가 멸망된 뒤에 주朱씨 양나라 및 후당을 섬김에 있어서도 당나라를 섬기는 예대로 섬겼다.

또 남쪽으로 신라와 결호를 맺고 동쪽으로 일본에 빙문하고 서쪽으로 거란과 통함에 대개 사방 5천 리 땅을 여러 나라 사이에서 주선했으니 사대교린에 극히 능란했다고 말할 수 있다. 그 나라가 망하고 동단이 이어 세워지자 그들의 옛일을 뒤따라 자주 중조와 통하였고, 또 일찍이 남쪽으로 남당에 이르고 동쪽으로 일본에 이르렀다. 하물며 그들의 후손은 임황에 옮긴 자도 있고 고려로 달아난 자도 있으며 혹은 여진에 들어간 자도 있어 요나라 및 금나라를 지나며 그 기재를 자주 보게 된다.

이에 두서가 어지러워 한 가지 일이 흔히 여러 나라에 관계되므로 표로써 돕지 아니한다면 능히 밝힐 수 없다. 이제 연표를 먼저 만들어 그것으로써 벼리로 삼고 다시 세계·대사·속부 등 여러 표로 나누어 찬술함으로써 그 목을 벌리고자 한다. 간결함을 틀어쥐고 번잡함을 논박함에 마치 쇠를 야련하는 것과도 같아서 이 편을 보는 이들은 혹 취할 것이 있을 것이다.

간지(서기)	발해	당·양·후당·진·한·주·송	요	일본	신라	고려
무술(698)	고왕 대조영 원년	당 무후 성력 원년		문무황 2년	효소왕 7년	
기해(699)	2	2		3	8	
경자(700)	3	구시 원년		4	9	
신축(701)	4	장안 원년		대보 원년	10	
임인(702)	5	2		2	성덕왕 원년	
계묘(703)	6	3		3	2	
갑진(704)	7	4		경운 원년	3	
을사(705)	8	중종 신룡 원년		2	4	
병오(706)	9	2		3	5	
정미(707)	10	경룡 원년		4	6	
무신(708)	11	2		원명황 화동 원년	7	
기유(709)	12	3		2	8	
경술(710)	13	예종 경운 원년		3	9	
신해(711)	14	2		4	10	
임자(712)	15	태극 원년 즉 선천 원년		5	11	

간지(연도)						
계축(713)	16	현종 개원 원년		6	12	
갑인(714)	17	2		7	13	
을묘(715)	18	3		원정황 영구 원년	14	
병진(716)	19	4		2	15	
정사(717)	20	5		양로 원년	16	
무오(718)	21	6		2	17	
기미(719)	22	7		3	18	
경신(720)	무왕 인안 원년	8		4	19	
신유(721)	2	9		5	20	
임술(722)	3	10		6	21	
계해(723)	4	11		7	22	
갑자(724)	5	12		성무황 신구 원년	23	
을축(725)	6	13		2	24	
병인(726)	7	14		3	25	
정묘(727)	8	15		4	26	
무진(728)	9	16		5	27	
기사(729)	10	17		천평 원년	28	

渤海國志長編五・二 千華山館

癸丑	甲寅	乙卯	丙辰	丁巳	戊午	己未	庚申	辛酉	壬戌	癸亥	甲子	乙丑	丙寅	丁卯	戊辰	己巳
十六年 玄宗開元年	十七年 二年	十八年 三年	十九年 四年	二十年 五年	二十一年 六年	二十二年 七年	武王仁安元年 八年	二年 九年	三年 十年	四年 十一年	五年 十二年	六年 十三年	七年 十四年	八年 十五年	九年 十六年	十年 十七年
元正元年 六年 十二年	七年 十三年	襲老元年 十四年	二年 十五年	三年 十六年	四年 十七年	五年 十八年	聖武天皇神龜元年 十九年	五年 二十年	六年 二十一年	七年 二十二年	神龜元年 二十三年	二年 二十四年	三年 二十五年	四年 二十六年	五年 二十七年	天平元年 二十八年
七一三	七一四	七一五	七一六	七一七	七一八	七一九	七二〇	七二一	七二二	七二三	七二四	七二五	七二六	七二七	七二八	七二九

간지(서기)	발해	당·양·후당· 진·한·주·송	요	일본	신라	고려
경오(730)	11	18		2	29	
신미(731)	12	19		3	30	
임신(732)	13	20		4	31	
계유(733)	14	21		5	32	
갑술(734)	15	22		6	33	
을해(735)	16	23		7	34	
병자(736)	17	24		8	35	
정축(737)	18	25		9	효성왕 원년	
무인(738)	문왕 대흥 원년	26		10	2	
기묘(739)	2	27		11	3	
경진(740)	3	28		12	4	
신사(741)	4	29		13	5	
임오(742)	5	천보 원년		14	경덕왕 원년	
계미(743)	6	2		15	2	
갑신(744)	7	3		16	3	

甲申	癸未	壬午	辛巳	庚辰	己卯	戊寅	丁丑	丙子	乙亥	甲戌	癸酉	壬申	辛未	庚午
七年	六年	五年	四年	三年	二年	文王大興元年	十八年	十七年	十六年	十五年	十四年	十三年	十二年	十一年
三年	二年	天寶元年	二十九年	二十八年	二十七年	二十六年	二十五年	二十四年	二十三年	二十二年	二十一年	二十年	十九年	十八年
十六年	十五年	十四年	十三年	十二年	十一年	十年	九年	八年	七年	六年	五年	四年	三年	二年
三年	二年	景德王元年	五年	四年	三年	二年	孝成王元年	三十五年	三十四年	三十三年	三十二年	三十一年	三十年	二十九年
七四四	七四三	七四二	七四一	七四〇	七三九	七三八	七三七	七三六	七三五	七三四	七三三	七三二	七三一	七三〇

발해국지 3 - 연표 제1

간지(연도)					
을유(745)	8	4		17	4
병술(746)	9	5		18	5
정해(747)	10	6		19	6
무자(748)	11	7		20	7
기축(749)	12	8	효겸황 천평승보 원년		8
경인(750)	13	9		2	9
신묘(751)	14	10		3	10
임진(752)	15	11		4	11
계사(753)	16	12		5	12
갑오(754)	17	13		6	13
을미(755)	18	14		7	14
병신(756)	19	숙종 지덕 원년		8	15
정유(757)	20	2		천평보자 원년	16
무술(758)	21	건원 원년		2	17
기해(759)	22	2		순인황 천평보자 3	18
경자(760)	23	상원 원년		4	19
신축(761)	24	2		5	20

渤海國志長編五

乙酉	八年		四年	七四五
丙戌	九年		五年 十七年	七四六
丁亥	十年		六年 十八年	七四七
戊子	十一年		七年 十九年	七四八
己丑	十二年		八年 二十年	七四九
庚寅	十三年	孝謙皇天平勝寶元年	二年	七五〇
辛卯	十四年		三年	七五一
壬辰	十五年		四年	七五二
癸巳	十六年		五年	七五三
甲午	十七年		六年	七五四
乙未	十八年		七年	七五五
丙申	十九年	肅宗至德元年	八年	七五六
丁酉	二十年	二年	天平寶字元年	七五七
戊戌	二十一年	乾元元年	二年	七五八
己亥	二十二年	上元元年	淳仁皇天平寶字三年	七五九
庚子	二十三年	二年	四年	七六〇
辛丑	二十四年	二年	五年	七六一

三千華山館

간지(서기)	발해	당·양·후당·진·한·주·송	요	일본	신라	고려
임인(762)	25	보응 원년		6	21	
계묘(763)	26	대종 광덕 원년		7	22	
갑진(764)	27	2		8	23	
을사(765)	28	영태 원년		칭덕황 천평신호 원년	혜공왕 원년	
병오(766)	29	대력 원년		2	2	
정미(767)	30	2		신호 경운 원년	3	
무신(768)	31	3		2	4	
기유(769)	32	4		3	5	
경술(770)	33	5		광인황 보구 원년	6	
신해(771)	34	6		2	7	
임자(772)	35	7		3	8	
계축(773)	36	8		4	9	
갑인(774)	37	9		5	10	
을묘(775)	38	10		6	11	
병진(776)	39	11		7	12	

渤海國志長編五

千華山館

壬寅	癸卯	甲辰	乙巳	丙午	丁未	戊申	己酉	庚戌	辛亥	壬子	癸丑	甲寅	乙卯	丙辰
二十五年	二十六年	二十七年	二十八年	二十九年	三十年	三十一年	三十二年	三十三年	三十四年	三十五年	三十六年	三十七年	三十八年	三十九年
寶應元年	代宗廣德元年	二年	永泰元年	大曆元年	二年	三年	四年	五年	六年	七年	八年	九年	十年	十一年
六年	七年	八年	稱德皇天平神護元年	神護景雲元年	二年	三年	光仁皇寶龜元年	二年	三年	四年	五年	六年	七年
二十一年	二十二年	二十三年	惠恭王元年	二年	三年	四年	五年	六年	七年	八年	九年	十年	十一年	十二年
七六二	七六三	七六四	七六五	七六六	七六七	七六八	七六九	七七〇	七七一	七七二	七七三	七七四	七七五	七七六

정사(777)	40	12		8	13	
무오(778)	41	13		9	14	
기미(779)	42	14		10	15	
경신(780)	43	덕종 건중 원년		11	선덕왕 원년	
신유(781)	44	2		환무황 천응 원년	2	
임술(782)	45	3		연력 원년	3	
계해(783)	46	4		2	4	
갑자(784)	47	흥원 원년		3	5	
을축(785)	48	정원 원년		4	원성왕 원년	
병인(786)	49	2		5	2	
정묘(787)	50	3		6	3	
무진(788)	51	4		7	4	
기사(789)	52	5		8	5	
경오(790)	53	6		9	6	
신미(791)	54	7		10	7	
임신(792)	55	8		11	8	
계유(793)	56	9		12	9	

癸酉	壬申	辛未	庚午	己巳	戊辰	丁卯	丙寅	乙丑	甲子	癸亥	壬戌	辛酉	庚申	己未	戊午	丁巳
五十六年	五十五年	五十四年	五十三年	五十二年	五十一年	五十年	四十九年	四十八年	四十七年	四十六年	四十五年	四十四年	四十三年	四十二年	四十一年	四十年
九年	八年	七年	六年	五年	四年	三年	二年	貞元元年	興元元年	四年	三年	二年	中元年	德宗建	十四年	十三年
十二年	十一年	十年	九年	八年	七年	六年	五年	四年	三年	二年	延曆元年	天應元年 桓武皇	十一年	十年	九年	八年
九年	八年	七年	六年	五年	四年	三年	二年	元年 元聖王	五年	四年	三年	二年	元年 宣德王	十五年	十四年	十三年
七九三	七九二	七九一	七九〇	七八九	七八八	七八七	七八六	七八五	七八四	七八三	七八二	七八一	七八〇	七七九	七七八	七七七

간지(서기)	발해	당·양·후당·진·한·주·송	요	일본	신라	고려
갑술(794)	성왕 중흥 원년	10		13	10	
을해(795)	강왕 정력 원년	11		14	11	
병자(796)	2	12		15	12	
정축(797)	3	13		16	13	
무인(798)	4	14		17	14	
기묘(799)	5	15		18	소성왕 원년	
경진(800)	6	16		19	애장왕 원년	
신사(801)	7	17		20	2	
임오(802)	8	18		21	3	
계미(803)	9	19		22	4	
갑신(804)	10	20		23	5	
을유(805)	11	21 순종 영정 원년		24	6	
병술(806)	12	헌종 원화 원년		평성황 대동 원년	7	
정해(807)	13	2		2	8	

渤海國志長編五

成王中興元年 十年 十三年 七九四
康王正曆元年 十一年 十四年 七九五
丙子 二年 十二年 十五年 十二年 七九六
丁丑 三年 十三年 十六年 十三年 七九七
戊寅 四年 十四年 十七年 十四年 七九八
己卯 五年 十五年 十八年 昭聖王元年 七九九
庚辰 六年 十六年 十九年 哀莊王元年 八〇〇
辛巳 七年 十七年 二十年 二年 八〇一
壬午 八年 十八年 二十一年 三年 八〇二
癸未 九年 十九年 二十二年 四年 八〇三
甲申 十年 二十年 二十三年 五年 八〇四
乙酉 十一年 順宗永貞元年 二十四年 六年 八〇五
丙戌 十二年 憲宗元和元年 平城元年 七年 八〇六
丁亥 十三年 二年 二年 八年 八〇七

五 千華山館

무자(808)	14	3	3	9
기축(809)	15	4	4	헌덕왕 원년
경인(810)	정왕 영덕 원년	5	차아황 홍인 원년	2
신묘(811)	2	6	2	3
임진(812)	3	7	3	4
계사(813)	희왕 주작 원년	8	4	5
갑오(814)	2	9	5	6
을미(815)	3	10	6	7
병신(816)	4	11	7	8
정유(817)	5	12	8	9
무술(818)	간왕 태시 원년	13	9	10
기해(819)	선왕 건흥 원년	14	10	11
경자(820)	2	15	11	12
신축(821)	3	목종 장경 원년	12	13
임인(822)	4	2	13	14
계묘(823)	5	3	14	15
갑진(824)	6	4	순화황 천장 원년	16

甲辰	癸卯	壬寅	辛丑	庚子	己亥	戊戌	丁酉	丙申	乙未	甲午	癸巳	壬辰	辛卯	庚寅	己丑	戊子
六年	五年	四年	三年	二年	與宣王諲十五年	簡王太元年十四年	五年十二年	四年十一年	三年十年	二年九年	僖王元年八年	三年七年	二年六年	定王永德元年五年	十五年四年	十四年三年
四年	三年	慶穆宗長元年	十五年	十四年	十三年	十二年										
天淳和長元年	十四年	十三年	十二年	十一年	十年	九年	八年	七年	六年	五年	四年	三年	二年	弘仁元年	嵯峨天皇	三年
十六年	十五年	十四年	十三年	十二年	十一年	十年	九年	八年	七年	六年	五年	四年	三年	二年	憲德王元年	九年
八二四	八二三	八二二	八二一	八二〇	八一九	八一八	八一七	八一六	八一五	八一四	八一三	八一二	八一一	八一〇	八〇九	八〇八

渤海國志長編五　六　千葉山館

간지(서기)	발 해	당·양·후당·진·한·주·송	요	일 본	신 라	고 려
을사(825)	7	경종 보력 원년		2	17	
병오(826)	8	2		3	흥덕왕 원년	
정미(827)	9	문종 태화 원년		4	2	
무신(828)	10	2		5	3	
기유(829)	11	3		6	4	
경술(830)	12	4		7	5	
신해(831)	□왕 함화 원년	5		8	6	
임자(832)	2	6		9	7	
계축(833)	3	7		10	8	
갑인(834)	4	8		인명황 승화 원년	9	
을묘(835)	5	9		2	10	
병진(836)	6	개성 원년		3	희강왕 원년	
정사(837)	7	2		4	2	
무오(838)	8	3		5	민애왕 원년	
기미(839)	9	4		6	신무왕 원년 문성왕 원년	

간지(연도)					
경신(840)	10	5		7	2
신유(841)	11	무종 희창 원년		8	3
임술(842)	12	2		9	4
계해(843)	13	3		10	5
갑자(844)	14	4		11	6
을축(845)	15	5		12	7
병인(846)	16	6		13	8
정묘(847)	17	선종 대중 원년		14	9
무진(848)	18	2		가상 원년	10
기사(849)	19	3		2	11
경오(850)	20	4		3	12
신미(851)	21	5		문덕황 인수 원년	13
임신(852)	22	6		2	14
계유(853)	23	7		3	15
갑술(854)	24	8		제형 원년	16
을해(855)	25	9		2	17
병자(856)	26	10		3	18

渤海國志長編五　七　千葉山館

庚申	辛酉	壬戌	癸亥	甲子	乙丑	丙寅	丁卯	戊辰	己巳	庚午	辛未	壬申	癸酉	甲戌	乙亥	丙子
十年	十一年 昌元年	十二年	十三年	十四年	十五年	十六年	十七年 中宣宗大元年	十八年	十九年	二十年	二十一年	二十二年	二十三年	二十四年	二十五年	二十六年
武宗會																
五年	六年	七年	八年	九年	十年	十一年	十二年	十三年	十四年	十五年	十六年	十七年	十八年	十九年		
二年	三年	四年	五年	六年	七年	八年	九年	十年	十一年	十二年	十三年	十四年	十五年	十六年	十七年	十八年
						嘉祥元年			文德皇仁壽元年			齊衡元年				
八四○	八四一	八四二	八四三	八四四	八四五	八四六	八四七	八四八	八四九	八五○	八五一	八五二	八五三	八五四	八五五	八五六

간지(서기)	발해	당·양·후당·진·한·주·송	요	일본	신라	고려
정축(857)	27	11		천안 원년	헌안왕 원년	
무인(858)	□왕 건황 원년	12		2	2	
기묘(859)	2	13		청화황 정관 원년	3	
경진(860)	3	의종 함통 원년		2	4	
신사(861)	4	2		3	경문왕 원년	
임오(862)	5	3		4	2	
계미(863)	6	4		5	3	
갑신(864)	7	5		6	4	
을유(865)	8	6		7	5	
병술(866)	9	7		8	6	
정해(867)	10	8		9	7	
무자(868)	11	9		10	8	
기축(869)	12	10		11	9	
경인(870)	13	11		12	10	
신묘(871)	14	12		13	11	

渤海國志長編五

千華山館

간지	발해	당	일본	신라	서기
丁丑	二十七年	十一年	天安元年	憲安王元年	八五七
戊寅	□王虔元年	十二年	二年	二年	八五八
己卯	二年	十三年	淸和皇貞觀元年	三年 景文王元年	八五九
庚辰	三年	懿宗通元咸	二年	四年	八六〇
辛巳	四年	二年	三年	二年	八六一
壬午	五年	三年	四年	三年	八六二
癸未	六年	四年	五年	四年	八六三
甲申	七年	五年	六年	五年	八六四
乙酉	八年	六年	七年	六年	八六五
丙戌	九年	七年	八年	六年	八六六
丁亥	十年	八年	九年	七年	八六七
戊子	十一年	九年	十年	八年	八六八
己丑	十二年	十年	十一年	九年	八六九
庚寅	十三年	十一年	十二年	十年	八七〇
辛卯	十四年	十二年	十三年	十一年	八七一

간지(년도)						
임진(872)	□왕 현석 원년	13		14	12	
계사(873)	2	14		15	13	
갑오(874)	3	희종 건부 원년		16	14	
을미(875)	4	2		17	헌강왕 원년	
병신(876)	5	3		18	2	
정유(877)	6	4	양성황 원경 원년		3	
무술(878)	7	5		2	4	
기해(879)	8	6		3	5	
경자(880)	9	광명 원년		4	6	
신축(881)	10	중화 원년		5	7	
임인(882)	11	2		6	8	
계묘(883)	12	3		7	9	
갑진(884)	13	4		8	10	
을사(885)	14	광계 원년	광효황 인화 원년		11	
병오(886)	15	2			정강왕 원년	
정미(887)	16	3		3	진성왕 원년	
무신(888)	17	문덕 원년		4	2	

干支	발해	당	신라	서기
壬辰	錫□王玄 元年	十三年	十四年	八七二
癸巳	二年	十四年	十五年	八七三
甲午	三年	僖宗乾符 元年	十六年	八七四
乙未	四年	二年	十七年 憲康王 元年	八七五
丙申	五年	三年	十八年 二年	八七六
丁酉	六年	四年	陽成皇 元慶元年 三年	八七七
戊戌	七年	五年	二年 四年	八七八
己亥	八年	六年	三年 五年	八七九
庚子	九年	廣明元年	四年 六年	八八〇
辛丑	十年	中和元年	五年 七年	八八一
壬寅	十一年	二年	六年 八年	八八二
癸卯	十二年	三年	七年 九年	八八三
甲辰	十三年	四年	八年 十年	八八四
乙巳	十四年	光啓元年	光孝皇 仁和元年 十一年	八八五
丙午	十五年	二年	二年 定康王	八八六
丁未	十六年	三年	三年 眞聖王元年	八八七
戊申	十七年 文德元年	四年	二年	八八八

352 발해국지장편 권5

간지(서기)	발해	당·양·후당·진·한·주·송	요	일본	신라	고려
기유(889)	18	소종 용기 원년		우다황 관평 원년	3	
경술(890)	19	대순 원년		2	4	
신해(891)	20	2		3	5	
임자(892)	21	경복 원년		4	6	
계축(893)	22	2		5	7	
갑인(894)	□왕 위해 원년	건녕 원년		6	8	
을묘(895)	2	2		7	9	
병진(896)	3	3		8	10	
정사(897)	4	4		9	효공왕 원년	
무오(898)	5	광화 원년		제호황 창태 원년	2	
기미(899)	6	2		2	3	
경신(900)	7	3		3	4	
신유(901)	8	천복 원년		연희 원년	5	
임술(902)	9	2		2	6	
계해(903)	10	3		3	7	

발해국지 3 - 연표 제1 353

간지(연도)				
갑자(904)	11	천우 원년		4	8
을축(905)	12	소선제 천우 원년		5	9
병인(906)	13	3		6	10
정묘(907)	말왕 인선 원년	4 당 멸망 양태조 개평 원년		7	11
무진(908)	2	2		8	12
기사(909)	3	3		9	13
경오(910)	4	4		10	14
신미(911)	5	건화 원년		11	15
임신(912)	6	2		12	신덕왕 원년
계유(913)	7	말제 건화 3년		13	2
갑술(914)	8	4		14	3
을해(915)	9	정명 원년		15	4
병자(916)	10	2	요태조 신책 원년	16	5
정축(917)	11	3	2	17	경명왕 원년
무인(918)	12	4	3	18	2 고려 태조 원년

戊寅十二年	丁丑十一年	丙子十年	乙亥九年	甲戌八年		癸酉七年	壬申六年	辛未五年	庚午四年	己巳三年	戊辰二年	丁卯諲譔元年末王護	丙寅十三年	乙丑十二年	甲子十一年
四年	三年	二年 神冊元年遼太祖	眞明元年	四年	渤海國志長編五	化三年末帝乾	二年乾化元年	四年	三年	二年	開平元年梁太祖	四年唐亡	三年	二年天祐宣帝	天祐元年昭帝
十八年 鼠明王二年 高麗太祖元年	十七年	十六年	十五年	十四年	十 千華山館	十三年 神德王二年	十二年	十一年	十年	九年	八年	七年	六年	五年	四年
九一八	九一七	九一六	九一五	九一四		九一三	九一二	九一一	九一〇	九〇九	九〇八	九〇七	九〇六	九〇五	九〇四

간지(서기)	발 해	당·양·후당·진·한·주·송	요	일 본	신 라	고 려
기묘(919)	13	5	4	19	3	2
경진(920)	14	6	5	20	4	3
신사(921)	15	용덕 원년	6	21	5	4
임오(922)	16	2	천찬 원년	22	6	5
계미(923)	17	후당 장종 동광 원년	2	연장 원년	7	6
갑신(924)	18	2	3	2	경애왕 원년	7
을유(925)	19	3	4	3	2	8
병술(926)	20 발해 멸망 동단 감로 원년	명종 천성 원년	천현 원년	4	3	9
정해(927)	2	2	태종 천현 2년	5	4	10
무자(928)	3	3	3	6	경순왕 원년	11
기축(929)	4	4	4	7	2	12
경인(930)	5	장흥 원년	5	8	3	13
신묘(931)	6	2	6	주작황 승평 원년	4	14
임진(932)	7	3	7	2	5	15

壬辰	辛卯	庚寅	己丑	戊子	丁亥	丙戌	乙酉	甲申	癸未	壬午	辛巳	庚辰	己卯
七年	六年	五年	四年	三年	二年	二十年德海亡東丹甘露元年成	十九年	十八年明宗元年	十七年	十六年後唐莊宗同光元年	十五年龍德元年	十四年	十三年
三年	二年	長興元年	四年	三年	二年	元年	三年	二年	二年	天贊元年	六年	五年
七年	六年	五年	四年	三年	太宗二年天顯	天顯元年	四年	三年	二年	延長元年	六年	五年	四年
二年	朱雀承平元年	八年	七年	六年	五年	四年	三年	二年	二十二年	二十一年	二十年	十九年
五年	四年	三年	二年	敬順王元年	四年	三年	二年	景哀王元年	七年	六年	五年	四年	三年
十五年	十四年	十三年	十二年	十一年	十年	九年	八年	七年	六年	五年	四年	三年	二年
九三二	九三一	九三〇	九二九	九二八	九二七	九二六	九二五	九二四	九二三	九二二	九二一	九二〇	九一九

발해국지 3 - 연표 제1   355

간지(서기)					
계사(933)	8	4	8	3	6	16
갑오(934)	9	민제 응순 원년 폐제 청태 원년	9	4	7	17
을미(935)	10	2	10	5	8년 멸망	18
병신(936)	11	진나라 고조 천복 원년	11	6		19
정유(937)	12	2	12	7		20
무술(938)	13	3	회동 원년	천경 원년		21
기해(939)	14	4	2	2		22
경자(940)	15	5	3	3		23
신축(941)	16	6	4	4		24
임인(942)	17	7	5	5		25
계묘(943)	18	8	6	6		26
갑진(944)	19	출제 개운 원년	7	7		혜종 원년
을사(945)	20	2	8	8		2
병오(946)	21	3	9	9		정종 원년
정미(947)	22	한 고조 천복 12년 세종 천록 원년	대동 원년	촌상황 천력 원년		2

渤海國志長編五　十一　千華山館

癸巳	甲午	乙未	丙申	丁酉	戊戌	己亥	庚子	辛丑	壬寅	癸卯	甲辰	乙巳	丙午	丁未
八年	九年	十年	十一年	十二年	十三年	十四年	十五年	十六年	十七年	十八年	十九年	二十年	二十一年	二十二年
閔帝應順元年 廢帝清泰元年			晉高祖 天福元年	二年	三年 會同元年	四年 天慶元年	五年	六年	七年	八年	出帝開運元年	二年	三年	漢高祖天福十二年 世宗天祿元年
四年	九年	十年	二年	十二年	三年 天慶元年	二年	三年	四年	五年	六年	七年	八年	九年	天順元年 村上皇 天慶元年
三年	八年	五年	六年	七年	二年	三年	四年	五年	六年	七年	八年			
六年	七年	八年	八年乞	七年						二十六年	惠宗元年	二年	定宗元年	二年
十六年	十七年	十八年	十九年	二十年	二十一年	二十二年	二十三年	二十四年	二十五年					
九三三	九三四	九三五	九三六	九三七	九三八	九三九	九四〇	九四一	九四二	九四三	九四四	九四五	九四六	九四七

간지(서기)	발해	당·양·후당·진·한·주·송	요	일본	신라	고려
무신(948)	23	은제 건우 원년	2	2		3
기유(949)	24	2	3	3		4
경술(950)	25	3	4	4		광종 원년
신해(951)	26	주태조 광순 원년	목종 응력 원년	5		2
임자(952)	27	2	2	6		3
계축(953)	28	3	3	7		4
갑인(954)	29	세종 현덕 원년	4	8		5
을묘(955)	30	2	5	9		6
병진(956)	31	3	6	10		7
정사(957)	32	4	7	천덕 원년		8
무오(958)	33	5	8	2		9
기미(959)	34	6	9	3		10
경신(960)	35	송태조 건륭 원년	10	4		11
신유(961)	36	2	11	응화 원년		12
임술(962)	37	3	12	2		13

渤海國志長編 五

十二　千葉山館

戊申 三十三年　新隱帝乾祐元年　二年　三年　九四八
己酉 三十四年　二年　三年　四年　光宗元年　九四九
庚戌 三十五年　三年　周太祖廣順元年　四年　二年　九五〇
辛亥 三十六年　四年　二年　五年　三年　九五一
壬子 三十七年　五年　三年　六年　四年　九五二
癸丑 三十八年　世宗顯德元年　四年　七年　五年　九五三
甲寅 三十九年　二年　五年　八年　六年　九五四
乙卯 三十年　三年　六年　九年　七年　九五五
丙辰 三十一年　四年　天德元年　十年　八年　九五六
丁巳 三十二年　五年　二年　應和元年　九年　九五七
戊午 三十三年　六年　三年　二年　十年　九五八
己未 三十四年　宋太祖建隆元年　四年　三年　十一年　九五九
庚申 三十五年　二年　應和四年　四年　十二年　九六〇
辛酉 三十六年　三年　　　　　十二年　九六一
壬戌 三十七年　　　　　　　十三年　九六二

발해국지 3 - 연표 제1 357

간지(서기)					
계해(963)	38	건덕 원년	13	3	14
갑자(964)	39	2	14	강보 원년	15
을축(965)	40	3	15	2	16
병인(966)	41	4	16	3	17
정묘(967)	42	5	17	4	18
무진(968)	43	개보 원년	18	냉천황 안화 원년	19
기사(969)	44	2	경종 보령 원년	2	20
경오(970)	45	3	2	원융황 천록 원년	21
신미(971)	46	4	3	2	22
임신(972)	47	5	4	3	23
계유(973)	48	6	5	천연 원년	24
갑술(974)	49	7	6	2	25
을해(975)	50	8	7	3	26
병자(976)	51	태종 태평흥국 원년	8	정원 원년	경종 원년
정축(977)	52	2	9	2	2
무인(978)	53	3	10	천원 원년	3
기묘(979)	54	4	건형 원년	2	4

						서기
癸亥	三十八年	乾德元年	十三年	三年	十四年	九六三
甲子	三十九年	二年	十四年	康保元年	十五年	九六四
乙丑	四十年	三年	十五年	二年	十六年	九六五
丙寅	四十一年	四年	十六年	三年	十七年	九六六
丁卯	四十二年	五年	十七年	四年	十八年	九六七
戊辰	四十三年	開寶元年	十八年	冷泉帝 安和元年	十九年	九六八
己巳	四十四年	二年	景宗 保寧元年	二年	二十年	九六九
庚午	四十五年	三年	二年	圓融帝 天祿元年	二十一年	九七〇
辛未	四十六年	四年	三年	二年	二十二年	九七一
壬申	四十七年	五年	四年	三年	二十三年	九七二
癸酉	四十八年	六年	五年	天延元年	二十四年	九七三
甲戌	四十九年	七年	六年	二年	二十五年	九七四
乙亥	五十年	八年	七年	三年	二十六年	九七五
丙子	五十一年	太宗 太平興國元年	八年	貞元元年	景宗元年	九七六
丁丑	五十二年	二年	九年	二年	二年	九七七
戊寅	五十三年	三年	十年	天元元年	三年	九七八
己卯	五十四年	四年	乾亨元年	二年	四年	九七九

간지(서기)	발 해	당·양·후당· 진·한·주·송	요	일 본	신 라	고 려
경진(980)	55	5	2	3		5
신사(981)	56	6	3	4		6
임오(982)	57 동단국 제거	7	4	5		성종 원년

무술부터 임오까지 무릇 285년이다.

『발해국지장편』권5 끝

발해국지장편 권6

발해국지 4

세계표世系表 제2

당나라 무후 만세통천 원년	발해 고왕 대조영	동쪽으로 읍루의 옛땅을 차지하고 동모산에 웅거하여 성을 쌓고 살았다. 이것이 창업의 시초이다.
		渤海國志長編卷六　遼陽金毓黻　撰集 世系表第二　渤海國志四 唐武后萬歲通天元年　渤海高王大祚榮　東保挹婁之故地據東牟山築城居之是為創業之始

성력 원년	고왕 대조영 원년	스스로 즉위하여 진국왕이 되었으니, 이것이 건국의 시초이다. 생각건대 『구당서』에서는 "성력연간에 스스로 등극했다"라고만 했는데 성력은 두 해밖에 없다. 어느 해인지 알 수 없다. 『일본일사』에 이르기를 "문무천황 2년(698)에 대조영이 처음으로 나라를 세웠다"라고 했다. 이 해는 성력 원년이 맞다. 이에 근거하여 이렇게 정하였다. 총고의 설을 보라.
현종 개원 원년	대조영 16년	이 해에 대조영을 좌효위원외대장군 발해군왕으로 책배하고 홀한주도독을 더 제수하였다. 이로부터 처음으로 말갈의 호칭을 버리고 발해라고 전칭하였다. 생각건대 『신당서』에는 예종 선천 2년(713) 12월에 현종이 기원을 고쳐서 개원이라 했는데 실은 한 해이다. 이후로는 연호를 고쳐서 기록하였다.
개원 7년	대조영 22년	고왕이 훙거하고 아들 대무예가 왕위를 계승하였다. 책명을 내려 작위를 잇게 하였다.
개원 8년	무왕 대무예 인안 원년	대무예로부터 시작하여 처음으로 사사로이 연호를 칭하기 시작했다. 생각건대 발해왕이 죽은 해에 기원을 고쳤는지 이듬해에 고쳤는지 역사에 상고할 만한 명문이 없다. 여기서는 이듬해에 기원을 고치는 관례에 따라서 개원 8년(720)에 속하게 하였다. 후의 것은 이에 따른 것이다.
개원 25년	인안 18년	무왕이 훙거하고 아들 대흠무가 왕위를 계승하였다. 책명을 내려 작위

開元二十	開元八年	開元七年	年	玄宗開元元年	聖曆元年
仁安十八	武王武藝仁安元年	祚榮二十二年		祚榮十六年	高王祚榮元年
武王薨子欽茂嗣立 賜册襲封	自武藝起始私行年號 按渤海王卒當年改元或翌年改元史無明文可考茲從後改年號書之 翌年改元之例繫於開元八年後放此	高王薨子武藝嗣立 賜册襲封	專稱渤海 又按新唐書稱睿宗先天二年十二月玄宗改元開元實係一年	是年册拜祚榮左驍衛員外大將軍渤海郡王加授忽汗州都督自是始去靺鞨號	自立爲震國王是爲建國之始 按舊唐書祇云聖曆中自立而聖曆祇二年不詳其爲何年日本逸史云文武天皇二年祚榮始建國是年正爲聖曆元年據此定之說見發考

		를 잇게 하였다. 　생각건대 『책부원구』는 개원 20년(732)에 대무예가 죽었다고 했는데 기록에 오류가 있는 듯하다. 여기서는 『구당서』에 따른다.
개원 26년	문왕 대흠무 대흥 원년	
숙종 보응 원년	대흥 25년	당나라가 발해를 국國으로 하고 왕을 발해국왕으로 진봉하였다.
덕종 정원 10년	대흥 57년 성왕 중흥 원년	문왕이 훙거하고 아들 대굉림은 일찍 죽었다. 족제 대원의가 왕위를 계승하였다. 　생각건대 대흠무가 어느 해에 훙거했는지 『당서』에는 기재되지 않았다. 아마도 애상을 고려하여 오지 않은 듯하다. 『속일본기』에 실린 대숭린이 일본국에 보내는 서한에 "할아버지 대흠무는 대흥 57년(794)에 죽었다"라는 기재가 있어 그것을 따랐다. 이 해 국인들이 대원의를 죽이고 대굉림의 아들인 대화여를 왕으로 추대하였는데 그가 곧 대흠무의 손자이다. 　생각건대 대원의는 시해되었으므로 시호가 없고 그 연호도 기록을 잃었다. 대화여가 왕위를 잇고 그 해에 기원을 고쳤을 것이므로 중흥

五年	開元二十	六年	肅宗寶應元年	德宗貞元十年	
年	文王欽茂大興元年	大興二十五年	大興五十七年 成王中興元年		
按冊府元龜謂開元二十年武藝卒蓋記錄有誤茲從舊唐書	唐以渤海爲國進封王爲渤海國王	文王薨子宏臨早卒族弟元義嗣立欽茂薨於何年唐書失載蓋未嘗來告要也續日本紀載嵩璘致日本國書有祖欽茂卒於大興五十七年之語茲從之 是歲國人殺元義推宏臨子華璵爲王即欽茂之孫也　按元義被殺故無諡其年號亦失載華璵嗣立必當年改元故繫中			

정원 11년	강왕 대숭린 정력 원년	원년을 이 해에 속하게 하였다. 성왕 대화여도 이 해에 훙거하였다. 아들 대숭린이 왕위를 계승하였다. 이 해 2월에 발해군왕으로 책봉받았다. 생각건대 『구당서』에 기록하기를 대숭린이 2월에 봉작을 받고 먼 길에 애상을 고하러 가는데 달포를 거쳤다고 한 것으로 보아 대화여는 지난해에 훙거했음을 가히 알 수 있다.
정원 14년	정력 4년	이 해에 발해국왕으로 진봉하고 구호舊號를 회복하였다.
현종 원화 4년	정력 15년	강왕이 훙거하고 아들 대원유가 왕위를 계승하였다. 책명을 내려 작위를 잇게 하였다.
원화 5년	정왕 대원유 영덕 원년	
원화 7년	영덕 3년	정왕이 훙거하고, 아우 대언의가 왕위를 계승하였다.
원화 8년	희왕 대언의 주작 원년	이 해 정월에 대언의에게 책명을 내려 작위를 잇게 하였다. 그러므로 대원유가 지난해에 죽은 것을 알 수 있다.
원화 12년	주작 5년	희왕이 훙거하고 아우 대명충이 계승해서 등극하였다.

渤海國志長編六　　二一　千華山館

興元年於是年成王華璵亦薨於是年子嵩璘嗣立

貞元十一　康王嵩璘正曆元年　是年二月受册封爲渤海郡王　按舊唐書紀嵩璘於二月受封遠道告喪行須經月則華璵薨於去年可知

貞元十四　正曆四年　是年進封爲渤海國王復舊號

憲宗元和四年　康王薨子元瑜嗣立　賜册襲封

元和五年　定王元瑜永德元年

元和七年　永德三年　定王薨弟言義嗣立

元和八年　僖王言義朱雀元年　是年正月言義賜册襲封故知元瑜卒於去年

元和十二　朱雀五年　僖王薨弟明忠嗣立

원화 13년	간왕 대명충 태시 원년	간왕이 훙거하고 종부 대인수가 계승해서 등극하였다. 책명을 내려 작위를 잇게 하였다.
원화 14년	선왕 대인수 건흥 원년	
문종 태화 4년	건흥 12년	선왕이 훙거하고 아들 대신덕이 일찍 죽어서 손자 대이진이 계승 등극 하였다. 생각건대 『구당서』에 대인수는 태화 5년(831)에 죽었다고 했다. 여기서는 『신당서』에 따랐다.
태화 5년	□왕 대이진 함화 원년	생각건대 대이진 이하 각 왕의 시호는 사서에 기재되어 있지 않다.
선종 대중 11년	함화 27년	왕 대이진이 훙거하고 아우 대건황이 계승 등극하였다.
대중 12년	□왕 대건황 원년	생각건대 대건황 이후로는 연호가 기재되어 있지 않다. 그리고 대건황이 이 해에 계승 등극했다고 한 것은 『구당서』 본기에 있다. 또한 생각건대 이하 각 왕의 훙거연도와 등극연도는 역사에 모두 기록되어 있지 않다. 아마도 당왕조 말년에 사변이 많아 중국과 내왕하지 못한 까닭일 것이다.
의종	대건황 14년	왕 대건황이 훙거하고 손자 대현석이 계승 등극하였다.『일본 3대실록』

元和十三年	元和十四年	文宗太和四年	太和五年	宣宗大中十一年	一年	大中十二年	懿宗咸通十二年
簡王明忠太始元年	宣王仁秀建興元年	建興十二年	□王彛震咸和元年	王彛震咸和二十七年	渤海國志長編六	□王虔晃元年	虔晃十四年
簡王彛從父仁秀嗣立 賜冊襲封		宣王彛子新德早卒孫彛震嗣立 賜冊 茲從新書 按彛震以下各王謚號史均失載	按彛震以下各王謚號史均失載	王彛震薨弟虔晃嗣立	三千華山館	按自虔晃以後年號失載 按虔晃嗣位 於是年 見舊唐書本紀 又按以下各王之薨年立年史均失載 盖以唐末多故不能與中國交通也	王虔晃薨孫玄錫嗣立 據日本三代實錄王玄錫致日本國書定爲玄錫嗣立之

함통 12년		에 대현석이 일본에 보낸 국서에 근거하여 대현석의 계승·등극연도로 확정하였다.
함통 13년	□왕 대현석 원년	
소종 경복 2년	대현석 22년	왕 대현석이 훙거하고, 대위해가 계승·등극하였다.
건령 원년	□왕 대위해 원년	생각건대 『당회요』에 쓰기를 "소종 건령 2년(895)에 발해왕 대위해에게 관품을 더한다는 교서를 주었다"라고 했다. 곧 대위해의 등극이 필시 이 때에 가까울 것이므로 이 해를 그의 원년으로 가정하였다.
소선제 천우 3년	대위해 13년	왕 대위해가 훙거하고 대인선이 계승·등극하였다.
양태조 개평 원년	말왕 대인선 원년	생각건대 『5대회요』에는 양나라 개평 원년(907)에 대인선의 이름이 처음 보이므로 이 해를 그의 원년으로 가정한 것이다.
후당 명종 천성 원년 즉 요태조 천현 원년	대인선 20년	이 해 정월에 대인선이 요나라에 항복하고 발해국이 망했다.

咸通十三年　□王玄錫元年
昭宗景福二年　玄錫二十二年　王玄錫薨瑋瑎嗣立
乾寧元年　□王瑋瑎元年　按唐會要載昭宗乾寧二年賜渤海王大瑋瑎加官較費則瑋瑎之立必近於是時故假定是年爲其元年
昭宣帝天祐三年　瑋瑎十三年　王瑋瑎薨諲譔立
梁太祖開平元年　末主諲譔元年　按五代會要於梁開平元年始見大諲譔之名故假定是年爲其元年
後唐明宗天成元年即遼太祖天顯元年　諲譔二十年　是年正月諲譔降遂渤海國亡

이에 다시 발해세계를 아래와 같이 표로 만들었다.

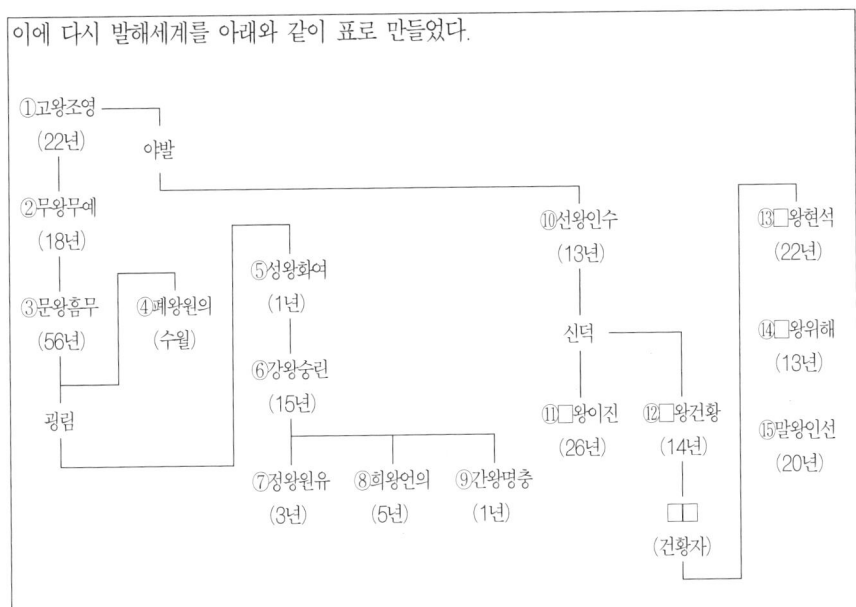

당 무후 성력 원년 고왕 대조영의 건국일부터 시작해서 후당 명종 천성 원년 말왕 대인선이 요에 항복한 날까지 무릇 15세대에 229년을 전하였다.

『발해국지장편』권6 끝

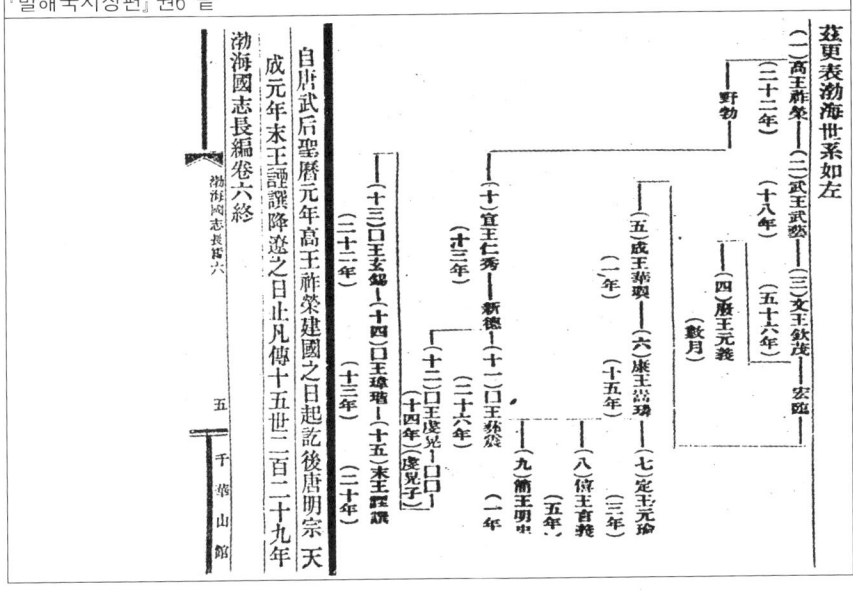

발해국지장편 권7

발해국지 5

대사표大事表 제3

당 무후 만세통천 원년	고왕 대씨 조영 건국 전 2년	대조영이 영주로부터 동쪽으로 도망하여 천문령을 넘고 동모산을 차지하여 성을 쌓고 살았다. 조공
		渤海國志長編卷七 遼陽金毓黻 撰集 渤海國志五 大事表第三 唐武后萬歲通天元年 高王大氏祚 築建國前二年 祚榮自營州東奔度天門嶺保東牟山築城居之

성력 원년	고왕 대조영 원년	대조영이 스스로 진국왕으로 등극하니 이가 건국의 시초이다. 사신을 보내 돌궐에 통고하였다.
중종 신룡 원년	8년	당나라가 시어사 장행급을 파견하여 초무 위로하니, 대조영이 아들 대문예를 보내 입시하게 하였다.
예종 경운 2년	14년	당에 사신을 보내 방물을 바쳤다.
현종 개원 원년	16년	당에서 사신을 보내 발해군왕으로 책봉했다. 이것이 당나라의 책봉을 받은 시작이다. 당나라에 아들을 보내 조공하고 저자에 나가 교역하고 사원에 들어가서 예배드릴 수 있도록 청했다. 이로부터 해마다 당나라에 사신을 보내 조공했다. 대문예가 당나라로부터 귀국했다.
개원 4년	19년	대수령을 보내 당나라에 조공하였다.
개원 7년	22년	왕이 훙거하였다. 당나라가 사신을 보내 아들 대무예를 책봉하고 왕위를 잇게 하였다.
개원 8년	무왕 인안 원년	당나라가 왕의 아들 대도리행을 계루군왕으로 책봉하였다. 당나라가 낭장 장월을 보내왔다.
개원 9년	인안 2년	대수령을 당나라에 보내 조공하였다.

開元九年	開元八年	開元七年	開元四年	玄宗開元元年	睿宗景雲二年	中宗神龍元年	聖曆元年
仁安二年	武王仁安元年	二十二年	十九年	十六年	十四年	八年	高王祚榮元年
遣大首領朝唐	唐册王嫡男大都利行爲桂婁郡王唐遣耶將張越來	王薨唐遣使册子武藝爲王	遣大首領朝唐	唐遣使册爲渤海郡王是受唐册封之始遣子朝唐請就市交易入寺禮拜自是每歲遣使朝唐門藝自唐歸國	遣使貢方物於唐	唐遣侍御史張行岌往招慰之祚榮遣子門藝入侍	祚榮自立爲震國王是爲建國之始遣使通於突厥

渤海國志長編七　　　　二千蓮山館

개원 10년	인안 3년	미발계를 당나라에 보내 조공하였다.
개원 12년	인안 5년	하조경을 당나라에 보내 새해를 축하하였다.
개원 13년	인안 6년	오차지몽을 당나라에 보내 새해를 축하하였다. 수령 알덕을 당나라에 보내 조공하였다. 아우 대창발가를 당나라에 보내 조공하였다.
개원 14년	인안 7년	대도리행이 당나라에 조회하고 숙위로 남았다. 아들 대의신을 보내 당나라에 조공하였다. 대문예·임아를 파견하여 군사를 징발해서 흑수말갈을 치게 하였다. 다시 대일하를 보내 대문예를 대신하게 하였다. 대문예는 당나라에 도망하였다. 마문궤·총물아를 당나라에 보내 조공하고, 대문예를 주살토록 청원하였다. 당나라가 불허하고 사신을 보내와 당나라 황제의 뜻을 알렸다.
개원 15년	인안 8년	이진언을 보내 당나라에 조공하였다. 대창발가가 당나라에서 돌아왔다. 대보방을 보내 조공하였다. 고인 등을 일본에 보내 빙문하였다. 고인이 하이蝦夷에서 살해되고 겨우 그의 예속인 고재덕 등 8명이 일본에 도착하였다.
개원 16년	인안 9년	대도리행이 당나라에서 죽으니 호상護喪하여 귀국하였다. 수령 연

開元十年	仁安三年	遣味勃計朝唐
開元十二年	仁安五年	遣賀祚慶賀唐正旦
開元十三年	仁安六年	遣烏借芝蒙賀唐正旦遣首領謁德朝唐 弟大昌勃賈朝唐
開元十四年	仁安七年	大都利行朝唐留宿衛遣子大義信朝唐 遣大門藝任雅發兵擊黑水靺鞨旋遣壹夏代門藝門藝奔唐遣馬文軌葱勿雅朝唐諸誅門藝不許遣使來諭旨
開元十五年	仁安八年	遣李盡彦朝唐大昌勃賈還遣大寶方朝唐遣高仁等聘於日本仁被蝦夷所害僅其屬高齋德等八人至日本
開元十六年	仁安九年	大都利行卒於唐護喪歸國首領於夫須

		부수게가 당나라에 조공하였다. 고재덕이 일본견사와 함께 환국하였다.
개원 17년	인안 10년	왕의 아우 대호아가 당나라에 조공하였다. 아우 대림이 당나라에 조공하였다. 일본빙사가 본국으로 돌아갔다.
개원 18년	인안 11년	왕제 대낭아가 당나라에 조하했다. 지몽을 보내 당나라에 조공하고 말을 바쳤다. 오나리달을 보내 당나라에 조공하고 물건을 바쳤다.
개원 19년	인안 12년	대성취진 등 120명이 당나라에 조하하였다.
개원 20년	인안 13년	장수 장문휴를 보내 바다를 건너 당나라의 등주를 공격하여 자사를 살해했다. 또 군사를 거느리고 유주로 나감에 당나라의 평로선봉이 그를 막았다. 군사는 더 깊이 침입하지 못하였다. 또 군사를 징발하여 쳤으나 공을 이루지 못하였다.
개원 21년	인안 14년	사람을 보내 대문예를 암살하려 했으나 이루지 못하였다. 당나라가 대낭아 등을 영남에 유배보냈다. 대성경을 당나라에 보내 조공하고 표를 올려 죄를 뉘우쳤다. 돌궐사신이 와서 함께 해·거란을 치기로 회맹하고 물리쳤다. 당나라가 대낭아 등의 죄를 사면하고 아울러 돌려보냈다.

渤海國志長編七 二 千華山館						
年	開元十七年	開元十八年	開元十九年	開元二十年	開元二十一年	
	仁安十年	仁安十一年	仁安十二年	仁安十三年	仁安十四年	
計朝唐高齊德同日本遣使還國	王弟大胡雅朝唐弟大琳朝唐日本聘使還國	王弟大郎雅朝唐遣智蒙朝唐獻馬遣那利達朝唐獻物	大姓取珍等百二十八朝唐	遣將張文休越海攻唐登州殺刺史又以兵趙幽州唐平盧先鋒禦之兵不得深入又發兵討之無功	遣人刺大門藝未中唐竄大郎雅等於嶺南遣大誠慶朝唐上表悔過奕厥使來會攻契丹卻之唐赦大郎雅等罪并放還	

발해국지 5 - 대사표 제3 371

개원 23년	인안 16년	왕자 대번이 당나라에 조공하였다.
개원 24년	인안 17년	수령 율기계를 보내 당나라에 조하하였다. 또 수령 목지몽을 보내 당나라에 조공하였다.
개원 25년	인안 18년	공백계를 당나라에 보내 조하하였다. 대수령 다몽고가 당나라에 조공했다. 왕이 훙거하고 아들 대흠무가 왕위를 계승·등극하였다.
개원 26년	문왕 대흥 원년	당나라가 사신을 보내 대흠무를 책봉하고 왕호를 잇게 하였다. 그 경내에 죄수를 사면하였다. 당나라의 책명사를 따라 사신을 보내 입조하게 하였다.『한서』『삼국지』『진서』『36국춘추』『당례』를 베낄 것을 청하니 당나라에서 허락하였다.
개원 27년	대흥 2년	왕의 아우 대욱이 당나라에 들어가 조하하였다. 신하 수복자를 보내 당나라에 조공하고 하사에 사례하였다. 서요덕·기진몽 등을 일본에 보내 방문하게 하였다. 서요덕은 바다에 빠져 죽었다.
개원 28년	대흥 3년	당나라에 사신을 보냈다. 기진몽 등이 일본 답빙사와 함께 돌아왔다.
개원 29년	대흥 4년	실아리를 당나라에 보내 조공하였다.
천보 2년	대흥 6년	왕의 아우 대번이 당나라에 조공하였다.

渤海國志長編七

開元二十三年	仁安十六年	王子大蕃朝唐
開元二十四年	仁安十七年	遣首領聿棄計朝唐又遣首領木智蒙朝唐
開元二十五年	仁安十八年	遣公伯計朝唐大首領多蒙固朝唐王薨子欽茂嗣立
開元二十六年	文王大興元年	唐遣使册欽茂襲王敕其境內遣使隨唐册使入朝請寫漢書三國志晉書三十六春秋唐禮唐許之
開元二十七年	大興二年	王弟大勗進朝唐遣臣朝唐謝賜遣胥要德已珍蒙等聘於日本胥要德溺於海
開元二十八年	大興三年	遣使於唐已珍蒙等同日本答聘使來
開元二十九年	大興四年	遣失阿利朝唐
天寶二年	大興六年	王弟大蕃朝唐

三一一 千華山館

천보 5년	대흥 9년	당나라에 사신을 보내 새해를 축하하였다.
천보 6년	대흥 10년	당나라에 사신을 보내 조공하였다.
천보 8년	대흥 12년	당나라에 사신을 보내 보라매를 바쳤다. 13년도 같다.
천보 11년	대흥 15년	모시몽을 일본에 보내 빙문하였다.
천보 12년	대흥 16년	당나라에 사신을 보내 조공하였다. 모시몽 등이 돌아왔다.
천보 13년	대흥 17년	당나라에 사신을 보내 새해를 축하하였다.
천보 14년	대흥 18년	도읍을 상경 용천부로 옮겼다. 당나라가 왕에게 특진을 가수하였다. 『신당서』에 이르기를 현종 때에 발해는 도합 29차 조헌했다고 하였다.
숙종 지덕 원년	대흥 19년	가을에 당나라의 평로유후 서귀도가 판관 장원간을 보내서 빙문하였다.
지덕 2년	대흥 20년	평로절도 왕현지가 장군 왕진의를 보내와서 빙문하였다.
건원 원년	대흥 21년	일본이 사신을 보내와서 빙문하였다. 양승경을 보내 빙문에 보답하였다.

天寶五年	大興九年	遣使朝唐賀正
天寶六年	大興十年	遣使朝唐
天寶八年	大興十二年	遣使獻鷹於唐十三年同
年	大興十五年	遣慕施蒙聘於日本
天寶十一年		
年	大興十六年	遣使朝唐慕施蒙等還
天寶十二年		
年	大興十七年	遣使朝唐賀正
天寶十三年		
年	大興十八年	徙都上京龍泉府唐加王特進 謂玄宗之世渤海共朝獻二十九次 新唐書
天寶十四年		
年	大興十九年	秋唐平盧留後徐歸道遣判官張元澗來聘
肅宗至德元年		
至德二年	大興二十年	平盧節度玉玄志遣將軍王進義來聘
乾元元年	大興二十一年	日本遣使來聘遣楊承慶報聘

건원 2년	대흥 22년	양승경이 일본 입당사 고원도와 함께 왔다. 또 양방경을 고원도와 함께 보내 당나라에 들어가게 하였다. 또 고남신을 일본에 사신으로 보냈다.
상원 원년	대흥 23년	고남신이 일본 답빙사와 함께 왔다.
상원 2년	대흥 24년	일본이 사신을 보내와서 빙문하였다.
보응 원년	대흥 25년	당나라가 조서를 내려 발해를 국으로 삼고, 왕을 국왕으로 진봉하고 검교태위를 가수하였다. 왕신복을 일본에 보내 빙문하였다.
대종 광덕 원년	대흥 26년	왕신복이 일본의 답빙사와 함께 왔다. 당나라 내상시 한조채가 왔다.
광덕 2년	대흥 27년	왕탄을 당나라에 보내 조공하였다.
대력 원년	대흥 29년	당나라가 왕에게 사공 겸 태위를 가수하였다. 　생각건대 『구당서』에서는 대력연간이라 했기에 짐짓 이 해에 속하게 했다.
대력 2년	대흥 30년	당나라에 사신을 3차례 보내 조공하였다.
대력 3년	대흥 31년	당나라에 사신을 2차례 보내 조공하였다.

乾元二年		上元二年	上元二年	二年	寶應元年	代宗廣德元年	廣德二年	大曆元年	大曆二年	大曆三年
大興二十	渤海國志長編七	大興二十三年	大興二十四年	大興二十五年	大興二十六年	大興二十七年	大興二十八年	大興二十九年	大興三十年	大興三十一年
楊承慶同日本入唐使高元度來又遣楊方慶同高元度入唐遣高南申使日本	四一千華山館	高南申同日本答聘使來	日本遣使來聘	唐詔以渤海進封王爲國王加檢校太尉遣王新福聘於日本	王新福同日本答聘使來唐內常侍韓朝彩來	遣王萇朝唐	唐加王司空兼太尉 接舊唐書謂在大歷中玆姑系以此年	三遣使朝唐	兩遣使朝唐	

대력 6년	대흥 34년	일만복 등을 일본에 보내 빙문하였다.
대력 7년	대흥 35년	당나라에 사신을 보내 조공하였다.
대력 8년	대흥 36년	당나라에 사신을 5차례 보내 조공하였다. 일본에 오수불을 보내 빙문하였다. 일만복 등이 일본 답빙사와 함께 왔다. 오수불이 돌아왔다.
대력 9년	대흥 37년	당나라에 2차례 사신을 보내 조공하였다. 당나라는 볼모 대영준을 본국으로 돌려보냈다.
대력 10년	대흥 38년	당나라에 4차례 사신을 보내 조공하였다.
대력 11년	대흥 39년	왕비가 죽었다. 사도몽을 일본에 보내 빙문하였다.
대력 12년	대흥 40년	당나라에 4차례 사신을 보내 조공하고 아울러 일본 무녀를 바쳤다. 사도몽이 일본 빙사와 함께 돌아왔다.
대력 13년	대흥 41년	장선수를 파견하여 일본 빙문사의 귀국을 호송하였다.
대력 14년	대흥 42년	장선수가 귀국하였다. 고반필을 일본에 보내 빙문하였다.
덕종 건중 원년	대흥 43년	당나라에 사신을 보내 조공하였다.

渤海國志長編七　　　　　五千華山館

年	年	年	年	年	年	年		年	年	年	年
德宗建中元	大曆十四	大曆十三	大曆十二	大曆十一	大曆十年	大曆九年		大曆八年	大曆七年	大曆六年	
三年	二年	一年	年	九年	八年	七年		六年	五年	四年	
大興四十	大興四十	大興四十	大興四十	大興三十	大興三十			大興三十	大興三十	大興三十	
遣使朝唐	張仙壽還遣高泮弼聘日本	遣張仙壽送日本聘使還國	四遣使朝唐並獻日本舞女史都蒙同日本聘使來	王妃卒遣史都蒙聘日本	四遣使朝唐	兩遣使朝唐放賀子大英俊還國		五遣使朝唐遣烏須弗聘日本壹萬福等同日本答聘使來烏須弗還	遣使朝唐	遣壹萬福等聘於日本	

건중 3년	대흥 45년	당나라에 사신을 보내 조공하였다.
정원 원년	대흥 48년	동경 용원부에 천도하였다. 생각건대 『신서』에는 다만 정원연간의 천도만 운운하였다. 이에 짐짓 이 해에 속하게 하였다.
정원 2년	대흥 49년	이원태를 보내 일본에 빙문하였다.
정원 3년	대흥 50년	이원태가 귀국하였다.
정원 7년	대흥 54년	대상정·대상간을 보내 선후로 당나라에 조공하였다.
정원 8년	대흥 55년	양길복 등을 당나라에 보내 조공하였다.
정원 10년	대흥 57년 성왕 중흥 원년	대청윤을 파견하여 당나라에 조공하였다. 왕이 훙거하고, 족제 대원의가 왕위를 계승하여 등극하였다. 나라사람들이 그를 죽이고 문왕의 조카 대화여를 추대하니 이가 성왕이다. 상경으로 환도하였다. 겨울에 성왕이 훙거하고 대숭린이 왕위계승하여 등극하였다.
정원 11년	강왕 정력 원년	당나라가 대숭린을 군왕으로 책립하였다. 여정림을 일본에 보내 빙문하였다. 도독 밀아고 등이 당나라에 조공하였다.
정원 12년	정력 2년	여정림이 일본 답빙사와 함께 돌아왔다.

渤海國志長編七　六　千華山館

建中三年	貞元元年	貞元二年	貞元三年	貞元七年	貞元八年	貞元十年	貞元十一年	貞元十二年
大興四十五年	大興四十八年 徙都東京龍原府 按新書祇云貞元中	大興四十九年 遣李元泰聘日	大興五十年 李元泰還	大興五十四年 遣大常靖大員幹先後朝唐	大興五十五年 遣楊吉福等朝唐	大興五十七年 成王中興元年 遣大清允朝唐王薨族弟元義嗣立國人殺之立文王孫華璵是爲成王還都上京冬成王薨嵩璘立	康王正曆元年 唐册嵩璘爲郡王遣呂定琳聘日本都督密阿古等朝唐	正曆二年 呂定琳同日本答聘使來
遣使朝唐								

정원 14년	정력 4년	당나라가 왕을 국왕으로 진봉하였다. 일본이 사신을 보내 빙문하였다. 대능신·여부구 등을 보내 당나라에 조공하였다. 대창태를 일본에 보내 빙문하였다.
정원 15년	정력 5년	대창태가 일본 답빙사와 함께 왔다.
정원 20년	정력 10년	사신을 보내 당나라에 조공하였다.
정원 21년 순종 영정 원년	정력 11년	사신을 보내 당나라에 조공하였다. 당나라는 왕에게 검교사도를 더하였다.
헌종 원화 원년	정력 12년	당이 왕에게 검교태위를 더하였다. 사신을 보내 조공하였다.
원화 2년	정력 13년	양광신을 보내 당나라에 조공하였는데, 도망쳐 돌아오다가 붙잡혔다. 사신을 보내 당나라에 조공하였다.
원화 4년	정력 14년	사신을 보내 당나라에 조공하였다. 일본에 고남용을 보내 빙문하였다. 당나라가 사신을 보내 왕자 대원유의 왕위계승을 책명하였다.
원화 5년	정왕 영덕 원년	고재남과 대연진을 선후해서 당나라에 보내 조공하였다. 고남용이 귀국하였다. 고다불·고남용을 선후로 일본에 보내 빙문하였다.

渤海國志長編七　　　　千華山館

貞元十四年　正曆四年　唐進册王爲國王日本遣使來聘遣大能信茹富仇等朝唐日本遣大昌泰聘日本

貞元十五年　正曆五年　大昌泰同日本答聘使來

貞元二十年　正曆十年　遣使朝唐

貞元二十一年　正曆十一年　遣使朝唐唐加王檢校司徒

憲宗永貞元年
順宗永貞元一年　正曆十二年　唐加王檢校太尉遣使朝唐

元和元年　正曆十二年　遣楊光信朝唐逃還被執遣使朝唐

元和二年　正曆十三年　遣使朝唐遣高南容聘於日本王薨唐遣

元和四年　正曆十四年　遣使册王子元瑜嗣王

元和五年　定王永德元年　遣高才南及大延眞先後朝唐高南容還遣高多佛高南容先後聘日本

원화 6년	영덕 2년	고남용이 일본 답빙사와 함께 왔다.
원화 7년	영덕 3년	사신을 보내 당나라에 조공하였다. 왕이 훙거하였다.
원화 8년	희왕 주작 원년	당나라에서 사신을 보내 정왕의 아우 대언의에게 왕위를 계승하여 등극하라는 책명을 내렸다. 신문덕 등이 당나라에 조공하였다.
원화 9년	주작 2년	고예진 등을 보내 당나라에 조공하고 불상을 진상하였다. 또 대효진을 당나라에 보내 조공하게 했는데 선후로 3차였다. 왕효렴 등을 일본에 보내 빙문하였다.
원화 10년	주작 3년	묘정수·대창경·대정준 등을 당나라에 선후로 보내 조공하였다. 왕효렴이 일본에서 죽었다.
원화 11년	주작 4년	고숙만·대성신 등을 당나라에 보내 조공하였다. 선후로 당나라에 도합 3차례 조공하였다.
원화 12년	주작 5년	왕이 훙거하고, 아우 대명충이 왕위를 계승하였다.
원화 13년	간왕 태시 원년	왕이 훙거하고, 당나라가 사신을 보내 종부 대인수에게 왕위를 계승해서 등극하라는 책명을 내렸다. 이계상 등을 당나라에 보내 조공하였다. 모감덕 등을 일본에 보내 빙문하였다.

元和六年	元和七年	元和八年	元和九年	元和十年	元和十一年	元和十二年	元和十三年
永德二年	永德三年	僖王朱雀元年	朱雀二年	朱雀三年	朱雀四年	朱雀五年	簡王太始元年
高南容同日本答聘使來	遣使朝唐王薨	唐遣使册定王弟義嗣王辛文德等朝	遣高禮進等朝唐獻佛像又遣大孝眞朝唐先後共三次遣王孝廉等聘日本	遣卯貞諝大昌慶大庭俊等先後朝唐王孝廉卒於日本	遣高宿滿大誠愼等朝唐先後共朝唐三次	王薨弟明忠嗣王	王薨唐遣使册王從父仁秀嗣王遣李繼常等朝唐遣慕感德等聘日本

원화 14년	선왕 건흥 원년	모감덕 등이 귀국하였다. 바다 북쪽의 여러 부를 토벌하여 영토를 크게 확장하였다. 이승영을 일본에 보내 빙문하였다.
원화 15년	건흥 2년	이승영이 돌아왔다. 선후로 당나라에 사신을 2차례 보내 조공하였다. 당나라는 왕에게 검교사공을 가봉하였다. 생각건대『신당서』에 이르기를 "헌종연간에 발해는 무릇 16차례 조공했다"라고 하였다.
목종 장경 원년	건흥 3년	당나라에 대공칙 등을 보내 조공하였다. 왕문구 등을 일본에 보내 빙문하였다.
장경 2년	건흥 4년	사신을 보내 당에 조공하였다. 왕문구가 귀국하였다.
장경 3년	건흥 5년	대다영 등을 보내 당나라에 조공하였다. 고정태 등을 일본에 보내 빙문하였다.
장경 4년	건흥 6년	대총예 등을 당나라에 보내 조공하였다. 고정태 등이 귀국하였다.
경종 보력 원년	건흥 7년	당나라에 사신을 보내어 조공하였다. 고승조를 일본에 보내어 빙문하였다.

渤海國志長編七　八　千華山館

元和十四年　宣王建興元　慕感德等還討伐海北諸部開大境宇遣

元和十五年　建興二年　李承英聘日本

年　建興二年　李承英還遣使先後朝唐二次唐加王檢校司空　按新唐書謂憲宗之世渤海凡十六朝貢

穆宗長慶元年　建興三年　遣大公則等朝唐遣王文矩聘日本

長慶二年　建興四年　遣使朝唐王文矩還

長慶三年　建興五年　遣大多英等朝唐遣高貞泰等聘日本

長慶四年　建興六年　遣大聰叡等朝唐高貞泰等還

敬宗寶歷元年　建興七年　遣使朝唐遣高承祖聘日本

보력 2년	건흥 8년	당나라에 사신을 보내 조공하였다. 고승조가 귀국하였다. 이로부터 일본에 매 12년에 한 번 통빙하기로 약정하였다.
문종 태화 원년	건흥 9년	당나라에 사신을 보내어 조공하였다. 일본에 왕문구를 보내어 빙문하였다.
태화 2년	건흥 10년	당나라에 사신을 보내 조공하였다. 왕문구가 귀국하였다.
태화 3년	건흥 11년	당나라에 사신을 보내 조공하였다.
태화 4년	건흥 12년	왕이 훙거했다. 사신을 파견하여 당나라에 가서 애상을 고하였다.
태화 5년	□왕 대이진 함화 원년	당나라가 사신을 보내 선왕의 손자인 대이진이 왕위를 계승하게 하였다.
태화 6년	함화 2년	대명준 등을 당나라에 보내 조공하였다. 당나라는 내시 왕종우를 보내왔다. 좌우신책군을 두었다.
태화 7년	함화 3년	고보영·대광성을 보내 선후하여 당나라에 조공하였다. 학생 3명을 보내 당나라의 태학에 들어가게 하였다. 먼저 보낸 학생 3명은 학업이 끝나서 귀국하였다.

	寶曆二年	文宗太和元年	太和二年	太和三年	太和四年	太和五年	太和六年	太和七年
	建興八年	建興九年	建興十年	建興十一年	建興十二年	□王彝震咸和元年	咸和二年	咸和三年
	遣使朝唐高承祖還自是日本約每十二年通聘一次	遣使朝唐日本	遣使朝唐遣王文矩	遣使朝唐	王薨遣使赴唐告哀	唐遣使冊宣王孫彝震嗣王	遣大明俊等朝唐遣內侍王宗禹來置左右神策軍	遣高寶英大光晟先後朝唐遣學生三人入唐太學先遣學生三人業成還國

태화 9년	함화 5년	유주절도 행군사마 장건장이 와서 빙문하였다.
개성 원년	함화 6년	당나라에 사신을 보내 조공하였다. 당나라에 숙동을 싣고 가서 교역하였다.
개성 2년	함화 7년	대명준을 당나라에 보내 조공하고 새해를 축하하였다. 학생 6인이 당나라 수도에 이르러 유학하였다.
개성 3년	함화 8년	당나라에 사신을 보내 조공하였다.
개성 4년	함화 9년	대연광을 당나라에 보내 조공하였다.
무종 회창 원년	함화 11년	하복연을 일본에 보내 빙문하였다.
회창 2년	함화 12년	하복연이 돌아왔다.
회창 6년	함화 16년	당나라에 사신을 보내 조공하였다. 왕자 대지악을 당나라에 보내 조공하였다.
선종 대중 2년	함화 18년	왕문구를 일본에 보내 빙문하였다.
대중 3년	함화 19년	왕문구가 돌아왔다.

太和九年	咸和五年	幽州節度行軍司馬張建章來聘
開成元年	咸和六年	遣使朝唐運熟銅至唐交易
開成二年	咸和七年	遣大明俊朝唐賀正學生六人至唐都留學
開成三年	咸和八年	遣使朝唐
開成四年	咸和九年	遣大延廣朝唐
武宗會昌元年	咸和十一年	遣賀福延聘日本
會昌二年	咸和十二年	賀福延還
會昌六年	咸和十六年	遣使朝唐遣王子大之萼朝唐
宣宗大中二年	咸和十八年	遣王文矩聘日本
大中三年	咸和十九年	王文矩還

대중 11년	함화 27년	왕이 훙거하였다. 당나라에 사신을 보내 애상을 고하였다.
대중 12년	□왕 대건황 원년	당나라가 대이진의 아우 대건황이 왕위를 계승하도록 책명을 내렸다. 오효신을 일본에 보내 빙문하였다.
대중 13년	대건황 2년	오효신이 돌아왔다.
의종 함통 원년	대건황 3년	이거정을 일본에 보내 빙문하였다.
함통 2년	대건황 4년	이거정이 돌아왔다.
함통 12년	대건황 14년	양승규 등을 일본에 보내 빙문하였다. 왕이 훙거하였다. 손자 대현석이 계승하여 등극하였다.
함통 13년	□왕 현석 원년	최종좌·대진윤을 당나라에 보내 조공하였다. 양승규 등이 일본에서 호시互市를 진행하였다. 얼마 안되어 돌아왔다.
희종 건부 3년	현석 5년	양중원을 일본에 보내 빙문하였다.
건부 4년	현석 6년	양중원이 돌아왔다.

渤海國志長編七 十一 千華山館

大中十一年	咸和二十七年	王彛震遣使赴唐告哀
大中十二年	□王虔晃元年	唐冊彛震弟虔晃嗣王彛震遣烏孝愼聘日本
大中十三年	虔晃二年	烏孝愼還
懿宗咸通元年	虔晃三年	遣李居正聘日本
咸通二年	虔晃四年	李居正還
咸通十二年	虔晃十四年	遣楊承規等聘日本王彛係玄錫嗣立
咸通十三年	□王玄錫元年	遣崔宗佐大陳潤朝唐楊承規等在日本互市旋還
僖宗乾符三年	玄錫五年	遣楊中遠聘日本
乾符四年	玄錫六年	楊中遠還

중화 2년	현석 11년	배정을 일본에 보내 빙문하였다.
중화 3년	현석 12년	배정이 돌아왔다.
소종 대순 2년	현석 20년	왕구모를 일본에 보내 빙문하였다.
경복 원년	현석 21년	왕구모가 돌아왔다.
경복 2년	현석 22년	왕이 훙거하였다. 대위해가 왕위를 계승하여 등극하였다. 사신을 당나라에 보내 애상을 고하였다.
건녕 원년	□왕 위해 원년	당나라에서 책봉을 더해주었다. 배정을 다시 일본에 보내어 빙문하였다.
건녕 2년	위해 2년	배정이 돌아왔다.
소선제 천우 3년	위해 13년	오소도를 당나라에 보내 조공하였다. 왕이 훙거하고, 대인선이 왕위를 계승하여 등극하였다.
양 태조 개평 원년	말왕 인선 원년	대소순을 양나라에 보내 조공하였다.

梁太祖開平元年	昭宣帝天祐三年	乾寧二年	乾寧元年	景福二年	景福元年	昭宗大順二年	中和三年	中和二年
末王諲譔元年	瑋瑎十三年	瑋瑎二年	□王瑋瑎元年	玄錫二十二年	玄錫二十一年	玄錫二十年	玄錫十二年	玄錫十一年
遣大昭順朝梁	遣烏炤度朝唐 王龔諲譔嗣立	裴頲還	唐加册封遣裴頲復聘日本	王龔瑋瑎嗣立遣使告哀於唐	王龜謀還	遣王龜謀聘日本	裴頲還	遣裴頲聘日本

개평 2년	인선 2년	최예광을 양나라에 보내어 조공하였다. 배구를 일본에 보내어 빙문하였다.
개평 3년	인선 3년	대성악을 양나라에 보내 조공하였다.
건화 원년	인선 5년	양나라에 사신을 보내 조공하였다.
건화 2년	인선 6년	대광찬을 양나라에 보내 조공하였다.
말제 정명 원년	인선 9년	거란할저 및 그의 두 아들이 도망해 왔다가 얼마 안되어 떠나갔다.
정명 4년	인선 12년	사신을 보내 거란에 방물을 바쳤다.
정명 5년	인선 13년	거란이 나라사람들을 노략질하여 요양을 채웠다. 배구를 일본에 보내 빙문하였다.
정명 6년	인선 14년	배구가 돌아왔다.
용덕 원년	인선 15년	2월에 속부 달고중遑姑衆이 신라를 공격하다가 패배하여 돌아왔다.
후당 장종 동광 2년	인선 18년	대우모·대원양을 선후로 당나라에 보내 조공하였다. 거란을 공격하여 그 요주자사 장수실을 살해하고 백성을 약탈하였다. 대원양을

渤海國志長編七　十一　千華山館

開平二年	諲譔二年	遣崔禮光朝梁遣裵璆聘日本旋還
開平三年	諲譔三年	遣大誠諤朝梁
乾化元年	諲譔五年	遣使朝梁
乾化二年	諲譔六年	遣大光贊朝梁
末帝貞明元年	諲譔九年	契丹轄底及其二子來奔未幾逸去
貞明四年	諲譔十二年	遣使貢於契丹
貞明五年	諲譔十三年	契丹掠國人實遼陽遣裵璆聘日本
貞明六年	諲譔十四年	裵璆還
龍德元年	諲譔十五年	二月屬部達姑衆先後朝唐攻契丹敗還
後唐莊宗同光二年	諲譔十八年	遣大禹謨大元讓先後朝唐攻契丹殺其遼州刺史張秀實並掠其民遣大元讓朝

		당나라에 보내 조공하였다. 거란의 군사가 진공해 왔다가 군사를 돌려 떠나갔다.
동광 3년	인선 19년	배구를 당나라에 보내 조공하였다. 사신을 신라에 보내 빙문하였다. 12월에 거란병이 부여부를 포위하였다.
명종 천성 원년	인선 20년	정월에 부여부가 거란에 함락되었다. 상경이 포위되어 임금이 나와서 항복하였다. 세자 대광현과 장군 신덕 등이 고려에 도망갔다. 2월에 발해를 동단국으로 고쳤다. 7월에 왕이 임황부로 옮겼다. 왕의 아우가 부여성을 진공했으나 함락하지 못하였다. 발해국이 멸망하였다.

이상 발해이다.

| 후당 명종 천성 원년 | 동단국 인황왕 감로 원년 | 2월에 거란이 홀한성에 동단국을 건립하고 인황왕이 왕이 되었다. 발해세자 대광현과 장군 신덕 등은 선후하여 고려에 도망하였다. 중대 |

同光三年	明宗天成元年		後唐明宗天成元年
諲譔十九年	諲譔二十年	右渤海	王甘露元年
唐契丹兵來攻旋引去	遣裴璆朝唐遣使聘於新羅十二月契丹兵圍扶餘府	正月扶餘府陷於契丹上京被圍王出降世子光顯及將軍申德等奔高麗二月改渤海爲東丹國七月王遷於臨潢府王弟率兵攻扶餘城不克渤海國亡	東丹國人皇二月契丹建東丹國於忽汗城以人皇王之渤海世子大光顯及將軍申德等先

		성을 세우고 좌·우·대·차 4상과 백관을 두었다. 7월에 대소좌 등을 보내 당나라에 들어갔다. 거란 태조가 죽어서 왕이 상사를 치르러 갔다.
천성 2년	감로 2년	왕이 거란 상경에 묵었다. 태종 덕광이 즉위하였다. 우차상 야율우지가 발해민을 요양에 옮겨 살게 하겠다는 표를 올렸다.
천성 3년	감로 3년	12월에 야율우지가 동단국의 도읍을 요양으로 옮기고 아울러 백성을 옮겼다. 얼마 안되어 왕이 도읍으로 돌아갔다.
천성 4년	감로 4년	4월에 왕이 거란에 조공하였다. 5월에 고정사를 당나라에 들어가 특산품을 보내게 하였다. 7월에 당나라는 정사를 태자선마로 삼았다. 9월에 태종이 태후를 모시고 동단국도로 가고 왕이 함께 갔다. 배구 등을 일본에 보내 빙문하였다.
장흥 원년	감로 5년	정월에 나라사람 왕헌 등이 당나라에서 귀국하였다. 2월에 남경을 수축하였다.

長興元年		天成四年	天成三年	天成二年
甘露五年	渤海國志長編七 十二 華山館	甘露四年	甘露三年	甘露二年
正月國人王憲等自唐歸國二月修南京	宗奉太后如東丹國王同歸國遣裴璆等聘於日本	四月王朝於契丹五月遣高正祠入唐貢方物七月唐以正祠爲太子洗馬九月太其民王尊歸國	十二月耶律羽之遷東丹國於遼陽幷徙律羽之表請遷渤海民於遼陽	王留契丹上京太宗德光即位右次相耶王往奔喪 後奔高麗建中褒省置左右大次四相及百官七月遣大昭佐等入唐契丹太祖殂

		3월에 왕이 흰모시를 태종에게 바쳤다. 4월에 배구 등이 일본에 도착했으나 어명을 달성하지 못하고 돌아왔다. 태종이 서울로 돌아갔다. 왕이 태종릉을 참례하고 장차 도읍으로 돌아갔다. 9월에 태종이 사리보녕을 파견하여 왕을 위문하였다. 10월에 태종이 사신을 보내 제사지낼 포를 하사하였다. 당나라 군주가 바다를 건너 비밀히 왕을 불렀다. 11월에 왕이 바다를 건너 당나라로 도망하였다. 낙양에 도착하자 명종이 동단이란 성과 모화란 이름을 하사하고 벼슬을 제수하였다. 다시 이씨 성과 찬화란 이름을 하사하였다. 왕비 소씨가 국사를 주관하였다. 야율우지가 좌상으로 승진하였다.
장흥 2년	감로 6년	왕은 낙양에 거주하였다. 3월에 태종이 동단국에 갔다. 왕비 소씨가 요속을 거느리고 배알하였다. 종형 오정과 좌상 야율우지가 모두 서한으로 왕의 안부를 물었다. 문성각을 당나라에 보내 조공하였다.
장흥 4년	감로 8년	당나라가 문성각에게 조산대부 우신무군장사 주사우록사 시대리평사

長興四年	長興二年
甘露八年	甘露六年
唐以文成角爲朝散大夫右神武軍長史奏事右錄事試大理評事高保乂爲朝散以書訊王遣文成角入唐朝貢	王在洛陽三月太宗如東丹國王妃蕭氏率僚屬謁之從兄汚整左相耶律羽之皆蕭民主國事耶律羽之進位左相東丹主國事耶律羽之進位左相薦民名慕華拜官復賜姓李名贊華王妃旋歸國九月太宗遣使來賜胙唐主遣使跨海密召月太宗遣使來賜胙唐主遣使跨海密召王十一月王浮海奔唐至洛陽明宗賜姓本不得達命而還太宗還京王謁太祖陵三月王獻白紵於太宗四月裴璆等至日

		를, 고보여에게 조산랑 우효위장사를 수여하고 아울러 금자를 하사하였다.
민제 응순 원년	감로 9년	당나라 이종가가 그의 군주를 시살하고, 이종후가 스스로 등극하였다. 왕은 당나라에서 태종에게 밀보를 보내 토벌하라고 하였다.
청태 2년	감로 10년	열주도·오제현을 당나라에 들여보내 방물을 바쳤다.
청태 3년	감로 11년	2월에 당나라가 열주도에게 검교공부상서를, 오제현에게 시광록경을 수여하였다. 11월에 석경당이 거란병을 이끌고 당나라에 진공하였다. 당나라의 군주가 사람을 보내 왕을 죽인 뒤에 스스로 몸에 불을 질렀다. 생각건대 감로기원은 이 해에 그쳤다. 본년 이후로 동단기년으로 고쳐서 감로의 뒤를 잇게 하였다.
후진 고조 천복 2년	동단국 12년	왕의 시신을 실은 영구가 진나라로부터 북쪽으로 돌아와 의무려산에 매장되었다.
천복 3년	동단국 13년	사신을 거란사와 함께 남당에 보내 빙문하였다.
천복 5년	동단국 15년	정월에 왕비 소씨가 요나라에 조공하였다.

渤海國志長編七 十三 千華山館

閔帝應順元年　甘露九年　耶律骁衛長史並賜金紫
　　　　　　　　　　　　唐李從珂弑其主從厚自立王自唐密報
廢帝清泰元年　甘露九年　太宗討之
清泰二年　甘露十年　遺列周道烏濟入唐貢方物
清泰三年　甘露十一年　二月唐以列周道為檢校工部尙書烏濟顯試光祿卿十一月石敬瑭以契丹兵攻唐唐主遣人殺王而後自焚 按以甘露
紀元止於是年本年後改以東丹紀年繼甘露之後
後晉高祖天福二年　東丹國十二年　王櫬自晉北歸葬於醫巫閭山
天福三年　東丹國十三年　遺使同契丹使聘於南唐
天福五年　東丹國十五年　正月王妃蕭氏朝於遼六月左相耶律羽

		6월에 좌상 야율우지가 좌차상 대소현이 불법을 행했다고 태종께 주달하니 그를 파직하였다. 7월에 왕비 소씨가 행재소에서 훙거하였다. 태종이 조서를 내려 동단의 백성과 군졸들에게 상복을 입게 하였다.
후한 고조 천복 12년	동단국 22년	2월에 태종이 인황왕의 왕자 올욕을 영강왕으로 봉하였다. 4월에 태종이 죽고 세종 올욕이 즉위하였다. 9월에 그의 아버지인 인황왕을 양국황제로 추증하고, 숙부인 안단을 동단국주로 삼았다.
은제 건우 원년	동단국 23년	세종은 중대성의 우상 첩랍을 남경유수로 삼았다.
후주 태조 광순 원년	동단국 26년	목종이 고모한을 중대성 우상으로 삼았다.
광순 2년	동단국 27년	우상 고모한을 보내 군사를 거느리고 한나라를 원조케 하였다. 안단이 죽었다.
세종 현덕 원년	동단국 29년	나라사람 오사다 등 30명이 주에 귀부하였다.
현덕 6년	동단국 34년	정월에 고모한을 좌상으로 승진시켰다.

後漢高祖天福十二年	五年	之以次相大素賢不法奏於太宗罷之 七月主妃蕭氏薨於行所太宗詔東丹吏民爲之服
東丹國十二年		二月太宗封人皇王子兀欲爲永康王四月太宗卒世宗兀欲即位九月追諡其父人皇王曰讓國皇帝以其叔父安端主東丹國
隱帝乾祐元年	東丹國十三年	世宗以中臺省右相牒臘爲南京留守
後周太祖廣順元年	東丹國十六年	穆宗以高模翰爲中臺省右相
廣順二年	東丹國十七年	遣右相高模翰率兵援漢安端卒
世宗顯德元年	東丹國十九年	國人烏斯多等三十人歸於周
顯德六年	東丹國二十四年	正月遷高模翰爲左相

송태조 개보 3년	동단국 45년	정안국왕 열만화가 여진사로 인하여 송나라에 표를 올렸다.
개보 6년	동단국 48년	야율사리저를 좌상으로 삼았다.
태종 태평흥국 4년	동단국 54년	송나라 태종이 거란을 쳤다. 동단의 장수 대난하, 소교 이훙 등이 송나라에 항복하였다. 송나라는 대난하를 발해도지휘사로 삼았다.
태평흥국 6년	동단국 56년	송태종이 오사성 부여부 발해염부왕에게 조서를 내려 함께 거란을 치자고 약정하였다. 부여부는 거란으로부터 정안국에 귀부하였다. 정안국왕 오현명이 송나라에 표를 올렸다. 태종이 조서로써 그에 답하였다.
태평흥국 7년	동단국 57년	거란이 중대성을 파하고 동단국을 제거하였다. 때는 경종 건형 4년이다.

이상 동단국이다.

『발해국지장편』권7 끝

	宋太祖開寶三年	東丹國四十五年	定安國王烈萬華因女眞使上表於宋
	開寶六年	東丹國四十八年	以耶律斜里底爲左相
	太宗太平興國四年	東丹國五十四年	宋太宗伐契丹東丹帥大鸞河小校李勛等降於宋宋以鸞河爲渤海都指揮使
	太平興國六年	東丹國五十六年	宋太宗賜烏舍城扶餘府渤海琰府王詔約共伐契丹扶餘府自契丹歸定安國定安國王烏玄明上表於宋太宗以詔答之
	太平興國七年	東丹國五十七年	契丹罷中臺省東丹國除時景宗乾亨四年也

右東丹

渤海國志長編卷七終

발해국지장편 권8

발해국지 6

속부표屬部表 제4

당나라 현종 개원 2년	고왕 17년	2월에 불녈부 수령 실이몽失異蒙, 월희부 대수령 오시가몽烏施可蒙, 철리부 대수령 달허리闥許離 등이 당나라에 조공하였다.

渤海國志長編卷八

遼陽金毓黻 撰集

渤海國志六

屬部表第四

唐玄宗開元二年 高王十七 二月拂涅部首領失異蒙越喜部大首領烏施可蒙鐵利部大首領闥許離等朝唐

		12월에 불녈부 대수령이 당나라에 조공하였다.
개원 4년	고왕 19년	윤12월에 불녈부 대수령이 당나라에 조공하여 잡색비단 30필을 하사하고 돌려보냈다.
개원 5년	고왕 20년	3월에 불녈부에서 사신을 당나라에 파견하여 방물을 바쳤다.
개원 6년	고왕 21년	2월에 철리·불녈 2부가 함께 사신을 파견하여 당나라에 조공하였다. 각각 수중랑장을 제수하고 돌려보냈다.
개원 7년	고왕 22년	정월에 불녈·철리·월희 3부가 함께 사신을 파견하여 당나라에 조공하였다. 각각 비단 50필을 하사하였다. 2월에 불녈부가 사신을 파견하여 당나라에 방물을 바쳤다. 8월에 불녈부가 사신을 파견하여 경예어정·초서피·백토묘피를 당나라에 보내왔다.
개원 9년	무왕 인안 2년	11월에 불녈·철리 2부의 대수령이 당나라에 조공하였다. 모두 절충으로 임명하고 돌려보냈다.
개원 10년	인안 3년	윤5월에 흑수부 추장 예속리계倪屬利稽가 와서 조공하니 발리주자사로 임명하고 번국으로 돌려보냈다.

渤海國志長編八　　一千華山館

開元四年 高王十九年	十二月拂涅部大首領朝唐
開元五年 高王二十年	閏十二月拂涅部遣使大首領朝唐賜物三十段放還
開元六年 高王二十一年	三月拂涅部遣使獻方物於唐
開元七年 高王二十二年	二月鐵利拂涅兩部俱遣使朝唐各授守中郞將放還
開元八年 一年	正月拂涅鐵利越喜三部俱遣使朝唐各賜帛五十疋 二月拂涅部遣使獻方物於唐 八月拂涅部遣使獻鯨鯢魚睛貂鼠皮白兔貓皮於唐
開元九年 武王仁安二年	十一月拂涅鐵利兩部大首領朝唐並拜折衝放還
開元十年 仁安三年	閏五月黑水部酋長倪屬利稽來朝授勃利州刺史放還蕃 九月拂涅部首領如價

		9월에 불녈부 수령 여가如價, 철리부 대수령 매취리買取利 등 68명이 당나라에 조공하였다. 모두 절충을 제수하여 돌려보냈다. 10월에 월희부가 수령 무리몽茂利蒙을 파견하여 당나라에 특산품을 보냈다. 철리부가 가루계可婁計를 파견하여 당나라에 조공하였다. 낭장을 제수하여 돌려보냈다. 12월에 흑수부 대추장 예속리계 등 10명이 당나라에 조공하였다. 모두 중랑장을 제수하여 돌려보냈다.
개원 11년	인안 4년	11월에 월희부 발시계勃施計, 불녈부 주시몽朱施蒙, 철리부 예처리倪處梨가 함께 와서 당나라에 조공하였다. 모두 낭장을 제수하여 돌려보냈다.
개원 12년	인안 5년	2월에 철리부 오지몽渳池蒙이 당나라에 조공하였다. 장군을 수여하여 돌려보냈다. 월희부 노포리奴布利 등 12명이 당나라에 조공하였다. 모두 낭장을 제수하여 돌려보냈다. 흑수부 대수령 옥작개屋作箇가 당나라에 조공하였다. 절충을 제수하여 돌려보냈다. 불녈부 대수령 어가몽魚可蒙이 당나라에 조공하였다. 낭장을 제수하여 돌려보냈다. 5월에 철리부가 당나라에 사신을 파견하여 조공하였다. 절충을 제수하여 돌려보냈다.

開元十二年 仁安五年	開元十一年 仁安四年	
二月鐵利部渿池蒙朝唐並授將軍放還 喜部奴布利等十二人朝唐並授郎將放還 黑水部大首領屋作箇朝唐授折衝放還 拂涅部大首領魚可蒙朝唐授郎將放還 五月鐵利部遣使朝唐授折衝放還	十一月越喜部勃施計拂涅部朱施蒙鐵利部倪處梨俱來朝唐並授郎將放還	耶將放還十二月黑水部大酋長倪屬利稽等十八人朝唐並授中郎將放還 蒙朝唐獻方物鐵利部遣可婁計朝唐授 並授折衝放還十月越喜部遣首領茂利 鐵利部大首領買取利等六十八人朝唐

		12월에 월희부 파지몽破支蒙이 당나라에 조공하여 새해를 축하하고 방물을 바쳤다.
개원 13년	인안 6년	정월에 흑수부가 장군 오랑자五郞子를 당나라에 파견하여 조공하고 새해를 축하함과 아울러 방물을 바쳤다. 장군을 제수하고 자줏빛 포·금대·어대를 하사하고 돌려보냈다. 3월에 철리부 대수령 봉아리封阿利 등 17명이 당나라에 조공하였다. 월희부 필리시芯利施, 흑수부 대수령 오소가몽烏素可蒙, 불녈부 설리몽紆利蒙이 함께 당나라에 와서 조공하였다. 모두 절충을 제수해서 돌려보냈다. 4월에 흑수부 낙개몽諾箇蒙이 당나라에 조공하였다. 과의를 제수하여 돌려보냈다. 5월에 흑수부 낙직落職과 흘몽紇蒙 등 2명이 당나라에 조공하였다. 중랑장을 제수하고 자줏빛 포·은대·금어대를 하사하여 돌려보냈다. 당나라는 흑수부 안에 흑수군을 설치하고 이어서 다시 가장 큰 부락을 흑수부黑水府, 그 수령을 도독 및 여러 부 자사라 하였다. 당나라가 장사를 설치하여 그를 감독하고 다스리게 하였다.

開元十三年　仁安六年

二月越喜部破支蒙朝唐賀正並獻方物

正月黑水部遣其將五郞子朝唐賀正並獻方物授將軍賜紫袍金帶魚袋放還三月鐵利部大首領封阿利等十七人朝唐越喜部芯利施黑水部大首領烏素可蒙拂涅部薛利蒙俱來朝唐並授折衝放還四月黑水部諸箇蒙朝唐授果毅放還五月黑水部落職紇蒙等二人朝唐授中郞將賜紫袍銀帶金魚袋放還唐於黑水部內置黑水軍績更以最大部落爲黑水府以其首領爲都督及諸部刺史唐置長史監領之

渤海國志長編八　　二二　千華山館

개원 14년	인안 7년	무왕이 군사를 징발하여 흑수부를 쳤다.
개원 15년	인안 8년	2월에 철리부 미상米象이 당나라에 조공하였다. 낭장을 수여하여 돌려보냈다. 11월에 철리부 수령 실이몽失伊蒙이 당나라에 조공하였다. 과의를 제수하여 돌려보냈다.
개원 16년	인안 9년	당나라는 흑수부 도독에게 이씨 성과 이름 헌성獻誠을 하사하고 운휘장군 겸 흑수경략사를 제수하였다.
개원 18년	인안 11년	정월에 불녈부 올이兀異가 당나라에 조공하고 말 40필을 보냈다. 좌무위 절충을 제수하고 비단 30단을 하사하고 숙위로 머무르게 하였다. 5월에 흑수부가 아포사리阿布思利를 파견하여 당나라에 조공하고 방물을 바쳤다. 비단을 하사하고 돌려보냈다. 6월에 흑수부 대수령 예속리계倪屬利稽 등 10명이 당나라에 조공하였다. 모두 중랑장을 제수하여 돌려보냈다.
개원 23년	인안 16년	8월에 철리·불녈·월희 3부가 함께 사신을 파견하여 당나라에 조공하고 방물을 바쳤다.

開元十二年	開元十五年	開元十六年	開元十八年	開元二十三年
仁安七年	仁安八年	仁安九年	仁安十一年	仁安十六年
武王發兵擊黑水部	二月鐵利部米象朝唐授郎將放還十一月鐵利部首領失伊蒙朝唐授果毅放還	唐賜黑水部都督姓李氏名獻誠授雲麾將軍兼黑水經略使	正月拂涅部兀異朝唐獻馬四十匹授左衛折衝賜帛三十段留宿衛五月黑水部遣阿布思利朝唐獻方物賜帛放還六月黑水部大首領倪屬利稽等十人朝唐並授中郎將放還	八月鐵利拂涅越喜三部俱遣使朝唐獻方物

개원 24년	인안 17년	9월에 월희부가 사신을 파견하여 방물을 바쳤다.
개원 25년	인안 18년	정월에 불녈부 수령 올이가 당나라에 조공하였다. 중랑장을 제수해서 돌려보냈다.
개원 27년	문왕 대흥 2년	2월에 불녈부가 당나라에 사신을 파견하여 방물을 바쳤다.
개원 28년	대흥 3년	2월에 월희부가 신하 야고리野古利를, 철리부가 신하 면도호綿度戶를 파견하여 함께 당나라에 조공하고 방물을 바쳤다.
개원 29년	대흥 4년	2월에 월희부가 부락 오사리烏舍利를 파견하여 당나라에 조공하고 새해를 축하하였다. 흑수부가 신하 아포리계阿布利稽를 파견하여 당나라에 조공하고 새해를 축하하였다. 모두 낭장을 수여하고 번국으로 돌려보냈다. 3월에 불녈부가 수령 나기발那棄勃을 파견하여 당나라에 조공하고 새해를 축하하고 방물을 바쳤다.
천보 6년	대흥 10년	정월에 흑수부가 사신을 파견하여 당나라에 조공하고 새해를 축하하였다. 또 방물을 바쳤다.

渤海國志長編八　　三一　千華山館

開元二十四年　仁安十七　九月越喜部遣使獻方物

開元二十五年　仁安十八　正月拂涅部首領兀異朝唐授中郞將放還

開元二十七年　文王大興二年　二月拂涅部遣使朝唐獻方物

開元二十八年　大興三年　二月越喜部遣臣野古利鐵利部遣臣綿度戶俱朝唐獻

開元二十九年　大興四年　二月越喜部遣臣烏舍利朝唐賀正首授郞將水部遣臣阿布利稽朝唐賀正並黑放還番三月拂涅部遣首領那棄勃朝唐賀正並獻方物

天寶六年　大興十年　正月黑水部遣使朝唐賀正且獻方物

천보 7년	대흥 11년	정월에 흑수부가 사신을 파견하여 당나라에 방물을 바쳤다. 3월에 흑수부가 사신을 파견하여 금은·육십종포·어아주·조하조·우황·머리카락·인삼을 바쳤다.
천보 9년	대흥 13년	정월에 흑수부가 사신을 파견하여 당나라에 조공하고 새해를 축하하였다.
천보 11년	대흥 15년	11월에 흑수부가 사신을 파견하여 당나라에 조공하였다.
덕종 정원 18년	강왕 정력 7년	우루·월희 2부가 사신을 파견하여 당나라에 조공하였다.
헌종 원화 10년	희왕 주작 3년	2월에 흑수부 추장 11명이 당나라에 조공하였다.
후당 장종 동광 2년	말왕 인선 18년	9월에 흑수국이 사신을 파견하여 당나라에 조공하였다. 11월에 당나라가 흑수국 사신 올아를 귀화중랑장으로 임명하였다.
동광 3년	인선 19년	5월에 흑수국이 당나라에 조공하였다.
명종 천성 4년	동단 감로 4년	8월에 흑수국이 사신 골지骨至를 파견하여 당나라에 특산품을 조공하였다.

天寶七年　　大興十一　　正月黑水部遣使貢於唐三月黑水部遣
　　　　　　　　　　　　使獻金銀於唐及六十綜布魚牙䌷鰕
　　　　　　　　　　　　䌷牛黃髮人葠
天寶九年　　大興十三　　正月黑水部遣使朝唐賀正
天寶十一　　大興十五　　十一月黑水部遣使朝唐
　年
德宗貞元十　　康王正曆七　　虞婁越喜兩部遣使朝唐
　八年
憲宗元和十　　僖王朱雀三　　二月黑水部酋長十一人朝貢於唐
　年
後唐莊宗同　　末王諲譔十　　九月黑水國遣使朝貢於唐十一月唐以
　光二年　　　　八年　　　　黑水國朝貢兀兒爲歸化中郞將
同光三年　　諲譔十九　　　　五月黑水國朝貢於唐
明宗天成四　　東丹甘露四　　八月黑水國遣使骨至貢方物於唐
　年　　　　　　年

渤海國志長編八　　四一二　　千華山館

장흥 원년	감로 5년	2월에 흑수수령 올아가 사신을 파견하여 당나라에 조공하였다.
장흥 2년	감로 6년	10월에 철려가 요나라에 조공하였다. 살펴보건대 이후에 철려는 자주 보이나 흑수는 다시 보이지 않는다.

『발해국지장편』 권8 끝

渤海國志長編卷八終

長興元年　甘露五年　二月黑水首領兀兒遣使貢於唐

長興二年　甘露六年　十月鐵驪貢於遼　按以後鐵驪凡數見 黑水則不復見